国家社科基金重大委托项目

《新疆通史》研究丛书

《新疆通史》编撰委员会◎编

新疆历史农牧业地理研究

吕卓民　陈　跃◎著

新疆人民出版社
（新疆少数民族出版基地）

图书在版编目(CIP)数据

新疆历史农牧业地理研究 / 吕卓民,陈跃著.--乌鲁木齐:新疆人民出版社,2024.2

(新疆通史研究丛书)

ISBN 978-7-228-21270-5

Ⅰ.①新… Ⅱ.①吕…②陈… Ⅲ.①农业地理-研究-新疆-古代 Ⅳ.①F329.945

中国国家版本馆CIP数据核字(2024)第028363号

新疆历史农牧业地理研究

XINJIANG LISHI NONGMUYE DILI YANJIU

出版人	李翠玲		
策划统筹	若贤	书籍设计	李晓瑜 舒娜
责任编辑	若贤	责任技术编辑	杨爽
责任校对	晁清		

出版发行	新疆人民出版社 (新疆少数民族出版基地)
地址	乌鲁木齐市解放南路348号
邮编	830001
电话	0991-2825887(总编室) 0991-2837939(营销发行部)
制作	乌鲁木齐捷迅彩艺有限责任公司
印刷	新疆新华印务有限责任公司

开本	787mm × 1092mm 1/16
印张	24.25
字数	400千字
版次	2024年2月第1版
印次	2025年2月第1次印刷
定价	148.00元

目　录

绪　论

一、选题背景

选题意义。随着西部大开发战略的逐步实施,国家对新疆的开发也掀起新一轮高潮,新疆地区已成为我国西部开发中的又一新亮点。农牧业作为国民经济的基础,其重要性不言而喻。

首先,在悠久的历史进程中,新疆地区以农牧业为主体的经济结构模式没有发生太大变化,至今依然如此。农牧业不仅是该地区人民的衣食之源,还成为其他经济部门发展的基础。新疆地区现在依然是以农业为主导,而这一生产格局的形成绝非一蹴而就,是经过漫长历史时期积淀、演变逐渐形成的。历史时期所形成的农牧业经营习惯、农作物种植制度、水利灌溉技术以及劳动者的技术素养等因素,不仅对现在的农牧业生产及其布局产生深刻影响,也为现阶段新疆农牧业生产的合理布局提供重要的借鉴和参考。从历史地理的角度系统研究新疆历史时期的农牧业生产与发展状况,总结其利弊得失,以扬长避短、因势利导、合理开发,是十分必要的。

其次,当前全球沙漠化日渐严重,沙漠和绿洲的消长进退,已经成为世界普遍关注的重要问题。新疆本是沙漠与荒漠戈壁面积最大的区域,生态环境十分脆弱。在历史演进过程中,域内的沙漠面积仍有不断扩大的趋势，也导致其生态环境不断恶化。如历史时期河流绿洲的沙漠化，不仅赶走了生活在绿洲上的原有居民，也使诸多人类文明湮没于茫茫沙海之中。这种变化是否与人类的生产活动有关，人类的生产活动究竟起了多大的作用，以及如何合理利用域内自然资源并有效保护其生态环境，使区域经济建设走上繁荣稳定与可持续的良性发展道路，都是需要我们正确认识和认真探讨的重大问题。尽管区域生态环境出现恶化可能是受多种因素影响，但人类历史时期过度的开发和利用应是其中重要的原因之一。因此，从历史发展的客观实际出发，通过对区域农牧业生产发展的研究，进而分析影响区域生态环境演化的历史人文因素，无疑是一项兼具理论与现实意义的工作。

再次，从新疆开发建设的历程看，历代中央王朝和新疆地方政权都对区域经济开发十分重视，长期以来逐渐形成了南农北牧的经济格局。以往的研究往往注重两汉、隋唐、清朝各个时期在新疆的开发和建设成就，而对魏晋南北朝、西辽、元朝等时期的新疆农牧业发展研究则相对薄弱。故对新疆的历史农牧业发展进行整体性研究，不仅具有较大的空间，而且也颇具必要性。

最后，历史农业地理是历史经济地理的重要组成部分之一，它是研究历史时期农业生产诸要素的地域分布及其相互作用、变化、发展规律的科学，研究内容主要包括人口的增减和垦田的盈缩、农作物的构成及其分布、农业生产的区域差异与发展变化，以及发生变化的内在规律性等。具体研究既可选择区域性专题，也可选择阶段性专题。对其进行正确认识和理论总结，都是今人可资借鉴的历史经验。新疆历史农牧业地理的研究，也无疑可为当今及未来新疆地区的农牧业生产规划和布局提供有益的历史借鉴和理论参考。

研究概况。关于新疆的农牧业地理研究，目前国内外学术界已经取得了一系列重要成果。国内学者的研究成果主要有：殷晴主编《新疆经济开发史研究》及著作《丝绸之路和西域经济——十二世纪前新疆开发史稿》；王作之著《新疆古代畜牧业经济史略》；张泽咸、郦家驹等著《中国屯垦史》；赵俪生著《古代西北屯田开发史》；赵予征著《新疆屯垦》；刘光华著《汉代西北屯田研究》;周伟洲著《西北少数民族地区经济开发史》等。殷晴主编的《新疆经济开发史研究》,对新疆不同历史时期的农业、商业、生态环境和人口等方面做了详细研究。他的另一部著作《丝绸之路和西域经济——十二世纪前新疆开发史稿》,深入探讨了西域经济发展与丝路畅通、中外贸易兴盛之间的关系。主要内容包括:自然条件与地理位置,原始居民的社会经济生活,汉代西域社会经济的发展,魏晋南北朝时期社会经济的波动,大唐西域的繁盛,唐宋之际的西域经济与中西交通等。本书史料翔实,论证严密,创见颇多,对古代新疆经济开发史与丝路研究有重要的学术意义。王作之著《新疆古代畜牧业经济史略》,采用分时间段的方式,按照原始社会晚期、奴隶制和其向封建制转变时期、封建社会前期、封建社会后期,详细论述了新疆不同历史时期的畜牧业发展状况,尤其可贵的是作者还深入研究了畜牧业生产工具的改进和牲畜放牧管理经验、狩猎业和捕鱼、采集业,对畜产品的加工和畜牧业自然灾害也进行了探讨,都给笔者以启发。吕卓民著《明代西北农业地理》,则通过对明代西北地区农业与畜牧业的生产状况与地理分布的变化进行探讨,认为明代是西北地区,特别是黄土高原地区农牧业生产布局发生重大转变的重要时期,同时还对历史上的经验教训进行了认真的检讨与思考。吴宏岐著《元代农业地理》,对元代西域的农业地理发展情况有所论述。张建军著《清代新疆农牧业地理》,对清代新疆农牧业的生产状况和地理分布做了详细的梳理和研究。此外,钮仲勋、张德芳、余太山、周伟洲、李炳泉、侯灿、王炳华、卫斯、薛宗正、张玉忠等分别从文献学、经济史、作物史、考古学等方面讨论了新疆农牧业发展的一些问题,各有建树。以上学者的论著在不同程度上丰富了笔者的知识,开阔了笔者的视野,同时也促进了笔者对新疆历史农牧业地理的思考。还有郭声波著《四川历史农业地理》,作为第一部通史性区域历史农业地理专著,其研究视角亦给笔者许多启发。

国外研究方面。日本、俄国(苏联时期)和德国学者们对新疆地区经济方面的研究取得很大成绩,(日)佐口透著《18—19世纪新疆社会史研究》(凌迟纯译),其中第四章对当时新疆的土地制度、农业技术和土地开垦进行了论述。(日)池田温著《中国古代籍帐研究》,通过对吐鲁番出土文书的研究，论述了古代西域的经济状况。（俄）尼·维·鲍戈亚夫连斯基著《长城外的中国西部地区》，论述了元、清时期的新疆民族、经济、社会等方面的发展情况，在其第二十二、二十三章中，专门论述了新疆的农牧业生产问题。（苏）Д·洪吉诺夫的博士论文《10—14世纪回鹘王国的经济和社会制度》，对回鹘王国的经济状况和社会发展进行了较为深入的研究。（德）冯·佳班著《高昌回鹘王国的生活（850—1250年）》，反映了9—13世纪高昌回鹘王国建立时期，吐鲁番地区的政治、经济、文化、宗教状况及农牧业生产水平。此外，（日）佐口透还就新疆社会的农业和喀什噶尔的农业开发发表多篇论文，如《十九世纪前半叶喀什噶尔的农业开发》，《史学杂志》1954年第11期。（日）久重福山郎发表的《新疆的农业开发》，《名古屋学院大学论集》1964年7月第1集。（日）堀直先生发表的《清代回疆的水利灌溉——以十九、二十世纪的叶尔羌为中心》，《大手前女子大学论集》1980年11月第14期。这几篇是研究新疆历史农业与水利的专文。

综观诸多专家学者对新疆古代经济的研究，尚没有运用历史地理学的研究方法，从整体上把握新疆农牧业的历史发展与变迁。本书试做初步探讨，以期弥补以往研究的不足。

二、研究思路及方法

研究思路：本书主要是以今天新疆维吾尔自治区为地域范围，以整个历史时期（史前至清末）为时间区间，试图对该区域内的农牧业生产布局及其历史发展与演变进行一次全面系统的探讨和论述，以期阐明新疆区域内不同时期农牧业生产的发展状况，农牧业生产主要经营的项目，农作物的主要品种，自然灾害对农牧业生产的影响，水利设施与农作技术的进步，从事农业生产的人口与区域社会的发展，农牧业生产与区域生态环境的关系。通过梳理农牧业生产区域的历史发展与演变，研究人类开发与自然环境变迁的关系，总结新疆农牧业发展过程中的历史经验与教训，为现阶段新疆农牧业生产的合理布局和合理开发提供借鉴和参考。

研究方法：中国历史悠久，保存至今的大量史籍、考察笔记和游记、地方志等文献是研究历史农业地理的宝贵资料，而当代学者在相关经济史、作物史、考古学等方面的研究成果均是有益之借鉴。因此，注意文献的征引和考证就成为研究新疆历史农业地理必不可少的重要方法。同时，在充分搜集相关文献资料的基础上，又能充分吸收和借鉴前人研究成果，从而使此研究的进一步深化与创新成为可能。

20世纪以来，史学研究中“二重证据法”的广泛运用，使得史学研究者更加注重考古资料和实际野外考察所取得的第一手资料。由于史籍文献中关于西域的记载还是有限的，甚至是相当匮乏的，加之西域许多历史古迹已随着时间的推移而淹没于尘沙之下。所以考古发掘资料就显得尤为重要，特别是考古发现的各种古代农具、农作物籽粒和家畜骨骼、农田和渠道遗迹等实物资料，以及吐鲁番出土文书、楼兰尼雅出土的佉卢文文书、简牍、吐蕃文书、回鹘社会经济文书和悬泉汉简资料，还有各种岩画资料，都为我们研究西域历史提供了极其珍贵的素材。野外考察可以获取对一定地理区域的直观感性认识，既可订正和补充历史文献的误漏，又可了解自然环境的变化及其对农业地理的影响，是历史地理学研究最有用的方法之一。本书将尽可能地收集考古资料，同时结合野外实际考察，与文献资料相互印证，从而使研究更为深入，是非论证更为充分，得出的结论更接近事实和更可靠。

三、研究内容

通过大量的资料分析，大致可以认为在新疆塔里木盆地及准噶尔盆地边缘的绿洲地区是以农业为主、牧业为辅的经济结构模式，在昆仑山北麓和天山南麓的草原地带是畜牧业占绝对主导的经济形态；自唐代以降，天山北麓泉水溢出带主要以农业为主，伊犁地区的农业也逐渐发展壮大，天山及阿尔泰山则以游牧业为主。总之，整个新疆经济结构在清代以前呈现出“南农北牧”的经济格局特征。新疆农业的发展在不同时期呈现不同的规模。总体来说以两汉、唐代、清代三个时期的发展程度较高，在元代农业发展略有起色。然而在魏晋南北朝、五代宋辽金、明代农业发展较为滞缓。至清代，北疆农业开发势头强劲，“南农北牧”的固有格局开始被打破，甚至已呈现南北疆并重的新特征。在南疆，历代劳动人民开发的重点呈现出由天山南麓向北麓东段（今吐鲁番、哈密一带）转移，由塔里木盆地中心向边缘转移的趋势。新疆牧业的发展由野外游牧为主、家庭饲养为辅逐渐转变为游牧与饲养并重。此外，各族人民在对新疆的开发中创造了巨大的物质和精神财富，同时由于不合理的开发也使得区域生态环境发生恶化，出现盐碱化、沙漠化现象，这是当今经济开发过程中要特别注意的一点。

人是大自然的一部分，人与自然的和谐相处，是人类永恒的主题。本书需要解决的问题是梳理清楚不同历史时期新疆农牧业发展的状况和程度，农牧业生产与区域生态环境变迁的相互关系。新疆历来是多种民族聚居地区，不同民族的生活方式与经济形态，又与新疆特殊的自然环境之间存在着互动关系。当呈现出游牧经济发达的区域特色时，固有的农耕经济区也会渐次得以继承和恢复。而农业经济发达时，则会不断扩大和发展区域的农业经营。区域内农业与畜牧业经营的彼此消长与演变，以及消长演变的原因与结果，都是该研究主要追寻的目标。

在历史时期，区域农牧业生产既受到自然环境的制约，也受到诸多自然灾害的影响，但是人类不是被动地适应大自然，而是主动地改造、开发大自然。在此过程中，人类开发的程度是否适宜是人与自然和谐相处的关键所在。本研究的最终落脚点在于找出人类开发绿洲的适宜程度，为当今新疆的农牧业合理布局和科学开发提供借鉴。

四、研究特色及创新点

本研究充分利用文献资料、考古资料和实地考察所获取的第一手资料，以期更充分地占有资料，更全面地分析资料，再结合历史地理学研究方法，从人与自然互动关系的视角详细梳理历史时期南北疆农牧业经济的发展、衰落之波动状况，探讨人类开发、改造绿洲的实践活动与区域环境的相互关系，寻求人类开发绿洲的最佳模式，便于今后新疆经济建设的科学规划与合理布局。

本研究的创新点，在综合大量文献资料和众多考古资料的前提下，在前人研究的基础上，运用历史地理学的方法，以人与自然互动关系为视角，从整体上对历史上不同时期新疆的农牧业发展状况进行长时段研究。通过对农作物主要种类和家畜主要物种在空间上的区域分布差异与演变，以及农牧业与自然灾害之关系，探寻农牧业分布的地域特点，并为农牧业发展提供借鉴。通过分析人类在不同时期开发、改造大自然的程度，认为人类在历史时期盲目、粗放、不合理的经济开发是导致新疆生态环境恶化的重要因素。总结历史时期区域经济开发的经验与教训，为今天新疆农牧业生产的可持续发展提供有益的参考与借鉴，即为本书或研究所具有的理论价值和重要现实意义。

第一章　新疆自然环境与农牧业条件

第一节　新疆的地理位置与地形地貌

一、地理位置

新疆维吾尔自治区地处中国西北边疆，位于亚欧大陆腹地，东接柴达木盆地和河西走廊，西邻中亚两河流域，南连青藏高原，北依阿尔泰山与蒙古高原相接，战略位置非常重要。新疆全区面积166.49万平方公里，约占全国陆地总面积的1/6，是中国面积最大的省级行政区。新疆维吾尔自治区周边与蒙古国、俄罗斯、哈萨克斯坦、吉尔吉斯斯坦、塔吉克斯坦、阿富汗、巴基斯坦和印度等8个国家接壤，形成了中国与上述国家全长5700多公里的边界线，约占全国陆地边界线的1/4，是中国陆地边界线最长、交界邻国最多的省级行政区。

二、地形地貌

新疆地形地貌的最大特点是“三山夹两盆”。“三山”即南部的昆仑山及喀喇昆仑山，中部的天山和北部的阿尔泰山；“两盆”即南部的塔里木盆地和北部的准噶尔盆地。因为天山横贯新疆全境东西，对自然条件影响较大，故此又把天山以南地区称为南疆，天山以北地区则称为北疆。习惯上，还把东部的吐鲁番和哈密两地，称为东疆。

昆仑山和喀喇昆仑山均起自新疆西南部的帕米尔高原，并逶迤向东，昆仑山经过新疆、西藏进入青海和四川境内，喀喇昆仑山进入藏北后与冈底斯山相接。昆仑山和喀喇昆仑山群峰海拔多在5000米以上，为高寒气候，是新疆南部屏障。

天山是亚洲最大的山系，横亘于新疆中部，山势高峻，山体宽大。整个山系由三列大致平行的山岭组成，崇山峻岭间形成了大小不一、高度不同的盆地和谷地，如伊犁谷地、大小尤勒都斯盆地、焉耆盆地、吐鲁番盆地和哈密盆地，为农牧业生产提供了适宜的环境。

阿尔泰山蜿蜒起伏于新疆北部，呈西北东南走向。由于海拔相对较低，加之北冰洋气流的作用，高山植被茂盛，是新疆天然森林的主要分布区和重要的牧场。

塔里木盆地位于昆仑山和天山之间，是一个被高山环绕的封闭性内陆盆地，面积约40万平方公里。盆地中间是中国面积最大的塔克拉玛干沙漠，面积约33万平方公里，多是流动沙丘。盆地四周山体中发育的河流汇注其中，从而在盆地边缘形成串珠状或条块状的冲积、洪积平原，水草丰茂，土壤肥沃，是发展农牧业的良好地区。

准噶尔盆地地处天山和阿尔泰山之间，为半封闭内陆盆地，面积约30万平方公里。盆地中央为中国面积第二大的古尔班通古特沙漠，面积约4.88万平方公里，多为固定沙丘。盆地西端有阿拉山口和额尔齐斯河谷，大西洋气流可由此进入，使得该地区气候比塔里木盆地湿润。在盆地南缘是天山北麓的山前冲积、洪积平原，南北纵向的河流较多，适宜农牧业发展。

第二节　新疆的农牧业条件及地域差异

自然条件是农牧业产生和发展的基础，也是影响农牧业生产和空间布局的重要因素。在诸多条件中，光热条件、水资源条件是最主要的因素。

一、光热条件

新疆地处亚欧大陆中心，远离海洋，空气干燥，云量少，晴天多，光热资源十分充裕。年太阳总辐射量达5000—6490兆焦耳／平方米，比同纬度的华北和东北地区多620—840兆焦耳／（平方米·年），比长江中下游流域多1250—2090兆焦耳／（平方米·年），居全国第二位。

太阳总辐射量东南部多在6000兆焦耳／（平方米·年）以上，西北部多在5800兆焦耳／（平方米·年）以下。形成这种差别的原因是新疆的山体

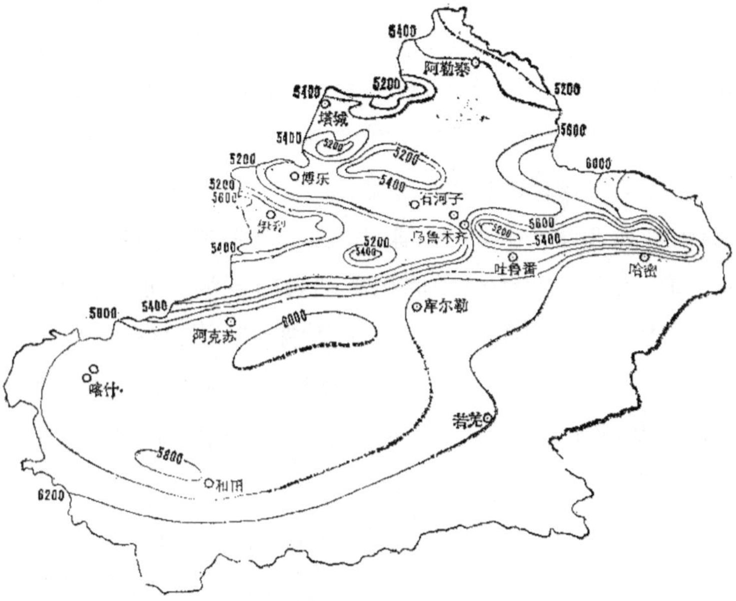

图1　新疆年太阳总辐射量分布图（单位：兆焦耳／平方米）

西高东低、南高北低，西来低层气流很难进入塔里木盆地，多从西部几个缺口入境，在西北部形成比较多的云和降水，使太阳辐射量减少；东南部则碧空少云，降水少，太阳辐射量增大。哈密地区，太阳总辐射量多在6400兆焦耳/(平方米·年)，是全疆年均太阳总辐射值最大的地方。南部昆仑山和阿尔金山北坡，是青藏高原太阳辐射高值区的边缘，总辐射量为6200兆焦耳/(平方米·年)，且随海拔高度上升有增加的趋势。①

新疆，特别是南疆地区由于光照充足，光合有效辐射较强，对农作物的生长，尤其是对棉花和瓜果等作物的成长具有得天独厚的优势，故新疆的瓜果以甜美而驰名中外。天山以南地区由于纬度较低，加上天山对北方寒流的阻碍作用，热量资源丰富。塔里木盆地≥10℃积温均在4000℃以上，吐鲁番盆地则为4500℃—5390℃，由于光热充沛，种植业发达，适宜种植粮食作物和棉花以及发展瓜果园艺业。此外，南疆昼夜温差较大，年平均温差在13℃—16℃，在水肥条件良好和农业耕作技术得当的情况下，农作物单产、含糖量较高。

徐德源先生根据多年研究绘制了新疆热量分布图(见图2)。从中可见，新疆热量主要分为：1.吐鲁番盆地炎热区，适宜喜温作物的晚熟品种和长绒棉的栽培，一年两熟的条件较好；2.塔里木盆地和哈密温热区，适宜喜温作物的晚熟品种和长绒棉的栽培，一年两熟制适宜复播的喜温作物之早熟品种；3.准噶尔盆地西南部和阿克苏河上游以及且末的温暖区，适宜喜温(粮油)作物中晚熟品种和特早熟陆地棉的栽培，可以复播糜子、油菜和谷子；4.准噶尔盆地周边和伊犁河谷西部、焉耆盆地和拜城盆地的温和区，适宜喜温(粮油)作物中晚熟品种的栽培；5.阿尔泰山前平原、塔城盆地和伊犁河谷东部的温凉区，适宜喜凉作物的栽培；6.昭苏和巴里坤—伊吾盆地的冷凉区，适宜喜凉作物中的早、中熟品种的栽培；7.阿尔泰山、天山、帕米尔高原和昆仑山的寒冷区，不适宜发展农业，适宜林牧业。②

新疆全年日照多达2550—3500小时，但地域分布则存在较大差异：日

---

① 徐德源：《新疆农业气候资源及区划》，气象出版社，1989年，第37—38页。

② 徐德源：《新疆农业气候资源及区划》，第37—38页。

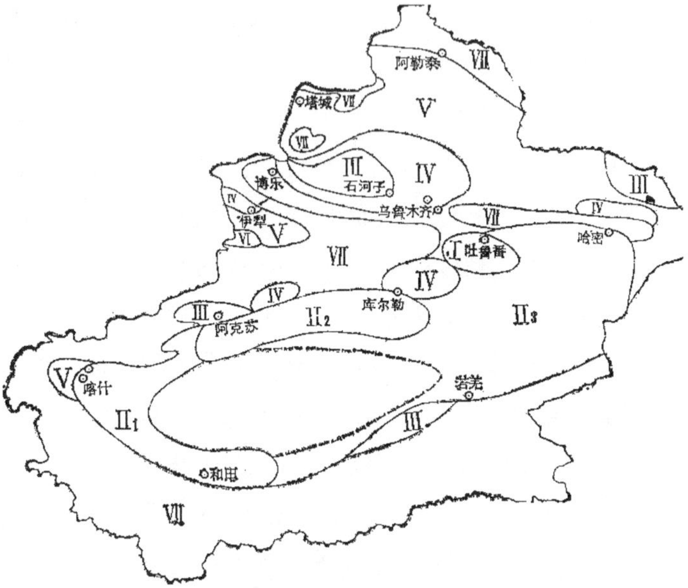

图2　新疆热量分布图

照量从北向南略减，自西向东增加，北疆地区从平原到山区是逐渐减少，而南疆则是增加。新疆各地的气温也不一样，冬季北疆比南疆寒冷，南北疆的温差较大；东部比西部寒冷，盆地中心比边缘寒冷，但温差较小；夏季气温各地差别不大，北疆略低于南疆，西部略低于东部，盆地中心略高于边缘。从平原到高山，气温递减较为显著，受地形和地势影响，冬季的天山南坡比北坡高约8℃，特别是天山中段更为明显。新疆地区光热条件的空间分布差异和不均衡使得新疆的经济形态也产生差异，在南疆的山前绿洲地区主要是以农业为主，兼营畜牧业，而周边山区则不利于农业发展，游牧经济占据优势地位。

二、水资源条件

水是一切动植物的生命之源，一般把在当前技术水平下可以利用的淡水称为水资源。新疆地处内陆，远离海洋，气候干旱，水资源缺乏，是制约该地区农牧业发展的主要因素。

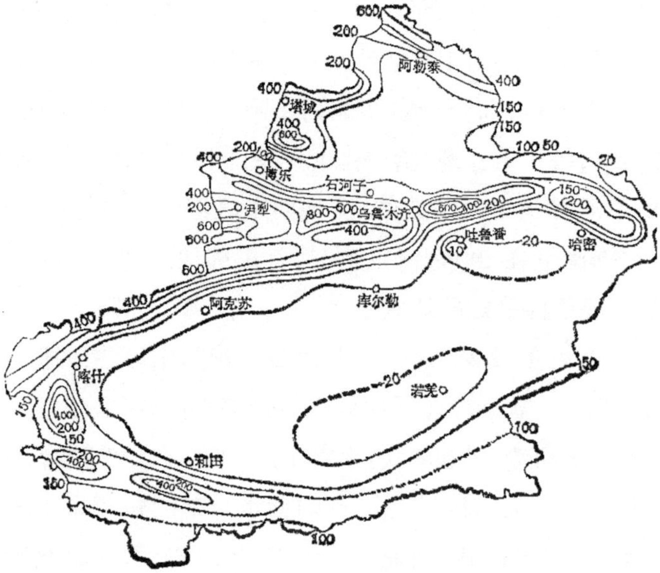

图3 新疆年降雨量分布图(单位:毫米)

降雨是地表和高山冰雪的重要来源,降雨量分布不均是导致地区农作物种植差异的重要因素。南疆空气中的水汽湿度低,地表径流少,又因空气上升运动相对较弱,这就决定了南疆地区的降雨量很少。南疆地区最大的降雨量也只有400毫米,最少的仅有10毫米。年降雨量地区上的巨大差异,反映了南疆水资源的复杂性和多样性,进而形成了多种农业用水形式。北疆的降雨量要高于南疆,一般为年均200—300毫米,天山中部个别地区年均降雨量甚至高达800毫米,雨量较为丰沛。

总体而言,新疆的降雨量呈现以下特点:北疆多于南疆,自北向南递减,自西北向东南递减;山区降雨高于平原,迎风坡高于背风坡。准噶尔盆地周边的降雨量较大,一些地方达到400毫米,而盆地中心地区则相对较少,仅为100—150毫米。这就形成该盆地边缘雨水多、中心则相对干旱的特点。

塔里木盆地的北部和西北边缘年降雨量为50—70毫米,东部和南部多在50毫米以下,且末和若羌一带仅为20毫米左右。降雨量最为稀少的是吐鲁番盆地,其中托克逊60%以上的年份降雨量不足5毫米,个别年份仅有0.5毫米。和田、喀什南部山区的一些地区降雨量高达400毫米，而山前平原地区的降雨量不过100毫米左右。和田、喀什南部山区迎风坡可以接收到西来的空气水汽，降雨量明显高于阿尔金山背风区的且末、若羌地区。[①]总体而言，塔里木盆地、哈密南北戈壁滩和吐鲁番地区是南疆的少雨中心。而伊犁河谷是向西开放的，受到西来暖湿气流的影响，该区降雨较为丰沛，年均降雨量在200毫米以上，河谷东部地区则在300毫米以上，是新疆农牧业发展条件最好的地区。

由于南疆降雨量较少，农业用水大多依赖高山冰雪融水。每年10月到次年3月，高山气温经常在零度以下，冰雪完全停止融化。虽冬季山地河流封冻，但许多河流一直依赖于中低山谷地的地下水补给，因此河水很少，这一时期就成为天山区域各河流的枯水季节。每年6、7、8三个月，气温最高，高山冰雪开始融化，河流进入汛期。9月以后，气温下降，水量又减少。所以南疆天气炎热往往导致洪水发生，若高温天气持续数天，洪水就更大，特别是热风向山地吹送和热的天气遇到有风向转变的情况下，经常发生较大的洪水。炎热的夏季，南疆地区往往洪水泛滥，对农业生产造成极大危害。由于北疆冬季多雪，春季消融后，为土壤增加墒情，所以北疆的积雪融水能补给河流水源，春季缺水时间较短，很少发生缺水现象，而南疆由于冬季降雪较少，春季降雨又少，故而经常发生春旱。新疆农田灌溉用水多取自河流的径流，而径流量的大小基本由降雨和降雪量决定，因此南疆不同地区的降水量分布差异就决定了不同区域灌溉用水方式的迥异。

河流是新疆农业和牧业发展的条件。源于新疆高山冰雪融水的诸多河流的河谷地区和出山口地区是新疆的绿洲所在地，更是新疆的农牧业生产重地。昆仑山北麓的车尔臣河、克里雅河、玉龙喀什河、喀拉喀什河、和田河、叶尔羌河、克孜河、盖孜河，天山南麓的阿克苏河、开都河、塔里木河流经地区是南疆农牧业发展比较好的地区；天山北麓的伊犁河、奎屯河、玛纳斯河、伊吾河，阿尔泰山南麓的额尔齐斯河和乌伦古河流域则是北疆农牧业发展比较好的地区。

① 以上分布图均来源于徐德源主编的《新疆农业气候资源及区划》。

总之,新疆各地光热资源和水资源的分布不均匀性在很大程度上影响了农牧业的分布格局。山前洪积平原和河流冲积平原土壤肥沃,依靠山区降水和融雪水的灌溉,水资源较丰富,是绿洲农业的主要所在,亦是人类活动的主要场所。新疆山区和山谷间夏季气候湿润,降雨较多,有利于牧草生长。此外,在没有灌溉条件的盆地中部和边缘,及山麓地区分布着大片草场,适宜野外放牧。平原草场和山地草场面积占全疆土地总面积的一半左右,是仅次于内蒙古的第二大牧场。此外,天山和阿尔泰山的阳面山谷阳光照耀,气候相对温暖,是呵护牧群的天然场所。新疆独特的自然条件塑造了新疆丰富而多元的生态环境,也为新疆农业和牧业的产生、发展提供了优越条件。

第二章　原始农业与畜牧业

通过考古调查与发掘，已在新疆发现了为数众多的史前文化遗址，说明在原始社会阶段，新疆地区已有频繁的人类活动，也出现了早期的农业和畜牧业经营活动。

第一节　原始农业

农业文明的出现是人类发展进步的重要表现。目前学术界普遍认同农业是由原始采集经济发展而来，在土壤、气候、水源较好的地区，农业的发展较为明显。

史前时期的新疆在很长时间内气候暖湿，雨量充沛。[①]肥沃的山前冲积平原前缘地带水量丰富，环境优越，为远古人类的生产生活提供了良好的条件。他们在适应大自然的同时也在积极地改造大自然，逐渐开始了原始牧业和简单的农业种植活动，从而促进了原始农业的萌发。囿于文献记载的缺失，我们只能借助考古资料来认识其概貌。

新疆的绿洲、河谷附近，自然条件适宜农业发展，远古的人类在新疆地区就逐渐开始从事原始农业的种植。从考古发现的粮食遗迹与石磨盘、石

① 王鹏辉：《史前时期新疆的环境与考古学研究》，《西域研究》2005年第1期。

磨棒等粮食加工工具遗存来看，[1]新疆原始农业开发比较早，远在3800多年前的新疆东部巴里坤地区[2]、哈密五堡地区[3]和艾斯克霞尔地区[4]、吐鲁番鄯善县的苏贝希[5]和洋海地区[6]、天山南麓和静西北的察吾乎沟地区[7]、焉耆和硕县新塔拉地区和曲惠地区[8]、轮台群巴克地区[9]、孔雀河下游古墓沟地区[10]、罗布泊小河地区[11]、昆仑山北麓且末的扎滚鲁克地区[12]，帕米尔高原东麓山前地带今喀什市西南隅的阿克塔拉、温古洛克、库鲁克塔拉、德沃勒克等地，以及位于帕米尔高原的塔什库尔干县城北约4公里的香宝宝与下坂地区，均有远古居民的定居生活遗迹。[13]他们经营着古老的农业和畜牧业，采用原始粗放的耕作技术开垦土地，种植大麦、小麦、粟、黍等作物，

---

① 王强认为，仅有石磨盘和石磨棒是不能断定遗址是有农业遗存的，需要同时伴有其他农具或者农作物遗存。参见王强：《磨盘类工具功能再论——以东亚为视角》，《中国文物报》2008年第3版。

② 张全超、常喜恩、刘国瑞：《新疆巴里坤县黑沟梁墓地出土人骨的食性分析》，《西域研究》2009年第3期。

③ 王炳华：《新疆农业考古概述》，《农业考古》1983年第1期；于喜凤：《新疆哈密五堡152号古墓出土农作物分析》，《新疆文物》1992年第3期。

④ 新疆文物考古研究所、哈密地区文管所：《新疆哈密艾斯克霞尔墓地发掘简报》，《新疆文物》2001年第3、4期合刊；《新疆哈密市艾斯克霞尔墓地的发掘》，《考古》2002年第6期；王永强、党志豪：《新疆哈密五堡艾斯克霞尔南墓地考古新发现》，《西域研究》2011年第2期。

⑤ 新疆文物考古研究所、吐鲁番地区文管所：《鄯善苏贝希一号墓地发掘简报》，《新疆文物》1993年第4期；《鄯善苏贝希墓地三号墓地》，《新疆文物》1994年第2期。

⑥ 新疆文物考古研究所、吐鲁番地区文管所：《鄯善县洋海一号墓地发掘简报》《鄯善县洋海二号墓地发掘简报》《鄯善县洋海三号墓地发掘简报》，《新疆文物》2004年第1期。

⑦ 新疆文物考古研究所：《新疆察吾乎大型氏族墓地发掘报告》，东方出版社，1999年。

⑧ 新疆文物考古研究所、新疆维吾尔自治区博物馆：《和硕县新塔拉和曲惠遗址调查》，《考古与文物》1989年第2期。

⑨ 孙秉根、陈戈：《新疆轮台群巴克古墓第一次发掘简报》，《考古》1987年第11期；《新疆轮台群巴克古墓第二、三次发掘简报》，《考古》1991年第8期。

⑩ 新疆社会科学院考古研究所：《孔雀河古墓沟发掘及其初步研究》，《新疆社会科学》1983年第1期；张全超、朱泓：《新疆古墓沟墓地人骨的稳定同位素分析——早期罗布泊先民饮食结构初探》，《西域研究》2011年第3期。

⑪ 新疆文物考古研究所：《新疆罗布泊小河墓地2003年发掘简报》，《文物》2007年第10期。

⑫ 何德修：《且末县扎洪鲁克古墓葬清理简报》，见穆舜英、张平主编《楼兰文化研究》，新疆人民出版社，1995年，第175—181页。

⑬ 吴勇：《新疆喀什下坂地墓地考古发掘新收获》，《西域研究》2005年第1期。

同时又饲养马、羊、牛等家畜，作为衣食之源。上述诸多史前农业文化遗存，从新疆东北的巴里坤，南经哈密、吐鲁番，再西南至罗布泊、焉耆、和静、轮台，一直向西延伸到帕米尔高原，分别代表了域内绿洲、山谷和高原等多种不同文化类型。①另外，随着时间推移，一些地区的农业还有所发展，新疆哈密五堡艾斯克霞尔南墓地墓口的铺草层中还发现了谷穗，墓葬随葬品中也有面食出土，另有加工谷物所用的木锨和石磨盘。可见，其农业较之当地较早期的艾斯克霞尔墓地有一定发展，其经济特点应为半农半牧。②距今约3000年的吐鲁番洋海墓地甚至还出土了芝麻和一段长115厘米，宽2.3厘米的葡萄藤。③在公元前2000—前1500年的小河遗址中，考古人员发现了小麦颗粒。经DNA分析，小河的小麦与六倍体面包小麦有着相似的遗传特征，证明小河小麦为六倍体面包小麦。六倍体面包小麦起源于近东地区，这暗示小河小麦的存在很可能是西部农业文化向东扩张的结果。另外，DNA分析的结果还显示，小河小麦的一部分属于春播型的普通小麦。对小河墓地出土的黍的5.8S基因进行分析，结果显示小河墓地出土的黍的核糖体5.8S区的序列特征与中原地区的黍完全一致，而与欧洲地区、近东地区、大洋洲地区的黍差异很大，暗示小河黍与中国黍有着最近的共同祖先。④

此外，在塔什库尔干的吉尔赞喀勒古墓葬中出土了距今2500年左右的粮食作物，为帕米尔高原地区首次发现。墓葬中还发现有绵羊、山羊、狐狸、狗、兔、盘羊、鹰等动物骨头，或属完整动物个体，或是动物的某一部位，如肢骨等。随葬的羊多为未成年个体，而野生动物一般为成年个体。随葬

---

① 周伟洲：《新疆的史前考古与最早的经济开发》，《西域研究》2003年第4期。

② 王永强、党志豪：《新疆哈密五堡艾斯克霞尔南墓地考古新发现》，《西域研究》2011年第2期。

③ 新疆文物考古研究所、吐鲁番地区文物局：《新疆鄯善县洋海墓地的考古新收获》，《考古》2004年第5期。

④ 刘学堂、李文瑛：《新疆史前考古研究的新进展》，《新疆大学学报（哲学·人文社会科学版）》2012年第1期。

品中还有打磨后穿孔的羊距骨。[1]随葬品中粮食食物与肉类食物并存，反映了这一地区古代居民的经济形态为农牧兼营。

北疆古代原始农业经营不仅使用了石制农业器具种植麦、粟等农作物，还开始了粮食初步加工，磨成面粉，以利于消化吸收。[2]其中东部的巴里坤和西部的伊犁河谷地区表现尤为突出。在距今2800年左右的巴里坤南湾墓地不仅出土有石磨盘、石锄形器等农具和粮食加工器具，还出土有小麦粒及面粉等农作物和粮食加工产品。[3]除此之外，该地区的石人子沟、奎苏、冉家渠等早期遗址也出土过炭化小麦粒和大型磨谷器等，这表明当地农业发展已达到相当程度。[4]与之遥遥相对的西部伊犁河谷也有历史久远的原始农业。考古工作者在伊犁尼勒克县穷科克发掘的距今约3000年的古墓葬中，既发现有大量的羊骨，还出土了精美的彩陶、石磨棒与石磨盘等农作物加工工具。[5]这些出土文物充分反映了当地确有定居生活和原始农业的存在。另外，张全超和李溯源通过对墓中出土的人骨进行测定研究，认为当地居民的饮食结构以肉食类为主，植物类食物中以C3类植物为主，而C3类植物很有可能来源于小麦等植物；摄入较少的C4类植物则很可能来源于谷子、小米等植物。总之，考古资料表明，当地古代居民以游牧经济为主，但同时也存在一定量的农业经济因素。[6]此外，伊犁新源县的黑山头遗址和铁木里克墓群也出土有石臼、石磨盘等石制农具。[7]

综上所述，史前时期北疆的远古居民在进行畜牧业经营的同时也兼营

---

① 巫新华：《2013年新疆塔什库尔干吉尔赞喀勒墓地的考古发掘》，《西域研究》2014年第1期。

② 阚耀平、阎顺：《吉木萨尔县小西沟遗址的初步调查》，《新疆文物》1992年第4期；于志勇、阎伦昌：《新疆阜康阜北农场基建队古遗址调查》，《新疆文物》1995年第1期。

③ 常喜恩：《巴里坤南湾墓地66号墓清理简报》，《新疆文物》1985年第1期。

④ 王炳华：《新疆农业考古概述》，《农业考古》1983年第1期；陈光祖：《新疆金属器时代》，张川译，《新疆文物》1995年第1期。

⑤ 刘学堂、关巴：《新疆伊犁河谷史前考古的重要收获》，《西域研究》2002年第4期。

⑥ 张全超、李溯源：《新疆尼勒克县穷科克一号墓地古代居民的食物结构分析》，《西域研究》2006年第4期。

⑦ 陈戈：《关于新疆远古文化的几个问题》，《新疆文物》1985年第1期；殷晴：《丝绸之路与西域经济——十二世纪前新疆开发史稿》，中华书局，2007年，第82页。

原始粗放的农业。从目前的考古资料来看，除小河墓地出土较多的粟类作物以及巴里坤出土较多石磨盘等器物和小麦外，其他墓地出土的粮食作物均比较少，而且几乎所有发现农业遗存的遗址都是同时伴随着畜牧业遗存。最近的稳定同位素分析技术研究也表明，罗布泊古墓沟墓地和伊犁尼勒克县穷科克一号墓地的原始居民饮食仍是以肉食为主。①结合其他出土遗存显示的信息，可以认为新疆原始农业与畜牧业关系密切，在经济结构中难分主次。即便如此，这仍是新疆古代农业之嚆矢，为后来进一步发展奠定了基础。

第二节 原始畜牧业

在人类历史发展的早期，采集业、原始农业和原始畜牧业是紧密相连的。由于早期的畜牧业是与原始农业相伴而生，因此并不具备迁移特征，属于放养型畜牧业。距今3500多年前，随着农业生产内部结构进一步分化，气候变冷、变干，萌生于农业生产内部的放养型畜牧业逐渐脱离农业生产，形成独立的生产部门——游牧业。而依附于定居农业的放养型畜牧业继续与农业生产保持着密切联系，并以家庭圈养、就近放牧等不同形式持续发展到近现代。②

新疆既有绿洲也有山间草地，多样的自然环境使得该地区既有依附于绿洲农业的畜牧业，也有草原游牧业。从考古资料来看，在史前时期的广大绿洲范围内，农业出现较早，同时也存在相当大比重的畜牧业。天山将地域辽阔的新疆分隔为自然条件和生产方式不同的南北两部分。一般认为天山北部宜于游牧，而天山南部诸多绿洲则宜于发展农业。“长城和天山

---

① 张全超、李溯源：《新疆尼勒克县穷科克一号墓地古代居民的食物结构分析》，《西域研究》2006年第4期；张全超、朱泓：《新疆古墓沟墓地人骨的稳定同位素分析——早期罗布泊先民饮食结构初探》，《西域研究》2011年第3期。

② 韩茂莉：《论中国北方畜牧业产生与环境的互动关系》，《地理研究》2003年第1期。

一线成为划分古代亚洲游牧圈和农耕圈的边界线”[①]。但实际情况则比较复杂，天山南麓一线不能以农耕的生产方式完全囊括，在山脚地带，靠着天山冰雪融化的水流，形成许多块适于农耕的山前绿洲，远古居民近水而居，垦荒种植，日出而作，日落而息，过着以农耕为主的定居生活。而在天山河谷、沟地草场地带则宜于游牧。一些地区兼有绿洲的边缘和山沟中的草场，绿洲宜于农，草场宜于牧。而处在此生态环境中的地区自然就产生了农牧兼营的经济形态。

首先看南疆地区。新疆哈密地区的五堡墓地不仅出土了反映当时农业经济的生产工具、农作物和成品食物，而且出土了反映当时畜牧经济的动物骨骼、皮鞭和笼头，还有大量的毛织物、皮革制品、骨器和骨饰等遗物。这些实物遗存均与当时畜牧业生产密切相关，也不难看出畜牧业在当时人们日常的生活中所占的比重。考古出土的动物骨骼，经科学鉴定，可辨认出的有羊、牛、驴等，反映了青铜时代哈密地区畜牧业生产的种类已大致齐备。其中野生高鼻羚羊骨的发现，又说明当时仍然存在着一定范围的狩猎活动。[②]

位于哈密市南的艾斯克霞尔墓地虽然出土有面饼、粟壳等物，但综合考古出土物来看，该地区仍以畜牧为主，饲养牛、羊等牲畜。[③]近年来，考古工作者又在艾斯克霞尔南墓地发掘出了大量史前遗存，有数量较多的羊后肢或羊头骨，还有羊毛织物、羊皮制品等，可以看出羊在当时人类生活中的重要性。考古资料还显示，马、牛和骆驼也是当地居民畜牧业的组成部分。随葬品中发现不少弓箭，且大多数箭支的箭头部分直接用箭杆削成，杀伤力较弱，用于狩猎的可能性要大于作战。另外，墓葬中出土了较多的黄羊角，而黄羊属野生动物，应为狩猎所获，也可说明弓箭的狩猎性质。此外，墓口的铺草层中还发现谷穗，墓葬随葬品中也有面食以及加工谷物所用的木锨及石磨盘等，可见其农业较之艾斯克霞尔墓地有一定发展，其经济特

---

① [日]松田寿男：《古代天山历史地理学研究》，陈俊谋译，中央民族学院出版社，1987年，第26页。

② 张成安：《青铜时代哈密地区的畜牧经济》，《农业考古》2000年第1期。

③ 新疆文物考古研究所：《新疆哈密市艾斯克霞尔墓地的发掘》，《考古》2002年第6期。

点应为半农半牧。[1]

哈密天山北麓古墓葬的时代大致属于公元前二千纪中叶，部分遗存的年代可能早到公元前二千纪初期。该墓地的考古发掘工作从1988年开始，至1997年共发掘墓葬700余座，出土文物达3000多件，主要有陶器、铜器、骨器、石器、金器、银器、海贝等。同时，还出土了大量羊、牛骨骼，当时随葬的食物原料为牛羊肉。其中羊骨多于牛骨，说明随葬的羊肉多于牛肉，进而反映了当时人们饲养的羊可能多于牛。随葬品中铜器数量最多，种类丰富，根据用途可分为工具、武器和装饰品，如出土有锛、锥、管、刀、牌、剑、箭镞、耳环、珠、镜、镯和扣等。通过对墓地出土人骨中的C、N同位素比值测定可知，当地居民日常饮食中保持着相当比例的肉类食物摄入，羊肉应该是当时居民较为普遍的肉食来源，植物类食物的摄入以C3类植物为主，很可能来源于小麦。[2]可知当时哈密天山北麓一带的经济形态是以畜牧业为主，兼有农业。

在吐鲁番盆地的吐鲁番市艾丁湖乡、鄯善县苏巴什和托克逊县的英亚依拉克等地，考古工作者先后清理发掘了67座车师墓葬。从出土文物看，虽未看到动物骨骼，却出土了皮、毛制品。在苏巴什墓地还出土有兽头形、兽牙形铜饰；艾丁湖古墓葬出土有双联金牛头、带扣动物纹铜牌、铜带钩、铜链和铁链等，均说明在当时人们的经济生活中畜牧和狩猎占有一定地位。[3]

距今约3000年的吐鲁番鄯善地区的洋海墓地，位于吐鲁番盆地火焰山南麓的荒漠戈壁地带。考古工作者在这里发现了大量动物遗存，随葬品中可见羊头（山羊和绵羊）、整羊、羊排骨或羊腿、牛头、整马、马距骨、马下颌和马肩胛骨、狗等。同时，该墓地还出土了大量与狩猎有关的遗物和遗

---

① 王永强、党志豪：《新疆哈密五堡艾斯克霞尔南墓地考古新发现》，《西域研究》2011年第2期。

② 张全超、常喜恩、刘国瑞：《新疆哈密天山北路墓地出土人骨的稳定同位素分析》，《西域研究》2010年第2期。

③ 新疆维吾尔自治区博物馆、吐鲁番地区文管所：《新疆吐鲁番艾丁湖古墓葬》，《考古》1982年第4期；吐鲁番地区文管所：《新疆鄯善苏巴什古墓葬》，《考古》1984年第1期；《新疆托克逊县英亚依拉克古墓群调查》，《考古》1985年第5期。

迹，如弓、箭、马鞍、马鞭、铜马衔、皮辔头等。此外，在该墓地中还发现了数量较多的木桶随葬物，而在木桶的外侧，多有阴刻或线刻的动物形象，其种类有北山羊、马、狼、虎、狗、骆驼、野猪、马鹿、鸟等。在有些木钵、盆的器柄上也雕刻有山羊、狼、怪兽等形象，这说明当时吐鲁番鄯善地区仍有大量野生动物的存在。遗存中非常丰富的毛纺（编）织物、动物纹，成套的骑射、狩猎用具等，反映了当时洋海人的生产方式是以畜牧和狩猎为主，牧养的牲畜主要有山羊、绵羊及牛、马等。同时，在洋海墓地也出土了一些粮食作物的颗粒、茎秆与穗颖等遗存，经鉴定，有黍、青稞和普通小麦等种类，反映了洋海人也在一定程度上从事着农业种植。①

罗布泊地区孔雀河下游的古墓沟，发掘了42座早期罗布泊人的墓葬。发掘资料表明，当时此区域的经济生活亦以畜牧业为主，牲畜主要是羊和牛，羊分为山羊和绵羊。这批墓葬普遍殉葬牛角和羊角，最多的一座墓中竟出土了26只牛、羊角。②

同处孔雀河下游的小河墓地也展示了区域畜牧业的经营之一斑。11号墓出土动物耳尖10余片，还有皮囊、羊毛皮等。13号墓出土牛头1个、牛皮3块和多块动物耳尖。24号墓出土羊腿骨、牛头和绵羊皮。34号墓出土毛皮3块，其中最大的一块尺寸为110厘米×60厘米。数量较多的动物耳尖、毛皮、牛头等遗存的出土，反映了小河地区的畜牧业比较发达。③通过对小河墓地出土的牛颅骨标本进行形态学分析，显示其非测量性特征更接近于以匈牙利长角灰牛为代表的欧洲黄牛。从小河古代黄牛的线粒体世系分布频率上看，其遗传结构特征与西部欧亚驯化牛的遗传结构特征最为相似。这一结果暗示，在距今4000年前西部欧亚的驯化黄牛就已经向东扩散到新疆地区。学者认为黄牛是一种大型的食草类家畜，移动能力并不

---

① 蒋洪恩、李肖、李承森：《新疆吐鲁番洋海墓地出土的粮食作物及其古环境意义》，《古地理学报》2007年第5期。

② 新疆社会科学院考古研究所：《孔雀河古墓沟发掘及其初步研究》，《新疆社会科学》1983年第1期。

③ 新疆文物考古研究所：《新疆罗布泊小河墓地2003年发掘简报》，《文物》2007年第10期。

强，其扩散很可能是由史前人类介导的黄牛贸易造成的。①

天山南麓的轮台群巴克古墓群。其中22座墓中葬有马头，2座墓中有整狗随葬，2座墓中见羊骨，1座墓中见狗骨和马骨，另在墓葬中还发现了牧羊人常带的小铁刀与羊脊椎骨，均说明该区域畜牧业所占有的一席之地。②

除此之外，位于和硕县的新塔拉和曲惠遗址、库尔勒市上户乡古墓葬和且末扎洪鲁克墓葬遗址既出土有粮食作物，又出土了很多羊、牛、马等家畜的骸骨，这些为死者搭配的食物原料，也反映出了区域农牧兼营的地方特色。③

与绿洲农牧兼营不同的是山区的游牧经济，它是高山草原环境的产物，并在迁徙游移中开拓了更广阔的生存空间。天山和昆仑山中的山间盆地草原均为游牧业的发展提供了较好的条件。史前考古资料已证明天山与昆仑山山地有着较为发达的游牧业。

位于和静县西北的察吾乎遗址出土了许多青铜制品和成排的羊肋骨，一些较大的墓葬周围还有随葬坑，坑中或置放马头、马腿骨，或置放牛头、牛腿骨，故被考古工作者称为马头坑或牛头坑。虽然同时也出土一些农业遗存，如石磨盘等，但从总体上看，该地区是以畜牧经济为主的。④察吾乎遗址位于天山中段南麓的山间峡谷进入盆地的谷口，南连焉耆盆地的绿洲。沿着开都河即可到达天山著名的尤勒都斯大草原，高山环绕，水草丰美，是古代游牧民族的游牧地。所以，察吾乎遗址可能是古代游牧民族的迁徙孔道的一个重要地点。

天山东部吐鲁番盆地托克逊县西南的天山阿拉沟东口及鱼儿沟车站附近的墓葬群距今约2200年。墓葬的随葬品除了陶器、木器、铜器、金银

---

① 李春香：《小河墓地古代生物遗骸的分子遗传学研究》，吉林大学生命科学学院，2010年，第70—71页。

② 孙秉根、陈戈：《新疆轮台群巴克古墓第一次发掘简报》，《考古》1987年第11期；《新疆轮台群巴克古墓第二、三次发掘简报》，《考古》1991年第8期。

③ 何德修：《新疆库尔勒市上户乡古墓葬》，《文物》1999年第2期；殷晴：《丝绸之路与西域经济——十二世纪前新疆开发史稿》，第37页。

④ 新疆文物考古研究所：《新疆察吾乎大型氏族墓地发掘报告》，第342—343页。

器和小铁刀以外，还殉葬大量的马、羊骨，以及腿绊、鼻栓等牧业工具。从随葬器物看，其生产方式是以畜牧业为主体。①在同一地区，阿拉沟东风机器厂附近墓群普遍随葬羊头、马头、牛骨以及铜马衔和木质腿绊等牧业工具，以及骨镞等狩猎工具。这些与人类生产生活密切相关的随葬品，正是墓主人生前主要从事畜牧劳动和主要以肉类为食物之源的实证，也反映了区域的畜牧业生产经营特色。②

阿拉沟的自然环境是山谷狭窄，多陡坡，从事种植业比较困难。源于天山雪水的阿拉沟河长流不断，河床边草木丛生，气候冬暖夏凉，是从事畜牧业生产的理想之地。由此往西的天山山谷中又有可供转场迁徙的高山草原。从山谷中广为分布的古墓葬看，阿拉沟山谷是通往天山的尤勒都斯草原和伊犁河流域的一条重要通道。

塔里木盆地南缘和田县流水墓群位于昆仑山深处克里雅河上游河道与流水河交汇处，该墓群距今约3000年，出土的随葬品有陶器、马骨和山羊骨等。流水墓群南临克里雅河，西傍流水河，台地北部是广阔的喀让古山缓坡，自古以来就是优良的山地草场。对出土人骨所做的人类学鉴定也认为该地居民具有长期骑马的习惯或特点，这都是与游牧生活相关的。③

新疆喀什地区塔什库尔干塔吉克自治县班迪下坂地早期墓地距今约3000年，其随葬品中有铜器、山羊头骨、肋骨、脊椎骨、足骨和马骨等，这些遗存明显反映出当地居民的生活是以肉食为主，经营的无疑是畜牧业生产。④

再看北疆地区。东疆巴里坤兰州湾子距今3000年前的古代遗址中发现有很多马、牛、羊、狗等动物骨骼残骸与石锄、磨谷器等遗存。⑤此外，其

---

① 新疆社会科学院考古研究所：《新疆阿拉沟竖穴木椁葬发掘简报》，《文物》1981年第1期。

② 新疆社会科学院考古研究所：《新疆阿拉沟竖穴木椁葬发掘简报》，《文物》1981年第1期。

③ 米夏艾勒·舒勒茨、巫新华等：《新疆于田县流水墓地26号墓出土人骨的古病理学和人类学初步研究》，《考古》2008年第3期；中国社会科学院考古研究所新疆队：《新疆于田县流水青铜时代墓地》，参见http://cul.sohu.com/20061114/n246376084.shtml.

④ 吴勇：《新疆喀什下坂地墓地考古发掘新收获》，《西域研究》2005年第1期。

⑤ 薛宗正：《北庭春秋——古代遗址与历史文化》，新疆人民出版社，2006年，第34页。

周边还有大量狩猎、骑马、驯马及放牧等内容的岩画，这些岩画大多刻在花岗岩石上，岩画上的动物图像以北山羊、鹿、狼等野生动物为主，家畜有马、骆驼、犬和牛，多是有人骑乘的形象。[①]

巴里坤以西的奇台、吉木萨尔境内的史前遗址中也有诸多游牧遗存。奇台的坎尔孜、水磨河和半截沟遗址，“所出遗物都兼具游牧、农耕的双重特征”。如半截沟就出土了牲畜碎骨与石锄、石磨盘、石磨棒等。[②]吉木萨尔县小西沟遗址、乱葬岗遗址和大龙沟古墓葬群均出土了很多马、羊、骆驼等牲畜骨骼以及马衔、石磨和磨谷器等。[③]这表明当地的原始农牧业是并存的。

乌鲁木齐萨恩萨依墓地考古断代为公元前7世纪。墓葬出土物有铜镜、铜刀、铜锥、铜马衔等铜器，马、牛、羊的头骨与足蹄等，不见与定居更相关的猪、狗、鸡等，也未发现居住遗址及从事农耕的生产工具。这些现象就说明当时生活于此的居民主要从事畜牧业生产，畜肉是主要食物来源。[④]乌鲁木齐以西的石河子也发现了史前时期墓葬，洪桥石室墓出土有马肢骨，南山红沟山谷出土有卧羊形铜饰件。[⑤]

北疆塔城地区也发现了一批史前墓葬，其中具有明显地域特点的土墩墓可分为前后两期，“前期年代为公元前7世纪至前3世纪，出土有金饰、青铜和骨质的饰物，多具早期斯基泰式的动物形状和纹饰。后期年代为公元3世纪至4世纪。这个时期伊犁河流域的土墩墓，据推断属乌孙遗存，可细分为早、中、晚三段”。早期阶段（公元前3世纪至前2世纪）墓内多见羊骨，

---

① 邢开鼎：《巴里坤县兰州湾子岩画》，《新疆文物》1985年第11期；《新疆哈密兰州湾子古遗址又发现上百幅岩画》，天山网，2003年8月5日，http://www.tianshannet.com.cn/GB/channel3/19/200306/05/34599.html.

② 薛宗正：《北庭春秋——古代遗址与历史文化》，第35页。

③ 阚耀平、阎顺：《吉木萨尔县小西沟遗址的初步调查》，《新疆文物》1992年第4期；新疆文物考古研究所、昌吉回族自治州文管所、吉木萨尔县文管所：《吉木萨尔县大龙沟古墓葬》，《新疆文物》1994年第4期。

④ 新疆文物考古研究所、乌鲁木齐市文管所：《新疆乌鲁木齐萨恩萨依墓地发掘简报》，《文物》2012年第5期。

⑤ 王宗磊：《新疆石河子地区古代墓葬的考古研究》，《石河子大学学报》2006年第12期。

中期阶段(公元前1世纪至公元1世纪)羊骨已少见。①

其次,塔城地区的白杨河墓地,埋葬时间相当于战国至汉代。墓葬中残存的遗物多见羊骨及铜刀、铁刀、木弓、木箭镞等与畜牧狩猎相关的工具。此外,墓葬附近有约100幅刻画于黑色、褐色大卵石上的岩画,内容多为北山羊、盘羊、梅花鹿、骆驼、马和人物等图案。考古工作者认为,此属一处以畜牧经济为主的游牧民族的遗存。②另有额敏县霍吉尔台墓地、裕民县阿勒腾也木勒墓地、阿勒泰市克孜加尔墓地、富蕴县塔勒德萨依墓地等,其文化遗存亦表现为游牧经济形态。③博尔塔拉蒙古自治州博乐市达勒特镇古城遗址发现有陶纺轮;青得里乡古城遗址亦发现有陶纺轮与带纹饰的黄铜马一件。④

阿尔泰山一带在汉代以前主要是塞人的活动区域。王林山在《草原民族文物的风采——阿勒泰民族文物陈列巡礼》一文中,展示了出土于当地的青铜驼首刀、60幅岩画拓片、30件岩画标本照片,反映了牲畜、牧放、车辆等生产生活场景。⑤近年来,考古工作者在新疆阿勒泰青河县东北部查干郭勒乡阿尔泰山分水岭处发现三海子墓葬及鹿石遗址群,在鹿石上刻有鹿、野猪、马等动物形象,可能是早期畜牧业社会的祭祀遗址,也正好说明,生活在这里的早期居民经历了一次从畜牧经济向游牧经济转化的社会演变。⑥此外,在阿尔泰山南麓、额尔齐斯河及其支流,以及阿勒泰哈巴河县加朗尕什附近和克尔木齐地区,考古工作者发现了青铜时代中期至铁器时代早期的文化遗存。在遗存中发现有羊尾的存在,更重要

---

① 新疆维吾尔自治区文物普查办公室、塔城地区文物普查队:《塔城地区文物普查报告》,《新疆文物》1994年第2期。

② 新疆文物考古研究所:《新疆塔城地区白杨河墓地发掘简报》,《考古》2012年第9期。

③ 新疆文物考古研究所:《2009年阿勒泰市克孜加尔墓地考古发掘简报》,《新疆文物》2010年第1期;新疆文物考古研究所等:《富蕴县塔勒德萨依墓地发掘简报》,《新疆文物》2006年第3、4合期。

④ 新疆维吾尔自治区文物普查办公室、博尔塔拉蒙古自治州文物普查队:《博尔塔拉蒙古自治州文物普查资料》,《新疆文物》1990年第1期。

⑤ 王林山:《草原民族文物的风采——阿勒泰民族文物陈列巡礼》,《新疆文物》1994第2期。

⑥ 三海子考古队:《新疆青河三海子墓葬及鹿石遗址群考古新收获》,《西域研究》2014年第1期。

的是，在其附近发现数量较多的岩画，刻画有山羊、牛、马、鹿或者类似驴、马等动物，以及手掌、人物、射箭、舞蹈形象图案，反映了当时区域居民的经济文化生活。①

伊犁地区至今仍是新疆畜牧重地，从考古资料看，当地在史前时期已是畜牧重地。霍城县果子沟河畔石堆墓，察布查尔锡伯自治县索墩布拉克墓群，新源县铁木里克墓群、黑山头墓群和巩乃斯种羊场墓群多出土有牛、羊和犬的随葬，并有骨箭镞等狩猎器具。②

最近几年，伊犁地区又发现了很多史前遗址，这些墓葬保存了较多的游牧文化遗存。尼勒克县穷科克一号墓地发掘出土的文化遗存表明当时的区域经济是以游牧为主。③此外，考古工作者还对附近的尼勒克县汤巴勒萨伊墓地进行了发掘。该墓地分早期、中期和晚期三种类型，早期属于青铜时代的安德罗诺沃文化范畴，中期属于公元前5世纪至前3世纪的塞人或乌孙文化，晚期则属于唐代遗存，虽然该墓地文化分期不同，但出土同一属性的马衔、牛羊骨头等，又充分表明其经济形态均为游牧性质。④

此外，同处于伊犁地区的特克斯县先后发掘一批公元前8世纪至前4世纪的墓葬，这些墓的随葬品多为羊骨、箭镞、铁器和陶器等，与尼勒克县发掘的古墓葬雷同，亦是游牧生活的文化遗存。⑤

伊犁地区巩乃斯河流域的新源县别斯托别乡也发现有大量西汉前后

---

① 新疆社会科学院考古研究所：《新疆克尔木齐古墓群发掘简报》，《文物》1981年第1期；于建军：《新疆阿勒泰加朗尕什、哈拜汗墓地发掘成果》，《西域研究》2013年第2期。

② 新疆维吾尔自治区文物普查办公室、伊犁地区文物普查队：《伊犁地区文物普查报告》，《新疆文物》1990年第2期；殷晴：《丝绸之路与西域经济——十二世纪前新疆开发史稿》，第82页。

③ 新疆文物考古研究所等：《尼勒克县穷科克一号墓地发掘简报》，《新疆文物》2002年第2、3合期。

④ 新疆文物考古研究所：《新疆伊犁尼勒克县汤巴勒萨伊墓地发掘简报》，《文物》2012年第5期；《伊犁州尼勒克县奇仁托海墓地发掘简报》，《新疆文物》2004年第3期。

⑤ 新疆文物考古研究所：《新疆特克斯县阔克苏西2号墓群的发掘》，《考古》2012年第9期；《特克斯县叶什列克墓葬发掘简报》，《新疆文物》2005年第3期；《伊犁恰甫其海水利枢纽工程南岸干渠考古发掘简报》，《新疆文物》2005年第1期；《特克斯县恰甫其海A区XV号墓地发掘简报》，《新疆文物》2005年第4期；《2005年度伊犁州巩留县山口水库墓地考古发掘报告》，《新疆文物》2006年第1期；《特克斯县恰甫其海A区X号墓地发掘简报》，《新疆文物》2006年第1期。

的墓葬群，经过考古发掘，墓葬中出土大量铁刀、铁簇、骨簇、马镳、羊骨、马骨等与畜牧狩猎生活密切相关的随葬品，少有陶器，亦属古代游牧人群的生活地区。[①]

通过对史前时期新疆绿洲和山区两大类型畜牧业文化遗存的考察，可见史前时期的新疆畜牧业发展之一斑，既有绿洲地区的定居畜牧业生产，又有山间谷地的游牧业生产，均为两汉时期新疆畜牧业发展奠定了重要基础。

① 新疆文物考古研究所：《新疆新源县别斯托别墓地2010年的发掘》，《考古》2012年第9期。

第三章　汉晋南北朝时期的农牧业

汉代是新疆地区以河流绿洲为中心的城郭发展成熟时期，所谓西域三十六国，由于个别的城郭国超出了今日新疆界域的范围，也就不在本文叙述之列，如康居、大月氏、安息等。根据城郭诸国生产生活方式的不同，又分为居国与行国。所谓居国，是指主要从事定居农业的城郭；所谓行国，则是指过着随水草迁徙而居无定处的游牧部族。居国与行国之分，也就大致勾勒出了农业与畜牧业的地域分野。

第一节　汉晋南北朝时期的区域农业

一、汉代西域的农业经营

史前南疆居民的农业开发为秦汉时期的经济进一步开发奠定了重要基础。《汉书》卷96《西域传》载："自且末以往皆种五谷，土地草木，畜产作兵，略与汉同，有异乃记云。"可见，南疆地区经营农业地区比较多，主要有且末、精绝、扜弥、于阗、皮山、莎车、疏勒、姑墨、龟兹、乌垒、渠犁、危须、尉犁、焉耆、车师前国、车师都尉国等。[1]受自然条件所限，不同区域的生产经营方式亦呈现出不同特点。或以农业为主，辅以家庭畜牧业，如且末、精绝、于阗、莎车、疏勒、乌垒、渠犁、焉耆、尉犁等，是为居国，主要分布在山前洪积扇的河流绿洲上。或以畜牧业为主，亦辅以少量农业，如西夜、蒲犁、依耐、蒲类、山国、劫国等，是为行国，主要分布在山间谷地与干旱缺水的沙卤之地。鄯善"地沙卤，少田，寄田仰谷旁国"。乌秅国"山居，田石间"。[2]

西汉征和年间（前92—前89年），搜粟都尉桑弘羊与丞相御史曾奏言："故轮台东捷枝、渠犁皆故国，地广，饶水草，有溉田五千顷以上，处温和，田美，可益通沟渠，种五谷，与中国同时熟。"[3]"溉田五千顷以上"说明在西汉屯垦之前轮台以东的捷枝和渠犁地区，其水利灌溉就已比较发达。不过，当时的农业生产工具还比较落后。"其旁国少锥刀"[4]，说明其周边地区缺少铁制的刀具之类。以此类推，铁制的农具也必然是缺乏的。故使用木质农具是西域各绿洲地区比较普遍的现象。实际上，一直到北魏时期，丝路南道的且末还依然保持着使用木质农具的习惯。汉晋时期，新疆传统农业发展的缓慢和区域不均，由此可见一斑。

从《汉书》卷96《西域传》可见昆仑山北麓的鄯善、扜弥、于阗、莎车和天山南麓的疏勒、姑墨、龟兹、焉耆是人口最多的地区，均超过万人。这些地区的人口占到当时南疆总人口的62.70%，龟兹的人口更是高达8万余人，成为当时人口最多的地区。这些人口数量较多的地方主要分布在沙漠边缘的绿洲上，也正是当时以农业为主的经济区。疏勒、姑墨、龟兹、焉耆等绿洲均能为数万人口提供衣食之源，其农业开发的程度也是值得肯定的。《汉书·西域传》载塔里木盆地及其周边绿洲的户口数如下表：

① 殷晴先生把温宿也算入绿洲国，参见殷晴《丝绸之路与西域经济——十二世纪前新疆开发史稿》，第70页。笔者认为《汉书·西域传》记载温宿"土地物类所有与鄯善诸国同"，既然鄯善是以牧业为主，温宿自应是为牧业为主，故不列入绿洲农业区。

② 《汉书》卷96上《西域传上》，中华书局，1962年，第3882页。

③ 《汉书》卷96上《西域传上》，第3912页。

④ 《汉书》卷96上《西域传上》，第3912页。

表1　塔里木盆地及周边绿洲户口数

地名	户数	口数	户均人口
且末	230	1610	7
精绝	480	3360	7
打弥	3340	20040	6
于阗	3300	19300	5.8
皮山	500	3500	7
莎车	2339	16373	7
疏勒	1510	18647	12.3
姑墨	2200	24500	11.1
龟兹	6970	81317	11.7
乌垒	110	1200	10.9
渠犁	130	1480	11.4
尉犁	1200	9600	8
危须	700	4900	7
焉耆	4000	32100	8
车师前国	700	6050	8.6
车师都尉国	40	333	8.3
合计	27749	252710	9.1

从上表可知，西汉时期塔里木盆地南北两道绿洲的户口数分别为：户27749，口252710，平均每户9.1人，高出中原地区5口之家的户均数，说明当时绿洲地区的户型普遍较大。

殷晴先生以汉代中原地区人均13.8亩（相当于现在9.7市亩）的耕地为基础，又以新疆地广人稀而假定汉代新疆绿洲农业区的人均耕地面积略大于中原地区，遂以15市亩为人均值，计算出汉代新疆绿洲农业区（基本上是南疆地区）约有耕地380万亩。[1]如果加上鄯善、戎卢、皮山、渠勒、温宿

---

① 殷晴：《丝绸之路与西域经济——十二世纪前新疆开发史稿》，第71页。

和乌秅等以畜牧为主兼有部分农业的地区，西汉时期南疆地区的农业生产面积应当超过上述数字。

迨至东汉，虽自西汉末以来西域诸国间曾出现过相互兼并，原有的政治地理格局发生了变化，加之文献记载有阙，为前后两个时期的比较增加了一些困难。但通过对一些具体事例的分析，仍可对当时的人口变化有一个大致的了解。如东汉时，于阗有户32000，口83000，虽然此时的于阗兼并了原渠勒、皮山之地，然此一人口数仍要比西汉时于阗、渠勒、皮山人口的总和多出58000余人，总人口约等于西汉时的3.3倍。焉耆户至15000，是西汉时的3.8倍；口至52000，是西汉时的1.6倍。疏勒仅记其户为21000，胜兵30000余人，胜兵人数已超过西汉时的总人口数，疏勒人口的增加更是超出想象。窥一斑而知全豹，从上述现象推测，东汉时期南疆诸城郭国的人口还会有一些增长，即使保守估计，应至少保持着西汉时的水平。由此可知，东汉时期，南疆的农业也至少保持着西汉时期的水平，甚或在西汉的基础上有所发展和进步。

东汉时期，北疆农业的进步突出表现在伊犁河流域和巴里坤地区。可能是受到西汉军屯的影响，当时乌孙王庭所在地的伊犁河流域有农业经营和定居趋势。[①]近年来，考古工作者还在伊犁河上游的尼勒克县加勒格斯哈音特和铁木里克沟口等墓地发现了随葬的铁器、陶器、石器、骨器、金器等。其中，出土石器中有一套较为完好的石磨盘，下部为长亚腰形，上部为长方形，底为凹面，上下正好合扣，为农作物加工器具。这些墓地的年代在公元前七八世纪至公元前后。[②]新的考古发现进一步说明了伊犁地区农业的发展与进步。《后汉书·西域传》记载："蒲类国，……庐帐而居，逐水草，颇知田作。东且弥国，……庐帐居，逐水草，颇田作。"考古资料也显示该时期的巴里坤地区有相当规模农业的存在。在巴里坤县东黑沟遗址出土有小型磨盘9件，大型磨盘8件，石锄1件。另发现有灰坑及灶坑遗址，并出

① 余太山：《西域通史》，中州古籍出版社，2003年，第263页；王炳华：《丝绸之路考古研究》，新疆人民出版社，1993年，第234—235页。

② 陈跃：《论古代北疆农业的发展》，《西域研究》2010年第2期。

土了一些粮食实物。[①]遗址北部不远处便是东天山北麓的冲积平原，有河流经过，灌溉便利，土壤肥沃，至今仍是良田膴膴之地。

塔里木盆地南缘的绿洲诸城郭国农业也有一定发展，特别是耕作技术有所进步。2013年，新疆考古队深入塔克拉玛干沙漠腹地距离策勒县城约50公里的斯皮尔古城遗址附近，发现二牛抬杠木犁、马鞍形磨盘等5件文物。经此次考古队专家实地测量，斯皮尔古城内径达300米，古城遗址面积超过8万平方米。古城建筑结构为汉朝风格的四重城，其中第一重城和第二重城为瓮城。中国社会科学院考古研究所新疆考古队队长巫新华表示：该古城是一个非常典型的园林式规划古城，年限应该在东汉时期，距今大约1800年。根据古文献记载，西域三十六国中的渠勒国时代与此对应，该古城应为渠勒国古城，甚至可能是渠勒国王城。[②]

二、魏晋南北朝时期西域农业的发展

魏晋南北朝时期西域的农业上承汉代的发展，取得了新进步，主要表现为水利灌溉管理的加强、先进农具的出现、复种制度的采用、农作物新品种的引进等。同时，地区发展差异已初显端倪，经济区域性特征日益显著，塔里木盆地东南部逐渐衰落，而吐鲁番盆地则不断趋于繁荣。反映了西域农业发展过程中的地域变化及其不平衡特征的表现。

首先，水利灌溉管理的新发展。水利灌溉是西域绿洲农业发展的首要条件，水利灌溉是决定农业丰歉的关键因素，至今依然。换言之，农业经营全赖河水灌溉，能否得到适时的灌溉对农作物产量的高低具有决定性影响。山泉河水是当地极为珍贵的水利资源，为了用好水资源，在魏晋南北朝时期，各绿洲城郭都设置有专门机构统一管理。如鄯善国，王在敕谕中

① 新疆文物考古研究所、西北大学文化遗产与考古学研究中心：《2006年巴里坤东黑沟遗址发掘》，《新疆文物》2007年第2期。

② 于江艳：《塔克拉玛干沙漠发现迄今最完整汉室四重城》，新疆哲学社会科学网，2013年2月27日，http://www.xjass.com.

就提到"……耕地无水,结果无水。现将水引入汝州,不可能……"①从文书的行文看,当地水资源较为短缺,使用水是要缴纳水费的,"汝得先交纳水和种子费用,才可以在此耕种"②。"来此耕种,涉及水和籽种之事……水费及籽种费应即由汝送来"③。在土地出租时,土地的主人必须同时提供水和种子,也就是说,土地是和灌溉用水捆绑在一起的,一块土地,自然包含着土地与用水两大因素。从文书内容亦可知,鄯善王甚至直接负责处理有关用水方面的纠纷。鄯善王在一份处理用水事务的敕谕中明确指出:"当汝(指州长和税监)接到此楔形泥封木牍时,应即刻对此详细审理,此水是否为阿波尼耶所借,又是否将此水借人。此外,若排水口未曾准备好,则不能让阿波尼耶赔偿损失。"④由此可见,鄯善王在耕地用水的管理上是很具体周到的,而灌溉系统的发达和水利管理职能的强化无疑是绿洲农业发展的重要条件。

吐鲁番地区高温少雨,气候极其干旱,水资源珍贵紧缺,高昌政权对水资源管理也非常细化和严格,诸城均设有户曹、水曹、田曹。水曹之下设有行水官和平水官。行水官的主要职责是掌握具体分配民田灌溉用水,他是在农田需水季节由诸曹的在职官吏临时兼任,具有临时性、季节性等特点。而平水官为常设职官,主要负责水利建设和具体管理日常水利事务。⑤

其次,农具制造技术的掌握与耕作技术获得大幅度提高。汉代诸多将士屯垦戍边,将中原先进耕作工具传播到西域,不过仅限于局部地区。如果说汉代西域先进农具使用是输入性的,那么魏晋南北朝时期则是自产的。楼兰出土的348号简文记载:"承前新入胡锸合三百九十五枚。"⑥新进"胡锸"数量多达三百九十五枚,这充分说明了锄、锸等农具的广泛使用,也

① 林梅村:《沙海古卷》第368号文书,文物出版社,1988年,第104页。

② 林梅村:《沙海古卷》第160号文书,第281页。

③ T.贝罗:《新疆出土佉卢文残卷译文集》,王广智译,见韩翔等主编《尼雅考古资料》第160号文书,新疆维吾尔自治区文化厅编印,1988年,第38页。

④ 林梅村:《沙海古卷》第502号文书,第125页。

⑤ 柳洪亮:《吐鲁番出土文书中所见十六国时期高昌郡时期的水利灌溉》,《中国农史》1985年第4期。

⑥ 林梅村:《楼兰尼雅出土文书》,文物出版社,1985年,第61页。

说明当地人民对农耕的重视。此外，“胡锸”显然是对当地人的农具“锸”的称呼，这说明了当地人已经生产了“锸”。23号文书记载了人们领取物品的内容，其中有9人各领取牡牛一头，[①]有可能是用来农耕的。此外，出土文书中还大量记载了锄、锸等工具。39号简文曰：“……要务又迫婷锄。”[②]233号简文曰：“……将城内田明日之后便当斫地下种。”[③]“斫地”是在耕种前用耒耜或者锸等挖土农具来砍地或刨地，这是深翻耕地的明证。

塔里木盆地北缘的龟兹也广泛使用了锄头、犁铧等先进工具。龟兹石窟第175号洞窟的壁画上有两个人在使用类似今天锄头的工具在刨地，同时还有类似二牛抬杠的牛耕图。[④]由此联系到鄯善王国农业种植时使用“锄”“锸”等农具，我们不难推测，魏晋南北朝时期，塔里木盆地周边的绿洲地区已经广泛使用了“锸”这一农具，有些学者还认为现在新疆地区广泛使用的万能工具——坎土曼，即由此演进而来。[⑤]

同样，吐鲁番地区也大量使用先进农具。1964年在吐鲁番阿斯塔那晋墓中出土了一幅纸画《晋墓主人生活图》（见图4），形象地反映了当时高昌地区的农庄情景。[⑥]在这幅图上有良田、庄稼、果木等，在图的右上方是农

图4 《晋墓主人生活图》，吐鲁番阿斯塔那晋墓出土

① 林梅村：《沙海古卷》，第229页。

② 林梅村：《楼兰尼雅出土文书》，第34页。

③ 林梅村：《楼兰尼雅出土文书》，第51页。

④ 穆舜英等：《中国新疆古代艺术》第206图，新疆美术摄影出版社，1994年，第84页。

⑤ 张平：《新疆坎土曼农具的产生及其发展》，《新疆文物》1989年第1期。

⑥《新疆文物古迹大观》第334图，新疆美术摄影出版社，1999年，第136页。

田图，旁边还有犁、叉子、齿耙等农具，与今天农村打谷时使用的叉子和筢子极为相似，反映了收获时的情景。在农田图的下方是反映加工粮食的情景。按照逆时针的顺序依次为去谷壳的舂、磨面的直杆推磨和做饭的场景。总之，《晋墓主人生活图》形象而真实地再现了高昌农庄从耕耘、收获、舂谷到磨面、炊饮的全程。

受自然条件和人文因素的影响，西域不同区域耕作技术的发展水平并不一致。前文所述的屯垦地区和吐鲁番盆地的耕作技术比前代确有很大提高，但这并不表明该时期西域各地的耕作技术有普遍性的均质提升。以天山南道为例，直到北魏正光二年（521年），且末一带人民耕作尚且“不知用牛，耒耜而田”①。

不仅耕种技术如此不同，就灌溉技术而言，西域各地的灌溉技术发展也不一致。当时西域各地的灌溉方式大致可以分为“引水灌溉”和“决水灌溉”两种。前者技术含量较高，比较先进。这种方式主要是通过筑堤坝、截流河水，从而引水入渠进行灌溉，主要分布在后文所述的屯垦地区和吐鲁番地区。后者则是简单地掘河引水，不筑河堤，不修渠道，直接把河水就近引入农田。这种方式颇为原始，多见于塔里木盆地的南道诸城郭国。如北魏宋云所见且末地区是“土地无雨，决水种麦”；朅盘陀国（今塔什库尔干东部）都城石头城东有孟津河（今塔什库尔干河），“人民决水以种，闻中国田待雨而种，笑曰：‘天何由可共期也？’”②

再次，是农作物新品种的引入。长期以来，西域粮食作物主要是麦、糜、粟、菽、青稞、高粱等，经济作物则主要是麻。魏晋南北朝时期，西域引入了新的农作物品种，其中粮食作物主要是稻，经济作物是棉花，园艺作物则是石榴。水稻，作为人类历史上最重要的农作物之一，其起源地也是学术界探索的重要问题，至今尚无定论。目前主要认识是：就国别而言，主要集中在中国、尼泊尔和印度等国家；就中国国内而言，则集中在珠江流域、

① 《洛阳伽蓝记》卷5，中华书局，2006年，第209页。

② 《洛阳伽蓝记》卷5，第209、211页。

云贵高原、长江流域等地区。[①]无论水稻是起源于中国抑或国外，是国内长江流域还是珠江流域，有一点可以确定，即今新疆地区是没有原始水稻的。《史记》曾记载中亚地区有水稻种植，而未及今新疆地区，应是当时塔里木盆地绿洲诸国还没有水稻种植。[②]至魏晋南北朝，塔里木盆地始见水稻种植的记载。《梁书》卷54《诸夷传》记载：于阗国“其地多水潦沙石，气温，宜稻”。《魏书》卷102《西域传》和《北史》卷97《西域传》记载疏勒国，“土多稻、粟、麻、麦、锦、绵，每岁常供送于突厥”。焉耆国，“气候寒，土田良沃，谷有稻粟菽麦”。龟兹国“风俗、婚姻、丧葬、物产与焉耆略同，唯气候少温为异”。稻的种植是该时期西域农业的一大进步。

该地区种植的稻究竟是什么品种呢？唐朝初年，高僧玄奘在其《大唐西域记》中记载，屈支国（龟兹，今库车）“宜穈、麦，有粳稻”[③]。无独有偶，后晋天福三年（938年），后晋使者高居诲出使于阗国时，受到于阗王李圣天的热情接待，招待的食物中就有“粳沃以蜜，粟沃以酪”[④]。从中可见，西域当时种植的稻品种是粳稻，而且其种植遍布塔里木盆地南北缘，种植历史从魏晋南北朝一直延续到五代时期。高昌出土文书中有当地食用稻的记载，该地出土十六国时期的一个瓮上有“黄米一罂”“白米一罂”[⑤]，黄米是指去

---

① 赵志军：《中国稻作农业源于一万年前》，《中国社会科学报》2011年5月10日第5版；陈淳、郑建明：《稻作起源的考古学探索》，《复旦学报（社会科学版）》2005年第4期；卫斯：《关于中国稻作起源的再探讨——兼论中国稻作起源于长江中游说》，《中国农史》1996年第3期；严文明：《再论中国稻作农业的起源》，《农业考古》1989年第2期；刘志一：《关于稻作农业起源的通讯》，《农业考古》1994年第3期；向安强：《论长江中游新石器时代早期遗存的农业》，《农业考古》1991年第1期；张德慈：《水稻的起源、进化与演变》，《世界科学》1980年第5期；丁颖：《中国栽培稻种的起源及其演变》，《农业学报》1957年第3期；段斌莉、林强：《中国稻作的起源及分布》，《福建农业科技》2010年第5期。

② 学者卫斯认为西域的水稻种植可以上溯到汉代，但是他在论文中论述的种稻地区并不是狭义的西域或者今天的新疆地区，而是中亚地区。见其论文《我国汉唐时期西域水稻栽培疏议》，《农业考古》2005年第1期。

③ 玄奘、辩机著，季羡林等校注：《大唐西域记》卷1，见杨建新主编《古西行记选注》，宁夏人民出版社，1987年，第67页。

④ 高居诲：《高居诲使于阗记》，见杨建新主编《古西行记选注》，第151页。

⑤ 新疆维吾尔自治区博物馆：《吐鲁番阿斯塔那—哈喇和卓古墓群发掘简报》，《文物》1973年第10期。

壳的粟，白米当指去壳的稻谷了。[1]因为粟和黍去壳后也称小米，或许有人认为，此处“素日食米八斗”或许为粟或黍，但是我们发现吐鲁番出土文书中对“米”“黍米”和“粟米”是分别称呼的，[2]因此“素日食米八斗”中的“米”绝不是“粟”或“黍”，而应是稻米。此外，唐武德四年（621年）的《高昌传供酒食帐》中也更是明确提到了“粳米”[3]。由此可见，高昌地区可能有粳稻的种植。此外《高昌传供酒食帐》中的“粳米”是向吴尚书提供的，所以该地的粳稻种植面积应当很小，产量亦不多，仅供高级官员享用。魏晋南北朝时期的西域广大地区已经有粳稻的种植，但各地种植面积不大，产量亦甚微，所以一般百姓还是以粟为主食，[4]只有社会上层的高级官员和王室才能享用粳稻。综上，魏晋南北朝时期稻种植的主要地区是于阗、疏勒、焉耆、龟兹等地。这也基本奠定了今天南疆地区种植稻谷的地理分布格局。

棉花，古称吉贝，有木棉和草棉之别。学术界一般认为木棉原产于印度，在先秦时经过东南亚传入我国云南和华南广大地区。草棉则原产于非洲，经过中亚传入我国新疆和西北诸省。[5]虽然汉代的西域墓葬中已经发现棉制品，但仍无确凿证据表明西域在汉代已经引种棉花。史籍中西域植棉的确切记载见于《梁书》。该书卷54《诸夷传》记载高昌地区“多草木，草实如茧，茧中丝如细纑，名为白叠子，国人多取织以为布。布甚软白，交市用焉”。从记载看，吐鲁番地区的棉花品种当是草棉，种植面积较广，产量亦大，纺织加工水平也比较高，不仅供本地区使用还投入市场，贸易流通。既然高昌地区棉花种植较为普遍，那么该地种植棉花的时间肯定不会很短，因为物种的种植传播需要时间。由此观之，西域开始种植棉花的时间肯定要早于南北朝时期。关于棉花种植的时间，一般认为是魏晋南北朝时期，这在史书中有明确记载，无可置疑。但如果我们仔细审视，就发现其中尚有些疑团。西域汉代出土的大量棉花制品虽不能说明当时该地区是否

---

① 王素先生认为“白米”是指小米即粟，似乎不妥。见王素《高昌史稿（交通编）》，文物出版社，2000年，第92页。

② 唐长孺：《吐鲁番出土文书》第一册，文物出版社，1981年，第256—261页。

③ 唐长孺：《吐鲁番出土文书》第三册，第146页。

④ 殷晴：《新疆经济开发史研究》，新疆人民出版社，1992年，第27页。

⑤ 于绍杰：《中国植棉史考证》，《中国农史》1993年第2期。

种植棉花，但既然当时有人能把棉花制品带回西域，棉籽也是有可能被带回来的。众所周知，棉花是外来品种，因此棉花引进的路径也最有可能是在当时的主要交通线上。由此推断，棉花也应该首先落脚于当时中亚—西域的主要交通线上。[①]目前，考古最新发现的西域棉花籽实物是在孔雀河下游尉犁县营盘古墓群出土的。[②]该墓地出土的文物上起两汉下至魏晋，但以魏晋时期的器物居多，因此我们推断出土于该墓地的棉籽属于魏晋的可能性更大。而沿天山南麓的绿洲到孔雀河畔的营盘，再向东到楼兰古城，正是当时的东西交通主干线。如此，棉籽首先出现在营盘墓葬中就容易理解了。至于地处此路偏北的高昌何时生产棉花，应该与此同时或在此之后。综合考虑，新疆种植棉花的时间大致在魏晋时期，似乎没有问题。至于传入的路径，有学者认为西域的棉花是从印度传到中亚再传到西域的。[③]笔者认为则是从非洲到西亚，再传至中亚到西域的。因为学界已经确认草棉原产于非洲，木棉产于印度，而西域种植的棉花属草棉，故当从非洲传来。

从园艺作物看，石榴是该时期西域的新增品种。石榴亦称安石榴，原为波斯及其邻近地区所产，大概在汉晋时期通过西域传入中原。塔里木盆地南缘的鄯善、且末地区盛产石榴，甚至成为当地实物税的一种。《沙海古卷》中收录的佉卢文书第295号文书记载："和以前一样，税收为一瓶一硒之石榴，故现在须要此税。"石榴在且末地区的广泛种植，使得它成为人们喜食的水果，如果没有石榴，只好向别人借，佉卢文第617号文书就记载了石榴借贷情况。"是时寿友家所欠石榴皆已登记。跋特罗欠石榴二瓦查厘。

---

① 值得注意的是，唐代西域的棉花籽实物也是出土在这条东西要道西段的巴楚地区。汪若海先生也认为我国西北地区的草棉是从非洲、中亚传入我国西北的，见汪若海：《我国植棉史拾零》，《农业考古》1991年第1期；沙比提：《从考古发掘资料看新疆古代的棉花种植和纺织》，《文物》1973年第10期。

② 周金玲：《新疆尉犁县营盘古墓群考古论述》，《西域研究》1999年第3期。

③ 刘咸、陈渭坤：《中国植棉史考略》，《中国农史》1987年第1期；袁庭栋：《棉花是怎样在中国传播开的》，《文史知识》1984年第2期。刘进宝先生认为古代新疆的棉花来自印度，其论据则是文献中对印度棉花的记载。笔者认为这个论据是不足成立的，因为印度的棉花是木棉，而新疆地区的棉花是草棉，二者是完全不同的品种，如何说古代新疆的棉花来自印度？其观点见刘进宝：《不能对古代新疆地区棉花种植估计过高》，《中国边疆史地研究》2005年第4期。

法勇欠石榴一瓦查厘。布特胜伽欠石榴一瓦查厘。阿尔甘伽欠石榴第三年一瓦查厘。都陀衍那、寿友欠石榴第三年一瓦查厘。都陀衍那、寿友欠石榴第三年一瓦查厘。沙卡欠石榴一瓦查厘。”[①]

总之，魏晋南北朝时期西域农作物新品种的引进和推广种植促进了农业的进步，新物种不仅丰富了当地居民的饮食，也增加了粮食产量，提高了居民生活水平。

最后，吐鲁番地区复种制度的形成和初步发展是该时期西域农业进步的又一亮点。复种是指一年内，在同一田块连续种植（收获）二季或二季以上作物的种植方式。魏晋南北朝时期是吐鲁番农业的较快发展时期，这一时期该地的作物种植制度也有新的突破，即“谷麦一岁再熟”[②]。这一特点在整个西域地区是唯一的。所谓“谷麦一岁再熟”就是通常所说的复种制。众所周知，麦子是夏熟作物，而谷可能是指粟和糜子，这是秋熟作物。吐鲁番地区是炎热区，一年两熟的条件较好，也就是说，仅从气候上看，吐鲁番地区具备一年两熟的条件。吐鲁番出土文书中为我们提供了一些情况。

1.高昌延昌三十六年（596年）宋某夏田券云：夏孔进渠常田叁亩，要经陆年。亩与大麦陆斛，若种粟，亩与粟柒斛。五月内□□使毕，十月内上使毕。[③]

2.高昌田婆泰　夏田券云：□□常田贰亩，亩到五月内，与夏□□斛伍斗，粟陆斛伍斗，到五月□□，到十月内，上（偿）粟使毕。[④]

上述券契记载交纳夏季麦租是五月，交纳秋季粟租是十月。崔寔《四民月令》记载内地的大麦是四月收割，小麦是五月收割。[⑤]大麦的种植时间是在春季，其成熟期短于小麦，所以及早成熟。由于西域气候和种植时间的因素，大麦成熟晚于内地。至于粟和糜子均在十月收获，也符合复种的条件。吐鲁番地区的复种制在西域农业发展史上是相当重要的。

---

① 林梅村：《沙海古卷》，第242—243页。

②《北史》卷97《西域传》，中华书局，1974年，第3212页。

③ 唐长孺：《吐鲁番出土文书》第二册，第326页。

④ 唐长孺：《吐鲁番出土文书》第二册，第326页。

⑤ 严可均辑：《全后汉文》卷47，见《全上古三代秦汉三国六朝文》，中华书局，1958年，第730页。

魏晋南北朝时期,西域的寺院经济也日趋兴盛。以鄯善王国为例,358号文书记载:“汝处寺主正在挥霍和浪费自己领地的酒肉。每日寺主从领地私有财产中应发给彼子及随从人员四瓦查厘面粉和粗粉当口粮。”[①]从“酒肉”可见,该地的佛教可能是小乘佛教。该地寺主有自己的领地,还要发给随从面粉和粗粉当口粮,该寺的势力很大。393号文书中提到:“司土兼御牧卢达罗耶上奏,此地奥古侯寺主之领地有一男子在特罗县欠款二十目厘。”[②]《译文集》第473号文书,是一件“僧人僧迦尸罗将所属耶钵笈之一所葡萄园及一块耕地抵押给他人之文书”。该文书云:“顷据耶钵笈向余报告,僧人僧伽尸罗将属彼所有之葡萄园一所及耕地一块抵押给他人。汝务必当面做详细询问,葡萄园及耕地是否确已抵押。该耕地及葡萄园为耶钵笈自己之财产,彼不应该放弃。该葡萄园及耕地为耶钵笈之财产,应由接受抵押者归还(耶钵笈)。若非如此,等等……”僧侣所拥有的财产,除了土地和被视为财产的奴隶外还有家畜等,这在546号文书中反映得很清楚。该文书是一个名叫法爱的沙门请求他的朋友照顾属于他的财产的书信。“请从伏格耶之家人处取回余之二头橐驼及一个vyalyi。余在且末曾从伏格耶之子取回一头牝驼。汝系见证人。余将该橐驼留在汝之手中。关于该牝驼,余已派人,名夷罗伽为此前来汝处。请汝务必向波列耶要回该牝驼。该牝驼应当诸大人之面交夷罗伽。……波列耶若对此有争议,彼等来此地时,余等将在奥古侯、司土怖军处提出控告,作出判决。”[③]这封信充分显示了鄯善王国的僧侣享有的权势,该僧侣也可能就是奥古侯寺的一名僧人,由此可见奥古侯寺的强大势力。奥古侯寺是且末西22里的一个大寺,有僧众300多,还有“封四百户,供洒扫户”[④]。此供洒扫之“四百户”,实际上就是为寺院服务的农奴,他们为寺院的田产劳作。

寺院经济在于阗也极为盛行,于阗寺院林立,有大寺院14座,“众僧数

① 林梅村:《沙海古卷》,第100页。

② 林梅村:《沙海古卷》,第108页。

③ 林梅村:《沙海古卷》,第307—308页。

④ 宋云:《宋云行纪》,见杨建新主编《古西行记选注》,第47页。

万人”[①]。众多僧人的日常消费除皇室给予和过往商旅与民众供奉施舍外，寺院本身也还有自己的园地。关于魏晋南北朝时期于阗的寺院经济状况由于文献不足证，无法直接了解，但是从唐代于阗的寺院经济大致可以推测一二。和田城北180余公里的麻扎塔格发现的《唐〔开元九年？(721年？)〕于阗某寺支出簿》提供了相当丰富的这方面的资料。这本账册残页记载了盛唐时期某年最后三个月和次年元月于阗某寺的日常开销。[②]

从该文书可见，该寺有新庄、西庄及西旧园，经营农业生产，由直岁僧幽润、都法、智寅分别负责管理，虽然其生产效益在账册上未有记载，但可以肯定的是外庄会向寺院缴纳实物或货币。外庄系由百姓耕作，冬季也由他们掏渠，从事水利建设。百姓在唐律中相当于庶人亦即良人，而和杂户贱口有别，他们和敦煌寺院的寺户不同，不是依附于寺院的农奴，而是具有独立身份的自由民，所以掏渠时寺院还备酒招待。寺院对耕种其土地的百姓的剥削形式，当是租佃制。这三所外庄，西庄与新庄自然以粮食生产为主，西旧园则种植蔬菜瓜果之类。[③]唐代于阗寺院经济如此发达，上溯到魏晋南北朝时期，并结合鄯善王国的寺院经济状况，大致可以推测出于阗的寺院经济也是相当繁盛的。

吐鲁番麴氏高昌时期(497—640年)，吐鲁番地区农业持续发展，随着土地私有的进一步发展，田地出租、买卖盛行，并按照所种植作物的不同交纳实物税。这一时期最大的特色就是寺院经济兴盛。吐鲁番所出有关麴氏高昌寺院经济的文书资料，数量多是涉及寺院占有田园、经营田园、计田纳税服役等事项的内容。这一事实也说明麴氏时期高昌寺院经济的基础是农业。[④]

---

① 法显：《佛国记》，见杨建新主编《古西行记选注》，第32—33页。

② 殷晴：《唐代于阗的社会经济研究》，《新疆社会科学》1989年第6期。

③ 殷晴：《3—8世纪新疆寺院经济的兴衰》，《西域研究》1997年第2期。

④ 谢重光：《麴氏高昌寺院经济试探》，《中国经济史研究》1987年第1期。

三、农业发展的区域不平衡和特色经济区域化

经过汉晋南北朝多年的发展，西域地区的农业生产与经营取得了较大进步。同时，这一时期也出现了区域发展的不平衡和特色经济区域化的特征，这对后来新疆农业发展产生重要而深远的影响。

首先，区域发展的不平衡性最主要体现在塔里木盆地东南部的衰落和吐鲁番盆地的兴盛。汉代，塔里木盆地东南部的楼兰、精绝、扜弥和且末是南疆重要的经济发达地区。从《汉书·西域传》记载的人口数据看，上述四地的人口将近4万人，占当时塔里木盆地总人口的7%。其中楼兰和扜弥两个地方均是超过万人的大国，农业发达、畜牧蕃息、经济繁荣，是塔里木盆地绿洲经济发达地区之一。而吐鲁番盆地的车师前国、车师都尉国尚不足6500人，仅仅占到当时塔里木盆地总人口的1%。

魏晋时期的鄯善，由于兼并了且末、小宛、精绝等从事农业生产的邻国，其农业生产蔚为大观，各地的农业生产已经十分普及，佉卢文文书中有关土地耕种方面的内容随处可见。278号文书记载："余已将耕作之事交鸠罗格耶和周伐罗夷那照料。彼处生产的食物和酒类应交詹阇，并登记造册送来。"[①]320号文书记载："只要汝处还有其他人，就要考虑耕作之事……派彼前来为余着手耕地和播种。"[②]当时的鄯善王国很重视农业生产，也形成了一套较为成熟的田间作业管理制度，从播种到田间管理，再到庄稼成熟收获，均不失时机有序进行。各级行政管理机构中设有司谷（Koy-imam）、谷吏（Tsamgina）等专门负责粮食作物的播种与收获，从而形成从王庭到地方的一套完整而严密的粮食管理体系。谷物的播种与收获均要登记造账，反映出了时人对农业生产管理的高度重视。83号文书记载："至于农耕、大麦、小麦和ad'imi之事，请汝等精心关照。……无论彼等在农耕地播种多少谷物，汝都应该让黎弗罗摩记账。"[③]正因为农业生产在鄯善经

① 林梅村：《沙海古卷》，第293页。
② 林梅村：《沙海古卷》，第296页。
③ 林梅村：《沙海古卷》，第268页。

济生活中占有重要地位，所以鄯善王国对农业发展极为重视，常常采取积极的鼓励政策扩大农作物的种植面积，并设立司土(vasu)一职专责管理土地。[①]在鄯善王的一件敕谕中明确要求地方官吏“……必须给那些难民以田地和房舍……(残)，……和种子务必发给那些难民，以便彼等能耕种更多的土地”[②]。鄯善的民众不仅在平坦的低地耕种，还“于高地上播种”[③]。

此外，鄯善王国的农业生产已形成了一定的规模性经营，其标志便是庄园的出现，这也是魏晋南北朝时期南疆农业生产的一大特点。在一件有关庄园诉讼的佉卢文文书中记载：“该庄园已耕种之田地应加以适当灌水和照料。庄园内外之耕作皆应加以适当照料。”[④]鄯善的庄园主驱使奴隶为其耕作，繁重的劳动使得奴隶们一有机会就逃走。[⑤]有的庄园主本身就是所谓的州长等高级官吏。如州长柯利沙和鸠那罗致国王所遣税监的信中说：“汝曾从余等之庄园派一人来此干活。现彼等正让其在此干活。但是又传闻，诸差役又派其到彼处……干铁匠活。”[⑥]在另一件州长驮克罗谨致州司土的信中则声称：“若汝(司土)所送税收再短缺，则务必用自己庄园之收入补上。……汝现在已年复一年地减少自己庄园之税务。”[⑦]但他在给税监的信中却抱怨说：“他人耕种县属土地，却让余私有庄园交纳maká及ogana税，殊不合法。”[⑧]显而易见，无论何种性质的庄园均需向王庭缴纳一定数量的税赋。373号文书记载：“彼处有两座庄园，尚有其他人住在附近。汝若去，可从该地征税。若再去，还能征到税收。”[⑨]所以，庄园已成为鄯善农业经济中不可或缺的组成部分。

然而到了南北朝时期，该地区发展的不平衡逐渐凸显出来。塔里木盆

---

① 林梅村：《沙海古卷》，第64页，第124号文书；第89页，第297号文书；第131页，第532号文书；第316页，第713号文书。

② 林梅村：《沙海古卷》，第87页，第292号文书。

③ 林梅村：《沙海古卷》，第206页，第225号文书。

④ T.贝罗：《新疆出土佉卢文残卷译文集》，王广智译，第298号文书。

⑤ 林梅村：《沙海古卷》，第289页，第216号文书。

⑥ 林梅村：《沙海古卷》，第272—273页，第107号文书。

⑦ 林梅村：《沙海古卷》，第317页，第714号文书。

⑧ 林梅村：《沙海古卷》，第316页，第713号文书。

⑨ 林梅村：《沙海古卷》，第299页。

地东南部的楼兰、精绝、打弥和且末等地在经过汉晋大规模开发后，生态环境严重恶化，沙漠已经威胁到该地区人民的生产和生活。再加之政局变动，居民只好不断撤离家园，远徙他乡，绿洲渐渐沦于荒漠之中。《魏书》《周书》《北史》等史书均记载且末“西北有流沙数百里，夏日有热风，为行旅之患。风之所至，唯老驼预知之，即嗔而聚立，埋其口鼻于沙中。人每以为候，亦即将毡拥蔽鼻口。其风迅驶，斯须过尽，若不防者，必至危毙”。北魏正光二年（521年）时，宋云所见且末城居民仅仅不过百家，[1]其经济凋敝可见一斑。到了唐初时，尼雅以东皆是大流沙，“沙则流漫，聚散随风，人行无迹，遂多迷路。四远茫茫，莫知所指，是以往来者聚遗骸以记之。乏水草，多热风。风起则人畜昏迷，因以成病”。鄯善故地已是“国久空旷，城皆荒芜”，“城郭岿然，人烟断绝”，一片荒凉景象！自汉到魏晋，吐鲁番盆地一直是中原王朝在西域经营的重点地区。长期以来，汉族人逐渐成为该地居民的重要成员。高昌地区的人民多系“汉魏遗黎”[2]，加之从河西诸州逃亡或随军而来的大批农户，所以高昌“国有八城，皆有华人”。汉族向来是精于农耕的民族，技术高超，勤劳不倦。他们到高昌后长期从事农耕，“引水溉田”，使用牛耕[3]，精耕细作，植桑养蚕，促进了该区农业的发展，使吐鲁番地区成为远近闻名的膏腴之乡。高昌地区的农业获得蓬勃发展，“备植九谷”[4]，“谷麦一岁再熟，宜蚕，多五果”。进入麴氏高昌时期，吐鲁番地区农业持续发展，随着土地私有的进一步发展，田地出租、买卖盛行，并按照所种植作物的不同交纳实物税，经济繁盛，人口增加。到唐贞观十四年（640年），大将侯君集攻下高昌时，该国已有8000户，37700人。[5]

吐鲁番盆地经过魏晋南北朝时期的发展，逐渐成为新疆地区最具发展前景的地区，这为吐鲁番地区的长期发展奠定了坚实基础。

与塔里木盆地东南部衰落和吐鲁番的兴盛不同，塔里木盆地西部则是

---

①《洛阳伽蓝记》卷5，第210页。

②《魏书》卷101《高昌传》，中华书局，1974年，第2244页。

③ 吐鲁番哈喇和卓古墓出土了一幅《仕人寓耕图》，见新疆社会科学院考古研究所《新疆考古三十年》，新疆人民出版社，1983年，第122页。

④《梁书》卷54《诸夷传》，中华书局，1973年，第811页。

⑤《旧唐书》卷198《西戎传》，中华书局，1975年，第5295页。

图5 魏晋南北朝时期《墓主人生活图》，吐鲁番哈喇和卓古墓出土

稳步向前发展。史籍记载显示，于阗、焉耆、龟兹、疏勒等地的农业生产在这一时期也颇有起色。农作物种类增加，蚕桑业发达，粮食产量大增，收获不仅自给自足，还有盈余输送给游牧的少数民族。如疏勒国，“土多稻、粟、麻、麦、锦、绵，每岁常供送于突厥”①。焉耆国，“气候寒，土田良沃，谷有稻粟菽麦，畜有驼马。养蚕不以为丝，唯弃绵纩。俗尚蒲萄酒”。龟兹国，“税赋准地征租，无田者则税银钱。风俗、婚姻、丧葬、物产与焉耆略同，唯气候少温为异”。龟兹国以田地作为政府财政收入的重要来源，说明了该地区土地制度的完善，农业生产占有重要地位。即便是于阗西南昆仑山中一些小国，如朱居国（今叶城地区）、朅盘陀国及钵和国等，其农业生产也有一定进步。朱驹波国（今叶城的叶尔羌支流奇盘河上游棋盘附近），“有麦，多林果”。宋云经过朱驹波国，见到该国“人民山居，五谷甚丰，食则面麦”②。朅盘陀国，“地宜小麦，资以为粮。多牛马骆驼羊等”。朅盘陀西面的钵和国“其人唯食饼麨，饮麦酒”③。

其次，区域经济特色愈趋明显化。这里的特色经济主要指棉花、蚕桑、水果等园艺经济。综合文献记载与考古资料来看，从魏晋南北朝开始，吐鲁番盆地一直是西域棉花的主要种植地区。虽然唐代棉花种植已经扩展到于阗、疏勒地区，但吐鲁番盆地仍是西域棉花种植最主要的产地。无论正史抑或其他文字记载，我们都能看到有关吐鲁番盆地棉花种植的信息，

① 《魏书》卷102《西域传》，第2268页；《梁书》卷54《诸夷传》，第814页。

② 《洛阳伽蓝记》卷5，第209页。

③ 《魏书》卷102《西域传》，第2280页。

其地区优势一直持续到现在。

蚕桑业是西域农业发展史上最重要的进步之一。西域蚕桑业最早可以上溯到魏晋时期。[①]《魏书》卷102《西域传》记载于阗国“土宜五谷并桑麻”；焉耆国，“养蚕不以为丝，唯充绵纩”；龟兹国，“风俗、婚姻、丧葬、物产与焉耆略同”；疏勒国，“锦、绵，每岁常供送于突厥”。《周书》卷50《异域传》和《北史》卷97《西域传》均记载高昌“宜蚕”。可知魏晋南北朝时期，在高昌、焉耆、龟兹、疏勒、于阗等地均有蚕桑种植，也就是此时养蚕业在南疆已得到普遍推广。吐鲁番出土文书的资料证实，西凉时期高昌已有蚕桑业的出现。《西凉建初十四年（418年）严福愿赁蚕桑券》记载：“建初十四年二月二十八日严福愿从阚签处赁三簿蚕桑，贾（价）交与毯。”[②]这则材料记载了严福愿以毯子为价格从阚签处赁三簿蚕桑。另一文书则记载了高昌有蚕种之实，即《某家失火损失财物账》记载了某家有蚕种十簿。[③]该家有蚕种十簿，说明了其养蚕规模相当可观。及至北魏，高昌的养蚕业已经有了比较长的发展过程。锦是用彩色丝线织成，花纹精美的上等丝织品，工艺复杂，技术要求高，然此时疏勒一带的工匠已经掌握了这一技术，生产出的锦织品竟成为突厥贵族的垂涎之物。

葡萄种植是西域农业发展的重要内容。西域葡萄种植的历史可以上溯到距今2500年前。[④]《后汉书·西域传》载：“伊吾之地宜五谷、桑、麻、蒲陶”，伊吾有葡萄，那么比伊吾条件更优越的塔里木盆地的南、北缘地区也

---

① 汉代西域诸多遗址中已经有桑树存在。《后汉书·西域传》中记载章帝元和三年（86年），于阗迫于匈奴军事压力，每年向匈奴提供罽絮。史载：“匈奴闻广德灭莎车，遣五将发焉耆、尉黎、龟兹十五国兵三万余人围于阗，广德乞降，以其太子为质，约岁给罽絮。”“罽絮”分别指毛织品和质量欠佳的丝绵。《广韵》曰：“精曰绵，粗曰絮”。固然，于阗可能是通过贸易购买罽絮，但我们也可以大胆蠡测，汉代西域南道的于阗或许已经有蚕桑业了。当然，这是目前文献中的孤证，还需要进一步结合考古资料和文献资料佐证。

② 唐长孺：《吐鲁番出土文书》第一册，第17页。

③ 唐长孺：《吐鲁番出土文书》第一册，第195页。

④ 杨承时：《中国葡萄栽培的起始及演化》，《中外葡萄及葡萄酒》2003年第4期。2004年新疆鄯善洋海墓地在距今2500年的墓葬中发现了距今最早的葡萄藤实物，这根葡萄藤标本长1.15米，分多节，每节长11厘米，宽2.3厘米。《吐鲁番发现迄今年代最早的葡萄藤》，中华网，2004年4月6日，http://www.china.com.cn/culture/txt/2004—04/06/content_5531280.htm.

应该有葡萄栽植。公元1—3世纪流行于新疆鄯善、于阗、精绝、龟兹的佉卢文文书大量地记录了这一时期塔里木盆地南北缘地区的葡萄发展状况。据T.贝罗撰、王广智译《新疆出土佉卢文残卷译文集》和林梅村的《沙海古卷》中419号文书载："此一有关向菩地及菩达取（购买）之葡萄园一所之文件，由……及僧伽色利妥为保存"；655号文书载："尚有葡萄园一所。园内种有葡萄之apacira（该词未译出）"；586号文书载："彼愿将内有15sujada（未译出，以文意作量词用）之葡萄园一所以及地上之树卖给司书罗没索蹉。给马一匹，双方同意并作了决定。从今以后，司书罗没索蹉对该葡萄园有权支架、拆架、剪葡萄、饮（酒）、交换、出卖……"随着葡萄栽培的兴盛，且末、精绝一带葡萄酿酒业也随之发达起来。据329号文书载："现在且末酿酒业盛行，当此谕令到达汝处时，务必即将五橐驼（所能驮载）之酒交左尔格耶，日夜兼程送来，……此酒务必于四月五日运至且末"；567号文书载："……仓库内有酒和皇家专用之酒，这些酒应由苏耆耶和波耆沙赔偿，并征收以前欠下的酒债，至于新欠酒债和苏耆耶无关，应由其他税监征收。"可见鄯善国地区的葡萄树或葡萄园，以及葡萄深加工而生产的葡萄酒，已作为社会财富，在经济活动中用于交换流通，并作为收益支付、抵贷、税收等实物价值凭证，葡萄种植的重要性在此不言而喻。

《晋书·吕光载记》载吕光"又攻龟兹城（今库车）……光入城……胡人奢侈，厚于养生，家有蒲桃酒，或至千斛，经十年不败，士卒沦没酒藏者相继矣"。《魏书》《周书》和《北史》诸书均记载焉耆"俗尚蒲桃酒"。考古发现也证明该地区葡萄酒业兴盛。1958年，新疆维吾尔自治区博物馆考古队在发掘龟兹古城的哈拉墩遗址时（汉魏时期），出土33个陶缸，排列整齐，似为酒窖。①若考古工作者推测为酒缸或酒窖无误的话，则足以说明公元2—3世纪的塔里木盆地北缘一带，葡萄栽培与酿酒已达到相当规模。

公元4世纪前后，塔里木盆地东南缘的环境明显趋于恶化，且末、精绝一带干旱缺水，种植业凋敝，园林果木干枯，古城废弃甚至被流沙堙没。唐贞观年间，粟特人首领康艳典，在沙卤之中的鄯善故址聚众建城，种植葡萄

① 新疆社会科学院考古研究所：《新疆考古三十年》，新疆人民出版社，1983年，第55—58页。

成功，名谓葡萄城。终因环境恶劣，难以持久，复又消失在荒漠之中。①伴随着该地区葡萄种植的衰落，天山南麓的吐鲁番盆地迅速崛起。葡萄作为支柱产业，千百年来成为该地最著名的特产。《梁书》和《北史》均记载高昌"多蒲桃酒"。吐鲁番文书《功曹条任行水官文书》中则记载了当地人民饮水灌溉葡萄之情"今引水溉两部葡萄"②。魏晋之后，吐鲁番的葡萄种植业获得很大发展。一是涌现出优良的品种，如洿林葡萄，该品种"皮薄味美"，并向中原王朝进贡葡萄干。③葡萄干作为稀见贡品，曾引起中原朝臣的好奇。洿林即今葡萄沟。④可见葡萄沟所产优质葡萄历史悠久。二是面积广泛，高昌的田地、横截、交河、安乐、洿林、始昌、高宁等县均种植葡萄。⑤卢向前先生推算整个吐鲁番地区有葡萄田3063亩，即30余顷，约占高昌垦田面积的3%—4%之间。⑥三是对葡萄进行了深加工。葡萄含水量大，在炎热高温的环境中容易败坏，不易储藏，如果对之深加工则可以久存。目前可知，深加工主要是制成葡萄干和葡萄酒。⑦吐鲁番的葡萄种植业经过魏晋南北朝的发展后，已经成为该区域最具特色的地方经济产业，并奠定了今后新疆葡萄产业分布格局。

总体而言，魏晋南北朝时期，西域农业生产发展看好，并呈现出勃勃生机，地区发展差异已初显端倪，经济区域性特征日益明显，奠定了西域农业发展的分布格局。而这段时期作为西域农业发展史上又一活跃阶段，是新疆经济发展史上至关重要且不可或缺的环节。

---

① 殷晴：《物种源流辨析——汉唐时期新疆园艺业的发展及有关问题》，《西域研究》2008年第1期。

② 转引自宋晓梅：《吐鲁番出土文书所见高昌郡时期的农业活动》，《敦煌学辑刊》1997年第2期。

③《太平广记》卷81《梁四公记》，中华书局，1961年，第519页。

④ 王素：《高昌史稿（交通编）》，第77页。

⑤ 唐长孺：《吐鲁番出土文书》第五册，第2页。

⑥ 卢向前：《麴氏高昌和唐代西州的葡萄、葡萄酒和葡萄税》，《中国经济史研究》2002年第4期，第112—113页。

⑦《太平广记》卷81《梁四公记》，第519页。

第二节　汉晋南北朝时期的屯垦

一、西汉时期的西域屯垦

随着西汉对西域经营的展开，屯垦作为一项重要内容，也构成西域农业发展的一部分。

汉王朝在击败匈奴、控制西域后，在西域的驻军不仅要屯田自养，还要承担汉王朝与西域各国往来使者的生活供给任务。西汉武帝时，贰师将军李广利率军破大宛，"西域震惧，多遣使来贡献，汉使西域者益得职。于是自敦煌西至盐泽，往往起亭，而轮台、渠犁皆有田卒数百人，置使者校尉领护，以给使外国者"①。武帝后期，这两处屯田被废弃。至汉昭帝元凤三年（前78年），汉王朝又采纳桑弘羊之前提出的扩大轮台屯田的建议，"以扜弥太子赖丹为校尉，将军田轮台"②。又恢复了轮台、渠犁之屯田。昭帝元凤四年（前77年），汉更立楼兰王，且改其国名为鄯善，"于是遣司马一人，吏士四十人，田伊循以镇服之"。其后"更置校尉"，屯田卒也得以增加。③汉宣帝地节二年（前68年），汉在渠犁的屯田士卒增加到1500人。④汉宣帝地节三年（前67年），在渠犁屯田的郑吉又"使吏卒三百人别田车师"⑤，其后又置戊己校尉领屯田于车师，一直延续到西汉末年。轮台、渠犁与车师等地，在时人看来屯田条件最好。如搜粟都尉桑弘羊曾向汉武帝上奏曰："轮台（以）东捷枝、渠犁皆故国，地广，饶水草，有溉田五千顷以上，处温和，田美，可益通沟渠，种五谷。"⑥汉军进屯车师，立刻引起匈奴的高度重视，单于

① 《汉书》卷96上《西域传上》，第3873页。
② 《汉书》卷96下《西域传下》，第3916页。
③ 《汉书》卷96上《西域传上》，第3878页。
④ 《汉书》卷96下《西域传下》，第3923页。
⑤ 《汉书》卷96下《西域传下》，第3922页。
⑥ 《汉书》卷96下《西域传下》，第3912页。

大臣皆曰:“车师地肥美,近匈奴,使汉得之,多田积谷,必害人国。”[①]此外,文献中还有屯焉耆与屯姑墨等记载,[②]如确属屯田点,亦当是校尉领屯的规模。

东汉继续沿袭西汉在西域屯田的措施,置屯于伊吾、楼兰和车师,[③]其中在柳中(今鄯善鲁克沁)的屯田,每屯有田卒数百人,[④]两地都是颇具规模的屯田点。此外,还有尼雅屯田。考古工作者曾在今民丰县尼雅遗址(汉精绝国)发现了一枚东汉时炭精制作的“司禾府印”,证明东汉在精绝也曾设置屯田机构,负责屯田。

两汉在西域的屯田,最初目的是供给往来使者和驻军自身的需要,但客观上起到促进南疆农业发展的积极作用。其一,屯田有效地扩大了南疆地区农业种植面积;其二,促进了南疆地区农业耕作技术的提高。在屯田汉军进入南疆之前,当地的生产力水平仍很低下,在当时农业生产尚属发达的捷枝、渠犁一带,仍缺少用金属制作的生产工具,所谓“其旁国少锥刀”[⑤]。随着汉族屯田士卒的进入,中原地区先进的生产工具和技术都随之传到南疆地区,促进了南疆地区耕作技术水平的提高。这一点极具进步意义。

水利灌溉向来为南疆地区农业生产发展的首要条件,至今依然如故。干旱缺雨的地理环境,极大地限制了区域农作物的种植。在这样的地区如果没有水利灌溉,农业种植与生产是根本无法实现的。水利灌溉事业是与区域农业种植与发展直接相关的一项重要措施。汉武帝征和年间(前92—前89年),桑弘羊等请屯田轮台(今轮台县东的玉古尔)以东,说此一地区是“故国”,即经济开发比较早的地方,有可灌溉的土地五千顷以上。在此“通利沟渠”,就可“以时益种五谷”[⑥]。无疑桑弘羊建议的屯田区是有灌溉水利设施的。在南疆遭废弃的早期绿洲中,考古工作者发现了多处两汉时

---

①《汉书》卷96下《西域传下》,第3923页。

②《汉书》卷69《辛庆忌传》,第2996页;卷96《西域传下》,第3908页。

③《后汉书》卷48《杨终传》,第1597页。

④《后汉书》卷19《耿恭传》,第720页。

⑤《汉书》卷96下《西域传下》,第3912页。

⑥《汉书》卷96下《西域传下》,第3912页。

期的水利灌溉遗迹。1993—1996年,新疆文物考古研究所与法国科研中心315研究所组成中法联合考古队,对克里雅河流域进行了考古调查与试掘,在克里雅河下游的喀拉墩古城和圆沙古城周边地区发现了早期水利灌溉遗迹,其中喀拉墩古城一带灌溉渠道主要分布在古城的南北两侧,"渠道的布局大致呈南北向,宽1米左右,它们似乎构成了一个网状结构——并行的若干主渠道与分流密集的支渠相连"[①]。圆沙古城一带"也有较为密集的灌溉渠道……从已暴露的渠道看,也是纵横成网,排列有序"[②]。根据考古断代,圆沙古城主要存在于西汉时期,上限或早于西汉,下限则延及东汉;而喀拉墩古城则稍晚一些,可能存在于距今1850年前后,上限在东汉时期。

20世纪初,黄文弼先生在南疆进行考古调查,曾在库尔勒至轮台一带发现了多处汉唐的屯田遗址,其中有的"古时沟渠田界痕迹显然可见"[③]。轮台以东曾是汉代西域屯田的重地,其水利遗存当为昔时屯田所兴。在今若羌米兰遗址区,即汉代伊循屯田处,有一水利灌溉系统遗存至今清晰可见,其中有引水总闸、分水闸、干渠与支渠等。渠系配套完整,合理有序,整个覆盖着伊循屯田灌区。[④]另外,在楼兰土垠遗址区[⑤]、尼雅遗址区[⑥],以及孔雀河下游的古绿洲区[⑦],都发现了古代水利灌溉遗迹。这些都为两汉时期新疆绿洲灌溉农业的发展提供了有力佐证。

---

① 中法克里雅河考古队:《新疆克里雅河流域考古调查概述》,《考古》1998年第12期。

② 中法克里雅河考古队:《新疆克里雅河流域考古调查概述》,《考古》1998年第12期。

③ 黄文弼:《轮台考古调查简记》,见黄烈编《黄文弼历史考古论集》,文物出版社,1989年,第234—235页。

④ 饶瑞符:《汉唐时代米兰屯田水利初探》,《干旱区地理》1982年第1期。

⑤ 孟池:《从新疆历史文物看汉代在西域的政治措施和经济建设》,《文物》1975年第7期。

⑥ 王守春:《尼雅遗址的历史地理研究》,见中国历史文化遗产保护网·梦幻尼雅研究文集,第5篇。

⑦ 周金玲:《新疆尉犁县营盘古墓群考古论述》,《西域研究》1999年第3期。

二、魏晋南北朝时期的西域屯垦

1.鄯善地区

鄯善作为两汉、魏晋与前凉辖属的地区，累朝在此行使有效管理，派驻军队，推行军事屯田；又招徕流民，实行民屯，使这里的农业生产得以快速发展。《水经注》卷2《河水》记载，敦煌索劢受命“将酒泉、敦煌兵千人至楼兰屯田，起白屋，召鄯善、焉耆、龟兹三国兵各千，横断注滨河，河断之日，水奋势激，波陵冒堤。……大田三年，积粟百万”，充分显示了当年楼兰屯田的成功与农业喜获丰收的景象。

水利灌溉。鄯善地处沙漠环绕地带，降雨量极少。因此，水利灌溉是保证农业生产的重要措施之一。小麦播种前要先灌溉土地，为播种准备条件。51号木简云：“府家当今遣曹子，让往贷富民麦与贫子□□如此书，无余麦也。秋溉也。北头四畦种捃麦。南头□□□以大治，种杂麦，留住虏麦。当种忍仲田中。若□□□当大麦。”①这条简文不仅记载了种植大麦、捃麦和虏麦，而且还记述了种麦前官府对播种的重视，让富家把麦种借给贫民。播种前要对土地进行灌溉，谓之“秋溉”，以保持良好的墒情，利于种子发芽。并进行统筹安排，对麦种进行分类，北头四畦可能是较好地，要种捃麦；南头上地需要整治后，方可种植杂麦，“忍仲田中”种植虏麦，最差的地可能种植大麦。反映了魏晋前凉前期不仅在此屯田，而且屯垦者还积累了丰富的种植经验。479号简文则是有关大麦、小麦、禾播种后进行浇灌的记载，“大麦二顷已截廿亩，下糜九十亩，溉七十亩。……小麦卅七亩已截廿九亩，禾一顷八十五亩，溉廿亩，莇九十亩。……大麦六十六亩已截五十亩，下糜八十亩，溉七十亩。小麦六十二亩，溉五十亩，禾一顷七十亩，莇五十亩，溉五十亩”。②另外，还有一些零散的简文也反映了农田灌溉的情况。如431号简文云：“将伊宜部，溉北河田一顷，六月廿六日刺。”③对于有关农

---

① 林梅村：《楼兰尼雅出土文书》，第36页。

② 林梅村：《楼兰尼雅出土文书》，第70页。

③ 林梅村：《楼兰尼雅出土文书》，第66页。

田灌溉的水利设施也派专人管理，如356号简载："帐下将薛明言，谨案：文书前至楼兰，拜还，守堤兵廉决……"[①]这反映了该地区设有专门的守堤兵看护河堤。此外，驻军还设有专门管理水利事业的官吏——水曹，12号简文云："水曹请绳十丈。"[②]468号简文云："……东空决六所并乘堤已至大决中作□□五百一人作□□增兵。"[③]609号简文云："泰始三年二月廿八日辛未言书一封水曹督田掾鲍湘张雕言事使君营以邮行。"[④]记载了水曹督田掾鲍湘、张雕"以邮行"向上汇报情况。《水经注》卷2《河水》所载敦煌索劢带领屯田士卒及鄯善、焉耆、龟兹三国兵截河引水以溉楼兰屯田的事迹，都是区域水利发展的最好注解。筑堤断河引水灌溉与大中型水利工程相联系，能最大限度地利用水资源，扩大农田灌溉面积，这无疑是西域水利开发史上的巨大进步。

农耕与田间管理。农田耕耘与管理是关系到农作物生长的重要因素。从出土文书可知，是时屯垦区很重视农田管理，牛耕锄耘普遍用于农田经营。38号简文有："……与今防设督邮覆行沙麻。"[⑤]说明了督邮可能要亲自参加对沙麻田的巡视。"督田掾"[⑥]的设置说明了西域长史机构对农垦的重视。580号简文有"又为雨作"，说明了屯垦人员又一次冒雨从事农事的情况。[⑦]此外，农耕所用的主要农具——犁在简文中屡屡提及。276号简有"……胡向犁……"，324号有"犁教"二字，455号简文有"胡犁支"，显然都与耕犁有关。政府还要对耕犁进行检验。514号简文云："……因主簿奉谨遣大侯究犁与牛诣营下受试。"这是西域长史机构在主簿的主持下试验犁与牛是否在耕地时配套。381号简文有"……到想近可耕督□"[⑧]，这是

① 林梅村：《楼兰尼雅出土文书》，第61页。
② 林梅村：《楼兰尼雅出土文书》，第30页。
③ 林梅村：《楼兰尼雅出土文书》，第69页。
④ 林梅村：《楼兰尼雅出土文书》，第79页。
⑤ 林梅村：《楼兰尼雅出土文书》，第34页。
⑥ 林梅村：《楼兰尼雅出土文书》，第55页，第270、271、272号简文。
⑦ 林梅村：《楼兰尼雅出土文书》，第76页。
⑧ 林梅村：《楼兰尼雅出土文书》，第63页。

关于某人想在近处耕地的记载。583号简文有“楼兰耕种”[①]，这说明楼兰地区确有犁耕的使用。前文已经说过，23号文书记载了9人各领取牡牛一头，[②]牡牛即公牛，是普遍用于农耕的耕牛。39号简提到用于刨土的锄[③]。233号简记载斫地下种等。[④]以上均反映了农作方式分状况。348号简又记：“承前新入胡锸合三百九十五枚。”[⑤]“胡锸”显然是对当地人的农具“锸”的称呼，新进“胡锸”数量多达三百九十五枚，反映了区域屯垦重视和借用了当地居民的农作工具，进而反映了当时区域生产工具的进步和在农业生产上的广泛使用。不过，也有资料证明，当时区域除已使用“胡锸”等铁制农具外，一些木制农具仍在沿用，如公元6世纪初宋云等人经过且末所看到的当地人“耒耜而田”[⑥]的情景，以及在且末扎滚鲁克墓地所发现的木耜实物等。[⑦]当时牛耕虽已推广到西域地区，但区域差异仍不同程度地存在着。如鄯善周边的牛耕就比较普及，但在且末一带，直到6世纪初仍有“不知用牛，耒耜而田”[⑧]的情况。总之，自汉代以来，冶铸业已从中原传到了西域，促进了铁制农具的使用，进而促进了生产效率的提高和区域农业生产的发展。

农作物种植。屯垦士卒的辛勤劳动，水利灌溉事业的发展，农耕技术的进步，都是农作物种植与生长的重要条件。当时种植的农作物都有哪些？出土的文书资料有助于我们略知大概。

（1）粮食作物。从简文可知，当时种植的粮食作物主要是大麦、小麦、谷、小豆[⑨]、黑粟、糜和米等。特别值得注意的是593号简文关于米的记载：“米三斗三百一十五，米三斗三百四十五，……米七斗一千。”[⑩]这里的“米”

---

① 林梅村：《楼兰尼雅出土文书》，第76页。

② 林梅村：《沙海古卷》，第229页。

③ 林梅村：《楼兰尼雅出土文书》，第34页。

④ 林梅村：《楼兰尼雅出土文书》，第51页。

⑤ 林梅村：《楼兰尼雅出土文书》，第61页。

⑥ 宋云：《宋云行纪》，见杨建新主编《古西行记选注》，第47页。

⑦ 王博：《扎滚鲁克文化初探》，《吐鲁番学研究》2002年第1期。

⑧ 宋云：《宋云行纪》，见杨建新主编《古西行记选注》，第47页。

⑨ 胡平生：《楼兰出土文书释丛》，《文物》1991年第8期。

⑩ 林梅村：《楼兰尼雅出土文书》，第77页。

是稻还是粟呢？考虑到当时楼兰、鄯善地区的水文条件，当时不适宜种植水稻。再者，简文中还有关于“禾”的记载。479号简文云：“大麦二顷已截廿亩，下糜九十亩，溉七十亩。……小麦卅七亩已截廿九亩，禾一顷八十五亩，溉廿亩，莇九十亩。……大麦六十六亩已截五十亩，下糜八十亩，溉七十亩。小麦六十二亩，溉五十亩，禾一顷七十亩，莇五十亩，溉五十亩。”同简文中“禾”与“糜”并称，而且在“大麦”之后紧接就是“下糜”，而“小麦”之后则是“禾”。由此可见“禾”与“糜”两者并非一类作物。一般“禾”所指为粟，粟去壳曰小米。综合来看，该地区种植可能是粟，因为还需要“莇”。糜，清代学者钱大昕在《十驾斋养新录·糜》中说：“《九域志》《宋史·地理志》俱云秦州有糜穰堡。偏检字书，皆无‘糜’字，莫详其音。读《一切经音义》，知《大般涅槃经》有粟糜字，云字体作穈糜二形，忙皮反，禾穄也，关西谓之糜，冀州谓之穄。”穄是不黏的黍类，又名“糜子”。《说文·段注》载：“此谓黍之不黏者也。”《后汉书》卷90《乌桓传》有“其土地宜穄及东穡”。又《新唐书》卷235《北狄·奚》有“稼多穄，已获，窖山下”。从此可知穄在东北多有种植。糜子，属禾本科黍属，生育期短，耐旱、耐瘠薄，是干旱半干旱地区的主要粮食作物。糜子有粳、糯之分。我国包头、东胜、榆林、延安一线（东经110°）以东地区，主要栽培糯性糜子，向东延伸粳性糜子种植的数量越少；该线以西地区主要栽培粳性糜子。[①] 糜子具有耐旱、耐瘠薄的特点，使之非常适合新疆南疆干旱的气候。它在南疆地区自史前时期就有种植。和硕县新塔拉石器时代文化遗址中就出土了多量炭化糜粒。[②]在吐鲁番洋海墓地中发现的黍标本，是迄今为止新疆地区发现最早、保存完好的黍标本。[③]此外，在汉晋时期的楼兰古城[④]、民丰县尼雅遗址[⑤]、和田洛浦山普拉

① http://baike.baidu.com/view/354361.htm.

② 王炳华：《新疆农业考古概述》，《农业考古》1983年第1期；新疆文物考古研究所：《新疆民丰县尼雅遗址95MN1号墓地M8发掘简报》，《文物》2000年第1期。

③ 蒋洪恩、李肖、李承森：《新疆吐鲁番洋海墓地出土的粮食作物及其古环境意义》，《古地理学报》2007年第10期。

④ 侯灿：《楼兰遗址考察简报》，《历史地理》1981年创刊号。

⑤ 王炳华：《新疆农业考古概述》，《农业考古》1983年第1期。

古墓地[①]、罗布泊小河墓地[②]、鄯善县三个桥墓地[③]中都曾发现过不少黍类作物。

品种多样的粮食作物种植，对保障屯垦收获具有重要作用。上文中“大田三年，积粟百万”，虽不免有夸大之嫌，但也说明粮食收获已多有积蓄。此外，205号简文有“丰粮经月”[④]，亦反映鄯善地区粮食收成颇好。

（2）瓜果蔬菜。瓜果蔬菜是人们生活的必需品，只要当地自然条件允许，均是可以种植的。公元6世纪初，宋云经过末城（今且末境内）时，见到该城“城傍花果似洛阳”。洛阳是当时北魏王朝的首都，黄河流域最大的城市，畿内多植果木花卉。末城竟有与洛阳相似的感觉，可见且末地区种植瓜果花木之盛。汉代，且末一带就盛产“诸果”，至北朝依然。

石榴。佉卢文文书中记载了该地区生产的石榴，竟然一直为税收的实物，[⑤]足见该地盛产石榴。石榴古称若榴，张衡著《南都赋》称“樗枣若榴”，注引《广雅》曰“石榴，若榴也”。据公元3世纪西晋张华的《博物志》载：“汉张骞出使西域，得涂林安石榴种以归。”安石榴即石榴，原为波斯及其邻近地区所产，大概在汉晋时期通过西域传入中原。故在汉代，西域就有石榴了。在尉犁县营盘两汉时期墓地M15出土的人兽树纹织物上就有15棵果实累累的石榴树。[⑥]至南北朝，石榴已在且末地区广泛种植，并成为当地人们喜食的水果。

葡萄。葡萄是南疆种植瓜果的主要种类，由于塔里木盆地东南部地区光热条件好，昼夜温差大，所产葡萄含糖量高，味美甘甜，深得人们喜爱。汉代尼雅就大量种植葡萄，在尼雅遗址发现的果园中有大量的葡萄遗迹，

---

① 新疆维吾尔自治区博物馆：《洛浦县山普拉古墓地发掘报告》，《新疆文物》1989年第2期。

② 新疆文物考古研究所：《新疆罗布泊小河墓地2003年发掘简报》，《文物》2007年第10期。

③ 新疆文物考古研究所、新疆大学历史系等：《新疆鄯善三个桥墓葬发掘简报》，《文物》2002年第6期。

④ 林梅村：《楼兰尼雅出土文书》，第51页。

⑤ 林梅村：《沙海古卷》，第87页，第295号文书：“和以前一样，税收为一瓶一硒之石榴，故现在要此税。”

⑥ 新疆文物考古研究所：《新疆尉犁县营盘墓地15号墓发掘简报》，《文物》1999年第1期。

而且尼雅一带种植葡萄，旁边种植高大树木作为葡萄支架。[1]魏晋南北朝时期的尼雅依然大规模种植葡萄，佉卢文文书中有大量反映葡萄园的内容。葡萄的广泛种植，也催生了葡萄酒产业的发展。329号文书记载："现在且末酿酒业盛行。"[2]《译集》第637号简牍是一份账单，此单详细记载了鄯善王夷都伽·摩夷利陛下在位之11年6月，皇后去于阗旅行，路经精绝（凯度多）等地，其所用的酒potgonena，谷物dirplra，面粉ata的具体数目。卫斯先生考证认为，这里的potgonena酒就是葡萄酒。而且他估算出，鄯善王后此次出行旅游，路经精绝等地，共用去谷物、面粉约1237.5公斤，用去葡萄酒就多达937.5公斤。[3]王后一行用去如此大量的葡萄酒，固然反映了王室生活之奢靡，但也可借以了解塔里木盆地东南部地区葡萄种植之盛。

除石榴、葡萄之外，这一地区还种植有其他瓜果蔬菜。38号简文有"田种各自有顷亩不得□□今脱秋瓜田□□……□牛秋瓜□……"[4]简文因脱字太多，无法解释，其意大概是要照顾好秋瓜，防止牛进入瓜田，而且每种作物和蔬菜的种植似乎是有面积限制的，至于当时种的什么瓜，因简文无征，故不知。除了石榴、葡萄、瓜之外，鄯善地区还生产桃、苹果、梅、杏等水果。[5]725号简文中的"两畦"[6]，可能是种植某种蔬菜的规模。在鄯善地区的蔬菜种植，简文也只有一条，其中500号简文云："□□加饶种菜豫作冬储□。"[7]从这条简文我们可略知，鄯善地区种植蔬菜，除日常食用外，还用作冬储，以备寒冬时食用。另外，584号简文云"水曹椽左朗白前府椽所食诸部瓜菜贾一匹綵付客曹。"瓜菜以綵一匹来抵价，似乎说明其瓜菜价格颇高。

---

① 中日共同尼雅遗迹学术考察队：《中日共同尼雅遗迹学术调查报告书》第二卷，1999年，第28页。

② 林梅村：《沙海古卷》，第93页。

③ 卫斯：《从佉卢文简牍看精绝国的葡萄种植业》，《新疆大学学报》（哲学社会科学版）2006年第6期。

④ 林梅村：《楼兰尼雅出土文书》，第33页。

⑤ 斯坦因：《西域考古记》，向达译，中华书局，1987年，第60页。

⑥ 林梅村：《楼兰尼雅出土文书》，第88页。

⑦ 林梅村：《楼兰尼雅出土文书》，第71页。

2.吐鲁番地区

吐鲁番地区两汉时即为屯垦重地,魏晋时期仍是戊己校尉的驻地,戍守将士既守边,又要屯垦。十六国时期,这一军屯的形式继续存在。玄始十二年(423年)的文书《兵曹下八幢符为屯兵值夜守水事》记载了北凉时期的军屯情况。"……右八幢知中部屯。次屯之日,幢共校将一人撰(选)兵十五人夜住守水。……明当引水溉两(部)。"[①]从这件文书,我们知道当地的军屯组织严谨,重视水利灌溉,并派遣士兵15人一组值夜班看护水渠。幢是柔然军队的一级组织,一般来说,千人为一军,百人为一幢。北凉驻高昌的军队也采用这一组织体系。由此可知,中部屯垦的军队竟然达到8幢800人之多,可见军屯规模不小。除军屯外,吐鲁番地区还有官田和民田等,由普通劳众辛勤耕作。

长期的劳作使人们对农田的土质和距离水源远近等要素逐渐有较多认识,他们依据上述因素把土地分为常田(一岁可种两造的田地)、潢田(地势低洼又近渠潢,或平时由于渠、潢水的渗透,或在行水浇灌之时,易于造成水浸渍现象的土地)、石田(改造石碛的低产田)、卤田(盐碱地上的田)、无他田(无其他灾害的田)、沙车田(沙碛边缘开发出来的田)等类型。[②]需要注意的是"石田"和"沙车田"的出现,这说明当地人农业技术有所提高,并敢于改造沙碛,同时也反映人多地少的人地关系矛盾。吐鲁番虽然土地肥沃,但是自汉至十六国时期,已经耕种四五百年,田地肥力的下降势必影响农作物产量,施肥补充田地肥力是重要的措施。吐鲁番地区的人们已经学会了施肥的技术。文书《翟疆辞为共治葡萄园事二》就明确记载了"粪十车"。[③]吐鲁番地区高温少雨,气候极其干旱,水资源紧缺。因此,对水资源管理极为严格,诸城均设有户曹、水曹、田曹。水曹之下设有行水官和平水官。行水官的主要职责是掌握具体分配民田灌溉用水,他是在农田需水季节由诸曹的在职官吏临时兼任,是临时性、季节性的。而平水官的主要职

---

① 唐长孺:《吐鲁番出土文书》第一册,第138页。

② 朱雷:《吐鲁番出土北凉赀簿考释》,《武汉大学学报》(哲学社会科学版)1980年第4期。

③ 唐长孺:《吐鲁番出土文书》第一册,第105页。

责应是负责水利建设和具体办理长年的水利事务，是常设的。[1]吐鲁番的水利灌溉方式为“引水溉田”，这在出土文书中有所反映。《功曹条任行水官文书》中明确说：“今引水溉两部葡萄。”[2]此外，《麴斌造寺碑》中的“……下园田，悉用漫水溉”[3]说明了当时该地区田间灌溉还是采用漫灌的方式，这种方式可能与魏晋时期敦煌地区的“衍溉”大致相似。[4]

第三节　汉晋南北朝时期的民间畜牧业

一、两汉时期的民间畜牧业

1.游牧经济

《汉书》卷96《西域传》中记载西域经济主要有两种，一是“有城郭田畜，与匈奴、乌孙异俗”；二是“随畜逐水草，与匈奴同俗”。所谓“随畜，与匈奴同俗”多是“随畜逐水草”的游牧经济，在南疆地区主要是婼羌、鄯善、戎卢、小宛国、渠勒、乌秅、西夜、蒲犁、依耐、无雷、捐毒、温宿、尉头、山国等城郭诸国。婼羌“随畜逐水草，不田作，仰鄯善、且末谷”。鄯善亦是“民随畜牧逐水草，有驴马，多橐驼。能作兵，与婼羌同”。西夜“与胡异，其种类羌氐行国，随畜逐水草往来”。蒲犁、依耐、无雷与西夜国相同。以上游牧民族均生活在昆仑山间，习俗与羌族相近。位于天山盆地的尉头、捐毒“民俗衣服类乌孙，因畜随水草”。山国则活动在库鲁克塔格和觉罗塔格地区，“山出铁，民出居，寄田籴谷于焉耆、危须”。在哈密的沁城乡、吐鲁番的托克逊县、阿克苏地区温宿县北的天山之间以及皮山县、和田、且末以南昆仑山中发现的大量反映古代游牧民族放牧的岩画说明了古代上述地区游牧业的

---

① 柳洪亮：《吐鲁番出土文书中所见十六国时期高昌郡时期的水利灌溉》，《中国农史》1985年第4期。

② 转引自宋晓梅：《吐鲁番出土文书所见高昌郡时期的农业活动》，《敦煌学辑刊》1997年第2期。

③ 转引自马雍：《麴斌造寺碑所反映的高昌土地问题》，《文物》1976年第12期。

④《三国志》卷16《魏书十六·仓慈传》引《魏略》，中华书局，1959年，第513页。

发达。[1]此外，在拜城的山区，也有相当程度游牧业的存在。2013年，考古工作者对拜城多岗墓地进行了发掘，该墓地的时间为距今3000—1700年左右，相当于西周至魏晋时期。各期墓葬中，多有随葬的羊、马等动物，还见有随葬的马具等，发现于陶器中的羊骨，当时将羊肉置于陶器中随葬的，未见有出土的谷物等粮食作物遗存。结合墓葬所处地理环境以及出土遗物，可以看出该墓地的墓主人生前当是以肉食为主，所从事的生产活动自然属于游牧业了。[2]

游牧业也存在对农业的依赖，他们往往通过“寄田”的方式从农业区获得粮食。例如山国，“寄田籴谷于焉耆、危须”。鄯善，“少田，寄田仰谷旁国”。依耐，“少谷，寄田疏勒、莎车”。楼兰地区经过汉代屯垦开发，已有大量农业存在，但其畜牧业仍然较为发达。考古工作者在楼兰古城遗址的考古调查与发掘中，发现有大量的牛、马、羊骨与头角，同时也发现有糜子壳、麦秸秆、麦粒、糜子、核桃等，以及石磨盘、石杵、木臼等粮食加工工具，反映了畜牧与农业兼营的特点。[3]西汉时期南疆“行国”的人口规模，《汉书·西域传》载其户、口数如下表：

表2　西汉时期南疆“行国”人口规模

地名	户数	口数	户均人口
鄯善	1570	14100	8.98
婼羌	450	1750	3.89
小宛	150	1050	7
戎卢	240	1610	6.7
渠勒	310	2170	7
西夜	350	4000	11.4
蒲犁	650	5000	7.69
依耐	125	670	5.36
无雷	1000	7000	7
休循	358	1300	3.6

① 周菁葆：《丝绸之路岩画艺术》，新疆人民出版社，1997年，第283页。
② 田小红、吴勇：《新疆拜城多岗墓地考古新收获》，《西域研究》2013年第3期。
③ 侯灿：《楼兰古城址调查与试掘简报》，《文物》1988年第7期。

续表

地名	户数	口数	户均人口
捐毒	380	1100	2.89
温宿	2200	8400	3.82
尉头	300	2300	7.67
山国	450	5000	11.11
合计	8533	55450	6.5

从上表可见，南疆地区的游牧人口约为55450人，8533户，户均人口为6.5人，稍低于南疆绿洲户均人口，但仍比学界一般认为的户均5人要高出一些。

西汉时期，北疆是新疆游牧民族活动的主要地区，特别是乌孙。乌孙游牧于伊犁河流域广大地区，其中包括今北疆中西部一带。在辽阔的草原上，乌孙"不田作种树，随畜逐水草"，过着"穹庐为室兮旃为墙，以肉为食兮酪为浆"的生活。[①]乌孙国牧养的牲畜很多，尤以马匹为著，该国多马，富人有至四五千匹之多。[②]乌孙以东至蒲类海的北疆广大地区是匈奴的势力范围，而匈奴是典型的游牧民族，随"水草迁徙，无城郭常居耕田之业，然亦各有分地"，"其俗，宽则随畜田猎禽兽为生业，急则人习战攻以侵伐，其天性也"[③]。游牧并射猎，是游牧民族的主要经济形态。虽然乌孙和匈奴一样，也划分内部各部落的牧场，但北疆广袤的草原上足够容纳众多游牧民族共同生活。史载北疆的"行国"主要有乌孙、乌贪訾离国、卑陆国、卑陆后国、郁立师国、单桓国、蒲类国、蒲类后国、西且弥国、东且弥国、劫国、狐胡国和车师后国等。《汉书·西域传》载其户、口数如下：

表3　西汉时期北疆"行国"人口规模

行国	户数	口数	户均人口
乌孙	48000	252000	5.3
乌贪訾离国	41	231	5.6

---

① 《汉书》卷96下《西域传下》，第3903页。

② 《汉书》卷96下《西域传下》，第3901页。

③ 《汉书》卷94上《匈奴传上》，第3743页。

续表

行国	户数	口数	户均人口
卑陆国	227	1387	6.1
卑陆后国	462	1137	2.5
郁立师国	190	1445	6
单桓国	27	194	7.2
蒲类国	325	2032	6.3
蒲类后国	100	1070	10.7
西且弥国	332	1926	5.8
东且弥国	191	1948	10.2
劫国	99	500	5.1
狐胡国	55	264	4.8
车师后国	595	4774	8
车师后城长国	154	960	6.2
合计	74798	269868	5.3

注：史载乌孙全境有120000户，630000口，根据殷晴先生的研究，分布在我国新疆境内的乌孙人口约占40%，笔者从之。

从上表可知，西汉时北疆游牧人口约为269868人，74798户，户均人口为5.3人，低于南疆的游牧户均人口数。值得注意的是蒲类后国和东且弥国的户均人口超过10人，与南疆的西夜和山国相似，甚至与南疆的绿洲大国疏勒、姑墨、龟兹相当。

综上所述，西汉时新疆境内的游牧民族人口在33万人左右。因为史籍中没有明确记载，所以其畜养的牲畜量是研究的一个难点。我们只好从相似的史料记载中进行估算。汉宣帝本始三年（前71年），校尉常惠和乌孙合兵进攻匈奴右谷蠡王庭，俘获人员39000余人，马、牛、驴、骡、驼等5万有余，羊60余万。①如此，人畜比例约为1∶20，其中牛、马等大体型牲畜比

① 《汉书》卷70《常惠传》，第3004页；卷96下《西域传下》、卷94上《匈奴传上》记载均是"虏马、牛、羊、驴、骡、橐驼七十余万"。后二者与前者稍有异。

较少，比例约为1∶1.2，而小体型牲畜——羊的比例较大，约为1∶17。[①]据此比例，我们可以认为西汉时新疆游牧民族畜养的牲畜数量在600万头左右。

东汉时，北疆广大地区仍以游牧为主，乌孙、匈奴仍分掌北疆西部和东部。北疆东部的游牧民族主要聚集在蒲类海和西部的东天山附近，这里生活着匈奴呼衍王部、蒲类、移支、东且弥和车师后王部。东汉时，“北虏呼衍王常展转蒲类、秦海之间，专制西域，共为寇抄”[②]，一直是东汉经营西域的心腹大患。蒲类，天山西疏榆谷，本是当地一个较大的部落，西汉时有2000余人，发展至东汉，已有8000多人，但是因为其首领得罪了匈奴单于，被后者强行迁移6000余人至匈奴右部阿恶地，余众还有2000余人逃亡山谷间，庐帐而居，逐水草，饲养牛、马、骆驼、羊畜。值得注意的是，这些残存的蒲类民众学会了农耕，“颇知田作”[③]。移支，也活动在蒲类海周边地区，有1000余户，3000余人，“皆被发，随畜逐水草，不知田作。所出皆与蒲类同”。经过西汉一代的发展，东且弥已有3000余户，5000余人，是当地较大的部落。其经济类型与蒲类相似，“庐帐居，逐水草，颇田作”[④]。东汉时的车师后王部，王庭建在东元山山谷中[⑤]，是东天山地区比较强大的部落，领户4000有余，人口15000千余，胜兵3000余人，[⑥]人口是西汉时的3倍。车师后王部仍以游牧为主，其骑兵亦较强悍，多次联合汉军北击匈奴。顺帝阳嘉三年（134年），双方联军掩击北匈奴于阊吾陆谷，获单于母亲、季母和妇女数百人，牛、羊10余万头。[⑦]

同时，考古资料也可与史籍文献记载相印证。吐鲁番是姑师人的生活区域，在吐鲁番交河故城沟北1号墓地发掘中，发现了一大批汉代早期墓

---

① 殷晴先生认为北疆地区的比例约为1∶18，南疆的比例为1∶10。见殷晴《丝绸之路与西域经济——十二世纪前新疆开发史稿》，第85、86页。

②《后汉书》卷88《西域传》，第2911页。

③《后汉书》卷88《西域传》，第2928页。

④《后汉书》卷88《西域传》，第2929页。

⑤ 戴良佐：《务涂谷今地考》，《西北史地》1997年第4期。

⑥《后汉书》卷88《西域传》，第2929页。

⑦《后汉书》卷88《西域传》，第2930页。

葬中有殉马与骆驼的现象，在55座墓中，有殉马50匹，骆驼3峰。还出土了鹤嘴锄、马衔等铁器，牛头饰银器，骆驼与鹿形的金饰。[①]巴里坤地区是汉代蒲类国和匈奴的活动区域，在巴里坤县东黑沟遗址的灰坑与灶坑中，出土了较多的兽骨，可分辨的有牛肩胛骨和羊距骨；在石圈遗迹内也发现有少量的羊骨、马骨和铁马衔等。[②]在其周边的天山洪积扇巨石滩中的大型石块上，发现有大量描绘牛、羊、骆驼及狩猎场景的岩画图案，均在一定程度上反映了当时区域内民众的经济生活内容。

2.绿洲畜牧经济

诸多绿洲在主要经营农业的同时也进行短距离放牧和圈养牲畜。莎车、疏勒、龟兹、姑墨、焉耆、精绝、车师等农业区的畜牧业也相当发达。《后汉书·班梁列传》记载："莎车、疏勒田地肥广，草牧饶衍。"班超降莎车，"大获其马畜财物"，定焉耆、尉犁与危须，获"马畜牛羊三十余万头"。梁慬平息龟兹、温宿、姑墨等联合反叛，获"骆驼畜产数万头"。这些均说明莎车、疏勒、龟兹、温宿、姑墨、焉耆的畜牧业相当发达。在尉犁县营盘两汉时期墓地M15出土的人兽树纹织物上有牛和山羊的饰纹。[③]其中，7号墓发现棉布裤和棉布袍子各1件，圆盘内盛羊骨头1件，枕头内装粟皮，柳条编织的盘子内置葡萄、桃子等。33号墓发现羊头、羊肋骨、羊腿骨等。[④]

在塔里木盆地南缘，尼雅遗址也出土过干羊肉、羊皮、羊蹄、马皮、牛筋、骆驼毛等家畜遗存，以及牛羊颈栓、牛角杯等物品。[⑤]在以往对尼雅遗址的考古调查中，均毫无例外地在一些居住遗址旁发现有饲养牲畜的圈栏，而这些圈栏往往与住宅连成一体，迄今还留有厚厚的牲畜粪便。圈栏饲养的对象是经常役用的大牲畜，如骆驼、马、牛、驴等，或即将临产的牝骆驼、牝马、牝牛及它们所生的幼仔等。佉卢文自东汉中后期开始在塔里木

① 羊毅勇：《吐鲁番交河故城沟北1号台地墓葬发掘简报》，《文物》1999年第6期。

② 新疆文物考古研究所、西北大学文化遗产与考古学研究中心：《2006年巴里坤东黑沟遗址发掘》，《新疆文物》2007年第2期。

③ 新疆文物考古研究所：《新疆尉犁县营盘墓地15号墓发掘简报》，《文物》1999年第1期。

④ 新疆文物考古研究所：《新疆尉犁县营盘墓地1999年发掘简报》，《考古》2002年第6期。

⑤ 新疆维吾尔自治区博物馆考古队：《新疆民丰大沙漠中的古代遗址》，《考古》1961年第3期。

盆地西部缘边绿洲流行，尤其多见于南缘的于阗、精绝、鄯善等地。佉卢文文书中亦大量涉及王室牧群，计有驼群、牛群、羊群等。文书中规定庄园中的畜群应适当照料，精心喂以食物及水。①该地区的法律还规定不得在牧区狩猎，打伤马系非法行为。②文书中还记载该地把苜蓿作为税种大量征收，这说明该地畜牧业的发达，需要大量饲料来饲养牲畜。从饲养形态上看，很有可能是家庭圈养的形式。精绝国畜牧业的发达，不仅仅反映在佉卢文资料对皇家牧群的记述方面，从尼雅遗址多次学术性调查和考古发掘过程中所获得的资料同样可知，畜牧业很早就在精绝国居民的经济生活中占有主导地位，即在精绝国农业经济发展以前，其畜牧业发展就达到了相应的水平。1992—1996年，中日联合考察队在对尼雅遗址的7次调查过程中，从该遗址所存的150多处各种房屋建筑遗址，院落的篱笆以及圈栏里都发现了牛、羊、骆驼的粪便。在编号为92B4(N2)、93A27(N37)和96A5的房屋和佛寺遗址小规模的发掘和清理过程中，又发现了大量兽骨。在尼雅遗址东面和西面三座墓葬的抢救性发掘清理过程中，也在棺木内的随葬品中发现有内盛羊腿的木碗。尤其是1995年在95MNl号墓地即贵族墓地发掘的6座墓葬，均在随葬品中的木碗和陶罐里发现了盛放的羊肉。③这些发现，不仅说明畜牧业在精绝国居民经济生活中所占的比重，而且从一个侧面反映出畜牧业在精绝国的重要性，即畜产品在当时已成为人们赖以生存的重要物质保障。且这种保障，不只限于精绝国上层贵族，也与普通百姓密切相关。

在和田地区的洛浦县山普拉，新疆维吾尔自治区博物馆考古队发掘了52座战国到东汉时期的墓葬。④发掘资料表明，当时这一地区的畜牧业和农业、园艺业都很发达。在随葬品中，发现了麦粒和面食，也发现了置于木盘中的羊头、羊肉与小羊羔等。有的墓葬还在死者两腿间放置羊的肋骨。

---

① 林梅村：《沙海古卷》，第242—243页。

② 林梅村：《沙海古卷》，第68页。

③ 沙比提·阿合买提：《从尼雅遗址考古调查看其畜牧业、农业和手工业的发展状况》，中国历史文化遗产保护网·梦幻尼雅研究文集，第10篇。

④ 阿合买提·热西提：《洛浦县山普拉古墓地》，《新疆文物》1985年第1期。

盛放面食的袋子多是用羊皮制作的。在两座墓中各发现一匹完整的马。出土的大量毛织物则表明畜毛是人们的主要衣着原料。

此外,考古人员在克里雅河下游的喀拉墩古城和圆沙古城附近发现汉晋时期的水渠灌溉遗迹,谷物(麦和粟等)和葡萄籽以及大量动物骨骼。经统计、鉴定,主要是家畜羊、牛、骆驼、马、驴的骨骸,羊、牛、骆驼的数量居多,其次为马、驴、狗、猪等。这说明当地畜牧业在经济中占有重要地位。①

一般来说,南疆各地区的畜牧种类以羊、牛、马为大宗,也有驴、骆驼等。蒲类国"有牛、马、骆驼、羊畜……国出好马"②。精绝地区的养羊和养驼业可能特别发达,羊分绵羊和山羊,从佉卢文文书记载看,绵羊的数量要多于山羊。佉卢文文书中提到"汝若能购买到更多的山羊,应将山羊交苏克摩那带来"③。鄯善地区是"有驴马,多橐驼"。温宿地区"土地物类所有与鄯善诸国同"。骆驼和马、牛、羊一样分布区域较广,遍布塔里木盆地边缘,文中所及的龟兹、姑墨、莎车、焉耆、鄯善、精绝等地均有骆驼养殖,于阗的骆驼可能比较多或种类优良,在《沙海古卷》中有于阗骆驼的专门记述。④作为交通运输工具的驴在塔里木盆地南缘地区饲养较多,上文中的鄯善就饲养有驴,乌秅国亦是"出小步马,有驴无牛"⑤。

二、魏晋南北朝时期的民间畜牧业

魏晋南北朝时期的新疆畜牧业发展良好。总体上看,南疆畜牧业依然分为家庭畜牧和放牧结合以及游牧的两种方式。北疆地区由于被鲜卑、柔然、高车和突厥等游牧民族占据,当地经济自然是以游牧为主。

1.南疆畜牧业

高昌地区的畜牧业在正史中记载较为简略。《梁书》卷54《诸夷传》载高

---

① 中法克里雅河考古队:《新疆克里雅河流域考古调查概述》,《考古》1998年第12期。

②《后汉书》卷88《西域传》,第2928页。

③ 林梅村:《沙海古卷》,第311页。

④ 林梅村:《沙海古卷》,第197页。

⑤《汉书》卷96上《西域传上》,第3882页。

昌“人多啖麨及羊牛肉。出良马”。《北史》卷97《西域传》则记载：“国中羊、马，牧在隐僻处以避寇，非贵人不知其处。”从上述文字可知，高昌地区主要饲养羊、牛、马。此外，从出土文书亦知此地还饲养骆驼、驴等。高昌“出良马”，当是该区畜牧业的一大亮点。高昌马以其品质优良而成为向中原王朝的贡品。王素先生根据有关文书和账目，认为当时的高昌各郡县都养马，品种也较繁多，有白马、黑马、紫马、青马、骍马、黄马、骓马、驼马、赤马等31种颜色的马匹。①马匹颜色分类如此详细，从侧面也说明了该地马匹众多，当地人对马认识的仔细。牛作为耕作、运输的主要畜力，成为高昌地区畜牧业养殖的重要品种之一。一份高昌时期的出土文书《户主牛账》中记载了该地一些农户家养耕牛的情况。“（前缺）牛一头梨犍七岁，孙庆祐牛一头，……张阿护牛一头黄犍八岁，……伯善牛一头，……牛二头（一头黄犍□岁，一头赤犍八岁），……范……犍六岁。”②该文书中对耕牛的主人、牛的数量和颜色、畜龄均有详细说明，既反映了高昌地区对耕牛重视，也反映了对饲养家畜的重视。吐鲁番出土文书中记载了晋元嘉十三年（436年）（阚爽政权缘禾五年）六月，高昌居民翟强因欠债主佛流的麦子而被夺去耕牛从而向官府申请调解的事情。③牛还是运输的主要畜力之一，在吐鲁番阿斯塔那古墓群的408号古墓中发现的壁画中就有牛车的图像。④牛有时也用作祭祀。例如吐鲁番出土《取牛羊供祀账》记载了梁大同元年（535年）即高昌麴氏章和五年，“七月十四日，取康酉儿牛一头，供谷里祀”⑤。不过，由于牛是主要的耕作畜力，一般用以祭祀的数量较少。从该文书可见，此次祭祀共9项，8项用羊，用牛仅此1项。此外，该地也食用牛肉，《梁书》卷54《诸夷传》就记载高昌“人多啖麨及羊牛肉”。

羊作为小型家畜被大量养殖。上文史籍中记载高昌家畜的品种时，羊

① 王素：《高昌史稿（交通篇）》，第103—104页。

② 吐鲁番地区文管所：《1986年新疆吐鲁番阿斯塔那古墓群发掘简报》，《考古》1992年第2期。

③ 唐长孺：《吐鲁番出土文书》第一册，第102页。

④ 吐鲁番地区文物局：《新疆吐鲁番地区阿斯塔那古墓群西区408、409号墓》，《考古》2006年第12期。

⑤ 唐长孺：《吐鲁番出土文书》第二册，第39页。

均是居于首位的，故羊在数量上是最多的。虽然吐鲁番出土文书中对羊的记载不多，但在墓室壁画中有牧羊的内容。2004年，吐鲁番考古工作者在阿斯塔那古墓群西区发掘两座公元6世纪的墓葬，其中M408号古墓中出土了精美的壁画。在壁画的左上方是一骑马男子手持类似今天牧民套马索的长杆在放牧，在前方有骆驼和羊，在驼、羊后面还有一只小狗，此画形象地反映了当地人们放牧的情景，而不是一些学者认为的反映男主人戎马生涯的内容。[①]羊的主要用途是用来食用，《梁书》中就记载羊肉被列为食用肉类之首，除此之外，羊也常被用来祭祀，上文中所叙的高昌麴氏章和五年（535年）祭祀中的祭牲绝大部分是用羊。又如高昌麴氏永平元年（梁太清三年，549年）十二月二十九日《祀部班示为知祀人上名及谪罚事》记载参加祭祀人员犯规，处罚的物品也多是"谪羊"[②]。

骆驼是良好的负重运输家畜，高昌地区饲养骆驼也较多。由于骆驼的作用大，属于贵重家畜，直接用于随葬甚是可惜，一些死后也想享用骆驼的人就用木制骆驼俑作为随葬。1963年，考古工作者在吐鲁番阿斯塔那哈喇和卓墓地发掘出一些木头刻制的马、驼形象。[③]此外，在日常生活中也存在私人骆驼贸易的情况。例如前凉升平十一年（晋太和二年，367年）四月十五日《王念卖驼券》就记载了当时高昌骆驼买卖的情况。[④]既有私驼，也有官驼，如高昌麴氏延昌二十七年（陈祯明元年，587年）的《众保等传供粮食账》记有"麬廿二斛五斗，供官驼"[⑤]。从中可知，官驼的饲料除了一般的苜蓿外，还有粮食。从出土文书可知，高昌地区对各地的骆驼、马匹、牛的数量均有统计。例如"高宁驼一头，马……，□□威神驼一头，……田地县驼两头……"[⑥]

---

① 吐鲁番地区文物局：《新疆吐鲁番地区阿斯塔那古墓群西区408、409号墓》，《考古》2006年第12期。

② 唐长孺：《吐鲁番出土文书》第二册，第40—44页。

③ 新疆维吾尔自治区博物馆：《吐鲁番阿斯塔那—哈喇和卓古墓群发掘简报（1963—1965）》，《文物》1973年第10期。

④ 唐长孺：《吐鲁番出土文书》第一册，第5页。

⑤ 唐长孺：《吐鲁番出土文书》第二册，第283页。

⑥ 唐长孺：《吐鲁番出土文书》第二册，第13页。

此外，驴作为畜力运输工具之一，因其耐力好而深受人们喜爱。从出土文书可知，高昌地区养殖驴的数量也不少。高昌麹氏延昌二十七年（587年）五月，兵部的参奏中就两次提到“驴十三头”[①]。

塔里木盆地西部、北部和南部的焉耆、龟兹、于阗等地的畜牧业也较为繁盛。《魏书》卷102《西域传》记“焉耆国，畜有驼马”。《周书》卷50《异域传》记载焉耆国“畜有驼马牛羊”。《魏书·西域传》举其大端，《周书·异域传》稍见其详，但都可以窥见其畜牧业之繁盛。北魏时，西域焉耆国经常劫掠北魏使臣，世祖于是派遣万度归讨之，获其珍奇异玩殊方谲诡不识之物，橐驼、马、牛、杂畜竟达巨万之多。[②]

《魏书》和《周书》均记载龟兹国出良马、犎牛，此外还有牛、羊、骆驼等。犎牛可能是一种颈上有肉隆起的牛，也叫“峰牛”“封牛”。《汉书》卷96《西域传上·罽宾国》载：“罽宾国出封牛。”颜师古注：“封牛，项上隆起者也。”《后汉书》卷6《顺帝纪》载：“疏勒国献师子、封牛。”李贤注：“封牛，其领上肉隆起若封然，因以名之，即今之峰牛。”《尔雅·释畜》中有“犦牛”，晋人郭璞注：“即犎牛也。领上肉犦胅起高二尺许，状如橐驼，肉鞍一边。健行者日三百余里。”峰牛的形状也有实物出土，现藏于新疆维吾尔自治区文物考古研究所的陶牛，就是封牛造型。《晋书·四夷传》中载：龟兹“人以田种畜牧为业”。前秦建元十八年（382年），秦主苻坚遣将吕光讨伐西域，吕光打败龟兹返回时，以驼2万余头运送从焉耆掠夺的奇珍异宝，还带回骏马万余匹。[③]北魏世祖曾诏万度归攻打龟兹，万度归大获驼马而还。[④]从这些文献记载足见该地马匹和骆驼之多，畜牧业之繁盛。

疏勒国的畜牧业情况在魏晋南北朝时期诸史中不见记载，但该国的畜牧业应该不会比邻近的龟兹和于阗逊色。《后汉书》卷6《顺帝纪》记载：“疏勒国献师子、封牛。”东汉后期，莎车、竭石、渠沙、西夜、依耐、蒲犁、榆令、捐

---

① 《新文书》，第52页，转引自王素《高昌史稿（交通篇）》，第106页。

② 《魏书》卷102《西域传》，第2266页。

③ 《晋书》卷122《吕光载记》，中华书局，1974年，第3056页。

④ 《魏书》卷102《西域传》，第2267页。

毒、休循、琴国等皆并属疏勒。[1]众所周知，西夜、依耐、捐毒等国是以游牧为主的行国，他们并入疏勒，所以疏勒也应产牛、羊、马等家畜。该地亦产良种马，唐太宗贞观九年(635年)，疏勒国曾遣使向唐朝献名马。[2]

于阗国的畜牧业也颇繁盛，多马、驼、骡等。[3]其中良马为特产，是输送于中原王朝之贡品。北周武帝建德三年(574年)，于阗王遣使向北周贡献名马。学者林梅村经考证认为于阗马是浑身花斑的马，在唐代被称为“五花马”，是于阗向中原王朝上贡的良马。[4]于阗的马匹可能较多，该地妇女亦兴乘马之风。宋云经此地时，就见该地风俗是“妇人袴衫束带，乘马驰走，与丈夫无异”[5]。此外，于阗的骆驼也比较好，在佉卢文文书中专有于阗驼的称呼。[6]

位于昆仑山间的朅盘陀国是汉代西域三十六国之一，因其地处山谷中，虽“地宜小麦，资以为粮”，但畜牧业占据主要地位。牧养的家畜有“牛马骆驼羊等”[7]。

且末是塔里木盆地东南部的城郭小国，在东汉后期成为鄯善和于阗两国争夺的对象。魏晋前期属于鄯善，后期属于于阗。《梁书》卷54《诸夷传》记载且末的畜牧业状况是“多牛羊骡驴”。鄯善地处塔里木盆地东南，早在汉代就是“民随畜牧逐水草，有驴马，多橐驼”，畜牧业比较发达。[8]魏晋南北朝时期的正史中有关鄯善畜牧业生产的具体情况记载十分简约，且多语焉不详，所以我们主要依靠当地出土的佉卢文材料对此加以复原。从出土文书所反映的情况来看，鄯善国既有属于王室牧养的畜群，也有民间牧养的各类家畜与牲口。

除了王室畜群外，民间的牲畜数量也颇多。民间畜牧业在164号文书

---

① 《三国志》卷30《魏书·乌丸鲜卑东夷传》引《魏略西戎传》，第860页。

② 《旧唐书》卷210《西戎传》，第5305页。

③ 《北史》卷97《西域传》，第3209页。

④ 林梅村：《于阗花马考——兼论北宋与于阗之间的绢马贸易》，《西域研究》2008年第2期。

⑤ 宋云：《宋云行纪》，见杨建新主编《古西行记选注》，第47页。

⑥ 林梅村：《沙海古卷》，第197页。

⑦ 《梁书》卷54《诸夷传》，第814页。

⑧ 《汉书》卷96上《西域传上》，第3876页。

有所体现。该文书记载:“关于庄园之事,请认真对待。畜群亦请适当照料,精心喂以食物及水。”[①]519号文书则记载了兄弟之间关于羊的一些事情:“(正面)余已为绵羊之事发出书信五六封。但迄今未获回音。余去该地将八只绵羊及羊羔交汝左施格耶和叶波怙并将六头牲畜送去。此事距今已有三年之久。伏卢楚克罗后又带来十头小畜,均系山羊。(背面)现尚留四头,其余劣种牲畜,汝亦扣留下来。该羊及属地所有之羊已交给苏左摩照料,应带至且末。余现呈上此信,愿为汝效劳。山羊请不必再送……”[②]从该文书可知,民间的养殖业较为繁盛,特别是养殖了大批的山羊和绵羊。此外,大量征收牲畜税的情况亦可窥见民间畜牧业繁盛之一斑。94号文书记载征收橐驼共计40头[③]。115号文书记载征收了61头羊。[④]151号文书记载征收牲畜实物税的情况,其中税羊共计64头。[⑤]264号文书记载税羊11头。[⑥]369号文书记载某年2月5日,某税司共收到绵羊达230头之多。[⑦]486号文书则记载共征收30头羊。[⑧]117号文书记载征收牛共计52头,[⑨]207号文书记载征收牛有5头。[⑩]523号文书记载的牡牛也有9头。[⑪]688号残缺的文书不完全记载的马有5匹。[⑫]

为了育肥或者更好地增加畜力,牧民往往对雄性牲畜进行阉割。目前,从佉卢文文书可知,鄯善牧民就采用了这种方法对马匹育肥或者增强畜力。85号文书就明确记载有阉马。[⑬]

对于生病的牲畜,当地可能已有兽医对其进行治疗。不过,为了防止

① 林梅村:《沙海古卷》,第283页。
② 林梅村:《沙海古卷》,第306—307页。
③ 林梅村:《沙海古卷》,第171—172页。
④ 林梅村:《沙海古卷》,第178—179页。
⑤ 林梅村:《沙海古卷》,第189—190页。
⑥ 林梅村:《沙海古卷》,第208页。
⑦ 林梅村:《沙海古卷》,第214页。
⑧ 林梅村:《沙海古卷》,第227页。
⑨ 林梅村:《沙海古卷》,第180—181页。
⑩ 林梅村:《沙海古卷》,第203页。
⑪ 林梅村:《沙海古卷》,第229页。
⑫ 林梅村:《沙海古卷》,第251—252页。
⑬ 林梅村:《沙海古卷》,第169页。

传染而采取必要的隔离手段也是避免大范围牲畜传染的重要措施。392号文书记载:“彼等现自皇廷带来皇家橐驼二十头,现皆患重病。余等已将……从汝州带至空旷之地。彼等现已来此。当汝接到此信时,应即刻迅速派人来。……须带至圈地。波格耶已去山地。鸠元耶已将橐驼带去。”①从中可知,当时人们很重视对病畜采取隔离措施的,以避免疾病在畜群中的传染,扩大成疫情。主要方法就是将病畜带到远离畜群的空旷之地,形成一个中间隔离带。

鄯善国的牲畜种类也比较多,见于佉卢文文书记载的就有骆驼、马、牛、骡、山羊和绵羊等。不过,汉代该地也盛产驴,《汉书》卷96上《西域传》记载鄯善国“有驴马,多橐驼”。从佉卢文文书中,不见有关驴的记载。侯灿先生经过对楼兰出土文书的考释,认为该地的牲畜中也有驴。②骆驼一般记载为橐驼和牡驼,不过还有鹿驼③,不知是何品种。鄯善地区养殖的诸多牲畜中,最多的应是骆驼,其次是羊、牛、马等。鄯善王室自有皇家驼群、皇家牛群和皇家羊群等。④骡的记载较少,上文中提到牧场中有骡被击伤,此外39号文书记载了一匹三岁之牝骡被用来支付养女的抚养费。⑤民间也存在骆驼和马匹买卖的情况。226号文书就记载了某人为驼、马买卖发生争执而被看管四年。⑥鄯善牲畜的主要饲料是紫苜蓿,这是西域地区著名的传统饲草,自张骞通西域以后引入中原地区,也是马匹的重要饲草。272号简牍敕谕中称:“饲料柴(紫)苜蓿亦在城内征收。”⑦除此之外,该文书还提到茜草,这也是重要的饲料。357号文书还提到“茜草交入官府”⑧。450号规定“茜草及curama必须送来”⑨。文书前引214号简牍敕谕中所提

① 林梅村:《沙海古卷》,第301—302页。
② 侯灿:《楼兰新发现木简纸文书考释》,《文物》1988年第7期。
③ 侯灿:《楼兰新发现木简纸文书考释》,《文物》1988年第7期。
④ 林梅村:《沙海古卷》,第96、148页。
⑤ 林梅村:《沙海古卷》,第52页。
⑥ 林梅村:《沙海古卷》,第73页。
⑦ 林梅村:《沙海古卷》,第82页。
⑧ 林梅村:《沙海古卷》,第99页。
⑨ 林梅村:《沙海古卷》,第304页。

到的马匹饲料除了紫苜蓿外还有面粉（粗粉）、谷物、三叶苜蓿和帕利陀伽饲料等。[①]

鄯善地区畜牧业发达，牲畜就自然成为征税的实物，甚至充当交换贸易的一般等价物。文书中以牲畜为实物税的记载很多，在此不一一列举。这些征收上来的牲畜很大部分被用来充实皇家畜群。725号文书敕谕中说："须向司土乌波格耶作特别指令。此项税收应交税吏鸠元陀和沙尔毗伽送来。还有，税收应由甘阇伐利详细核查和统计，并全部送来。牛羊应交妇女楼阿面前，归汝处皇家牛群和羊群。接此信后交司土乌波格耶。"[②]由此可知，鄯善王庭在各地所征税的国税中至少有一部分是以牛羊等牲畜实物形式征收的，一般交由区域临近的皇家畜群统一牧养，从而构成皇家畜群的主要来源之一。

此外，牲畜还被用来支付抚养费。39号文书记载，土司黎贝耶的一名女奴支弥伽之女已由卢达罗耶收为养女，"然而支弥伽一直未付抚养费用，黎贝耶理应向迦波格耶诸奴仆索取三岁之牝骡一匹或三岁之牝马一匹，而养女则完全为彼等所有"[③]。45号文书记载国王对此事的判决："土司黎贝耶的一名女奴支弥伽之女已由卢达罗耶收为养女，并于本王庭判予三岁之马一匹作为抚养费。"[④]在人口和土地买卖中，牲畜还被用来充当交换中的实物货币。佉卢文文书记载，买一名叫色迷蹉的女孩，给价是价值40穆立的一头1岁骆驼（589号文书）；买一名身高4distis，名叫莱迷索阿的女孩，给价为一头价值30穆立之amklatsa骆驼（592号文书）。成人的卖价则要高得多，如买一名叫莱钵的妇人，给价为一头价值40穆立的viyala骆驼、一头价值30穆立的amkala（tsa）骆驼、一条12手长的地毯和一条11手长的地毯，还需另加8sutra穆立，总价达98穆立（590号文书）。

综上所述，魏晋南北朝时期南疆的畜牧业比较发达兴盛，各地不仅畜牧品种多样，而且畜牧技术也有较大提高。畜类主要被用作肉食，牛被用

① 林梅村：《沙海古卷》，第71页。
② 林梅村：《沙海古卷》，第148页。
③ 林梅村：《沙海古卷》，第52页。
④ 林梅村：《沙海古卷》，第54页。

来耕地，牛羊也常被用来当作祭祀的祭品。此外，牲畜还用来馈送和服役于军队、支付抚养费和充当交换的实物货币等。

2.北疆畜牧业

魏晋南北朝时期，北疆地区主要是游牧民族活动的场所，这里的畜牧业在延续汉代的基础上，又得以持续发展。

公元91年漠北北匈奴西迁后，匈奴故地为鲜卑所占有。此后，鲜卑势力不断发展，西晋咸宁二年（276年），鲜卑阿罗多部已经和高昌戊己校尉发生冲突。此后，鲜卑部落始游牧于北疆地区。鲜卑檀石槐统治时期，鲜卑分为东、中、西三部，其中“从上谷以西至敦煌，西接乌孙为西部，二十余邑，其大人曰置鞬落罗、日律推演、宴荔游等，皆为大帅，而制属檀石槐”[①]。鲜卑和乌桓均是东胡的余部，“俗善骑射，随水草放牧，居无常处，以穹庐为宅，皆东向。日弋猎禽兽，食肉饮酪，以毛毳为衣”[②]。

鲜卑之后，柔然雄踞漠北草原。在社论统治时期，柔然的势力逐渐强盛，疆域大展，“其西则焉耆之地，东则朝鲜之地，北则渡沙漠，穷瀚海，南则临大碛”[③]。可见，西域焉耆以东的广大地区已被柔然所控制。柔然是游牧民族，逐水草而居，作为柔然人的生活区域，北疆的畜牧业仍然发展良好。

龟兹以北、柔然以西的北疆广大地区在悦般国的统治下。悦般，是匈奴北单于的余部，游牧于乌孙故地，人口约20万众。与人口相应，牧养牲畜自然是一个庞大的数字。

魏晋时期活动于北海（今贝加尔湖）周边的部族高车，人口较多，为柔然所统属。由于不满柔然的控制和压迫，其首领阿伏至罗和弟弟穷奇联合，率部众10余万西迁，最终在车师前部西北（今乌鲁木齐一带）建立政权，取代了柔然。阿伏至罗率部居北，穷奇率部居南。高车是一个纯粹的游牧部族，“俗无谷，不作酒”，“其畜产自有记识，虽阑纵在野，终无妄取”；“其迁徙随水草，衣皮食肉，牛、羊畜产，尽与蠕蠕同。唯车轮高大，辐数至多。”高车人过着随水草迁徙、衣皮食肉的生活。最可称道的是：民风极其淳朴，虽

① 《三国志》卷30《魏书·乌丸鲜卑东夷传》注引《魏书》，第838页。

② 《三国志》卷30《魏书·乌丸鲜卑东夷传》注引《魏书》，第832页。

③ 《北史》卷98《蠕蠕传》，第3251页。

牛羊混放于野，却从未发生窃取他人牛羊马畜的现象。其使用的运输工具车轮高大、车辐数多，故成为其部族的名称。由于畜产多牛马，婚姻以牛马纳聘，而尤重养马，每岁秋，必在最利于牧马的肥沃草场举行祈祷仪式，以求来年马大蕃息。[①]高车后来被嚈哒所灭，其部众或归嚈哒，或奔走柔然。

嚈哒崛起于阿尔泰山，先向西南迁徙，于公元5世纪后期占领了中亚阿姆河流域的广大区域，随之建立了嚈哒汗国，定都拔底延城。公元6世纪初，其势力扩张至新疆准噶尔盆地及其以西、南疆的于阗、焉耆以西广大地区，约为当今新疆地区面积的一半。其国"众可有十万，无城邑，依随水草，以毡为屋"[②]，至公元6世纪60年代末，在萨珊波斯与突厥的夹击下灭亡。

嚈哒之后，西域渐次沦入突厥人的掌控之中。突厥兴起于阿尔泰山南麓，原本是柔然的"铁工"[③]。在木杆可汗俟斤的率领下，突厥势力大增，"西破嚈哒，东走契丹，北并契骨，威服塞外诸国。其地，东自辽海以西，至西海，万里；南自沙漠以北，至北海，五六千里，皆属焉"[④]。突厥遂成为西域实力最强大的部落。突厥也是一个游牧民族，"穹庐毡帐，随逐水草迁徙，以畜牧射猎为事，食肉饮酪，身衣裘褐"。虽"移徙无常，而各有地分"，其畜产主要是羊、马和牛，祭祀则主要是用羊和马。至隋朝初年，突厥首领沙钵略"控弦士四十万"南犯，由此可见突厥实力已相当强盛。[⑤]

魏晋南北朝时期是西域政局大动荡和民族大迁徙时期，特别是北疆地区的游牧民族变迁较大，各方势力经过激烈征战，最终由突厥占据西域。在战争期间，北疆的畜牧业生产肯定会受到一定影响，在突厥占据西域后，社会秩序渐趋稳定，畜牧业生产亦得以复苏。

---

①《北史》卷98《高车传》，第3271页。

②《北史》卷97《西域传》，第3231页。

③《北史》卷99《突厥传》，第3286页。

④《北史》卷99《突厥传》，第3287页。

⑤《北史》卷99《突厥传》，第3291页。

第四节　汉晋南北朝时期的官营牧业

官营畜牧业，主要指中央王朝在西域和西域地方政权所经营的官办畜牧业。囿于文献，中央王朝在西域的官办畜牧业经营没有记载，兹不论述。从现有的文献看，西域地方政权的官营牧业主要是高昌和鄯善两个地区。

一、高昌地区的官营牧业

魏晋南北朝时期的高昌地处柔然、高车、北魏、突厥等周边几大强势政权的影响之下，实力单薄的高昌为保生存，必须加强军队建设，特别是注重骑兵建设。因此，养马业在高昌就尤为重要。北凉时期（包括麴氏政权时期）的高昌实行了“按资配生马”的制度，即把官方的马匹按照官民的家资情况配给官民饲养。朱雷认为，大致一户有资六斛就得配养马一匹；若斛数不够，则二户合资配养马一匹，其中一户为马头。根据文书资料可知，不仅马匹，就连鞍鞯也需各户自己配备。在马匹和鞍鞯备齐后，户主还要准备足够的饲料喂养马匹。官府对官民养马的管理非常严格，定期检查配养情况，如若发现官民没有养好马匹，马死之后没有及时补齐，便以“阅马逋”的罪名惩处戍边。①

由于养马事关军事，因此高昌地区的养马业有兵部负责管理。②若亡失官马，责任之人必须赔偿。文书记载了北凉玄始十二年（423年），士兵亡失官马被责赔之事。③为了饲养马匹，高昌地区还大面积种植苜蓿作为马的饲料。1979年出土于阿斯塔那古墓的北凉文书记载有军部差遣士兵收割苜蓿的内容。“内学司成令狐嗣（白）辞如右，称名坠军部，当刈苜

① 朱雷：《吐鲁番出土文书中所见北凉“按资配生马”制度》，《文物》1983年第1期。

② 关尾史郎：《高昌时代的马帐——〈吐鲁番出土文书〉札记（一一）》。转引自王素《高昌史稿（交通篇）》，第103页。

③ 唐长孺：《吐鲁番出土文书》第一册，第35—38页。

蓿。……请如辞所差刈苜蓿。事诺付曹存记奉行。”[①]

二、鄯善地区的官营牧业

鄯善地处塔里木盆地东南，农牧兼营，畜牧业占重要地位。从佉卢文材料所反映的情况来看，不仅民间百姓普遍饲养各类牲畜，鄯善王室也有王室专有的畜群。牧养可能主要集中在邻近的阿尔金山前或山谷草场，或者戈壁半干旱地带的草场上；厩养则主要在绿洲定居点上。与此相对应，鄯善设有御牧和厩吏等职官分别加以管理。

1.牧养

御牧的主要职责是管理为王室牧养畜群的牧户，同时还协助地方处理民间有关牲畜纠纷事务。鄯善王致御牧卢达罗耶的一件敕谕中称：“黎贝耶此子业已作为使者外出，秋天理应由黎贝耶随畜群放牧。待汝接到此楔形泥封木牍时，务必即刻对此事详加审理。黎贝耶若随……畜群放牧，则必须于秋天至此地随畜群放牧，而黎贝耶秋天根本不能来此随畜群放牧。”[②]此件文书中所提到的黎贝耶一家应当是专门为王室牧养畜群的牧户，其子由于奉命出使，无法在秋季按时赶回牧场放牧，故而鄯善王专门敕谕御牧要妥善处理此事。从目前出土的众多文书记载看，当时的御牧仅知道卢达罗耶一人。御牧可能是王室畜群的高级管理者，低级的下层具体管理人员较多，如228号文书就提到：“……牧驼者……其他牧驼者……均应送来。……州长勤军及一些老牧驼者法律不……”

关于鄯善畜群的牧养方式还体现在下面两则文书中。40号文书记载：“威德宏大、伟大之国王陛下敕谕，致御牧吠尔耶·梵陀、诸州长罗陀施跋、沙弥伽和鸠耶罗谕令如下：无论皇家畜群之橐驼于何州病倒不能行走，均应由当地抚养。倘若……由于托物赶路而亡，则要由牧驼者赔偿。倘若其自然衰老而亡，应将饲料上交当地州邦。”[③]55号文书则记载为：“威德宏

① 吐鲁番地区文管所：《吐鲁番出土十六国时期的文书》，《文物》1983年第1期。

② 林梅村：《沙海古卷》，第35页。

③ 林梅村：《沙海古卷》，第52—53页。

大、伟大之国王陛下敕谕，致监察摩尔布陀，诸州长史牟尔伽、韦尔耶、梵陀兹摩伽、檀阇伽谕令如下：务必由皇家驼群途经各城镇提供饲料和饮水。无论其在何处病倒，都要由当地给予照料。”从上述两则文书可知，皇家牧群经过的州邦均应提供牧群所需的饲料和饮水，如果橐驼病倒不能行走，均应由当地抚养。倘若其自然衰老而亡，应将饲料上交当地州邦。皇家驼群途经之州邦，可见牧群需要经过长途距离。由此亦可知该地的牧群是牧养的方式。

牲畜是皇家贵重的财产，所以牧养之人必须专心饲养牧群。因此，鄯善规定为皇家放牧之人不得身兼多职，要专心饲养牲畜，并以所谓“国法”的形式固定下来，显示出鄯善对牲畜饲养管理之重视与严格。134号文书载：“今有黎弥耶上奏本廷，彼现已负责管理皇家之牛，但有人现在又让彼主管橐驼。当汝接到此楔形泥封木牍时，应即刻详细调查此事。绝不允许有人以口头之法诋毁国法。”①439号文书载：“今有怖军上奏，彼已收到王妃之母牛。彼现为叶吠县之牧羊人，同时又是kuvana谷物之司税，现又将皇家母牛交给彼。此人身兼五职，殊不合法。当汝接到此楔形泥封木牍时，应即刻详细审理此案，确彼是否兼如此之多的职务。倘若确实如此，皇家母牛不应该再交给彼，若有人未担任任何职务，应将皇家母牛交付此人。”②

为了使牧养人能更好地牧养牲畜，鄯善王国给予为皇家牧养畜群的牧户以优良待遇，其衣食均由国家提供，而且还能领取一定数量的薪俸。19号文书中的国王谕令说：“威德宏大、伟大之国王陛下敕谕，致州长克罗那耶、税监黎贝谕令如下：今有一女子，名驮摩施耶那。彼于此地代替夷陀色那随畜群放牧。当汝接到此楔形泥封木牍时，务必亲自详细审理此事。倘若驮摩施耶那确实替代夷陀色那随畜群放牧，依据原有国法，应给予其衣食及薪俸。若发生争执，则由朕亲自裁决。”③

不仅如此，鄯善王国甚至还为这些皇家牧人配备卫兵和随从人员。

---

① 林梅村：《沙海古卷》，第65页。

② 林梅村：《沙海古卷》，第115页。

③ 林梅村：《沙海古卷》，第42—43页。

182号文书是一件“关于税监甘阇伽”的敕谕，内称：“今有甘阇伽上奏本廷，彼系皇家驼群之牧人。以前，一直由州给皇家驼群之牧人配备卫兵，现在彼等不再给这些人配备卫兵。”[①]这些卫兵的职责似乎是为了协助牧人护卫驼群。值得注意的是，此处的甘阇伽具有皇家牧人和税监的双重身份，也显示出其地位之特殊。189号文书则是关于“司土乌波格耶关于在尼壤提供随从人员一事”的敕谕，内称：“司土乌波格耶上奏本廷，由于未向在尼壤的其他牧驼者提供随从人员，彼等现在正要求提供在尼壤的随从人员。当汝接到此楔形泥封木牍时，务必亲自详细审理此事。”[②]

由于鄯善“地沙卤，……多葭苇、柽柳、胡桐、白草”，该地放牧有相对固定的牧区，放牧之人不得在耕地间放牧，丢失牧畜必须赔偿。212号文书记载：“迦克和黎贝曾将几匹牝马赶到彼之耕地间放牧，苏毗人从该地将马牵走。现在彼等要求赔偿这些马。”[③]为了保护牧区中牲畜的安全，法律严禁在牧区狩猎。13号和15号文书的敕谕中明确提到“黎贝耶之牧场”，并指出“彼之牧场内有骡马牲畜，竟然有人于此地狩猎，杀伤骡马”，要求当地州长索阇伽对此事严加处理，“依法作出判决，禁止人们再去狩猎”[④]。

鄯善对放牧有严格规定，为此还制定了放牧法规。743号文书记载了关于春天收放橐驼的法规。“威德宏大、伟大之国王陛下敕谕，致州长索阇伽谕令如下：今有乌波格耶给畜群增添一头橐驼。据放牧法规，春天还要从畜群中放走一头橐驼。当汝接到此楔形泥封木牍时，应即刻……（残）。”[⑤]骆驼中之牝驼，即为母驼，橐驼可能是指公驼。若如此，上面文书中记载的内容可能涉及鄯善地区骆驼的配育问题。一般来说，一群骆驼中只配有一头公驼。春天是骆驼的发情交配时间，如果一群骆驼中有两头公驼，势必会引起驼群的混乱。为保持驼群的稳定和

---

① 林梅村：《沙海古卷》，第68—69页。
② 林梅村：《沙海古卷》，第69页。
③ 林梅村：《沙海古卷》，第70—71页。
④ 林梅村：《沙海古卷》，第39—40页。
⑤ 林梅村：《沙海古卷》，第152页。

配育的顺利进行，驼群只能保留一头体格健壮的公驼。因此文中说据放牧法规，春天还要从畜群中放走一头橐驼。此文书的内容说明了鄯善地区对骆驼的配育规律已有充分认识和掌握。橐驼承担着育种的重要任务，所以橐驼在育种后需要育肥休养。文书314号就记载了这种情况，“男子柯利沙和沙门……带来一橐驼在此地育肥。彼等现有证人，监察摩尔布(陀)……帕尔尼耶、法首和左贝耶。这些人现在此地作证”①。由于橐驼育肥极为重要，所以担任育肥的场所必须具备良好的条件，管理也很严格。上述所列众多证人可能是为担任育肥的场所担保的。198号文书也记载将橐驼送至某州饲养，务必在秋天将养肥的橐驼送回来。②一般来说，被选择为育种的公驼既要体格健壮，又要品种优良，所谓“良种驼”。74号文书中记载的可能就是此项内容，“兰沙罗之百户中，苏耆伽、苏耆……耶及卢特罗耶之良种驼一头。夷陀伽、梨支伽、沙延摩及甘阇伽之瞿达罗橐驼一头。昆格耶之百户中，檀阇伽、鸠那色那、牟达罗耶及罗尔苏良种驼一头。楚利陀、兰沙尔查、支尼耶、昆格耶之良种驼一头”③。从该文书中可知百户之中只有2—4头良种驼或橐驼，说明良种驼或橐驼当是培育场的种驼。

2.厩养

厩养是鄯善饲养牲畜的又一方式。为此，王国设有厩吏一职专门管理与此相关的各类事务，而皇家厩养的牲畜有相当一部分可能是交由普通百姓或下级官吏分别饲养，由王国提供饲料和薪俸。509号敕谕中提到“今有左施格上奏，彼系皇家之厩吏，彼将一些牝马交苏伐耶看管，并给其工钱和饲料。苏伐耶从中将一匹牝马借给人猎鹿，以致该牝马死亡。当汝接到此楔形泥封木牍时，应即刻对此案亲自详细审理，确认是否如此。将他人私有之物借与别人，殊不合法。汝务必对此案争讼和誓约、证人一起亲自审理。依法作出判决。汝若不能澄清此案，应将

---

① 林梅村：《沙海古卷》，第295页。

② 林梅村：《沙海古卷》，第70页。

③ 林梅村：《沙海古卷》，第161—162页。

彼等押送王庭由王亲自裁决”①。很显然，皇家之牲畜是专属物，未经王庭允许，他人无权动用皇家之牲畜，否则必将受到处罚。尽管如此，鄯善仍有一些不法厩吏玩忽职守，用皇家饲料饲养私人牲畜或私自出售皇家牝马，借以牟利。第524号“善喜及牝马”的敕谕称：“今有税监苏遮摩和善喜向本廷起诉。据税监苏遮摩上奏，彼听吉臣说，‘余之主人确系皇家厩吏。彼等靠皇家牝马才得以谋利，彼等将其到处出售。善喜之父苏怙陀用皇家饲料喂马，百户长……以致许多牝马死亡’。彼还如此说太侯伽兰查曾赏给苏怙陀三匹牝马，并说有‘手书为证’。当汝接到此楔形泥封木牍时，应即刻审理此事。若有手书为证，彼可如是判决。关于吉臣说……皇家厩吏到处出售牝马。若有证人，应和彼等之誓约一起审理。依法作出判决。倘若无其他证人，应起草一份报告，由本廷裁决。”②不仅如此，还有人甚至将皇家的牲畜擅自送人或者变卖。122号简牍中记道：“那摩罗色摩在洛迷那那将皇家之牛一头作为礼物送人。在毕沙莱，一头牛被卖给索都吉；samgha（僧伽）之主得价款[……]米里马谷物。在且末，一头牛卖给伐难，得价款[……]一头大牛于本康那桥丢失；该四头牛，那摩罗色摩[……]。”③对于这些不法之人，鄯善王室均按照相关法规予以严惩。

为加强对厩养牲畜的管理，鄯善王还将分养各处的皇家牲畜详细登记造册，对某一时段每头牲畜的生、死、产仔等状况详细记录，以备核查，时间甚至精确到某年某月某日。180号简牍所记录的就是这样一份有关皇家橐驼繁殖基地情况的登记账册④：

唯威德宏大的伟大的国王陛下，侍中摩醯利天子在位之13年□月26日，是时皇家橐驼之账目登记如下：

① 林梅村：《沙海古卷》，第126—127页。

② 林梅村：《沙海古卷》，第129页。

③ T.贝罗著，王广智译：《新疆出土佉卢文残卷译文集》，见韩翔等主编《尼雅考古资料》，1988年，第197页。

④ 林梅村：《沙海古卷》，第196—197页。

（栏一）

1. 司土安提耶有橐驼九头，牝驼一头，初生小驼一头

2. 鸠那色那有橐驼九头，牝驼……头，初生小驼……头

3. 甘支耶有橐驼十头

4. 司土乌波格耶有于阗驼六头，其他橐驼一头，新生小驼一头

5. 司土乌波格耶有于阗驼六头，其他新生驼四头

（栏二）

1. 唯威德宏大的伟大的国王陛下，侍中摩醯利天子在位之……年9月17日，是时：

2. 婆尔贝耶有十四头牝驼活着，另外两头牝驼已死，两头小驼已死。

3. 司土乌波格耶有第四胎所生小驼二头，另有第五胎所生小驼二头。

4. 司土乌波格耶有十一头牝驼活着，有两头橐驼送到王庭，另有六头其他牝驼。

5. 柯罗罗·卢特罗耶有牝驼八头，一头橐驼送到王庭，另一头已死。

6. 督军阿般那有牝驼三头。

7. 甘支耶有……初生小驼二头，现仍活着。并有牝驼十头，另有六头橐驼已死。

8.……有……橐驼活着，另有九头牝驼已死。

由此可见，鄯善对皇家牲畜实行动态实时监管。记录中不仅有不同年度对牲畜数量变化情况的记录，对增减的数量与原因都有详细的说明。所有这一切是鄯善王有效管理皇家厩养牲畜的前提和根据。600号文书为一件官方文书，其中提到："兹于伟大国王、上天之子夷都伽·摩夷利陛下在位之21年6月20日，妇人啰卢阿从皇家（马厩）牵走牝马一匹进行交换。现王庭已对该马厩之牝马做了检查。啰卢阿取去牝马一匹，交回两匹。该牝

马之幼牝驹……二匹，(及)三匹母马。皆已被移交给皇家(马厩)。决定(业已收到)。"[1]对于牲畜跑到其他人的地方，也有记载。文书685[2]号和686号有大量详细记载，不一一列举。

此外，牲畜受伤是非常严重的事情，所以鄯善对此记载亦颇详。文书78[3]记载了许多牧户牲畜受伤情况。

(栏一)

1. ……

2.……伽之牲畜……

3.……罗……延摩……牲畜……

4.罗卢格陀之牲畜受伤

5.乌迦罗之牲畜……

6.贵人施伽耶之牲畜……

7.迟伐伽之牲畜受伤

8.僧人苏耆陀之牲畜受伤

9.……和婆数罗之牲畜受伤

(栏二)

1.……牲畜受伤

2.督军……牲畜受伤

3.……若……之牲畜受伤

4.……

5.……

6.……韦瑜伽之牲畜

7.僧人苏耆陀之牲畜受伤

8.左归罗陀之牲畜受伤

---

① T.贝罗著，王广智译：《中国出土佉卢文残卷译文集》，见韩翔等主编《尼雅考古资料》，第256页。

② 林梅村：《沙海古卷》，第250—251页。

③ 林梅村：《沙海古卷》，第164—165页。

9.……耶伽·昆格耶之牲畜受伤，摩耶伽……

10.祭司林苏之牲畜受伤

鄯善王庭在各地所征收的赋税中，至少有一部分是以牛羊等牲畜的实物形式征收的，而且一般都交由与自己距离最近的皇家畜群统一牧养，从而构成皇家畜群的主要来源之一。此外，地方官员奉送给皇室的牲畜也是其畜群来源之一。725号文书敕谕中说："须向司土乌波格耶作特别指令。此项税收应交税吏鸠元陀和沙尔毗伽送来。还有，税收应由甘阇伐利详细核查和统计，并全部送来。牛羊应交妇女楼阿面前，归汝处皇家牛群和羊群。接此信后交司土乌波格耶。"[①]27号文书记载州长索阇伽曾许诺愿意奉送一匹牝马和四头马驹给王妃，因为没有实现诺言而遭到国王训斥。[②]

综上所述，魏晋南北朝时期的高昌和鄯善两地区的官营畜牧业也是西域畜牧业发展的重要组成部分。至于西域其他地区，如龟兹、莎车、焉耆、和阗等地是否有官营畜牧业，目前尚没有资料证明。不过，我们可以推测，上述地区与鄯善相比较，其王室经济实力更为强大，不但可能有王室所经营的畜牧业生产，而且其规模也会更庞大。

---

① 林梅村：《沙海古卷》，第148页。

② 林梅村：《沙海古卷》，第45—46页。

第四章 隋唐时期的农牧业

隋朝统一南北后，隋炀帝派遣薛世雄率军西征伊吾。隋军收服伊吾，遂在汉伊吾旧城东筑城，[1]新设伊吾郡，并在鄯善、且末等地设置郡县。鄯善郡下辖显武、济远二县，且末郡下辖肃宁、伏戎二县。[2]隋朝国祚短暂，突厥遂称霸西域。唐以军事势力降服东突厥后，西域诸部族亦归顺于唐，唐遂在隋伊吾郡旧址设立伊州（今哈密），下设柔远、纳职二县。唐太宗时，灭麴氏高昌后设立西州（今吐鲁番市），分领高昌、柳中、交河、蒲类、天山五县。对于塔里木盆地的广大地区，唐朝设立安西大都护府进行管理。在安西大都护府的管辖下，唐朝依托原来规模较大的绿洲城郭诸国，分别设立了焉耆都督府（今焉耆）、龟兹都督府（今皮朗古城）、疏勒都督府（今喀什附近）和毗沙都督府（于阗附近）。唐朝中期又在塔里木盆地设立龟兹、疏勒、焉耆（碎叶）、于阗四大军镇和葱岭捉守。随着军镇的设立和大量士卒的进入，以及为了解决供给问题而进行的屯垦，掀起了自汉晋以来的第二次屯垦高潮。在唐朝统一有效地管理下，社会秩序安定，西域各地百姓安居生产，当地农牧业也获得较好发展。总体而言，隋唐时期的西域农牧业发展良好，人口增加，农田面积扩展，水利灌溉建设有声有色，是西域古代经济发展史上的第二个高潮。公元8世纪中叶以后，发生安史之乱，唐朝国势

① 《隋书》卷65《薛世雄传》，中华书局，1973年，第1534页。

② 《隋书》卷29《地理志上》，第816页。

衰微,吐蕃乘机占领了西域的广大地区,回鹘西迁进入西域,也占据了吐鲁番和哈密等地。

第一节　隋唐时期的屯垦

为抵御来自西突厥、突骑施和吐蕃的威胁,唐朝统一西域后,逐渐进驻军队。按照唐制"凡军、州边防镇守转运不给,则设屯田以益军储"[①]。为了保证军粮供用,唐朝"岁调山东丁男为戍卒,缯帛为军资,有屯田以资糗粮,牧使以娩羊马。大军万人,小军千人,烽戍逻卒,万里相继,以却于强敌"[②]。唐朝在西域屯田主要有:安西20屯,疏勒7屯,焉耆7屯,天山1屯,北庭20屯,伊吾1屯,总共56屯。大者50顷,小者20顷。每屯皆设有屯官、屯副,加强管理。[③]如果按照每屯50顷计算,西域军屯耕地约有2800顷。

一、南疆屯垦

唐朝在南疆军屯东起天山,西至疏勒,范围广大。西州天山屯,学者认为位于今天吐鲁番托克逊一带。[④]《唐前期西州屯田收入账》中反映了该处军屯的收入情况:"……天山屯营田五十顷收……十五石六斗青稞,……廿一石小麦,……卅六石粟,……柳中屯营田卅顷收……石三斗二升一合糜……七石六斗六升四合粟。"[⑤]从该文书看,天山屯确为50顷,与《大唐六典》的记载"大者50顷"相符合。同时,我们也知道,《大唐六典》所记诸屯均是50顷以上的,如果军屯面积少于50顷则缺载,如柳中屯30顷就不见于《大唐六典》。这也说明了唐代西域军屯面积肯定远远超过上文推算的

① 《大唐六典》卷7《尚书工部》,三秦出版社,1991年,第165页。
② 《旧唐书》卷196上《吐蕃传上》,第5236页。
③ 《大唐六典》卷7《尚书工部》,第171页。
④ 殷晴:《丝绸之路与西域经济——十二世纪前新疆开发史稿》,第236页。
⑤ 池田温:《中国古代籍帐研究》,中华书局,2007年,第351页。

2800顷。我们从出土文书可知，西州军屯除了上述的天山屯和柳中屯之外，还有白涧屯①。殷晴先生以大谷3354号文书同时出现有柳中仓、交河仓、天山仓、蒲昌仓等仓储机构，认为既然柳中仓与天山仓为屯仓，而交河仓与蒲昌仓也当为屯仓，即为屯田纳粮而设。如此，交河与蒲昌也曾置屯。②

焉耆土地肥沃，气候温和，适宜农垦。唐朝曾在此设立焉耆都督府，驻有重兵。"焉耆七屯"即耕地350顷，远远超过天山屯田。考古学家黄文弼在考察此地的四十四里旧城时，又发现一个古城，在其周围30余里的范围内散布着汉、唐钱，他还在一沙丘旁发现磨石残块和开元钱。③由此可知，古城在汉唐时期均有汉军驻守屯垦。他还在锡科沁西北约2.5公里的焉耆唐王城内发掘清理出房屋和粮仓遗迹，出土有铁犁铧、陶器、小麦、谷子、高粱、胡麻和极细的面等，④有力地证明了唐代曾在此置屯垦殖。

营盘位于焉耆的东南方，孔雀河北岸，地当婼羌、罗布泊前往吐鲁番、焉耆的要道上，向为军事要地。自汉代开始，这里就是中原王朝在西域屯垦的重地。发现于此地的《唐右厢第二队上应请官牛数状》为我们了解唐朝在西域的屯垦与牛耕提供了依据。该文书载："1.右厢第二队状上，2.合当队应请官牛数□五头，3.三头杂。4.梨伯犍壹头、四岁，将进下梨犍壹头，……5.沙犍壹、八岁，西州换得青父(壹)，七岁……(后缺)。"⑤从文书内容可知，营盘驻军右厢第二队有耕牛5头，3头杂色，其他2头分别是4岁和8岁，后者与西州的更年轻的牛互换。按照《通典》卷2《食货二》的记载："诸屯田应用牛之处，山原川泽，土有硬软，至於耕垦用力不同。土软处每一顷五十亩配牛一头，强硬处一顷二十亩配牛一头。即当屯之内有硬有软，亦准此法。"营盘地区土壤松软，第二队有耕牛5头，由此可知，营盘军屯当有耕地750亩。

---

① 唐长孺：《吐鲁番出土文书》第七册，第327页《唐神龙二年(706年)白涧屯纳官仓粮帐》。

② 殷晴：《丝绸之路与西域经济——十二世纪前新疆开发史稿》，第237页。

③ 黄文弼：《塔里木盆地考古记》，科学出版社，1958年，第6页。

④ 黄文弼：《新疆考古的发现》，《考古》1959年第2期。

⑤ 陈国灿：《斯坦因所获吐鲁番文书研究》，武汉大学出版社，1994年，第476页。

龟兹是天山南路上的政治、经济和军事重镇，唐朝安西大都护府即驻此。与此同时，又有重兵驻守，驻军屯戍，一派繁荣的农垦景象。《大唐六典》记该处有20屯，农田规模达1000顷，为唐代西域最大屯垦区之一。张嵩在任安西都护期间，积极发展农业生产，使得军府仓库充盈，“务农重战，安西府库，遂为充实”。①今库车以东大片土地曾被唐守军开发。在今轮台县第那尔河畔的唐代古城周围，“沟渠田界历历可数”。在其附近的另一座唐城西南，有“干渠二：一南行；一东南行”②。两处唐城故址周围均有残存的农田水渠遗迹，这无疑是唐代屯垦故地所在。此外，《新唐书》卷135《高仙芝传》记载龟兹“城东千石种田”，亦指安西都护府城之东有大片屯田。

库车西面渭干河流域的唐代屯田面积也比较大。考古学家黄文弼于1928年10月在库车南部沙乌勒克以北之古址考察时，在唐代古城周围发现了古水渠遗迹和磨盘石一方。他认为“当时渠旁必有众多居民经营农垦”③。他曾推论这一带地区“当原为汉代屯田区，至唐代仍在此地垦殖”④。他在通古斯巴什唐代古城内发掘出胡麻、油饼及木屑之类，油饼圆形，径尺余。此城周围的勒哈米沁、卡拉克沁、不徒瓦什、可提尤干等小城亦均为唐代城址。⑤此外，通古斯巴什唐代古城出土的汉文文书《李明达借粮契》记载了李明达借“青麦一石七斗，粟一石六斗”之事。《白苏毕梨领屯米状》则记载了龟兹籍的士卒白苏毕梨领取屯米四斗半，麦面一硕八斤以及醋、(麻?)油、酱、酢等事。⑥此后，学者们又在通古斯巴什唐代古城周围的博提巴什戍堡遗址发现盛有麦、粟的大陶瓮；在合曼协海尔戍堡周围发现田埂、渠道和耕地的痕迹；在吐尔烽燧遗址附近发现了自东北向西南的干渠和支渠遗迹。⑦如此众多的考古资料显示，在以通古斯巴什唐代古城

---

①《旧唐书》卷103《张嵩传》，第3189页。

② 黄文弼：《塔里木盆地考古记》，第11—12页。

③ 黄文弼：《塔里木盆地考古记》，第26页。

④ 黄烈：《黄文弼历史考古论集》，文物出版社，1989年，第251页。

⑤ 黄文弼：《塔里木盆地考古记》，第22页。

⑥ 黄文弼：《塔里木盆地考古记》，第94—95页。

⑦ 张平：《龟兹考古中所见唐代重要驻屯史迹》，《新疆文物》2006年第3、4期；《新和通古孜巴什古城遗址的调查与研究》，《吐鲁番学研究》2003年第2期。

为中心的周边广大地区，极有可能是唐代安西屯所在地之一。

水利是绿洲农业的命脉，安西都护府为有效地开发农业，设立了专门负责管理渠堰的机构——掏拓所，隶属四镇支度营田使。掏拓之“掏”，意指挖掘；“拓”，意指拓展，二者连称，乃指浚通、修缮渠堰水道。[①]1907年，法国学者伯希和在今库车县西面的都勒都尔·阿护尔遗址发掘，获汉文及少数民族语言文书若干。其中编号为D.A90号文书第1行就记有“掏拓所　帖城局万（清）”字样。[②]出土于都勒都尔·阿护尔遗址的《唐掏拓所文书》，为我们提供了在桃花水季节，安西都护府下属的掏拓所组织人员抢修水渠堤堰的重要信息。[③]该文书记载：“1.掏拓所 2.大母渠堰 3.右件堰十二日毕。□为诸屯须掏未已，遂……4.请取十五日下水。昨夜桃花水泛涨，5.高三尺，牢得春堰，推破南边马头一丈已 6.下。恐更暴涨，推破北边马头及春堰，伏……7.□□□□检河槽及堰功积，便下水。十四日□……。”从掏拓所状文内容看，掏拓所负责当地渠堰的检查、修补与养护，管理当地的灌溉用水。

疏勒位于塔里木盆地西缘，为天山南麓丝路和昆仑山北麓丝路交会之处，地理位置极为重要。公元675年唐朝在此设立疏勒都督府后，重兵戍守。随着局势的稳定，驻军即着手屯田。《大唐六典》记载“疏勒7屯”，与焉耆规模相同。疏勒屯垦区主要分布在两大区域：一是疏勒城周围。李恺先生通过实地考察与研究，认为疏勒城周围的唐代屯垦遗迹主要有四处，分别是罕诺依垦区、阿卡什梯木—苦木沙克垦区、羊达曼垦区和伽师县的英阿瓦提“黑达因沁儿”垦区。第二大屯垦区位于巴尔楚克一带。[④]

---

① 冻国栋：《旅顺博物馆藏〈唐建中五年(784)孔目司帖〉管见》，见《魏晋南北朝隋唐史资料》第14辑，武汉大学出版社，1996年，第124页。

② 汉文部分由童丕、池田温、张广达整理为《库车汉文文书》（文书编号为D.A90），2000年，第86页。转引自刘国安、陈国灿：《唐代安西都护府对龟兹的治理》，《历史研究》2006年第1期。

③ [日]小田义久：《大谷文书集成》（叁），图版20，第225页。有关本件的出土情况，小田义久在《谈龙谷大学图书馆所藏大谷文书》一文有过简介，参见《大谷文书集成》（壹），第5页；汉译文载北京大学中国中古史中心编《敦煌吐鲁番文献研究论集》第5辑，北京大学出版社，1990年，第635页。转引自刘国安、陈国灿：《唐代安西都护府对龟兹的治理》，《历史研究》2006年第1期。

④ 赵予征：《丝绸之路屯垦研究》，新疆人民出版社，2010年，第94—95页。

于阗位于塔里木盆地南缘，是丝绸之路南道上的军事重镇。作为唐朝“安西四镇”之一，于此亦置重兵戍守。按照唐律：“凡边防镇守，转运不给，则设屯田，以益军储。”[1]援其他军镇屯垦之例，于阗守军亦当设屯垦殖，然史籍缺载，唯期待来日考古发现以证之。

二、北疆屯垦

北疆的屯垦主要是沿着天山北麓自东向西延伸。东起巴里坤湖畔的甘露川，向西发展，形成以北庭都护府为核心的带状分布区。

伊吾屯垦区位于伊州西北三百里的甘露川，即今天巴里坤东约50里的大河古城一带地区。该城南边即是从天山流淌下来的一条河流，可能就是唐代的“甘露川”。据《西州都督府图经（残卷）》记载，伊吾屯垦始于景龙四年（710年），开元六年（718年）移至甘露川，当时的驻军有3000人。根据实地考察，古城周边地势平坦，土地肥沃，灌溉便利，至今仍是巴里坤县农业发达地区。《大唐六典》载“伊吾屯垦为1屯”，然唐代的屯垦有大者50顷和小者20顷之别。综合《大唐六典》和出土文书的记载来看，《大唐六典》所载的1屯均为大者50顷，由此可知，伊吾屯垦是5000亩。在大河古城内出土“有一大型的石磨盘，还有众多的马鞍形、桥形磨制石器，大型陶质容器，说明这里曾是一个规模大的囤粮基地”[2]。古城内还曾发现过炭化的小麦粒。[3]伊吾屯垦所种的粮食主要是麦和豆，麦子供军士食用，豆则饲养马匹。《伊吾军屯田残籍》载：“五亩种豆……三亩种豆……二十亩种麦。”《新唐书·吐蕃传》载：“轮台、伊吾屯田，禾菽弥望。”据《伊吾军纳粮牒》所记“一百九十七硕纳伊州仓讫”，王炳华先生认为伊吾军屯田不仅要向屯仓缴纳以供军需，还要交纳一部分至“州仓”，以供给地方需要。[4]这些内容反映出当时伊吾屯垦卓有成效。

① 《旧唐书》卷47《职官志二》，第1840页。

② 薛宗正：《北庭春秋——古代遗址与历史文化》，第275页。

③ 赵予征：《丝绸之路屯垦研究》，第111页。

④ 王炳华：《从考古资料看新疆古代的农业生产》，见《丝绸之路考古研究》，第280页。

北庭(今吉木萨尔附近)是唐朝在北疆的军事和行政中心,北庭都护府治地。为了维持众多驻军和行政人员的粮食消费,区域屯垦的规模亦相应更大。史载北庭屯垦是20屯,也就是10万亩耕地规模,与安西大都护府治地龟兹一样,是唐朝在西域设置的最大屯垦区。隶属于北庭都护府管辖的还有瀚海军垦区、清海军垦区与轮台垦区。

瀚海军垦区位于吉木萨尔县附近,也是北庭最主要的垦区。从出土文书可知该地有瀚海军所属的沙钵屯、西界屯和咄王屯等小垦区。木垒县城东北的新户汉唐遗址,曾出土一件舌形铁铧犁,木垒县与奇台县交界的英格堡唐城遗址亦曾发现铁铧一件。[①]此外,阜康市文管会还征集到一件铜铧犁,出土于阜康市的六运古城(即唐俱六城守捉遗址)。[②]这些考古资料亦可窥唐代北庭地区的农业生产之一斑。

清海军垦区位于玛纳斯河冲积平原西部,气候温和,水源充沛,土地肥沃,是农垦的理想之地。《新唐书·地理志四》记载,天宝年间(742—755年)唐朝又改原来的镇海镇为清海军。宝应元年(762年)唐王朝又进一步将清海军改为西海县,为庭州下辖诸县之一。按照唐朝在西域的军事部署要求,"大军万人,小军千人",该地应该是在1000人左右,再参考唐朝军垦"镇戍地可耕者,人给十亩以供粮"的规定,清海军垦区应该在1万亩左右。此屯垦区在贞元六年(790年)吐蕃攻占西域后罢撤。

轮台垦区位于今乌鲁木齐市南郊的乌拉泊古城一带,这里是东连庭州、西接弓月和碎叶、南通西州和焉耆的交通要道,唐朝在此亦驻守重兵。该区地势平坦,水源充沛,灌溉便捷,具有农业垦殖的良好条件。古代垦区遗留下的引水渠道遗迹,至新中国成立初期仍清晰可辨。[③]长安二年(702年)北庭都护府设立后,轮台屯垦区规模进一步扩大。大历六年(771年)又增置静塞军,[④]驻军戍守,屯垦依旧,直到贞元六年(790年)为吐蕃所攻陷。

唐朝在西域的驻军,不仅在各都督府驻地实行屯垦,在都督府之下的

---

① 戴良佐:《新疆木垒出土古铁犁》,《农业考古》1999年第1期。

② 戴良佐:《庭州纵横》,新疆人民出版社,1999年,第107—108页。

③ 赵予征:《丝绸之路屯垦研究》,第89页。

④《新唐书》卷40《地理四》,中华书局,1975年,第1047页。

镇、烽铺等驻军单位，也按照军令从事垦殖。唐《军防令》规定："防人在防，守固之外，唯得修理军器、城隍、公廨、屋宇。各量防人多少，于当处侧近给空闲地，逐水陆地所宜，斟酌营种，并杂蔬菜，以充粮贮及充防人等食。"[①]从文书内容来看，镇级军事单位确实严格按此律实行了屯田。《唐西州都督府上支度营田使牒为具报当州诸镇戍营田顷亩数事》记载："……赤亭镇兵肆拾贰人，营□□顷；……柳谷镇兵肆拾人□□□肆顷；……白水镇兵叁拾……营田贰顷……。"[②]镇级军屯人数较少，因此屯垦田亩也较少，白水镇戍卒30人左右，屯垦2顷，折合200亩，平均每人垦田6.7亩左右。这与开元二十五年(737年)诏书所规定的"镇戍地可耕者，人给十亩以供粮"还有事实差距。[③]作为军事戍守最基层的烽铺戍卒也要在艰苦的执勤之外从事垦殖，其艰辛可想而知。其中的一个烽燧只有戍卒3人，两个人瞭望警戒，第三个人还要利用空闲之地农作，因为"里数既遥，营种不济"，还必须汇报上峰。[④]烽燧附近零星土地交由戍兵耕种，称为"营田"，每一戍兵耕种营田有多达十亩者，[⑤]众多烽燧戍兵耕垦地亩的数量也不在少数。据吐鲁番出土文书《唐开元某年伊吾军典王元琮牒为申报当军诸烽铺斫田亩数事》载伊吾军所属速独、高头、阿查勒、泥熟、故亭、青山、柽林、花泉诸烽均从事屯垦，多者八亩，少者一亩，种植粟、豆等作物。《唐北庭诸烽斫田亩数文书》也记载"耶乐守捉界……白粟三亩共刈得……柽林烽伍亩……白粟贰"[⑥]。烽铺屯垦虽然每烽垦地面积不多，收获亦少，然其数量多，亦是唐朝西域屯垦的重要组成部分。[⑦]

唐代军屯种植的农作物按照《大唐六典》卷7《尚书工部》的记载主要是

---

① 长孙无忌：《唐律疏议》卷16《擅兴律》。

② 唐长孺：《吐鲁番出土文书》第八册，第219页。

③《新唐书》卷53《食货志三》，第1372页。

④ 唐长孺：《吐鲁番出土文书》第八册，第195页。

⑤ 赵俪生：《古代西北屯田开发史》，甘肃文化出版社，1997年，第174—178页。

⑥ 唐长孺：《吐鲁番出土文书》第八册，第202—203、222页。

⑦ 关于唐朝烽铺屯垦，程喜霖先生研究较深，参见《从吐鲁番文书中所见的唐代烽堠制度研究之三——唐代的烽铺(剮)田》，《武汉大学学报(人文科学版)》1985年第6期；《汉唐烽堠制度研究》，三秦出版社，1990年。

“稻、禾、大豆、小豆、乌麻、麻、黍、麦、荞麦”等,还有“蒜、葱、瓜、苜蓿”等蔬菜与饲料作物。从出土文书可以见到的农作物品种,大致有豆、大麦、小麦、粟、黍、青麦(青稞?)等。

唐代西域屯垦范围广,面积大,种植作物多,成效也不错。当时的安西副都护张孝嵩在安西“劝田训士,府库盈饶”①。李锦绣研究认为,天宝年间安西都督府屯垦虽然没有完全实现自给,但屯田每年收入约26.17万石,占到军粮的62.43%;北庭屯田每年收入29.38万石,占所需军粮的73.69%,②很大程度上缓解了从中原内地运输粮草的困苦,从而为唐朝西域守军提供了强有力的后勤保障。

唐代是西域农业开发史上第一个大发展时期,天山北麓广开农田,水渠纵横,播植百谷,一片“禾菽弥望”的喜人景象。经过有唐一代的经营,天山以北地区的农业分布沿着天山北麓一线向西发展,其中巴里坤湖南岸和吉木萨尔一带是重点发展区域,初步改变了自史前以来伊犁河谷的地区优势。天山以南广大地区依然是唐朝在西域经营的重心所在,安西四镇集中分布于塔里木盆地周边,大规模的驻军屯垦为这一地区农业的发展提供了重要条件。

第二节　隋唐时期的农业

一、隋至唐安史之乱

(一)塔里木盆地绿洲诸城郭国的农业

塔里木盆地边缘的绿洲诸城郭国,自汉晋以往,其境内的农业生产在艰难复杂的环境中仍不断曲折地向前发展着,至隋唐时期取得了比较明显的成效。

焉耆是西汉以来西域绿洲大国,农牧兼营,经济发展迅速。隋唐时,其

① 《新唐书》卷133《郭虔瓘传》,第4544页。

② 李锦绣:《唐代财政史稿》(上卷)第三分册,北京大学出版社,1995年,第1231页。

兼并了周边的尉犁、山国和危须等小国，实力大增。天宝年间（742—755年），其人口为1167户。[①]境内东有博斯腾湖，西有开都河，水源丰富，“其地良沃，多蒲萄，颇有鱼盐之利”[②]。唐朝初年，高僧玄奘经过此地时见到“泉流交带，引水为田，土宜糜、黍、宿麦、香枣、蒲萄、梨、柰诸果。气序和畅”[③]。宿麦是隔年成熟的麦，即冬麦。《汉书》卷6《武帝纪》载：“遣谒者劝有水灾郡种宿麦。”颜师古注：“秋冬种之，经岁乃熟，故云宿麦。”北魏贾思勰《齐民要术·大小麦》载：“夏至后七十日，可种宿麦。早种则虫而有节，晚种则穗小而少实。”因为大麦是在春季播种的，小麦可以在秋冬、春两季播种，所以焉耆种植的宿麦当是小麦。宋应星《天工开物》卷1《乃粒》云：“黍有黏有不黏者。”“糜是黍之不黏者”[④]，糜和黍应是两种不同的农作物。从上文可知，焉耆种植的农作物是糜、黍和小麦三种。不过《北史》卷97和《太平寰宇记》卷181均说焉耆“谷有稻、粟、菽、麦”，所以焉耆的粮食作物还应包括稻、粟、豆。焉耆溉田属引水灌溉方式。既是引水灌溉，自然需要修建水渠，因此，《新唐书》卷237《西域传》云：“逗渠溉田。”“逗”在《说文》中被解释为“止”，为停止、停留之意。故“逗渠溉田”应是筑堤截水，修渠引水，进行农田灌溉之意。

龟兹是唐代安西都护府驻地。天宝年间，龟兹都督府的人口为南疆最多，有4974户。[⑤]《旧唐书》卷210《西戎传》云：“龟兹国，有城郭屋宇，耕田畜牧为业。”故龟兹为南疆典型的农牧兼营的经济区域。该地种植的农作物在《新唐书》和《大唐西域记》中均有记载。综合而言，其主要农作物有麻、麦、菽、粳稻、糜子等。水果主要有蒲萄、石榴、梨、柰、桃、杏等。蔬菜有葱、韭等。[⑥]黄文弼先生在沙雅考察时就在唐代的通古斯巴什旧城发掘出

① 荣新江：《敦煌本〈天宝十道录〉及其价值》，见唐晓峰等编《九州》第2辑，商务印书馆，1999年，第116—129页。

②《旧唐书》卷198《西戎传》，第5301页。

③《大唐西域记》卷1，见杨建新主编《古西行记选注》，第67页。

④ 张泽咸：《汉晋唐时期农业》（下），中国社会科学出版社，2006年，第798页。

⑤ 荣新江：《敦煌本〈天宝十道录〉及其价值》，见唐晓峰等编《九州》第2辑，第116—129页。

⑥ 慧超：《往五天竺国传》，见杨建新主编《古西行记选注》，第107—117页。

了胡麻和油饼。[①]

姑墨为汉时西域古国之一，即今天的阿克苏，在唐初被称为跋禄迦。玄奘经过此地，记述该地是“土宜气序、人性风俗、文字法则同屈支国，语言少异。细毡细褐，邻国所重”。故姑墨的经济与龟兹基本相同，也是农牧兼营的区域。

疏勒（今喀什一带）是位于南疆西部的重镇，人口较多，农业发达。天宝年间，疏勒居民有1860户。[②]唐初，玄奘途经于此，目睹该国“多沙碛，少壤土。稼穑殷盛，花果繁茂。出细毡褐，工织细毡氍毹。气候和畅，风雨顺序”[③]。虽然该地适合种植的土壤有限，但气候和畅，风调雨顺，民众勤于耕作，区域的农牧业生产均呈现出欣欣向荣的景象。关于该地的农作物种植，唐书中也没有明确记载，不过在唐以前的史籍中有记载，主要是稻、粟、麻、麦。农业生产发达使得粮食产量大增，生产的粮食不仅能满足当地民众的需求，还每岁向其他地方输出。这一时期疏勒的农业有一个值得注意的现象就是，在一些史书中记载疏勒种植“蔗”，这一说法最早见于唐宰相杜佑所撰《通典》卷192《边防八》，北宋乐史所撰《太平寰宇记》卷181也沿袭此说。甘蔗是一年生宿根热带和亚热带草本植物，秆直立，粗壮多汁，表面常披白粉，叶为互生，边缘具小锐齿，花穗为复总状花序。甘蔗为喜温、喜光作物，年积温需5500℃—8500℃，无霜期330天以上，年均空气湿度60%，年降水量要求800—1200毫米，日照时数在1195小时以上。从疏勒的气候看，当地并不适宜种植甘蔗。此外，关于疏勒种植甘蔗的最早记载也仅仅见于《通典》一书中，在同时期的文献中均无相同的记载，也没有相佐证的材料，再结合甘蔗的适生条件，难免让人生疑。因此，《通典》中的“蔗”字，很可能是“麻”字之误。因为两字不仅字形相似而且从史籍记载的先后顺序看均是“稻、粟、麻（蔗）、麦”的排列。所以笔者认为隋唐时期的疏勒不是种植甘蔗而是种植麻（大麻和油麻）。

疏勒的毡褐加工业较为著名，说明该地区畜牧业发达。到唐朝中期，

---

① 黄文弼：《塔里木盆地考古记》，第22页。

② 荣新江：《敦煌本〈天宝十道录〉及其价值》，见唐晓峰等编《九州》第2辑，第116—129页。

③《大唐西域记》卷12，见杨建新主编《古西行记选注》，第97页。

疏勒人可能还学会了种植棉花，因为唐朝开元年间(713—741年)新罗僧人慧超从海路抵达印度半岛，后来取道陆路，经过今巴基斯坦、阿富汗，从西域返回中原时经过疏勒，见到该地“土人著叠布衣”[①]。虽然史书明确记载高昌地区生产“白叠子”，并且投入市场流通，但是疏勒地区当地人穿着“叠布衣”的现象，恐怕不是仅靠高昌市场所能满足的。该地花果繁茂，蔬菜多样。慧超见到僧人“吃肉及韭葱”[②]，可见该地蔬菜至少有韭菜和葱，这两种蔬菜也是高昌地区常见的品种。此外，喀什西部地区还有葫芦的生产。考古人员在今天克孜勒苏柯尔克孜自治州阿克陶县境内的唐代克孜勒加依墓地发现有大量葫芦及其籽种。[③]考古人员认为这与当地原始生殖崇拜有关，也说明当地种植有葫芦。

莎车是汉代人口超过1.6万人的西域大国，农业经济发达。“地土沃壤，稼穑殷盛，林树郁茂，花果具繁。……气序和，风雨顺”。[④]莎车的农业情况与喀什相似。

朅盘陀国(今塔什库尔干地区的克孜尔库尔干遗址[⑤])曾是昆仑山中的一个农牧并重的城郭，由于气候寒冷，主要种植麦子，人亦多食麦。玄奘途经这里时，该国依然是“谷稼俭少，菽麦丰多，林树稀，花果少”。不过农作物品种较之以前多了豆子。北魏宋云经过此地，看到当地人民是“决水以种”，这种传统的灌溉方式可能在隋唐时还继续沿用。

斫句迦国(今叶城)位于于阗之西，汉代称子合国，魏晋时称朱俱波，该地“人民山居，五谷甚丰，食则面麦”。这种农业生产的状况到唐朝初年基本没有改变。然其编户则更加殷盛，园艺也益见发达，所谓“山阜连属，砾石弥漫。临带两河，颇以耕植，蒲萄、梨、柰，其果实繁”[⑥]。

于阗是塔里木盆地南缘一处最大的经济区域，人口众多，农牧业发达，经济繁荣。天宝年间，于阗毗沙府有人口4787户，仅次于龟兹都护府。[⑦]

---

①② 慧超：《往五天竺国传》，见杨建新主编《古西行记选注》，第107—117页。

③ 艾涛：《新疆阿克陶县克孜勒加依墓地考古新发现》，《西域研究》2013年第2期。

④《大唐西域记》卷12，见杨建新主编《古西行记选注》，第95页。

⑤《大唐西域记》卷12，见杨建新主编《古西行记选注》，第105页，注释7。

⑥《大唐西域记》卷12，见杨建新主编《古西行记选注》，第97页。

⑦ 荣新江：《敦煌本〈天宝十道录〉及其价值》，见唐晓峰等编《九州》第2辑，第116—129页。

《隋书》卷83《西域传》记载该国“土多麻、麦、粟、稻、五果，多园林”。到了唐初，该地“宜谷稼，多众果”[①]，杜佑《通典》亦记于阗“土良沃，宜稻麦，多葡萄”，“有屋室市井蔬蔬，与中国多同”[②]，可知唐时于阗农业呈现着良好的发展势态。唐初玄奘经过于阗时见到该地人民服饰“少服毛褐毡裘，多衣絁紬白氎”[③]。白氎，即白棉布。《新唐书》卷241《南蛮传下》载：“古贝，草也。缉其花为布，粗曰贝，精曰氎。”于阗人多穿精致的棉衣，说明当地种植棉花。于阗的寺院经济在隋唐时期发展迅速，殷晴先生对此有专门研究，此不赘述。[④]通过殷晴先生的研究我们可知，于阗民众以粟、麦为主食，生产并食用大量油麻。此外，还种植稻米（大米）[⑤]、青麦（青稞）[⑥]。于阗民众不仅在水果收获季节食用水果，还把水果进一步加工成干果以便在冬季食用。从《唐〔开元九年?（721?）〕于阗某寺支出簿》可以看到干果主要有干葡萄、烟熏葡萄、枣、果子、榅桲、石榴、杏仁、梅子、核桃等。[⑦]葡萄的深加工产品原来有葡萄干和葡萄酒，现在可知还有烟熏葡萄，方法比较独特。葡萄、柰、枣子、石榴、杏仁和梅子比较常见，榅桲则是首次在正史中出现。榅桲，别称木梨，蔷薇科，榅桲属，喜光而能耐半阴，适应性强，耐寒，对土壤要求不高，一般排水良好之地均可栽培。原产中亚细亚、伊朗、高加索、土耳其等地，是一个古老的树种。果实呈梨形，黄色，有香味。现在新疆南、北疆各地均有栽培，以阿克苏、喀什、和田、克孜勒苏、库尔勒等地分布为多，其中喀什、疏勒、疏附、阿克苏、莎车等地比较集中，在莎车、阿克苏还有中、小型的榅桲园，其他各地多为混合栽植果园或零星栽培。北疆分布极少。

于阗地处塔里木盆地南缘，气候干旱，水利灌溉对农业经营至关重要。玄奘经过这里时记载：“城东南百余里有大河，西北流，国人利之，以用溉

---

① 《大唐西域记》卷12，见杨建新主编《古西行记选注》，第97页。

② 杜佑：《通典》卷192《边防八》，浙江古籍出版社，2000年，第1033页。

③ 《大唐西域记》卷12，见杨建新主编《古西行记选注》，第97页。

④ 殷晴：《唐代于阗的社会经济研究》，《新疆社会科学》1989年第6期。

⑤ 陈国灿：《斯坦因所获吐鲁番文书研究》，第521—522页。

⑥ 陈国灿：《斯坦因所获吐鲁番文书研究》，第507页。

⑦ 陈国灿：《斯坦因所获吐鲁番文书研究》，第489—499页、第523页。

田。”[①]此地特别注重水渠建设，设计科学合理，以利于大面积的农田灌溉。在策勒县北的乌宗塔提遗址至丹丹乌里克遗址中有被沙漠掩埋的古代水渠及在今和田北郊的布盖威里克古渠，都是“位于一条高地上”。特别是前者形成了玉龙喀什河和克里雅河之间的分水线，“保持在最高的地平线上，一条水渠不仅能控制灌溉大面积的灌溉区域，而且也很容易防止天然排水道的破坏以及类似的干扰”[②]。

这里的农民平时忙于农耕溉田，只有在农闲季节才有时间挖井掏渠，维修渠道。秋季干旱，不利于农作物生长，必须进行灌溉。发现于丹丹乌里克遗址的《唐某年八月廿七日护国寺处分寺家人帖》记载了护国寺的寺家人刈草之余还要“留一人浇田，……不得妄作事故，违，必宜科决”[③]。秋收过后，进入农闲季节，这是挖井修渠的大好时机，《唐于阗神山某寺支用历》中记载了和田北郊某寺所属庄园雇人在秋冬季节挖井掏渠之事。“（十月）廿九日，出钱壹佰贰拾、估酒叁斗，为厨车园子……得满等掏井寒冻辛苦……十一月一日，……新庄先陈状、又请掏山水渠……西旧园状请两处掏渠……”[④]。

（二）吐鲁番—哈密盆地的农业

1.吐鲁番盆地

西州地处吐鲁番盆地，是唐贞观年间攻灭麹氏高昌后中央政府设立的一级地方政区。该地在魏晋南北朝时期农业发展的基础上得以持续发展，成效显著。人口是社会经济进步的重要体现之一。西汉时，活动在该地的车师前国不过有户700，口6050，胜兵1865人。[⑤]东汉时车师前王仅领1500余户，4000余口，胜兵2000人。[⑥]到了唐贞观十四年（640年），侯君集

---

① 《大唐西域记》卷12，见杨建新主编《古西行记选注》，第102页。

② 斯坦因：《古代和阗》，第287页。转引自殷晴《丝绸之路与西域经济——十二世纪前新疆开发史稿》，第203页。

③ 陈国灿：《斯坦因所获吐鲁番文书研究》，第557页。

④ 陈国灿：《斯坦因所获吐鲁番文书研究》，第490—492页。

⑤ 《汉书》卷96下《西域传下》，第3921页。

⑥ 《后汉书》卷88《西域传》，第2929页。

攻下高昌时，该国有8000户，37700人。[①]天宝年间增加至9016户，49476人。[②]到后来人口进一步增长，达11193户，50314人。[③]人口的快速增长，反映了该地农业的发展与进步。同时，这也带来人地关系的矛盾，人多地少。杨际平先生曾据《通典》及《唐会要》的史料，估得贞观十四年高昌被唐平定时，户均垦田约10亩，人均不到2.4亩。[④]随着人口的不断增长，新垦田地增加有限，人均耕地面积还会进一步减少。我们知道，吐鲁番地区是戈壁绿洲，水资源有限，且周围又多沙碛，向外拓展耕地的难度较大，所以只好通过精耕细作，提高土地生产效益来解决日益严重的人口压力。

一是大量铁质工具的使用和牛耕的推广。从目前出土文书可知，吐鲁番地区使用的农具主要是大镬、大破镬、中镬、小镬、镰、锄、犁等。[⑤]作为斫地主要工具的镬和作为收割工具的镰均得以大量使用。铁镬等农具已在市场上大量销售，物美价廉，可以满足农民的需要。[⑥]牛耕的推广使农田深耕成为可能，疏松的土壤颇利于农作物的生长。从出土文书可知吐鲁番地区普遍使用牛耕。高昌延寿九年（632年）《曹质汉海富合夏麦田券》中记载："渠破水过（?），仰耕田……"[⑦]《唐权僧奴佃田契》中也记载："……田主以田中耕牛、人力、麦子、粟子仰僧奴承了。……"[⑧]《唐永徽三年（652年）士海辞为所给田被里正杜琴护独自耕种事》亦云："其地琴护独自耕种将去，不与士海一步。"[⑨]考古发现为我们研究唐代吐鲁番犁耕技术提供了实物证据。在吐鲁番柏孜克里克石窟出土的一件高昌回鹘时期的铁犁铧，尖端扁平，铧体两面凸起，较之汉代的犁铧更为轻便。[⑩]此外还有从吐鲁番阿

---

① 《旧唐书》卷198《西戎传》，第5295页。

② 《旧唐书》卷44《地理志三》，第1645页。

③ 杜佑：《通典》卷174《州郡四》，第923页。

④ 杨际平：《试考唐代吐鲁番地区"部田"的历史渊源》，《中国社会经济史研究》1982年第1期。

⑤ 唐长孺：《吐鲁番出土文书》第四册，第60页。

⑥ 殷晴：《丝绸之路与西域经济——十二世纪前新疆开发史稿》，第208页。

⑦ 唐长孺：《吐鲁番出土文书》第五册，第240页。

⑧ 唐长孺：《吐鲁番出土文书》第四册，第59页。

⑨ 唐长孺：《吐鲁番出土文书》第七册，第23页。

⑩ 殷晴：《丝绸之路与西域经济——十二世纪前新疆开发史稿》，第208页。

斯塔那古墓群出土的7—9世纪的耕牛泥塑。犁铧和耕牛泥塑的出土，是唐代吐鲁番地区普遍使用牛耕的有力物证。《唐西州某乡户口簿》记载该乡共有427口人，饲养的犍牛有146头，牝牛即母牛47头，总共是193头，平均计算，该乡每2.2人养一头牛。虽然不是所有饲养的牛都用来耕作，但作为主要农业区有如此高的养牛比例，也从侧面反映出该乡是不缺牛力耕作的。这也是农业生产发达的重要条件。

二是重视农田施肥。长期的耕种使得土地肥力逐年递减，产量下降，为了保持地力，提高单位面积产量，就需要给土地施加肥料。魏晋南北朝时期吐鲁番地区已经应用了施肥技术，不过仅见于一处文书记载。到了唐代，关于农田施肥的记载就多了，而且还有买粪肥田之事，说明唐时该地区人民更加重视农田施肥。前引文书《唐权僧奴佃田契》中就记载了农田施肥的情况："贰分田中粪壒土，……田中粪土不遭好……"，如果自家的粪肥不够用，可向他人租赁羊粪尿，或者用粮食来换粪，或者用钱来买粪，[①]更有甚者，粪肥还分为上、次、下三个等级。[②]

三是遵守耕作规律，不误农时。日本奈良宁乐美术馆藏吐鲁番文书《唐开元二年闰二月蒲昌府范阿祚牒为知园临番方始与替、仗备失时事》载："……才应上萨捍烽探奉长司……如前。今月二十九日具检前后及……应马瘦被打，即走向州，将钱拟买肥。……眼看目验，困苦不虚。……知园临番，方始称春种，仗备失时，其……需申上。"[③]这件文书记载了烽长因意外被打，以致忘记按时春种，只好向上级报告具体情况。反映了唐代西州农业生产是严格按照农时的。同时也说明了该地重视使用肥料，在缺少肥料时还要尽量购买。文中的烽长就是去州上"将钱拟买肥"的。

四是实行轮耕制度。由于地处荒漠戈壁之间，加之水资源紧缺，吐鲁番地区可以连年耕种的良田并不是很多。虽然采取施肥措施以增加地力，

---

① 唐长孺：《吐鲁番出土文书》第三册，第205页、210页、227页。

② 池田温：《中国古代籍帐研究》，第453页。转引自殷晴《丝绸之路与西域经济——十二世纪前新疆开发史稿》，第210页。

③ 陈国灿、刘永增：《日本宁乐美术馆藏吐鲁番文书》，文物出版社，1997年，第33—34页。

但粪肥也不足以保证所有农田都能覆盖。在此情况下，实行休耕的轮作制度就应运而生了。轮耕制度自汉代已有之，及至唐代，吐鲁番文书中多出现“部田”一词，杜正乾认为“部田”是指部分轮作耕种的田地。[①]吐鲁番地区采用轮耕制度有利于休养地力，保证农业生产的有效性和持续性。

五是大力发展水利灌溉事业。水利是绿洲农业发展的命脉，没有水，人民的生活和农业生产均无法进行。该区在继承前期水利建设的基础上，持续兴修新的水利工程，不断完善渠道布局与进行渠道维护，加强农田灌溉管理。西汉至唐朝，累世兴修，从而使高昌地区水网如织，围绕高昌城周围的渠道就多达51条。据孙晓林研究，该区以高昌城北的新兴谷（今胜金口）中山涧水为引水源，通过干渠引入高昌城内外。以高昌城为中心，绕城环形，纵横交错，干、支、斗、毛渠形成水渠网络，维系着城东、西两大主要灌溉耕作区。[②]引水渠是城区和农田灌溉区的重要工程，需要经常维护，才能保证水流通畅，发挥良好的灌溉效益。如果渠损水流泄漏将造成很大损失，故及时修葺与养护很重要。引水工程兴筑的堤堰通常都是规模较大的工程项目，只有依靠当地全体民众的共同参与方能完成，故需要官方组织。工程完工之后，每年都需要有人按时检查和维护，为此还有严格的制度规定。出土文书《唐开元二十二年（734年）西州高昌县申西州都督府牒为差人修堤堰事》就充分印证了上述事实。“高昌县为申修堤堰人……新兴谷内堤堰一十六所，修塞料功六百人。城南草泽堤堰及箭干渠，料用单功八百五十人。右（又）得知水官杨嘉恽、巩虔纯等状称：前件堤堰每年差人夫修塞。今既时至，请准往例处分者。准状，各责得状，料用人功如前者。依检案……例取当县群牧、庄坞、邸店及夷胡户……日功修塞。件检如前者。修堤夫……”。[③]这件文书对于我们了解唐代西州的水利管理极为重要。从中我们可知：1.唐代西州的水利是由政府统一进行管理，具体负责事务的是西州都督下属——知水官，他们要把具体要求和事宜上报西州都督，

---

① 杜正乾：《吐鲁番文书中“部田”考释》，《中国农史》2006年第6期。

② 孙晓林：《唐西州高昌县的水渠及其使用管理》，见唐长孺主编《敦煌吐鲁番文书初探》，武汉大学出版社，1983年。

③ 唐长孺：《吐鲁番出土文书》第九册，第107—108页。

经过都督批准后方可实施；2.西州的堤堰水渠每年安排一定人员按时检查修塞，不得延误或推迟，否则按照前例严责处分；3.修塞渠道堤堰是关系全体民众的重大事件，广大民众要积极参加，不管是牧民、农庄、住店人员还是当地少数民族均无例外；4.修建的堤堰和渠道工程浩大，设施配套完备；5.唐代的水利灌溉尚没有出现坎儿井，因为渠道水源是引自新兴谷的涧水和城南草泽湖水，引水方式正是前文所论述的通过修筑堤堰抬高水位引水，所谓筑堤引水。

由于水资源有限，具体进行农田灌溉时可能会出现“恃强凌弱”，水量分配不均，导致“富者因滋转赡，贫者转复更穷”的不良现象。鉴于此，西州百姓曾举荐“性直清平，谙知水利”的老者“立一牌榜，水次到转牌看名用水，庶得无漏”。如果不依次取水，富者就罚“车牛一道远使”，贫者“罚单功一月驱使”①。这虽是个例，却在一定程度上反映了百姓用水的矛盾，同时也反映了西州某些地区土地与水资源间的矛盾。

吐鲁番地区的气候具备一年两熟的条件，如上所述，魏晋南北朝时期采用复播技术，尽可能增加粮食产量，以满足民众生活需求。从《旧唐书》和《新唐书》的记载来看，唐代西州依然采用复播技术。《旧唐书》卷210《西戎传》云“谷麦岁再熟”，《新唐书》卷221《西域传》亦曰“麦禾皆再熟”。该地区人们通过积极推广牛耕，田间施肥，大力发展水利灌溉事业，实施休耕、复播制度，种植二麦（大麦、小麦）、粟、糜、粳稻、黑豆、青稞（青麦）等粮食作物，使该地区粮食需求基本得以满足。

葡萄是西州种植历史悠久的园圃特产，唐代其依然规模较大，加之经营与管理技术进步，成效亦好。文书《武周圣历元年（698年）前官史玄政牒为四角官萄已役未役人夫即车马事》记载官营葡萄园的生产工作主要有抽枝、覆盖、踏浆、收拾残枝、埋柱、运浆、运残枝等程序。②抽枝、覆盖、踏浆、收拾残枝、埋柱的劳动繁重，需要90多人干五天。运送的牛车需要25乘干一天。这充分说明葡萄园规模是相当大的。官营葡萄园管理严格，完成任

① 唐长孺：《吐鲁番出土文书》第九册，第146页。

② 唐长孺：《吐鲁番出土文书》第七册，第448—449页。

务与否均要登记在册，并呈报上级。此外，蔬菜种植已初具规模。菜园面积从一段四十步到一段一亩八十九步不等。[①]还有一件《唐田亩簿》中载有："常田菜三顷七十(七)……"[②]，菜园规模之大令人惊叹！常田是当地的肥田，用如此多的肥田当作菜园可能不切实际，估计是该地区的菜园面积总和。值得一提的是，在文书《唐侯菜园子等户佃田簿》中还出现了"户主侯菜园子年五十"[③]的记载。文中虽没有具体说明"户主侯菜园子"的身份、地位以及其土地上所种之物，但我们认为其中应不乏各种蔬菜，且侯菜园子也非本名，而是其绰号，大概因长期从事蔬菜种植或相关经营而得此称呼。或许说明西州地区当时已经出现了专门从事蔬菜种植的农户，蔬菜种植有了职业化倾向。就蔬菜种类而言，文书中明确记有葱、蒜、韭、芥、蔓菁、荠菜、萝卜、兰香、荏、[④]胡瓜(黄瓜)[⑤]等，但从其他资料来看，还有葫芦[⑥]等种类。

2.哈密盆地

哈密盆地位于吐鲁番盆地的东面，是进出新疆的东大门。这里土地肥沃，汉朝曾在此地设置宜禾都尉进行屯垦，生产五谷、桑、麻、葡萄等。唐在此置伊州，置州之初有2227户，8756人，[⑦]天宝年间增至2467户，10157

---

①《唐开元廿九年(741年)西州高昌县给田簿》，见池田温《中国古代籍帐研究·录文》，东京大学东洋文化研究所，1990年，第418页；《武周载初元年(690年)西州高昌县宁和才等户手实》，见唐长孺主编《吐鲁番出土文书》第七册，第426页。

② 唐长孺：《吐鲁番出土文书》第四册，第242页。

③ 唐长孺：《吐鲁番出土文书》第四册，第239页。

④《唐天宝二年(743年)交河郡市估案》，见池田温《中国古代籍帐研究·录文》，第453页；《高昌重光四年(623年)孟阿养夏菜园券》，见唐长孺主编《吐鲁番出土文书》第十册，第296页；《唐邵相欢等杂器物帐》，见唐长孺主编《吐鲁番出土文书》第6册，第55页；《唐残文书》，见唐长孺主编《吐鲁番出土文书》第八册，第401页；新疆文物考古研究所等：《吐鲁番考古新收获——鄯善县洋海墓地发掘简报》，《吐鲁番学研究》2004年第1期。

⑤《高昌重光三年(622年)条列虎牙范某等传供食帐一》，见唐长孺主编《吐鲁番出土文书》第3册，第167页。

⑥ 王炳华：《新疆农业考古概述》，《农业考古》1983年第1期；柳洪亮：《1986年新疆吐鲁番阿斯塔那古墓群发掘报告》，《考古》1992年第2期；吐鲁番地区文物局：《新疆吐鲁番地区木纳尔墓地的发掘》，《考古》2006年第12期。

⑦ 杜佑：《通典》卷174《州郡四》，第923页。

人。[①]域内农业生产也呈现出欣欣向荣的景象。《新唐书》卷216《吐蕃传》中记载："轮台、伊吾屯田，禾菽弥望。"《册府元龟》卷168《却贡献》记载："开元七年(719年)二月，癸未敕：'伊州(今哈密)，岁贡年支米1万石，宜停。'"[②]在当时的历史条件下，伊州竟每年上贡米1万石，可以推知该地农业生产相当发达。此外，伊州的香枣颇为有名，还作为贡品进奉。

综上所述，唐朝前期西域诸地水利灌溉事业兴盛，农作物品种多样，园圃业繁荣，农业发展良好。

(三)北疆地区

与汉晋时期不同，唐朝在天山北麓设立管理北疆广大地区的军政机构——北庭都护府和行政机构——庭州。庭州，领金满(显庆三年置)、轮台(大历六年置)、蒲类(宝应元年改为后庭)和西海(宝应元年增置)四县。唐初为西突厥浮图城地，贞观十四年(640年)唐平高昌，突厥可汗遣其叶护阿史那贺鲁屯此，与高昌相对峙。贞观二十二年(648年)，唐军大败乙毗射匮可汗，阿史那贺鲁归附唐朝，唐朝正式将浮图城改为庭州。庭州地处天山北麓，东连伊州、沙州，南接西州，西通弓月城、碎叶镇，是唐在天山以北的政治、军事重镇，曾于此设置屯田。该处不仅驻扎大量军事人员，还居住着很多来自中原内地和中亚地区的民众。贞观年间(627—649年)，庭州只领蒲昌一县，有2300户。天宝时(742—755年)的北庭大都护府(即庭州)所辖四县，共有"户2226，口9964"[③]。经过一段时间的发展，当地人口也出现了较快增长。人口是收取赋税的依据，故这近万人口应是当地从事农耕的常住居民。限于史料，当地农业发展状况不能详细了解，但《新唐书》卷216《吐蕃传》中载："轮台、伊吾屯田，禾菽弥望。"由此推之，庭州一带农业发展亦不会太逊色。

---

① 《旧唐书》卷40《地理志三》，第1643页。

② 《新唐书》卷40《地理志四》，第1046页。

③ 《旧唐书》卷40《地理志三》，第1646页；《新唐书》卷44《地理志四》，第1047页。

二、回鹘与吐蕃统治时期

安史之乱后，边防驻军内调，导致唐中央政府在西域驻守力量减弱，吐蕃势力遂趁势向西发展，逐渐进逼西域。此外，漠北回鹘在国破之后也有部分回鹘人进入西域。经过长期的军事争夺，最终，吐蕃占据了塔里木盆地南缘和西北地区，塔里木盆地北缘龟兹以东、吐鲁番和哈密及广大北疆地区成为回鹘的势力范围。

（一）吐蕃控制区的农业

公元7世纪70年代前后，吐蕃征服了青海地区后，又向西域进军，首先进入今鄯善地区。安史之乱爆发后，唐政府从河、陇地区抽兵内调参加平叛，吐蕃则乘虚而入，在贞元七年（791年）占领于阗。[①]至此，吐蕃控制了塔里木盆地南缘地区，而对于阗实行间接统治，除了设立将军、节儿等官职外，还册立于阗国王、设立于阗主事大臣等官员，隶属于节儿；在若羌等地则实行直接统治，任命节度使、万户长、节儿、千户长、小千户长等官员管理。故吐蕃在西域的土地管理政策也因地而异。

1. 土地分配

为更好地维护在西域的统治，吐蕃采取保留和维护当地原有的绿洲经济模式，沿用唐制，设置“农田官使”“秋收监临官员”“负责营田之人”“农田长官”[②]或“营田官”[③]等官职来管理农业。于阗的神山地区还设有“农田都护”的官职。[④]小罗布地区则有“营田吏”。[⑤]在较早统治的小罗布（nobc-

① 杨铭：《唐代吐蕃与西域诸族关系研究》，黑龙江教育出版社，2005年，前言第1页。

② 王尧、陈践：《吐蕃简牍综录》，文物出版社，1986年，第28、32页。

③ [英]托玛斯：《敦煌西域古藏文社会历史文献》，刘忠、杨铭译注，民族出版社，2003年，第119页。

④ 杨铭、贡保扎西、索南才让：《英国收藏新疆出土古藏文文书选译》，新疆人民出版社，2014年，第58页。

⑤ 杨铭、贡保扎西、索南才让：《英国收藏新疆出土古藏文文书选译》，第58页。

hungu)地区把土地重新进行分配,实行以“突”(dor)[1]为计量单位的领受土地制度,鼓励开垦荒闲土地。

吐蕃在占领昆仑山北麓东部的小罗布绿洲后,把土地重新进行分配,并规定了若干维护土地所有权的新法律。米兰出土的文书较为详细记载了小罗布地区土地的分配过程。“兔年夏,划小罗布(nobchungu)王田为五种亩数,按耕田人人数多少分配土地。田主及欲耕种者的人数,根据权力与田作惯例,应登记于(户主)名下。任何人不得拥有地权,或围圈空地。任何一小块田产都要按人数多少分配。不许荒废田业或破坏田界。此五种田亩树立界标。有违制占田、破坏田界或使田业荒废者,将剥夺田业,没收庄稼,并按情节轻重治罪。各户种田人的人数造成总册,交到日城地界长官处,凡有阴谋叛乱、破坏水利、反抗官府、图谋侵夺之事,一律按日城现有法律治罪。大尚论·格桑和论·赞拉本等,属于先分范围,以下才是节儿贝桑与多贝”[2]。由上文可见,吐蕃对小罗布土地使用权的分配,主要依据是权力和田作惯例,把土地使用权登记在户主名下。虽然规定任何人不得拥有地权,实则是地权归属于吐蕃统治者。吐蕃对该区土地分配的主要特征是计口授田,即“任何一小块田产,都要按人数多分配”[3]。农业是绿洲经济的支柱产业,农业经营的好坏直接关系到绿洲经济的发展前景,吐蕃重新分配土地使用权,不仅体现了对绿洲农业生产的高度重视,更是突出了土地所有权已经归属于统治者——吐蕃人。田地分配的具体情况,在文书中也有体现。土地分配先从级别高的官吏开始,再至最低级别的官员。吐蕃还在罗布的下阿骨藏和地区设立管地人(Sa-mkhan)职位,并授予一定田地。“给下阿骨藏管地人三突。”[4]当地的小千户长(地方官)彭让罗分到土

① 1突等于唐制10亩。即二牛抬杠一天所耕的土地面积。见王尧、陈践《吐蕃简牍综录》,第24页注释2。

② 杨铭、贡保扎西、索南才让:《英国收藏新疆出土古藏文文书选译》,第127—128页。该文书又见于[英]托玛斯:《敦煌西域古藏文社会历史文献》,刘忠、杨铭译注,第130页。两书的翻译略有差异,如《选译》一书翻译为“五种亩数”,《文献》一书则译为“五个庄园”,等等。

③ [英]托玛斯:《敦煌西域古藏文社会历史文献》,刘忠、杨铭译注,第130页。

④ [英]托玛斯:《敦煌西域古藏文社会历史文献》,刘忠、杨铭译注,第121页。

地“三突”。①甚至小罗布纳雪地区的官府抄写人员也分到土地，“官府抄写人员之地一突”②。此外，小罗布某地土地册详细记载了该区的土地归属和田地种植作物状况。“……用小麦耕地的，在干枯池塘的四突半，岸本地两突，上等青稞地一突……”③。上述这些多是官田。还有一种是部落民领受的土地，即在千户内部分配土地。如文书中有“纳雪部落……两突地”④等诸多记载。

吐蕃对小罗布地区的农田分为田和地两种。田是已经经营日久的熟田，按照敦煌惯例，垦荒五年以上的土地可称为田，反之，新垦荒或者垦荒后不足五年的土地则称为地。⑤具体而言，田有好田、良田、中等田、王田、零星农田、水中干地田、水中草坪之田、通颊（设于边境低级区划机构）田等。地有熟地、新开荒地等。⑥为扩大农田以获得更多粮食，吐蕃统治者鼓励当地百姓开荒辟土。358号文书中曾记载小罗布地区的百姓被分配去开垦荒地，去清除大罗布地区王田上方地中的杂草。⑦吐蕃人要求其必须勤于稼穑，不许荒废田地，否则按照情节轻重治罪。⑧

小罗布地区的农田耕作主要采用牛耕方式，文书中有大量有关记载。“上部等地之田一突，其中半突由悉诺穷耕种”⑨。“一些耕牛已从上述地方（萨毗和仲恐）运来，数量很多”⑩。“杂堵贡顿耕种两突”⑪。“小麦种植、分占耕田”⑫。小罗布地区的七屯，还有雇耕现象。如米兰出土的古藏文文书记载有“耕者班拉赞，七屯之田，一突半”；“由玉通耕作，佣资付给小麦，七屯

---

① [英]托玛斯：《敦煌西域古藏文社会历史文献》，刘忠、杨铭译注，第122页。

② [英]托玛斯：《敦煌西域古藏文社会历史文献》，刘忠、杨铭译注，第121页。

③ 杨铭、贡保扎西、索南才让：《英国收藏新疆出土古藏文文书选译》，第173—174页。

④ 王尧、陈践：《吐蕃简牍综录》，第30页。

⑤ 王尧、陈践：《吐蕃简牍综录》，第24页注释1。

⑥ 王尧、陈践：《吐蕃简牍综录》，第24、26—32、52页。

⑦ 王尧、陈践：《吐蕃简牍综录》，第66页。

⑧ 托玛斯：《敦煌西域古藏文社会历史文献》，刘忠、杨铭译注，第130页。

⑨ 王尧、陈践：《吐蕃简牍综录》，第30页。

⑩ [英]托玛斯：《敦煌西域古藏文社会历史文献》，刘忠、杨铭译注，第142—143页。

⑪ 王尧、陈践：《吐蕃简牍综录》，第32页。

⑫ 穆舜英等：《建国以来新疆考古主要收获》，见新疆社会科学院考古研究所编《新疆考古三十年》，第17页。

之田，一突，又一突半”；“农户朵贡的帮工”①。一些有地却无耕牛与农具的人甚至与别人搭伙，“七屯城通颊成员卡甲桑笃笃的作物田（坡北闸赤隅地方），因无耕牛农具，与僧人姜兰永搭伙，兰永出耕牛农具，种子与人工平摊，笃笃负责守卫盗贼，秋收后无论收入多少……牲畜受病，农具毁坏，笃笃负责赔偿。”②该文书还对“收入不立即分配或施用诡计”“收成未按全数和好坏”“分成未按时进行”③等情况作了详细的赏罚规定。此外，在西域生活的吐蕃农田主主要依靠专门从事农田生产的“农田佣奴”或者“耕田人”④进行农耕。

水利灌溉是当地农业生产顺利进行的重要保障。从出土文书和考古资料看，吐蕃统治时依然重视水利灌溉。文书中就记载有“茹本农田主渠”⑤。此外，新疆社科院考古所陈戈先生在米兰发现了吐蕃时期的城堡，在城堡不远处还有灌溉渠道遗址和犁耕的痕迹，以及麦草和麦穗等遗存，这反映了吐蕃在鄯善地区进行农业生产的情况。⑥

吐蕃统治者十分重视秋收，秋收的日期是统治者规定的，并且秋收的费用也由上级“秋收监临官员”提供。351号简牍记载：“我与大小罗布的秋收监临官员……秋季八月廿日秋收……，大小罗布的军曹和城子总管来信称，请给秋收费用……。”⑦

一年收成的丰歉是当地民众非常关心的事，常常求助于神灵。宗教卜算中常见占卜庄稼是否丰收的记载。437号简牍就记载了这样的情况：“祭女神之美貌少女一名，以兵器卜有无危险等，兔年秋收之麦子和青稞年成可佳？”⑧通过苯教占卜祈求农业丰收，体现了区域农业经营的迷信色彩。

有关资料证明吐蕃在若羌地区对土地进行重新分配，那么和田地区是

---

① ［英］托玛斯：《敦煌西域古藏文社会历史文献》，刘忠、杨铭译注，第144页。
② ［英］托玛斯：《敦煌西域古藏文社会历史文献》，刘忠、杨铭译注，第145页。
③ ［英］托玛斯：《敦煌西域古藏文社会历史文献》，刘忠、杨铭译注，第145页。
④ 王尧、陈践：《吐蕃简牍综录》，第29、30页。
⑤ 王尧、陈践：《吐蕃简牍综录》，第24页。
⑥ 陈戈：《新疆米兰古灌溉渠道与相关的一些问题》，《考古与文物》1984年第6期。
⑦ 王尧、陈践：《吐蕃简牍综录》，第65页。
⑧ 王尧、陈践：《吐蕃简牍综录》，第73页。

否也存在同样的情况呢？限于出土藏文文书有关和阗地区的农业资料偏少，我们目前尚无法得知于阗地区是否存在重新土地分配情况。不过，鉴于吐蕃统治若羌和于阗地区的管理制度的不同，前者是直接统治，后者则是间接统治。于阗还存在国王的自治系统，吐蕃很可能没有对于阗的土地进行重新分配。这或许说明，吐蕃在统治西域时，也根据对不同地区管理强度的不同而实行地区差异性的土地政策。这体现出吐蕃在西域统治的区域差别化管理特征。

2.农作物品种及其加工

塔里木盆地南缘，种植的农作物品种有大麦、小麦、黑麦、青稞、粟、小米、芝麻等。①这在文书中有大量记载，不一一列举。米兰的吐蕃戍堡中也出土有麦穗、糜子和葫芦籽等农作物。②特别需要指出的是，当地可能有水稻的种植。39号简牍记载："大米小圆升三升给'邦羌白'（信使名）。"③于阗麻札塔克出土的517号简牍也记载："少量的大米。"④一份契约残卷记载："归还的时间是蛇年仲秋月二十日，地点是大罗布……只有牲畜，无论青稞和大米多少……"⑤。这里的大米，应是由稻谷而来，而非粟类小米。《大唐西域记》中记载屈支国"宜糜、麦，有粳稻"⑥。无独有偶，后晋天福三年（938年），后晋使者高居诲出使于阗国时，受到于阗王李圣天的热情接待，食物中就有"粳沃以蜜，粟沃以酪"⑦。从中可见，西域当时种植的稻品种是粳稻，而且其种植遍布塔里木盆地南北缘，种植历史从魏晋南北朝一直延续到五代。由此可知，吐蕃统治时期的西域也是存在水稻种植的。

---

①《于阗语文书集》第4卷，第74、140页。转引自殷晴《丝绸之路与西域经济——十二世纪前新疆开发史稿》，第394页和王尧、陈践《吐蕃简牍综录》，第71页；[英]托玛斯《敦煌西域古藏文社会历史文献》，刘忠、杨铭译注，第123、127页；杨铭、贡保扎西、索南才让《英国收藏新疆出土古藏文文书选译》，第67—68、74、119页。

② 陈戈：《新疆米兰古灌溉渠道与相关的一些问题》，《考古与文物》1984年第6期。

③ 王尧、陈践：《吐蕃简牍综录》，第34页。

④ [英]托玛斯：《敦煌西域古藏文社会历史文献》，刘忠、杨铭译注，第196页。

⑤ 杨铭、贡保扎西、索南才让：《英国收藏新疆出土古藏文文书选译》，第148页。

⑥《大唐西域记》卷1，见杨建新主编《古西行记选注》，第67页。

⑦ 高居诲：《高居诲使于阗记》，见杨建新主编《古西行记选注》，第151页。

另外，米兰出土的XXⅷ2号简牍还有“玉米和大麦”的记载。[①]学界一般认为玉米是在明代引进国内的，唐代的西域出现“玉米”，是翻译错误或印刷错误？还是真有玉米？笔者认为当时西域不可能出现玉米，而很可能是“小米”的印刷错误，且存疑待考。

此外，蔬菜瓜果也为人们日常所食用。从出土的吐蕃简牍来看，当地种植有“青菜”“萝卜”等，[②]并有专门从事蔬菜种植的菜农。米兰出土简牍中有“农田长官多贡之佣奴农户，专种蔬菜的零星地突……”“在小罗布有八畦菜园子”[③]等记叙。

当地人已掌握了面粉加工技术，将麦子磨成面粉。虽然没有出土实物的发现，但文书中明确记载有“面粉”。于阗出土文书记载有“此前已送出十七升面粉”[④]；若羌出土的文书记载有“两升面粉存放于达孜墀古啜尔处”，“夏季六月份的口粮三升青稞，三升面粉不要发给”[⑤]。此外，还用青稞来酿酒。文书中记载苯教徒在午饭时，先要“连续献上迎宾青稞酒三……苯教主讲述往昔历史”[⑥]。

3.农业赋税

赋税是吐蕃对西域经济管理的重要体现之一。在对西域的统治确立前，吐蕃已经在本部实行了按照地亩和户口征收赋税的制度。[⑦]吐蕃统治西域时，在当地设置了收税官，负责税务征收。《敦煌本吐蕃历史文书·赞普传记》记载吐蕃攻占于阗后，“抚为编氓并征其贡赋”[⑧]。米兰出土的简牍记载：“税吏(khralpon)开桑和则屯有差地一突。”[⑨]此处的税吏便是吐蕃萨毗节度使(今若羌地区)的皂隶。值得注意的是，米兰出土文书Lⅷ006号简

---

① [英]托玛斯：《敦煌西域古藏文社会历史文献》，刘忠、杨铭译注，第125页。

② [英]托玛斯：《敦煌西域古藏文社会历史文献》，刘忠、杨铭译注，第339页。

③ 王尧、陈践：《吐蕃简牍综录》，第32、66页。

④ 杨铭、贡保扎西、索南才让：《英国收藏新疆出土古藏文文书选译》，第77页。

⑤ 王尧、陈践：《吐蕃简牍综录》，第35页。

⑥ 王尧、陈践：《吐蕃简牍综录》，第72页。

⑦ 王尧、陈践：《敦煌本吐蕃历史文书》增订本，民族出版社，1992年，第145、148、151、154页。

⑧ 王尧、陈践：《敦煌本吐蕃历史文书》增订本，第167页。

⑨ 王尧、陈践：《吐蕃简牍综录》，第32页。

也载有“克桑税官”①。两份文书记载的是否为同一个人？另外，米兰ⅵ10号简文中载有“征税人，萨毗…将军”，米兰ⅱ40号简文中记载有“由论·邦波杰遣往罗布三镇的征税人”。②这亦可印证税吏的从属关系。

此外，“巡田官”有可能也是负责收税的官员。米兰ⅷ12号简正面记载有“送赞塔和禄扎大人：巡田官的秉承……我等年税所存……”，背面有“大罗布鼠年之税”③。税官不仅要详细登记地亩，还要登记好户数，这均是征税的重要依据。于阗麻札塔克出土文书Cⅱ0040号简就记载有“从于阗人户统计之地”④。此外，税官还应对交税人户实行动态管理，统计好哪些已经交税，哪些尚未缴纳，对欠税人户实行唱名登记法。从62号简牍记载可知，兔年秋，统计尚论所属民户从事农事者，哪些田赋已经交纳，哪些未交，逋欠者唱名登记。63号简牍则记载：“回收计筹时，或因逋欠田赋，加一倍计算时，唱‘谢云兰’之名字。”⑤

据王尧、陈践两位先生研究，吐蕃统治时期西域的赋税主要有三种，即农业生产的地租、按人口计征的税收和劳役地租。前两种均是以实物交纳。⑥农业生产的地租，又称为“突税”，这是指经过丈量后按照地亩征税的赋税。“突税”征收的标准不仅限于田亩的多少，似乎还与农户等级相关。米兰出土文书记载：“属民的年成不好，上等农户一(突)农田只交五克青稞五克麦子。”⑦若羌地区的田租可能是当地农田收成的一半。“论努罗之奴仆已在若羌……冬季田租之对半分成于兔年……”。⑧吐谷浑上部万人部落的田赋则是“以六成计所征”⑨。吐蕃在西域征收的税率是比较重的。吐蕃在于阗也征收粮税。一份出土于神山地区的文书记载：“孟冬月的粮税远

① [英]托玛斯：《敦煌西域古藏文社会历史文献》，刘忠、杨铭译注，第144页。
② [英]托玛斯：《敦煌西域古藏文社会历史文献》，刘忠、杨铭译注，第119、128页。
③ [英]托玛斯：《敦煌西域古藏文社会历史文献》，刘忠、杨铭译注，第138页。
④ [英]托玛斯：《敦煌西域古藏文社会历史文献》，刘忠、杨铭译注，第174页。
⑤ 王尧、陈践：《吐蕃简牍综录》，第38页。
⑥ 王尧、陈践：《吐蕃简牍综录》，第37页。
⑦ 王尧、陈践：《吐蕃简牍综录》，第37页。
⑧ 王尧、陈践：《吐蕃简牍综录》，第37页。
⑨ 王尧、陈践：《吐蕃简牍综录》，第38页。

未纳足,在神山……”[①]

户税是按照户数来交纳的,吐谷浑上部万人部落的交税标准大致是每户交纳五升青稞。[②]另外,文书还记载了小罗布地区的交税情况。“岸钟悦青稞二克,麦子三克,麦子……”[③]。但没有记载是征收户税还是田租税。陆离先生认为可能就是户税。[④]笔者赞同此说法。

显然,王尧、陈践两位先生对吐蕃赋税的三种分类是以征税对象为依据而区分的。此外,出土简牍中还记载有“年税”。从出土文书看,吐蕃在西域统治区的大罗布、于阗等均征收“年税”。年税似乎也是以实物交纳的,文书中还特地提及于阗羊毛。另一份文书则记载了年税征收的情况。“征收年赋者,赋税簿中……已有名字,加桑……计算法虽然一样,但应交纳数与过去不同。”[⑤]此外,大罗布地区征收过“岁贡”。“大罗布(nobched-povi)的岁支兵役和贡物,现在已到了收取时间,愿赐免征令。我们剩余的岁贡,无论欠缴多少羊毛,之后奉贡,也给论·喇桑请示,无论欠缴多少羊毛,不差分毫上交”[⑥]。

吐蕃统治时期的西域农牧业生产也是西域经济发展史的重要一环。吐蕃对西域农牧业发展也比较重视:设置专职农牧业管理官员,在部分地区重新分配土地、鼓励垦荒、划分牧场、治疗牲畜疾病和饲养产仔牲畜等。在农牧业管理的基础上,设置税收官员,征收土地税、户口税、劳役税和年税,征收粮食、牲畜等实物。从出土藏文简牍文书观之,吐蕃对西域的农牧业管理具有鲜明特点,即在沿用唐政府经济政策的同时,结合吐蕃自身的管理体制对之进行改造,这种糅合新旧的经济管理体制可以起到缓解矛盾、维护吐蕃统治的作用。另外,在牧场划分和税收方面,体现出维护吐蕃人利益的特点。比如吐蕃对小罗布地区的土地重新分配,吐蕃人的园地和王地及各种官员田地占据相当大的部分。在牧场划分时,“住在此地之于

① 杨铭、贡保扎西、索南才让:《英国收藏新疆出土古藏文文书选译》,第7页。

② 王尧、陈践:《吐蕃简牍综录》,第38页。

③ 王尧、陈践:《吐蕃简牍综录》,第37页。

④ 陆离:《吐蕃统治河陇西域时期制度研究》,中华书局,2011年,第197页。

⑤ 王尧、陈践:《吐蕃简牍综录》,第38页。

⑥ 杨铭、贡保扎西、索南才让:《英国收藏新疆出土古藏文文书选译》,第130页。

阗住户及吐蕃住户，他们在草场方面，如若不合，请于阗人找些牧地，不另找一合适牧地不行。”[1]吐蕃设立营田官员的职责，除了鼓励农耕外，还有测量农田面积，计口授田，为征收赋税提供依据。而较高的税率也体现了维护吐蕃统治者利益的需要。

另外，吐蕃在西域的统治具有鲜明的地域差异性，在鄯善地区实行直接统治，在于阗地区则是间接统治。这在土地分配方面体现了出来。鄯善的小罗布地区土地被重新分配，而于阗则没有。

总之，吐蕃统治西域时期的农牧业管理政策与其政治统治和军事管理体制类似，在糅合原有机制的同时，尽可能维护吐蕃统治者的自身利益，也就决定了此段时期该地区农牧业生产结构中所潜伏的内在的深刻矛盾。尽管如此，在吐蕃统治西域时期，区域农牧业还是保持了一定的发展态势。

（二）回鹘时期的农业

回鹘王国自唐中期瓦解后，其部众四散逃亡，其中有部分民众进入新疆地区的吐鲁番—哈密一带。虽然回鹘人的生产方式主要为游牧，但自进入不适合大范围游牧的吐鲁番—哈密地区后，部分民众也逐渐转为农耕，使该地区农业生产得以保持和继承。从一些回鹘文书记载看，该区的农业发展依然较好。由于目前无法确定回鹘文书的确切年代，因此，这一时期该地区的农业发展状况放在下一节一起论述。

第三节　隋唐时期的民间牧业

隋唐时期，西域的畜牧业生产在继承魏晋南北朝的基础上得以持续，特别是回鹘进入高昌地区和吐蕃进入塔里木盆地，均为该区畜牧业的发展起到积极的促进作用。

① 王尧、陈践：《吐蕃简牍综录》，第67页。

一、高昌、伊州地区

隋及唐太宗贞观十四年(640年),高昌地区为麴氏政权统治时期。此期,高昌地区畜牧业生产一直呈上升趋势,至唐亦然。由于马匹是军事装备重要组成部分和交通设备的主要畜力,故麴氏高昌时期对马匹管理极其严格,从《高昌义和二年(615年)七月马帐》《高昌某年卫延绍等马帐》《高昌某年郡上马帐》《高昌合计马额帐》和《高昌延寿某年勘合行马亭马表启》[①]等文书可见,高昌对寺院马、郡上马和交通机构配备的马匹均有详细登记管理。依据出土文书资料来看,高昌的家畜品种颇多,主要有马、牛、羊、驴、驼等。现实生活中的家畜饲养,在一些墓葬的随葬疏中也有反映。例如高昌麴氏延和十八年(唐武德三年,619年),张师儿随葬衣物疏中象征性地列举了随葬牲畜,要求"驴牛驼马各万匹,羊千口"[②]。至于驴牛驼马各要万匹,而羊仅要千口,这或许说明物以稀为贵,因为现实生活中羊的饲养量是最大的。这种状况在《唐西州某乡户口簿》中也有反映。该文书共有三片,第一片记载:"(合)当乡归朝总……合当乡良贱总四百廿七。"由此可知,这是高昌刚归顺唐朝时期该乡的人口,其总数是427人。第三片记载:"(驴)骡马牛车,146(头)犍牛,47(头)牸牛,6匹□马,7头□驴,105口羊,145□。"[③]从该文书分析看,该乡有驴骡马牛羊,其中犍牛146头,牸牛即母牛47头,总共是193头,马和驴的数量均不过两位数,可见马和驴的数量较少。明确记载羊的数量是105头,关键是对最后一行的解读。乜小红博士推测为牸羊,[④]若真如此,该乡的养羊数则为250头。可见,羊的数量最多,次为牛。若按平均计算,该乡每2.2人养一头牛,每1.7人养一只羊,每71人养一匹马,每61人养一头驴。该乡的养马数量,与同时期该地区平均九

① 唐长孺:《吐鲁番出土文书》第四册,第159—168页和《补遗》第52—62页。

② 吐鲁番地区文管所:《1986年新疆吐鲁番阿斯塔那古墓群发掘简报》,《考古》1992年第2期。

③ 唐长孺:《吐鲁番出土文书》第四册,第7—11页。

④ 乜小红:《唐五代畜牧经济研究》,中华书局,2006年,第203页。

人养马一匹的比例有较大差距。另外，出土文书《唐昌观申当观长生牛羊数状》记载唐昌观有“长生羊大小总248头，152口白羊，48口羖羠，48口今年新生羔子”，以上诸羊是当地“三五年诸家布施及续生，零落杂合”[①]的数目。一个道观，靠附近百姓布施和牲畜自身繁衍生息，短短三五年即有大小248头羊存栏。羊作为当地人的食物之源，有余而用于布施，亦间接反映了羊的饲养量是比较多的。此外，寺院自身也饲养羊，文书《高昌延寿元年（624年）张寺主明真雇人放羊券》记载该寺有羊“一百五十口”。[②]高昌人善养马牛羊，反映了畜牧与人们日常生活的关系。《高昌牛簿》文书以牛的毛色和大小分别记载了34头大牛，25头小牛。[③]人死亡后，要在墓中随葬牛羊肉，之后又出现了陪葬的泥塑牛。[④]一份《唐杂物牲畜帐》记载了某部门的农具及牲畜数，其中饲养的牲畜有“大牛八头，在外大牛一头，□马三匹，草驴三头，父驴一头，驴驹一头，大草牛十五头，㹀牛八头，二岁牤牛六头，犊子七头，女犊子三头，羯羺二十头，羖羊十三”[⑤]。说明在高昌或西州地区牲畜饲养量比较大。

民间畜牧业的饲养方式主要是舍养和牧养两种，在具体饲养过程中，则存在“代放牧”的方式。这都反映在《高昌午武城诸人雇赵沙弥放养券》《高昌延寿元年（624年）张寺主明真雇人放羊券》和《唐杜定（欢）雇人放马券》等文书中。《高昌午武城诸人雇赵沙弥放羊券》记载：“……午岁十月廿五日赵沙弥为武城诸人雇放养券，中羊三口，与粟一斗。从未岁正月，到未岁十月三十日，羊五口，与钱……正月内偿放羊价钱使毕……羔子入群，与大麦一斗。”[⑥]从文书内容看，赵沙弥替人放羊时间从年初的正月一直到十月，放三头中等的羊，给粟一斗，若添有羊羔，就给大麦一斗。《高昌延寿元年（624年）张寺主明真雇人放羊券》记载：“羊不得出寺阶，若出寺阶门住壹

① 唐长孺：《吐鲁番出土文书》第九册，第144页。
② 唐长孺：《吐鲁番出土文书》第三册，第207页。
③ 唐长孺：《吐鲁番出土文书》第三册，第177—178页。
④ 吐鲁番地区文物局：《新疆吐鲁番地区巴达木墓地发掘简报》，《考古》2006年第12期。
⑤ 唐长孺：《吐鲁番出土文书》第四册，第60—61页。
⑥ 唐长孺：《吐鲁番出土文书》第五册，第155页。

罚贰入张寺□。”[①]张寺主明真规定放羊娃不得将羊赶出寺外，可见该寺的羊当是舍养。舍养可以收集羊尿粪，作为肥料可补充田地肥力，是为舍养的优点。以上资料又说明高昌及西州民间有“代放牧”方式的存在。

唐朝中后期，回鹘汗国亡，其民众四处逃亡，其中一支逃到高昌地区（后来的高昌回鹘）。回鹘原称回纥，长期以游牧为生，史载“居无恒所，随水草流移”[②]，故其畜牧业发达，“畜多大足羊”为回鹘之特产，并常用作贡品。[③]回鹘进入高昌后，一部分保持了原来游牧生活方式，一部分逐渐转为农耕，以适应绿洲固有环境。由于回鹘畜牧技术较好，高昌及伊州等地的畜牧业得到快速发展。到北宋时，王延德出使高昌还见到伊州“有羊尾重者三斤，小者一斤，肉如熊白而甚美”，高昌北边的北庭地区“地多马，王及王后、太子各养马，牧放于平川中，弥亘百余里，以毛色分别为群，莫知其数”[④]。

二、塔里木盆地周边地区

1.安史之乱前的区域畜牧业

塔里木盆地周边地区的畜牧业一直发展良好。焉耆国曾于贞观六年（596年）向中原王朝上贡名马。龟兹国“有城郭屋宇，耕田畜牧为业。有良马、封牛”[⑤]，贞观四年（504年），也曾遣使献马。上元中，其王素稽献银颇罗、名马。[⑥]唐代高僧玄奘曾记下该国的一个传说：“国东境城北天祠前，有大龙池。诸龙易形，交合牝马，遂生龙驹，㤿戾难驭。龙驹之子，方乃驯驾，所以此国多出善马。”[⑦]虽然该传说有些荒诞成分，却从侧面说明了龟兹国多出善马的事实。跋禄迦国，为汉代的姑墨国，唐初该国生产“细毡细褐，

① 唐长孺：《吐鲁番出土文书》第三册，第207页。
② 《旧唐书》卷195《回纥传》，第5195页。
③ 《新唐书》卷217上《回鹘列传上》，第6111页。
④ 王延德：《西州使程记》，见杨建新主编《古西行记选注》，第156—159页。
⑤ 《旧唐书》卷198《西戎传》，第5303页。
⑥ 《新唐书》卷221上《西域传上》，第6232页。
⑦ 《大唐西域记》卷1，见杨建新主编《古西行记选注》，第68页。

邻国所重”①。细毡细褐的原材料来自牲畜皮毛，没有大量的高品质的牲畜毛，生产细毡细褐的质量与数量都会受到很大影响。疏勒国，在贞观九年（599年），遣使献名马。《大唐西域记》也记载疏勒：“出细毡褐，工织细毡氍毹”②。细毡氍毹的生产说明该地区畜牧业生产发展良好。

塔里木盆地南缘的于阗也是一个畜牧业较为繁盛之地。《大唐西域记》也记载于阗“出氍毹、细毡”③。贞观二十一年（611年），阿史那社尔伐龟兹，《旧唐书·西戎传》记于阗王伏阇信曾“使其子以驼万三百匹馈军”④。而《新唐书·西域传》则曰于阗王“使子献橐驼三百”⑤。如果旧唐书记载的万余匹骆驼信实，则可见该地牧养的骆驼数量之多，畜牧业发展之盛。如果《新唐书》记载的三百匹骆驼信实，则《旧唐书》的记载可能有误，就需要慎重对待，并对其误记进行考证和修订。该地牲畜除了驼、马外，还有牛、羊、驴等，作为当地居民重要生活来源的畜牧业，畜养牛羊的数量肯定是最多的。和田东北巴拉瓦斯忑遗址出土文书《唐贞元五年（789年）百姓状》就记载了“来人不还牛”⑥一事。和田市北面的丹丹乌里克遗址出土文书《唐某年十二月二十三日杰谢镇知镇官杨晋卿限纳牛皮及鹅鸟翎帖》，记载了杰谢镇知镇官杨晋卿限百姓缴纳牛皮一张。⑦《唐大历十六年（781年）二月六城杰谢百姓思略牒为典驴换丁不得乞追征处分事》则记载了杰谢镇百姓思略以典驴来换丁之事。⑧《唐贞元四年（788年）雇驴契残片》则记载了于阗养驴之事。⑨

于阗马品种优良，由于其毛色多花纹，故称为“五花马”。五花马在唐代广有声誉。李白《将进酒》有诗曰：“五花马，千金裘，呼儿将出换美酒，与

---

①《大唐西域记》卷1，见杨建新主编《古西行记选注》，第69页。

②《大唐西域记》卷1，见杨建新主编《古西行记选注》，第96页。

③《大唐西域记》卷1，见杨建新主编《古西行记选注》，第97页。

④《旧唐书》卷210《西戎传》，第5305页。

⑤《新唐书》卷221上《西域传上》，第6235页。

⑥ 陈国灿：《斯坦因所获吐鲁番文书研究》，第481页。

⑦ 陈国灿：《斯坦因所获吐鲁番文书研究》，第537页。

⑧ 陈国灿：《斯坦因所获吐鲁番文书研究》，第540—541页。

⑨ 陈国灿：《斯坦因所获吐鲁番文书研究》，第550页。

尔同销万古愁。”王琦注：“五花马，谓马之毛色作五花文者。”杜甫有《高都护骢马行》形容此马曰：“五花散作云满身，万里方看汗流血。长安壮儿不敢骑，走过掣电倾城知。”学者林梅村经过考证认为，唐代的“五花马”就是于阗所产的马匹。这在丹丹乌里克遗址出土的多处壁画中有所反映。[①]

于阗饲养牲畜也分为牧养和厩养两种。厩养就需要采集和储存草料，所以平日里需要割草喂养牲畜，草木茂盛的夏季更需要割草储备。《唐某年八月廿七日护国寺处分寺家人帖》就记载了护国寺的“家人刈草三日，留下一人浇田，余人尽将去，不得妄作事故，违必宜科决”[②]。于阗寺院饲养有牲畜，遇有牲畜生病时还请兽医医治。于阗北的麻扎塔格遗址出土文书《唐于阗神山某寺支用历》中就记载：“出钱二百一十文付兽医合药灌疗骠骑家施来患草马用。”[③]西州和于阗均出现兽医为牲畜治病的记载，一定程度上反映了唐代南疆畜牧业的发展水平。

2.安史之乱后的区域畜牧业

吐蕃是一个畜牧与农业并重的民族。其农作物有“青稞麦、豆、小麦、荞麦”，“畜多牦牛、猪、犬、羊、马，……其人或随畜牧而不常厥居”[④]。故畜牧业生产在其经济生活中占有相当大的比重。吐蕃进入西域后，依然保持农牧兼营的特点。由于重视畜牧业生产，遂在西域设立“司牧长官”一职管理畜牧业。[⑤]

从目前已知刻画和简牍资料看，吐蕃和塔里木盆地的居民饲养牲畜主要是厩养和放牧两种方式。饲马官即为厩养马匹长官，于阗地区就曾设置此官职。藏文文书记载：“羊毛由饲马官下属普热·贡列送出。”[⑥]“饲马官下属普日衮勒出于阗银两……，派使者手下寄来的羊毛”[⑦]。厩养需要割草和

① 林梅村：《于阗花马考——兼论北宋与于阗之间的绢马贸易》，《西域研究》2008年第2期。
② 陈国灿：《斯坦因所获吐鲁番文书研究》，第557页。
③ 陈国灿：《斯坦因所获吐鲁番文书研究》，第494—495页。
④《旧唐书》卷196上《吐蕃传上》，第5220页。
⑤ 王尧、陈践：《吐蕃简牍综录》，第66页。
⑥［英］托玛斯：《敦煌西域古藏文社会历史文献》，刘忠、杨铭译注，第356、500页。
⑦ 杨铭、贡保扎西、索南才让：《英国收藏新疆出土古藏文文书选译》，第72页。

储存草料，77号简牍记载一名官员“务必下令让老弱劳力割草”①。94号文书则记载了葭芒园的马料，②这或许是厩养马匹时的饲料。与厩养相对，吐蕃还设立“牧马官”一职具体管理马匹牧养。171号简牍就记载一名“牧马官管·交约高（人名）”③的人。于阗地区则设有“牧畜吏”④。在克孜尔石窟的刻划图画中就有多幅反映当时吐蕃牧民放牧的场景。⑤

同时，简牍中又多次提到“牧区”以及“外部牧户”“牧民”⑥等词。吐蕃姑臧节度使衙署中还设置“上部、下部牧地大管理长”“牧地管理都护”“副牧地管理长”，瓜州节度使衙署设立牧地管理长——草宅使等牧场管理官员。⑦牧场则设有管理牧场的官员，413号简牍记载“牧场长官邦古参”⑧。牧区的草场是分割的，不同部落有不同的放牧区域，其间有界限划分，而且在划界时还要请证人见证这一过程。一旦草场划定之后，就不允许别的部落进入草场放牧，且每个部落有专门的放牧人放牧。342号简牍中就记载：“（草场）划分定界后，选了证人乞力郭和乞力刚。部落不让牧畜去水池饮水，并责备放牧人欺骗守池人。”⑨由于吐蕃是统治者，所以在吐蕃牧民和于阗牧民因草场使用发生矛盾时，于阗牧民只有被迫另找牧地放牧。373号简牍记载：“住在此地之于阗住户及吐蕃住户，他们在草场方面，如若不合，请于阗人找些牧地，不另找一合适牧地不行。”⑩

日常管理是畜牧业生产的重要内容。由于繁重的差遣劳役，一些牲畜由于劳累或得疾病而受伤。353号简牍记载：“坐骑刚能站立，去也无用……虽以上等料、水喂饮，但后来咳嗽，心血上涌……，现正在疗痾……”

---

① 王尧、陈践：《吐蕃简牍综录》，第40页。

② 王尧、陈践：《吐蕃简牍综录》，第42页。

③ 王尧、陈践：《吐蕃简牍综录》，第50页。

④ 杨铭、贡保扎西、索南才让：《英国收藏新疆出土古藏文文书选译》，第85页。

⑤ 吴焯：《克孜尔石窟刻划图画的内容、作者和时代》，《文物》1986年第10期，第55—62页。

⑥ 王尧、陈践：《吐蕃简牍综录》，第67、69、43页。

⑦ 陆离：《吐蕃统治河陇西域时期的军事、畜牧业职官二题》，《敦煌研究》2006年第4期，第64页。

⑧ 王尧、陈践：《吐蕃简牍综录》，第70页。

⑨ 王尧、陈践：《吐蕃简牍综录》，第65页。

⑩ 王尧、陈践：《吐蕃简牍综录》，第67页。

380号简牍记载:“我等虽愿前往下方,但所派王室内差繁重频频;恕直言,此地毛驴有病,粟米、青稞颗粒也无,缺充饥之粮,已恳求宽限十天,为此大事,是否妥当?”382号简牍则记载了骆驼足乏将殆,可能会死亡的情况。牲畜有病需要得到治疗,如前文中提到的一匹坐骑“正在疗疴”[①],当地已经有兽医或懂得治疗兽病的人治疗牲畜。380号简牍还记载“要细致照料奶牛,无论哪头先产,若不很好喂食,将会死去”[②]。此外,为防止羊只被盗,牧羊人还“把羊赶到羊圈里”[③]。纵观简牍记载,当时畜牧业日常管理比较细致,牲畜的喂养、治病和产仔均有明确安排。

有关畜群品种及其用途。塔里木盆地人民养育的牲畜主要有羊、牛、牦牛、马、驼、驴等。87号简牍记载吐蕃官员“节儿的羊群晚间死亡……小罗布(婼羌)……”[④],说明这里有私人羊群,羊群又不知何因发生了死亡现象。目前从简牍中可见“白山羊”“羊羔”“良种公山羊”等。山羊适宜山区放牧,羊羔则是羊群繁衍孳生的产物,良种公山羊则反映了当地居民对畜群育种的重视。该地区在魏晋南北朝时期还饲养有绵羊,唐代的塔里木盆地南缘也应该有,目前在简牍中尚未发现,还需期待来日。羊在日常生活中可被用来买卖和祭祀,297号简牍记载的“答应交与色达村之羊款”[⑤],或许说明羊被用来买卖一事。425号简牍有“祭神用良种公山羊一只”[⑥]的记载,442号简牍有“祭女神,宰四头羊”[⑦]等记述。而吐蕃占卜所用的“灵骨”也多为羊胛骨,这在437、439、440、442号简牍中均有反映。[⑧]除此之外,羊还被吐蕃用来运输物品,61号简牍记载了吐蕃运送青稞就是使用了羊驮运,“一部分(青稞)如以羊驮运不完,可派牛运”[⑨]。“驮运牛七头、羊二十

① 王尧、陈践:《吐蕃简牍综录》,第66、68页。

② 王尧、陈践:《吐蕃简牍综录》,第66、68页。

③ 杨铭、贡保扎西、索南才让:《英国收藏新疆出土古藏文文书选译》,第216页。

④ 王尧、陈践:《吐蕃简牍综录》,第41页。

⑤ 王尧、陈践:《吐蕃简牍综录》,第61页。

⑥ 王尧、陈践:《吐蕃简牍综录》,第72页。

⑦ 王尧、陈践:《吐蕃简牍综录》,第72、74页。

⑧ 王尧、陈践:《吐蕃简牍综录》,第73—74页。

⑨ 王尧、陈践:《吐蕃简牍综录》,第38页。

只”①。同时，羊还可作为交换物，进行以物易物。于阗神山地区“……以十八只公羊交换，……十五……，肥羊……，作为交换”②。

牛是耕作的主要畜力，也可用来运送物品，同时牛奶又是重要的饮料，还可以制成酥油等奶制品，这对牧民生活非常重要。从简牍看，小罗布地区的牛主要有黄牛，在77号、97号简牍③中有记载。此外，还有黑牛。④91号简牍还记载了朝加有奶牛四头，⑤由于奶牛在百姓日常生活中占有重要地位，故此需要细致照料，特别是在母牛产犊时期更是要认真饲养，不可马虎。如梅顿在禀呈总督(节儿)措息、鲁措大人的信中说：“要细致照料奶牛，无论哪头先产，若不很好喂食，将会死去。”⑥梅顿的禀呈说明了人们对奶牛的生产、生长状况已经相当了解，并能做到认真饲养。此外，萨毗(tshalbyi)地区饲养有牦牛，而且数量很多。⑦小罗布地区还存在牦牛交易。⑧

马是牧民、驿卒的坐骑，更是军队重要装备之一，简牍中所见有“黄色膘马”“白马”和“枣红马”等。⑨牧民骑马放牧是常见之景，克孜尔石窟刻画图画中的牧民均为骑马放牧。驿站中也是使用马匹快速传递信息，101号简牍就记载有“北路驿传马匹”⑩。此外，马也被用来运送物品。426号简牍就记载了使用白马运送谷物。⑪用于军事的马匹关系到军队战斗力，所以军马饲养要格外细心，170号简牍记载：“四匹马一组交与斥候牧养，与政事关系极大，诏令谓以后要交与军队，因此要尽力放牧好。”⑫租借的马匹应

① 杨铭、贡保扎西、索南才让：《英国收藏新疆出土古藏文文书选译》，第124页。
② 杨铭、贡保扎西、索南才让：《英国收藏新疆出土古藏文文书选译》，第41页。
③ 王尧、陈践：《吐蕃简牍综录》，第40、43页。
④ 杨铭、贡保扎西、索南才让：《英国收藏新疆出土古藏文文书选译》，第194页。
⑤ 王尧、陈践：《吐蕃简牍综录》，第42页。
⑥ 王尧、陈践：《吐蕃简牍综录》，第68页。
⑦ 杨铭、贡保扎西、索南才让：《英国收藏新疆出土古藏文文书选译》，第21页。
⑧ 杨铭、贡保扎西、索南才让：《英国收藏新疆出土古藏文文书选译》，第152页。
⑨ 王尧、陈践：《吐蕃简牍综录》，第55、72页；杨铭、贡保扎西、索南才让：《英国收藏新疆出土古藏文文书选译》，第195页。
⑩ 王尧、陈践：《吐蕃简牍综录》，第43页。
⑪ 王尧、陈践：《吐蕃简牍综录》，第72页。
⑫ 王尧、陈践：《吐蕃简牍综录》，第50页。

爱护好，否则“此种良马如死掉或丢失，或者因为用马过度发现患肺疾……此马以三十两……，需要尽快得到骏马”[1]。于阗守军的一匹坐骑患“急性肺炎，心脏所出血水很多，将被送至哨所疗养”[2]。

塔里木盆地东南部多戈壁沙漠，因此当地畜养骆驼。骆驼不仅忍饥耐渴，而且力量较大，因此成为运输物品的重要运输畜力，321号简牍就记载了吐蕃调用若羌辖境全部骆驼运送粮食。[3]此外，骆驼有时也被用于军事运输，259号简牍记载：“从若羌派出骆驼与其余（牲畜配伍）一起赶往大行军衙。”[4]从上述两件简牍来看，若羌地区可能蓄养骆驼较多。

驴的体质结实，耐力较好，性情温驯，听从使役，从而成为人们最喜欢驾驭的运输工具。在塔里木盆地南缘的广大地区，驴子也就成为重要的运输畜力。从简牍资料看，该区驴的用途较多。如77号简牍：“两头毛驴和一头借来的黄牛（共三头）已向城子堡寨几个人讲情，赶快绕左道送去，并有报告。”[5]毛驴还可被雇用，关于雇用的费用一般为半克，雇用一天还要支付粮食一升，如若毛驴死亡，视情况而赔偿价钱。417号简牍有详细记载：“赔偿一头怀孕母驴银四两，一头公驴银三两；一头小驴银二两；雇用一天，付粮食一升，（如不付粮）也可折作户差。江则地方之赔偿费与上相同，雇毛驴脚钱为半克。”[6]

三、北疆地区

唐朝统一西域前，西域为西突厥控制。

突厥本是游牧民族，畜牧业非常发达，以羊和马为多。羊是小型牲畜，是游牧民族饲养的主要牲畜，牛和马是大型牲畜。牛除供给人们生活食用之外，又是重要的畜力资源。特别值得一提的是马，它既是主要的运输工

① 杨铭、贡保扎西、索南才让：《英国收藏新疆出土古藏文文书选译》，第145页。

② 王尧、陈践：《敦煌本吐蕃历史文书》增订本，第327页。

③ 王尧、陈践：《吐蕃简牍综录》，第63页。

④ 王尧、陈践：《吐蕃简牍综录》，第59页。

⑤ 王尧、陈践：《吐蕃简牍综录》，第40页。

⑥ 王尧、陈践：《吐蕃简牍综录》，第71页。

具，又为骑兵所必备，故其养马业趋于繁盛，亦往往可见其军事势力之趋于强盛。对突厥人生活和经济比较熟悉的郑元璹向唐太宗汇报："突厥兴亡，唯以羊马为准。"[①]可见羊和马在突厥人经济生活中的重要地位。隋时，突厥进献的贡品就是马、羊、牛和骆驼。"突厥部落大人相率遣使贡马万匹，羊二万口，驼、牛各五百头"[②]。唐军平定阿史那贺鲁叛乱后，战利品中就有大量马匹。永徽五年（654年），左屯卫大将军程知节为葱山道行军大总管"击歌逻禄、处月，斩千级，收马万计。副将周智度击处木昆城，拔之，斩馘三万。前军苏定方击贺鲁别帐鼠尼施于鹰娑川，斩首虏获马甚众，贼弃铠仗弥野。"[③]唐朝人很喜欢突厥马，曾在《唐会要》中给予高度评价，"突厥马，技艺绝伦，筋骨合度，其能致远，田猎之用无比"[④]。

突骑施，其散居伊犁河中游。其畜牧品种也主要是马、羊、牛等。《世界境域志》在谈到突骑施的畜牧业生产时称："他们的财富是马匹、羊只、皮毛、帐篷或毡房。他们冬夏沿着牧、草场转徙"[⑤]。在乌质勒（690—706年在位）统治时期，势力大增，攻占西突厥重地碎叶而居之。其势力最大时，"碎叶川为大牙，弓月城、伊丽水为小牙，其地东邻北突厥，西诸胡，东直西、庭州，尽并斛瑟罗地"[⑥]。在苏禄（719—738年在位）统治时期，势力进一步增加。"十姓部落渐归附之，众二十万，遂雄西域之地"[⑦]。

葛逻禄，亦称葛罗禄，地处北庭西北，金山（今阿尔泰山）之西，与车鼻部接。首领号叶护，故又号三姓叶护。先归附西突厥，后归附车鼻部落。唐将高侃伐车鼻部，葛逻禄归属于唐。其活动地域处在西突厥和东突厥之间，常随东西突厥之兴衰而叛附不常。后向南迁徙，自号三姓。其兵作战勇敢强悍，战斗力较强，"庭州以西，突厥皆畏之"，联合回鹘进攻突骑施。唐天宝三载（744年），回纥首领骨力裴罗被唐封为怀仁可汗，于是，在乌德

---

① 《旧唐书》卷62《郑元璹传》，第2380页。

② 《隋书》卷84《突厥传》，第1871页。

③ 《新唐书》卷215下《突厥传下》，第6062页。

④ 《唐会要》卷72《诸蕃马印》。

⑤ 姜伯勤：《吐鲁番敦煌文书所见的突骑施》，《文物》1989年第11期。

⑥ 《新唐书》卷215下《突厥传下》，第6066页。

⑦ 《旧唐书》卷194《突厥传》，第5191页。

犍山的葛逻禄部归于回纥。在阿尔泰山及北庭一带的葛逻禄，自立叶护，归属于唐。在怛罗斯战役中，葛逻禄叛变，阵后偷袭唐军，致使二万安西唐军精锐全军覆没。“至德后，部众渐盛，与回鹘为敌国，仍移居十姓可汗之故地。今碎叶怛逻斯诸城，尽为所踞”。①

葛逻禄善养马，其育马技术比较成熟，且多次向唐朝进贡马匹。史载：“葛逻禄马的拣选，若它们具有三大三小，则是优种。若问何谓三大，答曰眼大、鼻孔大、胸大；若问何谓三小，答曰耳小、腰小、蹄关节小。”②其马与骨利干马同属一个品种，而骨利干马为唐朝最著名的优良马种。史载，贞观二十年(646年)八月十七日，骨利干遣使朝贡，献良马百匹，其中十匹尤骏。唐太宗奇之，各为制名，号曰十骥。其一曰腾云白，二曰皎雪骢，三曰凝露白，四曰元光骢，五曰决波，六曰飞霞骠，七曰发电赤，八曰流金，九曰翔麟紫，十曰奔虹赤。唐太宗高兴之余，还亲叙其事，详细描述该马。“骨利干献马十匹，特异常伦。观其骨大丛粗，鬣高意阔，眼如悬镜，头若侧砖，腿像鹿而差圆，颈比凤而增细。后桥之下，促骨起而成峰。侧鞯之间，长筋密而如瓣。耳根铁勒，杉材难方。尾本高丽，掘砖非拟。腹平(?)小，自劲驱驰之方。鼻大喘疏，不乏往来之气。殊毛共枥，状花之交林。异色同群，似云霞之闲彩。仰轮乌而竞逐，顺绪气而争追。喷沫则千里飞红，流汗则三条振血。尘不及起，影不暇生。顾见弯弓，逾劲羽而先及。遥瞻伏兽，占人目而前知。骨法异而应图，工艺奇而绝象。方驰大宛，固其驽蹇者欤。”③既然葛逻禄马与骨利干马同属一个品种，④葛逻禄马自然也是优良品种。

沙陀的活动范围是“居金娑山之阳，蒲类之东”⑤。学界一般认为金娑山是今新疆天山东支博格达山。蒲类无疑是蒲类海之省谓，因为蒲类虽有西域古国称谓之意，但在沙陀势力活动之时，这个古国已经消亡，无从列举，故只能是作为自然地貌地标的蒲类海，也就是今日的巴里坤湖。据此

---

①《唐会要》卷100《葛逻禄》。

② 殷晴:《新疆古代畜牧业的发展》,《西域研究》1993年第4期。

③《唐会要》卷72《马》。

④《唐会要》卷72《诸蕃马印》。

⑤《新唐书》卷218《沙陀传》,第6153页。

可知，沙陀活动范围应是今东疆哈密天山中及山北地区。另《新唐书·突厥传》载，阿史那贺鲁叛变后，“射脾俟斤沙陀那速不肯从，高宗以贺鲁所领授之”。阿史那贺鲁原授瑶池都督，此时，沙陀肯定也是瑶池都督。《新唐书·沙陀传》则载：“废瑶池都督府，即处月地置金满、沙陀二州，皆领都督。”可知，唐朝当时在处月地界设置了金满、沙陀二州，并各设一个都督。此后，处月首领沙陀金山以从武卫将军薛仁贵讨铁勒有功，在“长安二年，进为金满州都督”。

沙陀州，应是在原来沙陀活动地界设立的。当阿史那贺鲁归附时，处月硃邪阙俟斤阿厥亦请内属。当贺鲁叛唐时，硃邪部积极响应，“硃邪孤注亦杀招慰使连和，引兵据牢山”。次年，“弓月道总管梁建方、契苾何力引兵斩孤注，俘九千人”。因为沙陀首领金山亲唐，故而金山极有可能也是参加了这次攻杀孤注的军事行动。那么这个金满州也可能就是安置俘获九千处月硃邪部民众而设立的，史载“永徽四年，罢瑶池都督府，即处月置金满州”。沙陀首领金山因功于“长安二年，进为金满州都督”，可能表明，此时两个州合并为一个金满州了，即硃邪已经被纳入沙陀之中。因为后来沙陀归附吐蕃后，又遇到劲敌回鹘攻取凉州，吐蕃欲迁徙沙陀部，沙陀首领李尽忠与硃邪执宜商量如何处置。①

金山去世后，其子辅国继任金满州都督。“先天初避吐蕃，徙部北庭，率其下入朝。开元二年，复领金满州都督。”在开元二年（714年）沙陀迁回金满州的过程中，部分原硃邪民众向南迁入西州管辖地界。吐鲁番出土文书记载：“司马判处月沙陀、都满等两人往东界游奕，各给州槽官马壹匹者。此已各牒讫。”②

元和三年（808年），为躲避吐蕃压迫，沙陀部及所辖的硃邪，三万部落向中原内迁，“悉众三万落循乌德鞬山而东，吐蕃追之。行且战，旁洮水，奏石门，转斗不解，部众略尽，尽忠死之。执宜裒瘢伤，士裁二千，骑七百，杂畜橐驼千计，款灵州塞……诏处其部盐州，置阴山府，以执宜为府兵马

① 《新唐书》卷218《沙陀传》，第6154页。

② 〔日〕比野丈夫：《唐代蒲昌府文书的研究》，《东方学报》第33册，1963年，第292页。

使”[1]。由此可知，在吐蕃的追逼之下，沙陀部众失散殆尽，李尽忠本人也战死了。硃邪部首领执宜身上多处受伤，带领残部两千余众，战马七百，以及数千羊马骆驼逃到灵州地界。唐朝在盐州一带，为之置阴山都督府，以安置他们。此后，“其(沙陀)童耄自凤翔、兴元、太原道归者，皆还其部。尽忠弟葛勒阿波率残部七百叩振武降，授左武卫大将军，兼阴山府都督”[2]。至此，沙陀势力已经退出西域，而活动在灵、盐地区，以沙陀首领葛勒阿波为阴山府都督，继续统辖以执宜为首的硃邪部众。

大和年间(827—835年)，执宜因军功“授执宜阴山府都督、代北行营招抚使，隶河东节度”。硃邪部成为沙陀最主要的组成部分，遍布在今宁夏北部、陕西北部、内蒙古南部、山西北部和河北北部广大地区。《新唐书·沙陀》记载其民俗“素健斗，希朝欲藉以捍虏，为市牛羊，广畜牧，休养之”。沙陀人以武艺为尚，重少年轻老年，作战勇猛，特别是骑兵战斗力很强，是驰骋在晚唐和五代军事舞台上的一支重要力量。

继突厥之后，唐代后期称霸西域北部的是来自蒙古高原的回鹘。回鹘，也称回纥，原本活动在今蒙古国的色楞格河一带，先与薛延陀一起依附于突厥。突厥势力衰落后，与薛延陀成为蒙古草原上两大势力。史载“突厥已亡，惟回纥与薛延陀为最雄强”[3]。薛延陀被唐军击败后，回纥称雄于漠北，其势力所及已达今哈密、吐鲁番地区。唐高宗永徽年间曾参加唐军攻打阿史那贺鲁的军事行动。开元年间(713—741年)，曾攻破西域强大的葛逻禄和拔悉密，把二者纳入其十一部之中，为两大“客部落”。贞元六年(790年)六月，吐蕃联合葛逻禄和突厥进攻北庭，回鹘大相颉干迦斯率众援之，但遭到失败。吐蕃联军最后攻占北庭，降服沙陀。“葛逻禄乘胜取回纥之浮图川，回纥震恐，悉迁西北部落羊马于牙帐之南以避之”[4]。回鹘势力暂时退出了西域。贞元六年(790年)秋，退保西州的北庭节度使、检校工部尚书杨袭古率余部二千余人联合回鹘五万人反击吐蕃，试图夺回北庭，却

① 《新唐书》卷218《沙陀传》，第6155页。
② 《新唐书》卷218《沙陀传》，第6155页。
③ 《新唐书》卷217上《回鹘传上》，第6112页。
④ 《旧唐书》195《回纥传》，第5210页。

遭惨败，颉干迦斯诱骗杨袭古及其残部160余人至回鹘牙帐后而杀之。[①]

开成四年（839年），回鹘遭遇瘟疫和大雪，牲畜死毙很多。将军句录末贺恨掘罗勿勾结黠戛斯十万骑破回鹘城，回鹘国破人散。“有回鹘相馺职者，拥外甥庞特勒及男鹿并遏粉等兄弟五人、一十五部西奔葛逻禄，一支投吐蕃，一支投安西，又有近可汗牙十三部，以特勒乌介为可汗，南来附汉”[②]。林幹先生认为西迁的回鹘最初应在天山以北从事畜牧业，在懿宗咸通七年（865年）仆固俊击败吐蕃后，回鹘势力才正式占据新疆大部分地区。[③]

回鹘也是游牧民族，从事畜牧业生产。“居无恒所，随水草流移”。在原居住地色楞格河生活时，生产大足羊。其实，羊、牛和马均是游牧民族主要的畜产品种，回鹘亦然。其中，回鹘马比较有名。《唐会要》载：“回纥马，与仆骨相类。”“仆骨马，小于杖曳固，与同罗相似。”而“杖曳固马，与骨利干马相类。种多黑点骢，如豹文，在瀚海南幽陵山东杖曳固川。同罗马，与杖曳固川相类，亦出骢马种”。如前文所述，骨利干马，是《唐会要》记载中诸多游牧部族饲养马种的第一等，是最优良的品种。可知，回鹘马也是优良品种，但在体型上要略小于杖曳固马。此外，回鹘马还应有骢马种，多黑点骢，如豹文（纹），这也是优质品种。回鹘不仅养马较为出名，还与唐朝进行绢马贸易。故知回鹘马不仅品种优良，而且数量也多。回鹘迁西域后，依然保持着重视养马的习惯，从而使养马业持续不衰。在五代时向中原王朝的贡品中，仍以优良马匹为主。后唐同光二年（924年）四月，权知可汗仁美遣使“来贡方物，并献善马九匹”。后阿咄欲立，亦遣使来贡名马。[④]后唐庄宗时，王仁美遣使者来，贡玉、马，自称“权知可汗”[⑤]。另自后唐“明宗时，常以马市中国”[⑥]。长兴元年（930年）十二月“进马80匹”[⑦]。清泰二年（935

①《旧唐书》195《回纥传》，第5209页。

②《旧唐书》195《回纥传》，第5213页。

③ 林幹：《突厥与回纥史》，内蒙古人民出版社，2007年，第133页。

④《旧五代史》卷138《回鹘传》，中华书局，1976年，第1842页。

⑤《新五代史》卷74《四夷附录第三》，中华书局，1974年，第916页。

⑥《新五代史》卷74《四夷附录第三》，第916页。

⑦《旧五代史》卷138《回鹘传》，第1842页。

年)七月“进马360匹”①。后晋天福五年(940年)正月“遣都督石海金等来贡良马百驷,并白玉团、白玉鞍辔等,谢其封册”。后汉乾祐元年(948年)五月,“遣使李屋等入朝贡马并白玉、药物等”。北宋时,王延德出使西域,北庭“地多马,王及王后、太子各养马,牧放于平川中,弥亘百余里,以毛色分别为群,莫知其数”②。

除了饲养马匹外,羊、牛、牦牛和骆驼也是回鹘人饲养的主要畜牧品种。《新五代史·四夷附录》于其文最后详细介绍了回鹘的物产情况,如牦、绿野马、独峰驼,罽氎、騊駼之革皆属于畜牧业的产品。由于回鹘在新疆地区的历史跨越了唐代和五代宋元时期,其畜牧业经营是长久而兴盛的,此先略做论述,其他内容放在下章中详细论述。

第四节　隋唐时期的官办机构养马、用马及军马饲养

隋朝国祚短暂,对西域的经营也仅限于东疆地区,相关史料中未见官营牧业记载。唐朝一统西域后,随之设置了各种民政机构和军事机构。当时天山南北社会安定,秩序井然,交通运输也日渐通畅,驿站、长行坊、长运坊等必备的运力建设也提上建设日程。此外,唐朝在西域各地的驻军中,骑兵是重要组成部分,这部分军马的饲养也构成了唐朝西域官营牧业的组成部分。

一、驿站

唐朝平定高昌,以高昌地置西州,按中原行政模式管理此地,并以此作为经营西域的前沿阵地。为了更有效地经营西域,唐在西域“开通道路,别

① 《旧五代史》卷138《回鹘传》,第1842页。

② 王延德:《西州使程记》,见杨建新主编《古西行记选注》,第159页。

置馆驿”[①]。这些交通与馆驿设施，主要靠马匹运营。据《大唐六典》所载之规定可知：“每驿皆置驿长一人，量驿之闲要，以定其马数。都亭七十五匹，诸道之第一等；减都亭之十五，第二、第三皆以十五为差，第四减十二，第五减六，第六减四，其马官给。……凡马三名(注：名当作各)给丁一人。”[②]唐代驿站的等级不同，其所配备之马匹数量亦不一样。最高为都亭，配马七十五匹，最低等级的驿站配马仅八匹。由于西州建置比之内地，故其地驿站的配备亦当如朝廷规制。出土文书《武周达匪等驿申报马数文书》中记载达匪、狼泉驿马均为五十三匹，而《武周宁戎驿马及马草(䠣)文书》中记载宁戎驿马四十二(匹)。[③]由此可知，达匪、狼泉等驿等级介于第一等和第二等之间，宁戎驿介于第二等和第三等之间。至于西州的中心大驿站，如赤亭驿配置马匹有的竟达百匹之多。[④]这些驿站配置的马匹，一般取自当地，又饲养于当地，也应是当时新疆畜牧业发展的一部分。

至于驿马的饲养，《新唐书》中有记载：“贞观中，初税草以给诸闲，而驿马有牧田。”可知唐朝驿马的饲料来源主要是依赖牧田供给。每匹马配给牧田亩数是有具体规定的。“诸驿封田皆随近给，每马一匹给地四十亩。若驿侧有牧马之处，匹各减五亩。其传送马，每匹给田二十亩。”[⑤]据此，唐朝驿站应各具牧田以备养马之用。然各地具体情况不一，实际状况亦不相同。众所周知，西州地处沙漠戈壁之中，绿洲面积有限，畜牧草场也会受到限制。但其地理位置非常重要，是中原连接西域的重要支点，需要较大规模的驿站维持工作，故所需马匹亦多。于是，这里的实际情况是：有条件的驿站一般也只有少量驿田可供支配。[⑥]而大量的驿站畜力及饲料则主要是由西州专门机构长行坊来负责提供。

---

① 《唐会要》卷73《安西都护府》。

② 《大唐六典》卷5《尚书兵部》，第127页。

③ 唐长孺：《吐鲁番出土文书》第七册，第96、97页。

④ 乜小红：《唐五代畜牧经济研究》，第127页。

⑤ 《通典》卷2《食货二·田制下》，第16页。

⑥ 鲁全才：《唐代前期西州的驿马、驿田、驿墙诸问题》，见唐长孺主编《敦煌吐鲁番文书初探二编》，武汉大学出版社，1990年，第286—296页。

二、长行坊

唐朝在西域的交通设施还有长行坊、长运坊。长行坊是服务军政需要，接应官员往来以及传送文书的交通机构。如高昌县长行坊、交河郡长行坊、西州都督府长行坊与北庭都护府长行坊等。[①]长行坊的运输工具主要有长行马、驼、驴和牛，根据不同用途而配备使用，如快速传递信息则用马，运输物资则多用驼等。《唐西州长行坊文书残片》中记载："见在驼马……头，驴三十九头……驼马牛驴……。"[②]虽然畜种较多，但还是以马为主，从《唐天宝十三载(754年)申勘十至闰十一月支牛驴马料帐历》可知，闰十一月该坊有马226匹，驴65头，牛12头，共计303头，这是比较多的一次记载。孙晓林先生认为西州郡坊马在四百匹左右，[③]这是相当大的数字了。

长行坊有严格的管理制度，如对牲畜进行仔细的登记，对牲畜的毛色、印记、牝牡、岁齿等牲畜本身特征均有详细记载。对牲畜的发送、接受均要登记在册，注明时间、用途、牲畜的状况等。《唐开元十年(722年)西州长行坊发送、收领马、驴帐一》记载："使安西副大都护汤惠并家口乘马四匹，一匹赤敦八岁，次□脊全，耳目全，两点白，耳后两点疚痕，近腿蕃印，西长印，六月十二日马子董敬元、梁知礼、宋昧仙等领到，脊破三寸，病发，下□，仙曹□。"[④]该文书对马匹使用的人员、使用数量、使用目的，马的毛色、年龄、体态特征、收回日期、收回人员、收回后马的受伤情况均有详细记载。"近腿蕃印，西长印"，当是一种标志，蕃印或指此马为吐蕃马，西长印或指属于唐西州管理之马。"仙曹"可能是长行坊负责人齐仙的签字。

长行坊的牲畜饲养主要是群牧和厩养两种。从现有出土文书记载看，西州有高昌群牧和蒲昌群牧。《唐开元二十二年(734年)西州高昌县申西州

① 孙晓林：《试谈唐西州长行坊制度》，见唐长孺主编《敦煌吐鲁番文书初探二编》，第174页。
② 陈国灿：《斯坦因所获吐鲁番文书研究》，第214页。
③ 孙晓林：《试谈唐西州长行坊制度》，见唐长孺主编《敦煌吐鲁番文书初探二编》，第177页。
④ 陈国灿：《斯坦因所获吐鲁番文书研究》，第194页。

都督府牒为差人修堤堰事》中提到“例取当县群牧”[1]，高昌县应有群牧。《唐张纵牒为计开元十年(722年)蒲昌群长行马事》记载：“蒲昌群长行马一百四十六匹。右检案内闰五月廿五日得槽头梁远状，通上件马见在蒲昌群。后至六月三日得蒲昌县申三匹死，六月十七日更得蒲昌县申两匹死。除死之外，计在群有马一百四十一匹见在，未经点阅，所由检校人麴威见在州，请处分。”[2]该文书记载的是蒲昌群牧，当为蒲昌县所管辖境内的牧群。从申请人可知群牧管理者是槽头梁远。槽头为长行坊牲畜管理的主要官职，在其他文书中也多次提到，此不累赘。另一件文书《唐西州长行坊退蒲昌群马牒尾》记载：“马皮九十八张、驴皮四十九张。张纵仙白廿八日检蒲昌马数退齐仙白廿八日。”[3]从上述文书可知，高昌群牧和蒲昌群牧都负责为长行坊养马，并按时接受长行坊相关人员的查阅，以保障长行坊用马的安全。至于文书中提到的马皮和驴皮，可知群牧中的养驴数也不少。

在长行坊畜群牧养方面，设置有槽头和牧兵，由槽头负责管理若干牧兵，并分配给牧兵一定数量的马、驼等，由牧兵负责牧养。出土文书《唐西州长行坊配兵放马簿》对此有明确记载。该文书由于残缺，记载不全。仅从残件看，共记载了6个牧兵，共放马68匹，一般每人放养14—18匹不等，最少放养8匹。按照《唐律疏议》卷15《厩库律》“诸牧畜产”条引《厩牧令》的规定：“牧马、牛，皆百二十为群。”由于西州建置比之内地，故西州的群牧可能参照此规定。每个牧兵负责的马匹的特征、数量是有详细规定的。该文书中就在放养马匹数目后均记有牧兵的名字，如“8.一匹留敦十二岁 9.右件马配兵王怀贞放”[4]。群放不仅在白天，夜间也有放牧。文书《唐永徽三年(652年)贤德失马赔征牒》就记载了士兵贤德夜牧不慎丢失马匹只好赔偿马匹之事。“廿九日，在群夜放，虽马匹阑失，□被府符征马，今买得前件马付主领讫”[5]。

---

① 唐长孺：《吐鲁番出土文书》第九册，第107—108页。

② 陈国灿：《斯坦因所获吐鲁番文书研究》，第210页。

③ 陈国灿：《斯坦因所获吐鲁番文书研究》，第212页。

④ 陈国灿：《斯坦因所获吐鲁番文书研究》，第200页。

⑤ 唐长孺：《吐鲁番出土文书》第七册，第26页。

对于放牧中丢失官畜的，在百日之内召回则免责，否则处以罚款。《大唐六典》卷17《诸牧监》规定："凡官畜在牧而亡失者，给程以访，过日不获，估而征之。"士兵贤德夜牧不慎丢失马匹需要赔偿与《大唐六典》中的规定相符合。由此可知，西州的官营畜牧也是按照中央规定执行的。

除野外放牧之外，厩养亦是饲养牲畜的重要方式。厩养需要大量草料供应，《吐鲁番出土文书》第10册中收录的《唐天宝十三至十四载（754—755年）交河郡长行坊支贮马料文卷》中对此有较为详细的记载。该文书为交河郡长行坊、柳中县馆、柳中县达匪馆、礌石馆、天山县银山馆、高昌县上郡长行坊以及神泉馆等馆驿牲畜所用草料、（䞇）料等的流水账目。①从该文书可知，长行坊以及各馆驿的牲畜有牛、驴、马等，再如《唐天宝十四载（757年）长行坊申勘十至闰十一月支牛驴马料账历》记载："合当坊从今载十月一日以后，至其载十一月二十九日以前，据案支牛驴马料总一千四百五十六硕七斗七升，并青麦。"②喂养牲畜的饲料主要是青麦、糜子、粟等，如《唐天宝十四载（757年）交河郡某馆具上载帖马食（䞇）历上郡长行坊状》记载："一百五十硕一斗九升青麦、六十硕糜子、粟。"③饲料的来源可能是由长行坊所在郡县和馆主私人提供。如上所引的饲料在同一件文书中记为："□伯（佰）四十硕长行坊支交河县给，……贰拾硕四月于永安仓请壹拾硕青麦，壹拾硕糜子，……贰拾硕十月于交河仓请并青麦……。"

除郡县仓库提供饲料外，馆主私人有时也提供饲料。《唐天宝十四载（757年）柳中县具属馆私供马料账历上郡长行坊牒》记载："合当馆纵天十三载闰十一月十六日郡支帖马食贮料外，馆家私供糜麦□□□□□斗九升，内七石糜。"④《唐天宝十四载（757年）柳中县具达匪馆私供糜麦账历上郡长行坊牒》也记载了私供糜麦总三十五硕五斗。⑤除粮食饲料外，草料也不可或缺。

---

① 唐长孺：《吐鲁番出土文书》第十册，第54—240页。

② 唐长孺：《吐鲁番出土文书》第十册，第127页。

③ 唐长孺：《吐鲁番出土文书》第十册，第56页。

④ 唐长孺：《吐鲁番出土文书》第十册，第76页。

⑤ 唐长孺：《吐鲁番出土文书》第十册，第86页。

从文书记载看，牲畜的草料一部分来自长行坊自己的小块田地“长行小作”，还要从民间征调或从外地调拨。文书《唐上元二年（761年）柳中县界长行小作具元收破用粟草束数请处分状》记载了行坊的小块田地“长行小作”生产草料饲养牲畜的情况。该文书记载：“柳中县界长行小作，合当作据元收数粟总六千五百五十五束，每粟一束准草一束，……三千九百五十八束，……□千五百九……”。[①]《唐上元二年（761年）柳中县城具禾草领数请处分状》记载：“柳中县城状上，长行小作禾草三千九百五十八束，三千五百三十三束县城作，四百二十五束酒泉作，搬到。右件草于作官王无骄边领得。并供箫大夫下进马食讫。”[②]文书中记载的柳中县长行小作禾草共三千九百五十八束，绝大部分来自柳中县城作，小部分来自外地酒泉。《唐上元二年（761年）蒲昌县界长行小作具收支饲草数请处分状》则记载了蒲昌县长行小作收取草料的内容。文中记载了该县“营田粟总两顷共收得□□三千二百四十一束，每粟一束准草一束，一千九百四十六束县□□□……一千二百九十五束山北、横截等三城……以前都计当草三千二百四十一束具破用，现在如故”[③]。

从上述文书记载可知，西州各县的长行坊的牲畜草料有一部分是各自长行小作生产的，包括蒲类县、柳中县等，若据此推测，其他各县如高昌、天山等县的长行坊或许也有“长行小作”生产草料来饲养牲畜。除了长行坊自备草料外，西州还从民间征集草料，以弥补草料的不足。《唐西州高昌县出草帐》就记载了民间缴纳草料的情况。[④]从该文书记载来看，民间缴纳草料从一束到数十束不等。一般是按照一亩地征草三束半的标准来征缴的，一般民户以三束半、四束半、七束者居多。[⑤]

长行坊的牲畜由于种种原因生病或受伤需要治疗。从文书记载看，牲畜患病有多种，其一便是瘷病。瘷病是一种严重的皮肤病，对牲畜的皮肤

---

① 唐长孺：《吐鲁番出土文书》第十册，第248页。

② 唐长孺：《吐鲁番出土文书》第十册，第250页。

③ 唐长孺：《吐鲁番出土文书》第十册，第252—253页。

④ 唐长孺：《吐鲁番出土文书》第九册，第23—25页。

⑤ 乜小红：《唐五代畜牧经济研究》，第143页。

伤害很大,甚至导致牲畜死亡。如《唐神龙元年(705年)西州都督府兵曹处分死马案卷》中就记载了马匹因患瘰病致死之事。“长行马一匹忩草一匹赤敦,右件马伊州使患瘰,医疗不损,今既致死,请处分。……令检上件马咨状,依检前件马,检无他故,患瘰致死有实。……兽医车智隆……”[①]。另一件文书也是记载长行马因患瘰病致死之事。[②]

此外,吐鲁番出土文书《唐开元十年(722年)二月(西州)牧马所驴子李贞仙牒为使李恪下驴患事》记载:“1.(西州)牧马所状上;2.使李恪下驴一头白堂六岁;3.右件驴使乘至此,患毛焦腹窍,少食水草,既是;4.官驴,请处分。开元十年二月廿九日驴子李贞仙牒;5.好加瘵灌廿九日楚。”[③]从文书行文可知:驴子李贞仙发现归其放养的驴在被使者乘骑归还后“毛焦腹窍,少食水草”,便及时向上级作了汇报。“好加瘵灌廿九日楚”一语可见,在李贞仙上报驴病情的当日兽医楚就开出疗方“好加瘵灌”。然而,此法没能够治疗该驴之病。至三月一日,又牒报:“前蒙判好加瘵灌者,百方瘵灌不损,加困重。”到次日,该驴已死亡,又报:“今见致死,既是官驴,不敢私□,乞处分。”[④]遗憾的是,该文书没有记载“瘵灌”的用药配方和具体用量。

马匹受伤致死也是牲畜死亡的重要原因之一。如《唐西州某府主帅阴海牒为六驮马死事》记载:“营司进洛前件马比来在群牧放,被木刺破,近人□后脚筋断,将就此医疗,不损,去五月二十八日致死。”[⑤]

牲畜生病和受伤均需治疗,因此长行坊有专门的兽医。如“兽医车智隆”[⑥]“兽医曹鸵鸟”[⑦]等。吐鲁番出土文书中有一张治疗牛疫的药方,“(一)〔上残〕牛疫方……(二)1.……三两,木三两;2.细辛一两;3.初以瓶盛药;4.小□瓶内烧药;5.气熏牛鼻,中;6.出即止。养牛……;7.疫宜顿

① 陈国灿:《斯坦因所获吐鲁番文书研究》,第251—253页。

② 孙晓林:《试谈唐西州长行坊制度》,见唐长孺主编《敦煌吐鲁番文书初探二编》,第182—189页。

③ 日本有邻馆藏24号文书。转引自乜小红《唐五代畜牧经济研究》,第306页。

④ 日本有邻馆藏24号文书。转引自乜小红《唐五代畜牧经济研究》,第306页。

⑤ 唐长孺:《吐鲁番出土文书》第六册,第199页。

⑥ 陈国灿:《斯坦因所获吐鲁番文书研究》,第253页。

⑦ 唐长孺:《吐鲁番出土文书》第十册,第59页。

置……”[1]。细辛又名细参、小辛、细草、少辛等，属马兜铃科，多年生草本植物，为常用中药。该草为全草入药，性温，味辛，功能温经散寒、化饮、祛风止痛，主治风寒头痛、痰饮咳喘、风湿痹痛、牙痛、鼻渊等症，兽药则用于治咳嗽喘、便秘。疗牛药方的发现反映了唐时西州地区的畜牧业生产管理水平的提高。如上文所述，西州兽医治疗牲畜的方式至少有潦灌和气熏两种。唐西州兽医的设置对治疗牲畜的疾病和创伤起到积极作用，在一定程度上保障了区域畜牧业生产的顺利发展和畜群的正常繁衍与增殖。

三、长运坊

除长行坊外，西州还设立长运坊来运输物资。由于主要是靠牛车、驴车运输，故长运坊又被称为车坊，伊州则称为“转运坊”[2]。长运坊中的牛驴属于坊主管理，在牲畜的身上印有印记。出土文书《唐开元二十一年（733年）天山县车坊请印状》就记载：“牛既属坊生，得合申文状堪印。即合请印，不合许年（史在州）……。”[3]长运坊对牛的管理和长行坊对牲畜的管理相似，均建立严格的登记制度，对牛的毛色、岁齿、体态特征、出生和死亡、牲畜的来源等有详细记载。出土文书《唐开元二十一年（733年）推堪天山县车坊翟敏才死牛及孳生牛无印案卷》就记载了天山县车坊镇兵翟敏才放牧时牛被狼咬及落泥死，因怕上级查失，私买牛填数之事。“合当县车坊开元廿一年正月一日，据帐合交牛驴总〔下残〕四十一头牛，……一黄犍二岁，一黄㹀三岁……或有州印明验，或有毛长无印……六头翟敏才款注狼咬及落泥死私填：一犁㹀面白肚白十五岁，用钱七百文于张仁其处买，用填黄㹀白面十五岁替。一乌犍（死）十二岁，角把头，脊上及远人相胯上疮瘗，用钱两千文于车原元胤处买，用填赤（乌）犍十二岁者……中间或有在群牧放

① 唐长孺：《吐鲁番出土文书》第六册，第537—538页；新疆维吾尔自治区博物馆：《吐鲁番阿斯塔那—哈喇和卓古墓群发掘简报》，《文物》1973年第10期。

② 乜小红：《唐五代畜牧经济研究》，第143页。

③ 唐长孺：《吐鲁番出土文书》第九册，第75—76页。

处，被狼咬，或□落（泥）死……”[1]。从上文可知，车坊对每头牛均印有官印，坊官就是通过此法发现镇兵翟敏才放养的牛没有官印，经过查实才知是新孳生的牛犊因为毛长遮盖了官印才没有看见。

此外，我们还知车坊的牛除了自身繁衍生殖增加外，还可通过购买民间的牛来补充。车坊的牛一部分实行厩养，《唐贞观十七年（643年）牒为翟莫鼻领官牛（踖）料事》就记载：“青稞五硕，备（踖）六硕，给官牛六头二十日（踖）料。”[2]除了厩养外还采用群牧方式，翟敏才放养的六头牛就是在群牧地方被狼咬死或落入泥潭中死亡的。此外，出土文书《唐天山县申长运坊孳生牛状》明确记载了一头十五岁白面犁牸生犊的情况。[3]

车坊中的牲畜除了群牧之外，还要厩养，所以所需的粮食和草料也与长行坊相似，一部分为其自备或来自官仓，还有就是来自民间征集。出土文书《唐开元二十三（725年）五月伊州转运坊牒州为当坊年支草五万围事》和《伊州某坊典窦元贞牒为请差遣人员助收草事》就记载了伊州的转运坊一年需要支草五万围，[4]所以要求伊州动员戍卒和车坊人员“及时收割”牧草，“勿使失时”。[5]伊州的转运坊如此，与之性质相似的西州的车坊情况也不会相差太多。

总之，唐代西州及伊州地区的畜牧业经营与发展良好，这固然与当地畜牧业传统有关。唐代在此设置驿站、长行坊、长运坊等运营机构也促进了饲养马牛等畜的发展。《旧唐书》卷196上《吐蕃传》记载：“贞观中，李靖破吐谷浑，侯君集平高昌，阿史那社尔开西域，置四镇。前王之所未伏，尽为臣妾，秦、汉之封域，得议其土境耶！于是岁调山东丁男为戍卒，缯帛为军资，有屯田以资糗粮，牧使以娩羊马。”唐朝在西域设置群牧以孳息马牛羊等畜的措施，无疑对西域畜牧业的发展起到了积极的促进作用。

① 唐长孺：《吐鲁番出土文书》第九册，第77—94页。

② 柳洪亮：《新出吐鲁番文书及其研究》，新疆人民出版社，1997年，第94页。

③ 唐长孺：《吐鲁番出土文书》第九册，第95页。

④ 每围以三尺为限，见《大唐六典》卷17《典厩署》，第348页。

⑤ 陈国灿：《吐鲁番出土唐代文献编年》，新文丰出版公司，2002年，第241页。

四、军马饲养

为守卫边疆和维护社会秩序，唐朝在西域重地驻扎大批军队，骑兵是其重要组成部分。因此，军马饲养也就成为当时官营牧业的一部分。

北庭都护府是唐朝在北疆军事管理中心，驻有重军。“自永徽至天宝，北庭节度使管镇兵2万人，马5000匹；所统摄突骑施、坚昆、斩啜；又管瀚海、天山、伊吾三军镇兵万余人，马5000匹。”具体而言，瀚海军，本烛龙军，长安二年置，三年更名，由北庭伊西节度使盖嘉运在开元年间增驻，驻扎北庭都护府城内，“管镇兵1200人，马4200匹。天山军，开元中，置西州城内，管镇兵5000人，马500匹，在都护府南500里。伊吾军，开元中置，在伊州西北五百里甘露川，管镇兵3000人，马300匹”[①]。安西都护府是唐朝在南疆的军事管理中心，也同北庭都护府一样，驻扎大量军士。“安西都护府，镇兵24000人，马2700”[②]。

---

①《旧唐书》卷40《地理志三》，第1646页。

②《旧唐书》卷40《地理志三》，第1648页。

第五章　五代、宋、元、明时期的农牧业

五代、宋、元、明时期是新疆历史上大动荡、大组合的时期。唐朝末年，吐蕃势力退出西域后，塔里木盆地南缘的于阗成为南疆的重要地方政权。回鹘西迁进入西域，逐渐在天山北麓中东部和高昌地区定居下来，建立了高昌回鹘政权。9世纪中后期兴起的喀喇汗王朝先是在河中地区活动，后逐渐向东发展，征服了于阗，随着喀喇汗国的分裂，南疆大部分属于东喀喇汗国所辖。辽朝末年，耶律大石率部进入西域，先后臣服了高昌回鹘政权和东喀喇汗王朝，成为统一西域的又一个重要王朝。公元13世纪，蒙古大军进入西域，高昌回鹘归附。在攻灭西辽后，蒙古统一西域。元朝建立后，察合台汗国成为元朝在西域最主要的统治势力。元朝灭亡后不久，察合台汗国分裂为东、西两大汗国。除了新疆东部的哈密归属明朝外，新疆大部分地区主要处在东察合台汗国统治下。明末，随着蒙古准噶尔势力的逐渐强大，准噶尔汗国又成为西域的霸主，直至清政府在乾隆年间确立对新疆地区的统治。五代、宋、元、明时期是一个时间跨度很长的阶段，鉴于元朝对西域全境统一的影响较大，兹以元朝为界，分为五代、宋、辽时期和元、明时期两大阶段论述。

第一节 五代、宋、元、明时期的农业

一、五代、宋、辽时期的农业

这一时期的史料较少，但是我们仍从有限的资料，可以大致勾勒出此时期新疆农业发展的概况。

（一）塔里木盆地绿洲农业

后晋天福三年（938年），于阗国王李圣天遣使向后晋朝贡，是岁冬十二月，后晋派遣使者回访。作为使者之一的高居诲记载了于阗王国的农业情况。从其记载中，我们知道他受到国王热情款待的食物是“粳沃以蜜，粟沃以酪”[①]。由此来看，于阗的农作物至少有粳稻和粟两种。一般来说，农业种植具有一定的延续性。由此我们可知，于阗的农业依然继承了自唐朝以来的耕作方式，引水灌溉，种植麦子、黍、大麻、青稞等作物。于阗的酒主要有葡萄酒、紫酒、青酒等，虽“不知其所酿，而味尤美”。于阗人穿着布帛的衣服，所以该地当种植棉花。此外，于阗“有园圃花木”。诸多迹象表明，于阗在唐以后依然是农业繁盛、瓜果飘香的地方。

自从喀喇汗王朝吞并于阗后，大部分塔里木盆地的绿洲又成了喀喇汗王朝的重要农业区。喀喇汗王朝比较重视东部农业区的发展。在玉素甫·哈斯·哈吉甫的长诗《福乐智慧》中提醒当朝国王要重视农民，因为“一切人都从他们那里获益，他们给人们赋予饮食的乐趣。一切能呼吸、知道饥饱之人，一切活人都需要他们”。在统治者的重视下，塔里木盆地的农业得以继续发展。在《突厥语词典》中也记载了当时喀喇汗王朝农业的情况。他们懂得施肥，使用镰刀、犁、坎土曼等农具，种植大麦、小麦、大米、豆子、芝麻、棉花等作物，种植大蒜、山葱、皮牙子（洋葱）、水萝卜、甜白萝卜等蔬菜和甜瓜、葡萄、李子、木梨、苹果、樱桃、核桃、杏、桃子等瓜果，还制成了干

---

① 高居诲：《高居诲使于阗记》，见杨建新主编《古西行记选注》，第151页。

杏、干桃和干葡萄等干货以供四季食用。[1]和田地区粮食种植有小麦、大麦、黍等，瓜果与副食品经营有南瓜、芝麻、葡萄、柠檬、无花果、桑、梨等。[2]

龟兹的农业状况在史书中记载极为稀少，《宋会要辑稿》仅记载："米麦瓜果与中国无异。"[3]不过这至少说明该地依然种植稻米和麦子，瓜果也较多。

此外，考古工作者在巴楚县五代宋辽时期的脱库孜萨来古城发现了蚕茧、丝、棉籽、大麦、黑豆等农作物及瓜果核。[4]这些遗物的出土说明了塔里木盆地的绿洲农业，在这一时期并没有受到太大的冲击，并保持着持续发展势头。

（二）吐鲁番—哈密地区农业

由于高昌特殊的自然地理条件，一部分回鹘人逐渐由游牧生活改为定居农耕。《新五代史》卷74《四夷附录第二》记载高昌出产独峰驼，适宜种植白麦、青稞、黄麻、葱、韭和胡荽，并且用骆驼耕地。白麦是指种皮为白色或黄白色的麦粒不低于90%的小麦，适宜干旱地区的种植，这与适宜于多雨湿润地区种植的红麦是相对的。[5]高昌地区改用骆驼耕地，颇有地方特色。

北宋太宗时期，王延德出使高昌，看到该地"有水，出金岭，导之周绕国城，以溉田园，作水硙。地产五穀，惟无荞麦"[6]。高昌地区"地无雨雪而极热"，农业灌溉主要依赖高山积雪融水，当地人民不仅在山谷中筑堤坝修渠引涧水到农田灌溉，还利用水流制作水磨加工粮食，这是一大进步。我们在上文曾叙述过该地民众利用足踏舂去谷壳，用直杆推磨磨面，这都需要人力，此时利用水流动力来磨面，可节省人力劳作，使人们可以把更多的精力用在农田耕作和放牧牛羊上。

---

① 邓浩：《〈突厥语词典〉与回鹘的农业经济》，《敦煌研究》1995年第4期。

② ［俄］吉洪诺夫：《十至十四世纪回鹘王国的农业》，姬增录翻译，《西北历史资料》1984年第2期，第30页。

③ 徐松：《宋会要辑稿》卷2027《蕃夷四·龟兹》，第7720页。

④ 穆舜英等：《建国以来新疆考古主要收获》，见新疆社会科学院考古研究所编《新疆考古三十年》，第21页。

⑤ 张泽咸：《汉晋唐时期农业》（下），第807页。

⑥ 王延德：《西州使程记》，见杨建新主编《古西行记选注》，第159页。

由于高昌特殊的地形所限和农业经营的进步性对回鹘人产生了巨大的吸引力，回鹘统治者转而重视农业生产。高昌回鹘设立“主管农业的官员”以督促农业生产。[①]水利是农业发展的命脉，特别是在降雨量比较少的高昌地区，回鹘人也专门设立了“管理河流与水源的人员”[②]，协调用水和管理该地区水利。无地或少地的农民还用租赁土地的方式进行农业种植，回鹘文文书记载：“我伊利奇因需要种植庄稼的土地，我把凯依杜姆的位于崖尔吐里坎的可以播种半石种子的土地自愿地租下来，该地需要下多少种子，（我们）两个人均摊予以播种，获得的收成我们均分。”在另一份文书中也记载了一个农民租赁别人土地种植庄稼的事情。“我铁木尔·普化需要种庄稼的土地，因此从凯依杜姆的坐落在恰坎的跟伊利奇有同等份额的土地租种（可以播种）两石（种子的）土地。土地所受的庄稼，（派）来的捐税均由我铁木尔·普化负责。”[③]从这两件土地买卖的契约，我们可以知道凯依杜姆可能是拥有很多土地的地主，并靠向他人租赁土地获益。高昌农田多位于河流两岸的平坦地方，便于耕作灌溉。因为这里是主要产粮地和人口居住区，故在其地标物中，既有粮仓，又有庭院宅第等。例如文书中记载的一份卖地契约中提到“该地的四至是：东边以属于仓库的地，南边也以属于仓库的地为界，北边以克奇克雅（之）土地为界。该地同位于提甫赛·泰卜固河岸上涉渡处的平地上一大片耕地（和）一个庭院相连”。还有一份文书记载了一块两面均有河流的良田“这块土地的四界是：北边以河为界；东边以托尔切克的土地为界；南边以流向陆赛土地的拔合拉小河为界；西边以严压克·依纳尔的土地为界”。此外，还有“河上种庄稼的土地”[④]。以上文书记载的农田大多靠近河流，而且是连片分布，这是干旱区引水灌溉农业的分布特点。我们由此可窥知五代、宋、金时期吐鲁番地区灌溉农业发展之一斑。看来当时吐鲁番地区的水利灌溉技术还主要是引河流之水完成的。

---

① 李经纬：《吐鲁番回鹘文社会经济文书研究》，新疆人民出版社，1996年，第211页。

② 李经纬：《吐鲁番回鹘文社会经济文书研究》，第222页。

③ 袁丁：《回鹘文社会经济文书选注一》，《喀什师范学院学报（哲学社会科学版）》1987年第1期。

④ 袁丁：《回鹘文社会经济文书选注（一）续补》，《喀什师范学院学报（哲学社会科学版）》1990年第2期。

当时，高昌地区的回鹘人还学会了用粪肥、黄土、老墙土、沟渠里的污泥做肥料，以保持和增加土地肥力，提高农作物的产量。①

当地种植的农作物主要还是大麦、小麦、大米、青稞、黍、粟、豌豆、高粱等；经济作物有葡萄、大麻、棉花、芝麻、苜蓿等。②蔬菜瓜果有洋葱、芹菜、"葱薤美而香"，还有重达六十斤的瓜。③水果有葡萄、石榴、杏、桃子、甜瓜等。④被普鲁士皇家第二次吐鲁番考察团在吐鲁番七克台掠走的一份回鹘文文书记载了当地官员征集黍作为回鹘可汗贡品和税收的手谕。该文书记载："你从你的税的黍子中付给这位夏迷孜·塔依西玛三斗黍子吧，我是为汗征集贡品的。""我塔音恰克达干有言告塔音恰克之妻：曾有命令给你，三斗黍子的筹码已经给过了，你快给黍子吧！"⑤

芝麻的大量种植是该时期高昌地区农业种植的亮点。于1903年在吐鲁番地区发现的回鹘文文书中有多次记载借贷芝麻的事情，并且借贷的数量最高达一斗之多！一份文书记载："鸡年二月的初七，我苏利亚西利因需要芝麻，便从凯依姆杜巴克奇处借了一斗芝麻。秋初，我将如实地还他两斗芝麻。"另一份文书也记载："猴年四月初七，我楚利因需要用带利息的芝麻，而从凯依姆杜那儿借了一斗芝麻。秋初，我将如实地还他两斗芝麻。"第三份文书则记载了猴年四月初五，库玛什巴依也从凯依姆杜那儿借了十二钵芝麻，到秋初需要还二十二钵的芝麻。从上述三份文书可见，三个人分别在二月初、四月初向凯依姆杜借高利息的芝麻。这说明凯依姆杜这个人家中有较多的芝麻存储。此外，我们从第四份借芝麻的文书中可知，卡乌西杜是在鼠年六月初十向依尔·铁木尔借了一斗芝麻，也是要在秋季归

---

①〔俄〕吉洪诺夫：《十至十四世纪回鹘王国的农业》，姬增录译，《西北历史资料》1984年第2期，第33页。

②〔俄〕吉洪诺夫：《十至十四世纪回鹘王国的农业》，姬增录译，《西北历史资料》1984年第2期，第31页。

③ 刘祁：《北使记》，见杨建新主编《古西行记选注》，第234页。

④ 杨富学：《回鹘文文献与高昌回鹘经济史的构建》，人大复印资料《经济史》2008年第2期。

⑤ 袁丁：《回鹘文社会经济文书选注（六）》，《喀什师范学院学报（哲学社会科学版）》1992年第1期。

还两斗芝麻。[1]综上可见，高昌地区的芝麻需求高峰是前半年的每月初，收获季节是在秋季。芝麻是当时人们重要的油料作物。吐鲁番出土的回鹘文摩尼教寺院文书中就记载该寺“每月要给二僧团众僧八十石小麦、七石芝麻、两石豆子、三石谷子作为食用”[2]。

高昌回鹘时期的蔬菜种植也有明确记载。例如文书中就明确记载有“位于吐峪沟的石桥东边的、环绕着围墙的菜园子”“乌雅利神庙的菜园子”以及位于“田埂里边的菜园子”等。[3]

葡萄是高昌地区历史悠久的特色种植产品，五代、宋、金时期仍然种植不衰，并且存在相互买卖的情况。回鹘文社会经济文书中记载：“我阿拉·铁木尔有言致托里法师，你的葡萄园已被村社所迫，欲售于伊纳尔·胡奇了。我同村社进行了协商，你所卖的这座（原来租给我的葡萄园），他们已打算给我（另）一座葡萄园进行交换。（因此）我现在有话对你说，如果我要求（他们用）另一座葡萄园顶替你的（那个）葡萄园，他们将会答应给我一座葡萄园。如果我不愿意，而不至于使你原定契约中的租金落空的话，请你交出你那里的临时字据，你给我立一个真正的鸿契。当拿到（鸿）契时，我就要求（用另）一个葡萄园顶替。你的葡萄园售价到秋天我会付给你。”这件文书是外国考察团在高昌古城发现的。由此可见，高昌地区的葡萄种植依旧繁荣。此外，另一件文书也记载了阿拉·铁木尔租赁托里的葡萄园的情况，租金为六十坛钵酒。[4]这两份文书均是关于阿拉·铁木尔租赁托里葡萄园的事情，这或许说明了当地已经出现了葡萄园的使用权和所有权分离的情况。法师托里拥有大面积的葡萄园，他靠向别人出租来获取租金，或许说明了他才是村社大规模葡萄园的所有者，可能他不善于经营管理，只好靠出租给别人来谋利了。那些没有葡萄园的村民只能高价租赁别人的园子。此外，伊纳尔·胡奇曾在村社的帮助下胁迫托里法师让出葡萄园的

---

① 李经纬：《回鹘文借贷文书选注》，《西北民族研究》1991年第2期。

② 耿世民：《回鹘文摩尼教寺院文书考释》，《考古学报》1978年第4期。

③ 李经纬：《吐鲁番回鹘文社会经济文书研究》，第96、113、114、225页。

④ 袁丁：《回鹘文社会经济文书选注六》，《喀什师范学院学报（哲学社会科学版）》1992年第1期。

使用权，可见当时葡萄园的利润是诱人的。葡萄园规模的大小不是按照面积计算的，而是按照需要耕作的人数来决定的。回鹘文文书中就记载了“需要十六个人丁耕作的葡萄园”和“需三个人丁耕作的葡萄园”[①]。回鹘时期对精通葡萄种植人员给予免除税收的优惠条件鼓励其种植葡萄。“由于该葡萄园归精通（园艺）的吐利耕作，（为此）从今日起，该吐利的一切卡兰（税）、库鲁特（税）、吐屯（税）、卡宾（税）予以免除。葡萄园的庄稼和耕地、棉（田）、菜园子地的实物贡租也全部免课，特以此言托付给该卜塔西里法师”。[②]葡萄种植的发达，使得葡萄也成为当地统治者向百姓征税的项目之一。依据回鹘文文献记载，当时的政府按照葡萄园的数量来征收葡萄税，有时还征收葡萄酒税。[③]

自魏晋南北朝开始，高昌地区的棉花种植持续发展，当地生产的棉布为人称道。回鹘文文书中就明确记载有“棉田”[④]。五代、宋、金时期的高昌人民为了种植棉花还要租赁别人的葡萄园。一件发现于吐鲁番的回鹘文文书记载：“鸡年二月初十，我巴依·铁木耳需要耕种棉花的土地，我把帖米奇的位于甫对面的葡萄园以十听棉花为租金，租了下来。这十听棉花在秋初季节，我将彻底付清。”[⑤]棉花收成后需要纺织，一般是由底层人民做织工。回鹘文文书中就记载了一个做织布工的女奴与一个铁匠结婚的事情。官府生产的、盖有特定印章的棉布或许被称为官布，它可以在高昌西部的市场通用。文书中记载了依纳尔·巴尔斯向雅千克尔借一百官布，需要还一百五十官布的事情。[⑥]棉布在当时还充当实物交换的手段，在众多回鹘文文书记载中买卖奴隶、买卖货物、土地买卖都可以用棉布支付。例如“该

---

① 袁丁：《回鹘文社会经济文书选注（一）续补》，《喀什师范学院学报（哲学社会科学版）》1990年第2期。

② 李经纬：《吐鲁番回鹘文社会经济文书研究》，第225页。

③ W.Radloff, *Uigurische Sprachdenkmäler*, Leningrad1928. 第88、65、78号。转引自杨富学《回鹘文文献与高昌回鹘经济史的构建》，人大复印资料《经济史》2008年第2期。

④ 李经纬：《吐鲁番回鹘文社会经济文书研究》，第225页。

⑤ 袁丁：《回鹘文社会经济文书选注（六）》，《喀什师范学院学报（哲学社会科学版）》1992年第1期。

⑥ 李经纬：《回鹘文借贷文书选注》，《西北民族研究》1991年第2期。

女奴的售价，一百（个?）棉布，我卡里木杜在缔结文契之日已全部数清收到了”[1]。“我雅尔甫·雅阿和艾得古两人因需要通用的官布，把我们位于河上游的七石种粮食的（?）地合理合法地卖给了库达特迷失，其售价之官布，我们是这样商定的：我们已当今在高昌（?）西部流通的、两侧（及）后面、中间盖有印章的三千二百五十个官布成交了”[2]。

总体而言，五代、宋、金时期，南疆农业受到游牧文化一定的冲击，但影响是有限的。各地农业得以持续发展，特别是高昌地区的回鹘人逐渐学会农耕，实现定居农耕的生活方式，体现了高昌地区农业的强大吸引力和良好的发展势头。

（三）天山北麓地区的农业

经唐一代的经营，北疆地区的农业分布基本是沿着天山北麓一线，其中巴里坤湖南岸地区和吉木萨尔则是重点地区，初步改变了自史前以来伊犁河谷的地区优势。自唐中叶以降，北疆先后生活着回鹘、契丹和蒙古等游牧民族，游牧经济自然获得更有利的发展。即便如此，在一些汉人居住地区，农业生产仍不间断地进行着。

五代、宋、辽时期的北疆农业继承了唐前期的发展趋势，获得较好发展，农业重心逐渐西移至伊犁河谷和天山北麓的西段，从而回归到隋唐以前的农业分布格局。西辽时的北疆有为数不少的汉人定居，他们推动了北疆农业的进步。畏兀儿人哈剌亦哈赤北鲁在随成吉思汗西征时，“至别失八里东独山，是城空无人，帝问：‘此何城也?’对曰：‘独山城。往岁大饥，民皆流移之他所。然此地当北来要冲，宜耕种以为备。臣昔在唆里迷国时，有户六十，愿移居此。’……后六年，太祖西征还，见田野垦辟，民物繁庶，大悦”。[3]此处的独山城可能在今天的吉木萨尔东部一带。耶律楚材在随军西征时也记载下当时北疆地区的经济状况，其中“不剌（今博乐）之南有阴

---

① 袁丁：《回鹘文社会经济文书选注（六）》，《喀什师范学院学报（哲学社会科学版）》1992年第1期。

② 袁丁：《回鹘文社会经济文书选注（一）续补》，《喀什师范学院学报（哲学社会科学版）》1990年第2期。

③《元史》卷124《哈剌亦哈赤北鲁传》，中华书局，1976年，第3047页。

山……其山之顶有圆池……既过圆池，南下皆林檎木，树荫蓊翳，不露日色……既出阴山，有阿里马城。西人目林檎曰阿里马。附郭皆林檎园，由此名焉。附属城邑八九。多葡萄、梨、果，播种五谷，一如中原”①。其“农者亦决渠灌田”②。阿里马城即阿力麻里，在今伊犁霍城县西北。以苹果城命名，可见当地的水果园艺生产之繁盛，“播种五谷”和“决渠灌田”表明农业生产技术较为进步且已有相当规模。长春真人丘处机经过西域时，对当地农业状况也有描述。在阴山(今天山中段)的一个小城郊外，丘处机一行受到当地回鹘首领迎接，款待的饮食就是葡萄酒、名果、大饼和浑葱。当地气候炎热，“葡萄至夥”。次日西行，沿途两个小城，皆有人居，“时禾麦除熟，皆赖泉水浇灌，得有秋少雨故也”。再西行就是鳖思马大城(可能为今奇台附近)，受到当地官民僧道和数百威仪的迎接。“丘处机一行在当地的歇息处就是城西的葡萄园。当地回鹘王部首领以葡萄酒、异花杂果款待之，水果“名香且列”。再西行之轮台，当地迭屑首领迎接。丘处机记载当地“山下有泉源，可以灌溉田禾，每岁秋成，为当时北方名镇第一”。向西经过两个小城后，到达回鹘昌八剌城(也称昌八里，在今昌吉境内)。当地“园蔬同中区”。生产的西瓜“其重及秤，甘瓜如枕许，其香味盖中国未有也”。轮台(今乌鲁木齐附近)其地“水众能滋稼穑干，下有泉源，可以灌溉田禾，每岁秋成”③。可见当地农业生产已与中原相差无几。元初，刘郁在《西使记》中记载准噶尔盆地北部的“乞则里八寺(今乌伦古湖)，多鱼，可食。有碾硙，亦以水激之。行渐西，有城曰业蛮(今额敏)。又西南行，过孛罗城(今博乐)，所种皆麦谷”。再往前则有阿力麻里城，“市井皆流水交贯，有诸果，唯瓜、蒲萄、石榴最佳。回鹘与汉民杂居，其俗渐染，颇似中国。又南有赤木儿城(今磨合古城)居民多并、汾人”④。此处具体记载了当地居民多为回鹘和来自山西的汉人，种植有麦、谷等农作物以及瓜果，当时的作物品种已相当丰富。水网密织的引水工程及利用自然水力的水碾等先进生产工具的

① 耶律楚材：《西游录》，向达校注，中华书局，1980年，第2页。

② 李志常：《长春真人西游记》，中华书局，1985年，第12页。

③ 李志常：《长春真人西游记》，第10—11页。

④ 刘郁：《西使记》，中华书局，1985年，第1页。

出现,表明该时期的农业生产又有了新的发展和进步。

二、元、明时期的农业

元朝建立后,为了解决西域驻军的军粮,中央政府在西域诸地进行屯垦,促进了南疆农业的恢复和发展。元朝灭亡后不久,察合台汗国分裂为东、西两大汗国,南疆的塔里木盆地和吐鲁番盆地等地区由于受战乱影响较少,农业发展得以持续。

(一)军垦农业

元世祖忽必烈重视农业,他大力倡导屯垦。所谓"古者寓兵于农,汉、魏而下,始置屯田为守边之计。有国者善用其法,则亦养兵息民之要道也。国初,用兵征讨,遇坚城大敌,则必屯田以守之。海内既一,于是内而各卫,外而行省,皆立屯田,以资军饷"[①]。在此指导方针下,元朝在西域一些战略要地进行屯垦,以垦助军。元朝在南疆地区的屯垦主要分布在哈密力(今哈密)、火州(高昌)、斡端(又名忽炭,今和田)、阇鄘(今且末南)等地。哈密和高昌是中原通西域的交通要道,并有良好的农业发展基础。至元十六年(1279年),元世祖命察合台曾孙阿只吉建牙帐于别失八里,节制西域的元军,并"兼辖哈喇火州及哈密力等处屯田事务"[②],这是元朝在哈密和高昌屯田的明确记载。哈密屯田还得到了地方的支持,哈密王曾亲自出资赞助屯田。史载,至元十九年(1282年),哈密城主"的斤帖林以己赀充屯田之费,诸王阿只吉以闻,敕酬其值"[③]。此后,朝廷还给钞令驻军购买耕牛、农具和籽种,并分给当地的贫民一定的土地,耕种自赡。两地军屯获得巨大成效,至元十六年(1279年),就为驻军提供了粮食5000石,马5000匹,羊1万头。后二年,又给军队6000石。[④]至正七年(1347年)十月,"西番盗起,凡二百

---

① 《元史》卷100《兵志三》,第2558页。

② 屠寄:《蒙兀儿史记》卷42《阿只吉传》,商务印书馆,1960年。

③ 《元史》卷12《世祖纪九》,第241页。

④ 屠寄:《蒙兀儿史记》卷42《阿只吉传》。

余所，陷哈喇火州，劫供御蒲萄酒，杀使臣”[①]。此后，元朝便丧失了对哈密和高昌的直接统治，屯田也罢弃了。

斡端，又名忽炭，即今和田，位于塔里木盆地的南缘，是丝绸之路南道的重要城市，也是军事重镇。至元十三年（1276年）十月，忽必烈命别速䚟、忽别列八都儿二人为都元帅，“领蒙古军2000人、河西军1000人，守斡端城”[②]。至元二十五年（1288年）七月，元廷“命斡端戍兵310人屯田”[③]。

阇鄽，元代又称车尔臣，在今且末城南，是丝绸之路南道上的军事重镇。至元二十四年（1287年）七月，“立阇鄽屯田”[④]。同年十二月，又“发河西、甘肃等处富民千人往阇鄽地，与汉军、新附军杂居耕植”[⑤]。由此可见，阇鄽屯田是军民混合屯垦的形式。考古工作者先后在若羌地区挖掘出土了几件元代文书，记载了元代在此地戍军和农垦的情况。1975年，在瓦石峡遗址出土的一件文书中有“管军副元帅”字样，另一件文书记载了军士逃亡的情况。[⑥]这两件文书与史籍中元朝在阇鄽设立驿站，实行军站户制度相符合。1986年，考古工作者又在且末县塔提让乡的苏伯斯坎古遗址发现了一批元代文书，有书信、呈状、驴账等。其中一件文书记载：“粮食须要具各翼籴粮军人五名。”这份文书的背面记载有至元二十一年，这在阇鄽屯田之前。说明在此之前，驻军可以向当地居民购买粮食。在一份信札中还提到：“借与你都不来取，伯祥回言有□便与曹木匠一同赶去吉人庵，□曹木匠将用短布袋糜子约三升，用短布袋□斤约三升付伯……。”另一件文书也提到：“……压糜子壹硕接济教员……”[⑦]。这大致可以反映出元代阇鄽农业经济的状况，生产有糜子等农作物。至于上述两地屯垦废弃时间，史书没有记载，不过《元史》卷26《仁宗纪三》记载延祐六年（1319年）三月“斡端地有叛者入寇，遣镇西武靖王搠思班率兵讨之”。元朝回击入侵斡端的叛

① 《元史》卷41《顺宗纪四》，第232页。
② 《元史》卷99《兵志二》，第2539页。
③ 《元史》卷15《世祖纪十二》，第314页。
④ 《元史》卷14《世祖纪十一》，第299页。
⑤ 《元史》卷14《世祖纪十一》，第303页。
⑥ 张平：《新疆若羌出土两件元代文书》，《文物》1987年第5期。
⑦ 何德修：《新疆且末县出土元代文书初探》，《文物》1994年第10期。

军，似乎可以说明元朝还有效控制该地区，当地驻军的屯垦也不会荒弃。

至元十八年（1281年）七月，忽必烈命“刘恩所将屯肃州汉兵千人，入别失八里（今吉木萨尔附近）”[①]。次年，怀远大将军李进亦受命“屯田西域别石八里”[②]。为保障屯垦的顺利进行，同年元朝“设立冶场于别失八里，鼓铸农器”[③]，以供垦田之需。至元二十三年（1286年），海都叛军攻占别失八里及火州、哈密力等地，元在西域的屯田一度中断。之后，元军旋即收复以上地区，屯田得以继续进行。翌年十月元朝派遣侍卫新附兵千人，同年十一月另遣“蒙古千户曲出等，总新附军四百人，屯田别失八里”[④]。当地屯田的规模不断扩大。大德二年（1298年），在几经反复争夺后，都哇等反叛势力再次攻占别失八里及其附近一带，元朝在此区的屯垦彻底废弃。除了别失八里的军屯外，元朝还在亦里黑（今伊宁市）地区有过小规模的屯田。《元史·世祖纪》记载至元二十三年（1286年）十月“徙戍甘州新附军千人屯田中兴，千人屯田亦里黑”[⑤]。赵予征先生考证后认为，该处屯垦不是至元二十三年而是至元六年，为元朝在西域最早的屯垦基地。[⑥]除了上述汉军在西域的屯垦，北疆还有回人军事屯垦。滕竭儿（今阜康市附近）是北疆地区回回屯田的主要地区，屯田人员为被编入探马赤军的回回人。至元二十七年（1290年），元朝曾下令“给滕竭儿回回屯田三千户牛、种”[⑦]。由于战火频仍，滕竭儿的回回屯田最终也难逃失败的命运。

元代在北疆的军事屯垦，对北疆地区农业的继承和发展，其意义不可小觑，可惜持续时间总体上有点短。此后，在蒙古人统治下的北疆地区，其经济的主体又逐渐恢复到游牧业上来，《明史·西域传》记载，别失八里地区“其国无城郭宫室，随水草畜牧”。农业发展进程再次遭到重大挫折。总体观之，这一时期北疆农业主要分布在伊犁河谷和天山北麓的东、西两段。

---

①《元史》卷11《世祖纪八》，第232页。

②《元史》卷154《李进传》，第3640页。

③《元史》卷12《世祖纪九》，第243页。

④《元史》卷14《世祖纪十一》，第293页。

⑤《元史》卷14《世祖纪十一》，第293页。

⑥ 赵予征：《丝绸之路屯垦研究》，第144页。

⑦《元史》卷16《世祖本纪》，第333页。

（二）吐鲁番—哈密地区

公元14世纪中叶，东察合台汗国建立，并先后占领了整个南疆地区。东察合台汗国的农业在前期发展的基础上得以持续。主要体现在该地区的蒙古人也开始农耕，定居下来。吐鲁番、哈密地区是以往回鹘统治地区，当地农业较为发达，到此时吐鲁番依然是“城近而广人烟，广有屋舍”，一派生机盎然景象！虽然该地“天气多暖少寒，希鲜有雨雪”，但仍盛产“麻、黍，有桃、杏、枣、李，多葡萄”[①]。由于该地气候异常干旱，地表径流蒸发量大，在特别干旱的时节只好从深井中汲水灌田，文献记载：“吐鲁番异常缺水，歪思汗便亲自灌溉土地。他不从河里汲水，而是掘一口深井，从井中汲水灌田。”“我们时常看到歪思汗在大热天让奴隶们帮着用水壶从井里汲水，然后由他亲自倒到田地上。”长春真人丘处机在阿里马城时也见到蒙古人这种汲水灌田的特殊灌溉方式。当时“农者亦掘渠灌田，土人惟以瓶取水，戴而归。及见中原汲器，喜曰：‘桃花石诸事皆巧。’桃花石谓汉人也”[②]。吐鲁番地区的蒙古人虽学会农耕种田，但是尚未学会决渠引水灌溉的先进方式，依然采用深井汲水灌田。不过，这种方式或许为后来坎儿井的出现提供了某些技术条件。鲁陈城即汉朝柳中，山谷中有泉水涌出，为绿洲提供了宝贵的水源。陈诚记载该城“四周多田园，流水环绕，树林阴翳”。当地生产穄麦、麻、豆等粮食作物，广植葡萄、桃、杏、花红、胡桃、小枣、甜瓜、葫芦等瓜果蔬菜。特别是当地生产的锁子葡萄以“甘甜而无核”闻名。此外，当地种植棉花的历史悠久，织成的棉布以“纰薄”而闻名。哈密城周围有三四里，仅东、北二门就有数百户人民。城东的溪水流向西南，为城市百姓提供了水源，在溪旁有二三处果林，其中有楸杏等果木。该地区农民通过施用粪肥来增进地力，生产穄麦、豌豆、大小麦等作物。[③]该地的回回、畏兀儿、哈剌灰人等“皆务耕织，不尚战斗”。在各族人民的辛勤劳动下，区域遂称“殷富”。[④]

---

① 陈诚著，周连宽校注：《西域番国志》，见杨建新主编《古西行记选注》，第292页。

② 李志常：《长春真人西游记》，第12页。

③ 陈诚：《西域番国志》，周连宽校注，中华书局，2000年，第111页。

④ 许进：《平番始末》上卷，上海古籍出版社，1996年。

(三)塔里木盆地绿洲

虽然元朝在南疆的屯垦时间不过五六十年,但还是有助于保障驻军的粮食需求,促进当地农业生产的恢复和发展。马可·波罗曾看到鸭儿看(叶尔羌)“居民百物丰饶”,忽炭(今和田)“有环以墙垣之城村不少,……百物丰饶,产棉甚富,居民植有葡萄园及林园”。哈密“环以墙垣之城村不少,……土产果实不少,居民恃以为生”。[①]塔里木盆地南北缘的绿洲地区亦一片繁荣景象,凡是河流所经之处,“皆经营农业,五谷繁庶”。哈实哈尔(今喀什)“城邑民居,田园巷陌”,盛产“桑、麻、禾、粟诸物”[②],生产的水果产量丰富,以梨为最好。从喀什到于阗沿途有人烟稠密的城镇和乡村,于阗是南疆重镇,受元末战乱影响,人口损失严重,劫后余生的百姓纷纷逃亡山中以求生存。至明永乐年间(1403—1424年),于阗经济社会才元气渐复,又出现了“渐行贾诸蕃,复致富庶。桑麻黍禾,宛然中土”[③]。

总体而言,此期新疆诸多游牧民族进入农业区后多能适应新环境,遂渐摈弃游牧生活而转为以农耕为主的生活,这是可喜的方面。但受元末战乱的影响使得区域农业生产遭受严重打击,直到明永乐年间才取得一定程度的恢复。我们从陈诚的记载中可见一斑。经有明一代的持续恢复和发展,到明末新疆农业已有较大起色,无论是哈密还是于阗均呈现出繁荣的景象。

第二节　五代、宋、元、明时期的畜牧业

一、五代、宋、辽时期的畜牧业

五代、宋、辽、金时期,新疆南疆社会发生了一系列变化,各绿洲城邦和诸游牧民族经过重新交融、整合,到9世纪中后叶逐渐形成了高昌回鹘王

① 沙海昂:《马可波罗行纪》,冯承钧译,中华书局,1954年,第152—193页。

② 陈诚著,周连宽校注:《西域番国志》,见杨建新主编《古西行记选注》,第291—292页。

③《明史》卷332《西域传四》,中华书局,1974年,第8614页。

国、于阗王朝和喀喇汗王朝三个地方政权。公元12世纪时,西辽政权攻灭或臣服西域诸国成为西域霸主。

(一)回鹘统治下的高昌、哈密、龟兹地区

高昌回鹘王国是公元9世纪回鹘人建立的政权。进入高昌地区后,虽然部分回鹘人转为农耕,但仍有许多部众依然从事畜牧。北宋时,王延德出使高昌见到伊州“有羊尾重者三斤,小者一斤,肉如熊白而甚美”。高昌的回鹘“贵人食马,余食羊及凫雁”。

关于回鹘畜牧业的资料较少,从目前所能搜集到的资料来看,该地的畜牧品种主要是马、牛、羊、骆驼、毛驴等。马在《吐鲁番回鹘文社会经济文书》中有多处提及,主要被用于载运物品、宰杀食用等。如“猪年三月二十一日,请把玛斯玛达尔的一匹驮重载的马给塔雅克来的旅客”[①],“六匹载运货物的马”[②]等。如上文所述,高昌回鹘的贵人才能食用马肉,一份文书就记载了“一匹要宰杀的马”[③]。此外,该区的马匹还需缴纳税收,如一份《马税征收单》文书记载了不同的8个人的马匹,每人的马均缴纳了五钱。[④]牛的记载比较少,但还是记录下了牡牛、牝牛和小牛等。[⑤]羊是牧民养殖的主要畜类,也是普通老百姓食用的主要肉源和奶制品的来源。正如上文说的“贵人食马,余食羊及凫雁”。羊多采用放养的方式,主要品种有山羊和绵羊,如一份文书记载:“虎年八月二十五日,突尔赤·阿里甫·塔什的羊(群里有)2只奶绵羊,2只奶山羊、1只公山羊、1只公绵羊、5只羊羔在其牧场死掉了”。[⑥]一份《婚丧费用记录》文书中记载了花费中就有5只羊。[⑦]骆驼在高昌回鹘时期除了运输物品外,还被用来耕地,《新五代史》卷74《四夷附录第三》记载高昌回鹘“以橐驼耕而种”。毛驴主要被用来驮运物品,如果租用毛驴不仅要付给主人租金还要每日喂养毛驴两次,如若驮运的是碑石,则

---

① 李经纬:《吐鲁番回鹘文社会经济文书研究》,第190页。
② 李经纬:《吐鲁番回鹘文社会经济文书研究》,第202页。
③ 李经纬:《吐鲁番回鹘文社会经济文书研究》,第193页。
④ 李经纬:《吐鲁番回鹘文社会经济文书研究》,第186页。
⑤ 郭平梁:《西域史地探微》,新疆人民出版社,2011年,第260页。
⑥ 李经纬:《吐鲁番回鹘文社会经济文书研究》,第256页。
⑦ 李经纬:《吐鲁番回鹘文社会经济文书研究》,第269—275页。

需要每日喂养五次。[①]回鹘王国的畜牧业比较兴盛，北宋真宗景德元年（1004年）六月，西州（高昌）回鹘向宋朝进献了良玉名马。[②]耶律大石率部经过高昌回鹘王国时，回鹘可汗曾赠给耶律大石马600匹，骆驼100峰，羊3000头。

高昌回鹘的村社要向村民收缴牛羊等牲畜实物，上缴村社的牛羊需要有人牧养，从回鹘文文书记载看，当时实行的是轮放制度。一份《给巴西·喀雅的派工单》就记载："虎年五月初十，将轮到巴西·喀雅放养秋天缴的牛、羊（及）村社的畜群。"[③]明确记载了该区的蓄养牲畜方式是放养。联系到上文所提到的羊死于牧场的记载，可知高昌地区还是有牧场的。此外，该地也可能存在厩养的方式。

龟兹地区在此时也是隶属回鹘。北宋时，该地区也多次向宋王朝上贡物品，其中，宋真宗咸平四年（1001年）二月大回鹘龟兹国安西州大都督府单于军剋韩王禄胜遣使曹万通封表贡玉勒名马、独峰无峰橐驼、宝刀、宾铁剑甲、琉璃器等。大中祥符三年（1010年）闰二月，龟兹王又遣使李延胜副使安福等贡乳香249斤，花蕊布2疋，硇砂371斤，独峰橐驼1峰，大尾白羊15头；李延胜贡马15匹，玉鞍勒金玉212斤。[④]大中祥符六年（1013年）十一月，龟兹又遣使上贡，其中包括橐驼和名马。天禧元年（1017年）四月，龟兹遣使贡马；六月，又遣使贡马。天禧四年（1021年）十二月，龟兹遣使上贡大尾白羊。仁宗天圣二年（1024年）四月，龟兹遣使上贡橐驼、马、玉、乳香等。[⑤]龟兹以区域特产的名义，多次向北宋上贡橐驼、马和大尾白羊，也说明橐驼、马和大尾白羊分别是区域畜类的主要品种之一。

（二）于阗地区

于阗在吐蕃势力退出后得以恢复。由于该时期的畜牧业资料较少，目前只能简略述之。《宋史》卷2《太祖纪》中记载："乾德三年（965年）十二月

① 李经纬：《吐鲁番回鹘文社会经济文书研究》，第168—169页。
② 徐松：《宋会要辑稿》卷2027《番夷四·龟兹》，第7719页。
③ 李经纬：《吐鲁番回鹘文社会经济文书研究》，第231页。
④ 徐松：《宋会要辑稿》卷2027《番夷四·龟兹》，第7720页。
⑤ 徐松：《宋会要辑稿》卷2027《番夷四·龟兹》，第7721页。

戊午，甘州回鹘可汗、于阗王等遣使来朝，进马千匹、橐驼五百头、玉五百围、琥珀五百斤。”这些贡品虽然不能具体确定马皆是由于阗上贡的，但于阗是产良马的，所以可能上贡了马匹。此后，于阗国也上贡过马匹和独峰驼。《宋史》卷490《外国传六》中记载：“天圣三年（1025年）十二月，遣使罗面于多、副使金三、监使安多、都监赵多来朝，贡玉鞍辔、白玉带、胡锦、独峰橐驼、乳香、硇砂。……熙宁以来，远不逾一二岁，近则岁再至。所贡珠玉、珊瑚、翡翠、象牙、乳香、木香、琥珀、花蕊布、硇砂、龙盐、西锦、玉秋辔、马、腽肭脐、金星石、水银、安息鸡舌香。”从中可见，于阗上贡物品中有独峰橐驼和马。此后，于阗多次向北宋贡马。嘉祐八年（1063年）十一月，“（于阗使者）罗撒温等以献物赐直少不受，及请所献独峰橐驼。诏以远人特别赐钱五千贯，以橐驼还之，而与其已赐之直。其后数以方物来献”[①]。于阗使者向北宋进贡独峰橐驼，却以北宋回赐少而索回所献之独峰橐驼。《宋会要辑稿·藩夷四·于阗》记载：元丰八年“十一月十二日因进马赐钱百有二十万。十二月六日特赐进奉人钱百万”[②]。楚生认为赐钱当为一百二十万文，[③]殷晴认为，按照北宋购买于阗中等马每匹三十千文推算，此次于阗贡马为四十匹，[④]也是于阗贡马较多的一次。

于阗所贡的良马还成为宋代画家笔下的题材。北宋宣和年间（1119—1125年）编纂的《宣和画谱》卷7《人物三》曾云：“麒骥院御马，如西域于阗所贡好头赤、锦膊骢之类，写貌甚多。”[⑤]北宋著名画家李公麟曾惟妙惟肖地将西域所贡的良驹神骏凤头骢、锦膊骢以及好头赤、照夜白、满川花等五匹御马画出来。《云烟过眼录》卷上云：“李伯时《五马图》，并列其名于后。云：一匹，元祐元年十二月十六日，左麒麟院收于阗国进到凤头骢，八岁，五尺四寸。一匹，元祐元年四月初三日，左麒麟院收董毡进到锦膊骢，八岁，四尺六寸。一匹，元祐二年十二月廿三日，于左天驷监拣中秦马好头赤，九

---

① 《宋史》卷490《外国传六·于阗》，中华书局，1977年，第14108页。

② 徐松：《宋会要辑稿》卷2027《番夷四·于阗》，第7722页。

③ 楚生：《谈宋元奉八年的于阗贡马》，《新疆社会科学》1984年第1期。

④ 殷晴：《丝绸之路与西域经济——十二世纪前新疆开发史稿》，第413页。

⑤ 潘运告：《宣和画谱》，湖南美术出版社，1999年，第156页。

岁，四尺三寸。一匹，元祐三年正月上元（日，于阗）进满川花。一匹，元祐三年闰月十九日，温溪（心）进照夜白。”[①]文中括号内文字为林梅村先生考证补入的。[②]上面五匹名马有两匹来自于阗，分别是八岁五尺四寸的凤头骢和满川花。下图分别是凤头骢和满川花。

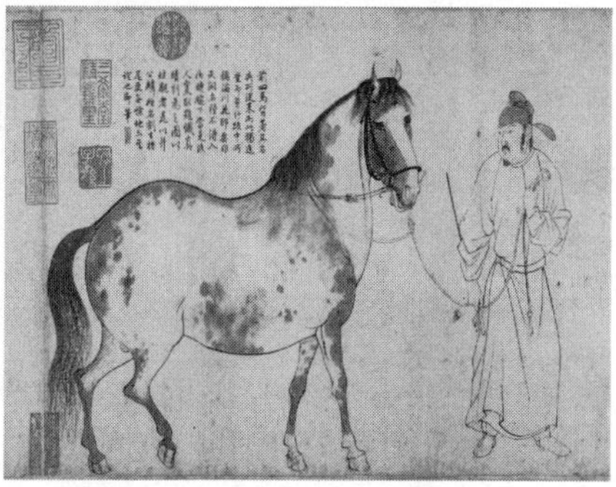

图6、图7　林梅村《于阗花马考——兼论北宋与于阗之间的绢马贸易》

此后，于阗还多次向北宋上贡马匹，史载元祐四年（1089年）“八月八日诏：李养星（阿）点魏奇等进贡御马以（已）回赐”[③]。获良马之名的五花马与独峰橐驼是于阗畜牧业的名产，依托于阗发达的畜牧业得以持续。于阗频频向北宋上贡名马和独峰橐驼，也反映了宋时于阗畜牧业的发展与繁盛。

二、喀喇汗王朝、西辽王朝时期的新疆畜牧业

关于喀喇汗王朝和西辽王朝畜牧业的情况，史籍记载极少，所以只能从一些零星的资料中勾勒出大致脉络。《突厥语词典》通过丰富的语言材料，广泛地介绍了喀喇汗王朝时期各部族的政治、经济、历史、地理、文化、宗教、哲学、伦理方面的知识和风土人情。该词典的内容也可大致反映出南疆部分地区的畜牧业发展状况。

当时的喀喇汗王朝对畜牧业比较重视，《突厥语词典》中的一首民歌对

---

① 黄宾虹、邓实：《美术丛书》第1册，江苏古籍出版社，1997年，第727页。
② 林梅村：《于阗花马考——兼论北宋与于阗之间的绢马贸易》，《西域研究》2008年第2期。
③ 徐松：《宋会要辑稿》卷2027《番夷四·于阗》，第7722页。

此有形象的表述:“谁的牲畜增多,谁就适宜治理国家。伯克失去牲畜,就会陷入失去民众的痛苦境地。”由此可见,当地的畜牧业仍是较为重要的经济部门。从词典记载看,牧畜中有马、牛、羊、骆驼、骡子、驴、牦牛等,其中马、羊、牛在整个牧畜结构中占有重要地位。马是喀喇汗王朝民众重要的生产、生活工具。因而,时人对养马十分重视,对马的疾病及其治疗方法也有了相当深入的认识。词典中对马生病多有记载,如“马胸前出现的一种伤口”“马胸上长的疖子,其中流出黄水和脓后,将烙铁烧红,烫其患处即愈”“从地上挖出的治马腹疼的根”等等。词典中也多有羊和牛的记载,有绵羊、山羊、羊羔、母羊、花羊、棕色羊、两岁羊等,牛有奶牛、耕牛、犍牛、公牛、牛犊、一岁的牛犊等,[①]均透露出畜牧业养殖的信息。其中兽医业的发展是伴随和适应畜牧业的发展需要而产生的,是畜牧业发展的重要信息。

西辽的建立者是契丹人。契丹也是游牧民族,“逐寒暑,随水草畜牧”。[②]契丹势力进入西域后,逐渐征服了河中地区、高昌和东喀喇汗王朝,并建立了西辽政权。由于上述地区的畜牧业在喀喇汗王朝时期发展较好,加之契丹本身也是游牧民族,所以在西辽统治时期南疆的畜牧业也没有受到较大的影响。如记载说“畏兀儿各部和各族,每逢传来马嘶声、犬吠声、牛鸣声、骆驼吼叫声、野兽咆哮声、羊群的咩咩声、鸟雀的叽喳声、婴儿呜咽声,都从中听见一种‘喝起! 喝起!’的呼喊”。可以说,五代、辽、宋、金时期,南疆畜牧业发展较好。

天山以北地区经回鹘经营后,当地畜牧业的发展也颇见起色。北宋王延德出使西域,经过北庭故地,受到回鹘王的热情款待,“烹羊马以具膳,尤丰洁”。王延德一行人在餐后还实地参观与了解了回鹘养马业的状况,“地多马,王及王后、太子各养马,放牧平川中,弥亘百余里,以毛色分别为群,莫知其数”。“善马值绢一匹,其驽马充食,才值一丈,贫者皆食肉”[③]。可见,当地养马业比较兴盛。这些生活场景还体现在当地的壁画中。西大寺(今吉木萨尔县境)的S105殿西壁绘有一幅《王子出巡图》,图中绘出王子“交

① 邓浩:《从〈突厥语词典〉看回鹘的畜牧文化》,《敦煌研究》1995年第1期。

② 《隋书》卷84《北狄传》,第1882页。

③ 王延德:《西州使程记》,见杨建新主编《古西行记选注》,第159—161页。

脚坐于华丽的骑鞍上……其坐骑有异于马……后有五位骑士，全身铠胄，各骑红、白、褐、棕等颜色的高头骏马”。殿西绘有攻战图，长4米，宽2.5米，人马众多，浩浩荡荡，主要人物与普通骑士大小悬殊，色彩鲜艳，尤其是马的形象，非常逼真。①

辽时，耶律大石借回鹘道西迁，回鹘王毕勒哥“献马六百，驼百，羊三千”以示归顺。耶律大石继续西行，降服数国，“获驼、马、牛、羊、财物，不可胜计”②。可见，当时天山北麓经济不仅有灌溉农业，还有发达的畜牧业。阿里马城“其地出帛，目曰秃鹿麻，盖俗所谓种羊毛织成者。时得七束，为御寒衣。其毛类中国柳花，鲜洁细软，可为线，为绳，为帛，为绵”③。其毛织品工艺的发展也从另一侧面反映了当时北疆地区畜牧业生产的发达。

三、元、明时期的畜牧业

伴随着成吉思汗大军的西进，西辽王朝也迅速瓦解。在南疆地区，先后有察合台汗国、东察合台汗国以及叶尔羌汗国等诸多政权。这一时期南疆的畜牧业资料非常稀少，下面仅从有限的资料来分析。1986年9月考古人员在南疆车尔臣河附近的且末县塔提让乡的苏伯父斯坎古遗址发现一批元代文书，其中有两份《驴帐》，记载了当时该地对民户养驴的统计。其中一份文书为小楷字体，已残，内容是：冯道驴一头□，牌子头张禄下驴一□，本名驴一□，张能驴一□，齐秀驴□，刘□……。另一份文书内容为：……高□驴一头，刘得秀驴一头，□头，□驴一头，□驴一头，杨爱驴一头，□一头，王义顺驴一头，刘伸驴一头，□驴一头，刘□，丘温驴一头□，□石秀驴一□。④这两份残缺不全的文书记载了且末地区养驴的情况，从上面的录文看，一共记有十五头驴。该地区位于塔里木盆地的东南部，气候干旱少雨，自汉以来就善养驴马，多骆驼。在历史发展过程中，驴一直是这

---

① 薛宗正：《北庭春秋——古代遗址与历史文化》，第531页。

②《辽史》卷30《天祚皇帝本纪》，中华书局，1974年，第356页。

③ 李志常：《长春真人西游记》，第11—12页。

④ 何德修：《新疆且末县出土元代文书初探》，《文物》1994年第10期。

里的重要牲畜，至元亦然。

元代，塔里木盆地西部诸绿洲地区的畜牧业得到了持续发展。于阗生产马、骡及独峰驼，特别是该地马“多骏”[①]。明永乐年间，于阗以“神骏”良马进献明廷。永乐十八年(1420年)，于阗又“偕哈烈、八答黑商诸国贡马，命参政陈诚、中官郭敬等报以彩币。……二十二年贡马及方物”[②]。

农牧兼营的吐鲁番、哈密地区，其畜牧业也得以持续发展。明朝使臣陈诚见吐鲁番“畜羊、马”。鲁陈城“畜牛、羊、马、驼”[③]。桂萼在《进哈密事宜疏·吐鲁番夷情》中也记载该地区人民“秋冬居城郭，春夏随水草孳牧，或各山川种田，或打围射猎”[④]。此外，严从简在《殊域周咨录》记载火州“其产马、橐驼”[⑤]。哈密地区“其产，马、橐驼、大尾羊(羊尾大者重三斤，小者一斤。肉如熊，白而甚美)。其贡，马、驼、玉、速来蛮、石青、金石、把咱石、铁器、诸禽皮等物”[⑥]。哈密地区多骏马，曾向明王朝进奉的贡品也多以马为主。《明史》对此也多有记载：“成祖初，遣官招谕之，许其以马市易，即遣使来朝，贡马百九十匹。永乐元年十一月至京，帝喜，赐赉有加，命有司给直收其马四千七百四十匹，择良者十匹入内厩，余以给守边骑士。明年六月复贡，请封，乃封为忠顺王，赐金印，复贡马谢恩。……三年二月，……因赐其祖母及母彩币，旋遣使贡马谢恩。……十七年，其使臣及境内回回寻贡马三千五百余匹及貂皮诸物，诏赐钞三万二千锭、绮百、帛一千。二十一年，贡驼三百三十、马千匹。……宣德元年，遣官赐祭，命故王脱脱子卜答失里嗣忠顺王，且以登极肆赦，命其国中亦赦，复贡马谢恩。明年遣弟北斗奴等来朝，贡驼马方物。”[⑦]据记载统计，哈密共向明朝上贡了至少9430匹马，330头骆驼。

---

① 《四夷广记》。转引自冯家昇等编《维吾尔族史料简编》，民族出版社，1958年，第142页。

② 《明史》卷332《西域传四》，第8614页。

③ 陈诚著，周连宽校注：《西域番国志》，第106、111页。

④ 桂萼：《进哈密事宜疏·吐鲁番夷情》，《皇明经世文编》卷181，中华书局，1962年，第1849页。

⑤ 严从简：《殊域周咨录》卷15《火州》。

⑥ 严从简：《殊域周咨录》卷13《哈密》。

⑦ 《明史》卷329《西域传一》，第8511—8513页。

总之,元明时期南疆地区畜牧业的发展,虽然资料有限,我们无法全面复原畜牧业的具体状况,但可以推测出当时区域畜牧业发展基本良好。各部进贡中原的贡品中多是马匹和骆驼,作为区域名牌畜种,必当受到特别重视,其数量也不会少。此外,牛、羊等牲畜作为当地民众重要的衣食之源,其养殖更是不会少。

《西域番国志》是陈诚等人出使西域时的见闻记录,书中对北疆地区的社会经济有较为详细描述,“别失八里地居沙漠间,今为马哈木氏王子主之……不建城郭宫室,居无定向,惟顺天时,逐趁水草,牧牛马以度岁月,故所居随处设帐房铺毡罽……饮食惟肉酪,间食米面,稀有菜蔬,少酿酒醴,惟饮乳汁。不树桑麻,不务耕织,间种穄麦,及为毛布。有松、桧、榆、柳、细叶梧桐,广羊马”。别失八里进贡明朝的贡品主要是马匹。《高昌馆课》载:“亦力把力地面专差使臣头目拾剌马合木舍等……今进贡骟马三匹西马二匹到京”[①]。明皇帝亦予以肯定:“敕亦力把力地面火者王头目马哈木等,尔能敬顺天道,尊事朝廷,遣使以阿鲁骨马来进,诚意可嘉。”[②]当时别失八里的势力范围是“东连哈密,西至撒马尔罕,后为帖木儿驸马所夺,今止界于养夷,西北至脱忽麻,北与瓦剌相接,南至于阗阿端”,这基本包括今天北疆广大地区。[③]瓦剌以牧养马、牛、骆驼、绵羊、山羊等牲畜为务,其中尤以马、羊为大宗,骆驼和牛较少。牲畜是瓦剌部众的主要财富。此为明初北疆畜牧业经济之大观。

明朝中后期,天山北麓广大地区变动最大的应是瓦剌势力向南扩展。史载其民众“皆聚牧天山之北,阿尔泰山之南”[④]。在此过程中,瓦剌各部经过长期发展,融合和吸纳了周边部族成分,最终形成了准噶尔、杜尔伯特(辉特部归附之)、土尔扈特、和硕特四大部,[⑤]分牧而居,每部自立首领,过着逐水草而居的生活。其中,准噶尔部主要游牧于伊犁河流域,杜尔伯特

---

① 胡振华、黄润华:《高昌馆课》,新疆人民出版社,1981年,第39页。

② 胡振华、黄润华:《高昌馆课》,第170页。

③ 陈诚著,周连宽校注:《西域番国志》,第102页。

④ 祁韵士:《皇朝藩部要略》卷9《厄鲁特要略》一。

⑤《准噶尔史略》编写组:《准噶尔史略》,广西师范大学出版社,2007年,第52页。

部游牧于准噶尔盆地北部的额尔齐斯河一带，土尔扈特部游牧于塔尔巴哈台一带，和硕特部游牧在乌鲁木齐一带。

在四部各自发展的过程中，伊犁河流域的准噶尔部势力增长较快。其首领巴图尔珲台吉继其父亲之后担任四部最高联盟会议“丘尔干”的首领后，开始要求其他三部服从自己统治，最终造成了部落联盟的瓦解。土尔扈特部首领和鄂尔勒克率领部众及和硕特与杜尔伯特的部分民众，共五万余帐，二十余万人于明崇祯元年（1628年）向西迁移，最终辗转至伏尔加河下游游牧。崇祯十年（1637年），和硕特部首领图鲁拜琥也因与巴图尔珲台吉发生矛盾，率其部分部众离开原游牧地，向东南迁移，到青海一带，并出兵入藏，占领青藏高原。原部落的其他部众则向东迁移至西套地区，成为阿拉善额鲁特蒙古之祖。①

崇祯十三年（1640年），为缓和蒙古各部的矛盾，巴图尔珲台吉召开蒙古诸部落大会，制定了《蒙古—卫拉特法典》，暂时缓和了各部间的矛盾，生活在北疆各地的蒙古人有了暂时的安定。巴图尔珲台吉采取一系列发展生产的举措，促进农业和畜牧业发展。崇祯十六年（1643年），曾到塔尔巴哈台和布克赛尔地区参观的俄国使臣就看到当地有农业耕作。巴图尔珲台吉还从其他地方引进品种较好的猪、鸡等，促进家畜和家禽繁殖；换购优质种子，栽植各种庄稼，如黍、小麦、大麦和豌豆等。巴图尔珲台吉也因此获得了“羊倌王子”的称号。②

不仅农业有一定发展，传统畜牧业也得到较快发展。《咱雅班第达传》中记载一些部落首领对喇嘛的施舍，可从一个侧面反映当时畜牧业之盛。崇祯十六年（1643年），咱雅班第达得到了和硕特部昆都仑乌巴什的赠品，多至五千头的牲畜。顺治三年（1646年），咱雅班第达和其他喇嘛为土尔扈特台吉做法事而得到王公们的厚礼，咱雅本人独得一万匹马，其他台吉喇嘛各得一千匹或五百匹马，普通喇嘛各得马一百匹、六十匹或二十匹不等，喇嘛们一共得到两万匹马。顺治五年（1648年），额尔德尼洪台吉赠给咱雅

① 《准噶尔史略》编写组：《准噶尔史略》，第53页。

② 《准噶尔史略》编写组：《准噶尔史略》，第63页。

六千只绵羊。同年，鄂齐尔图汗准备一万匹马作为进藏熬茶开支所用。其母亲的畜群有大小牲口两万多头。①

关于普通民众拥有畜牧数量，可以从《蒙古—卫拉特法典》中有关财产刑和聘礼的规定窥见一斑。《法典》第三十五条规定普通老百姓的聘礼数量是：驼二只、牛十头、羊十五只，嫁妆则是马和骆驼各一头，外加若干衣服等。第三十九条规定，婚姻违约者，科以财产刑，系下层者课罚驼一只。②

---

① 拉特纳勃哈德勒：《咱雅班第达传》蒙古文版，第8—13页、第21—22页。转引自《准噶尔史略》，第64页。

② 《准噶尔史略》编写组：《准噶尔史略》，第65页。

第六章　清代新疆的农牧业

清代是新疆农牧业飞跃发展的时期。在这一时期,新疆的屯垦事业发展迅速,旗屯、民屯、商屯、回屯、犯屯等屯垦形式多样,屯垦地点不仅遍布天山南北,而且横贯天山东西,西起伊犁河畔,东至巴里坤湖沿岸,绿洲中麦田膴膴。在清政府强有力的组织下,天山南北各地水利大兴,坎儿井等水利灌溉事业得到较快发展,各绿洲皆修渠引水,扩大灌溉面积。由于清政府治理新疆重心在北疆,故北疆的农业开发成效更大,彻底改变了历史上新疆农业"南重北轻"的不均衡状况。清政府还在新疆各地建立一批官营畜牧场,有严格的管理制度,蕃息孳养了多个大型牧群,繁荣了清代新疆的畜牧业。虽然清代新疆农业发展比历史时期繁盛得多,但在清代本阶段内,也有起伏波动,大致可分为清前期准噶尔的平稳发展阶段、清统一新疆后的飞速发展阶段、同治年间短暂停滞阶段和新疆建省后的恢复阶段。总体而言,清代新疆农牧业良性发展的时间较长,而受波动干扰的时间较短,经过建省后的大力恢复,迨至清季,新疆农牧业已经达到了历史较高水平。

第一节　清代的屯垦

清王朝建立后,新疆屯垦再度兴起。在新疆施行屯垦,是自汉代以来中央王朝在新疆治理的重要举措,主要目的是为解决当地驻军的粮食问题。“筹边之策，将使兵食兼足，舍屯政无由。”[1]在攻灭准噶尔汗国之前，清军已经在东疆的哈密等地进行军屯，以满足当地驻军日常消费。在平定准噶尔叛乱后，清政府开始在北疆大部和南疆的部分地区实行屯种。“择其地之近泉源傍河渍者，剪莱伐土以布物宜，且割其岁收之数，自给官兵粮糈，储盈余以资增垦。”清政府在新疆的屯垦，“且耕且驻，无俟招集流亡。在兵在民，不必官支农具，史书俵牛括牛之弊，种种俱绝；不惟腹地不资转运，而给饷之羡，陈陈相因，减费更广”[2]。由于清政府的重视，新疆的屯垦事业又在前代的基础上有了长足发展，其规模也远远超过前代。总体而言，清代新疆屯垦大致可分为三个阶段。

一、康熙五十四年（1715年）至乾隆二十二年（1757年）

在这一阶段，清军进入新疆并为统一新疆做积极准备。康熙末年，清军已进入新疆东部的哈密、吐鲁番、巴里坤等地区。由于所需军粮全靠后方长途运输，消耗了大量人力物力。为节省消耗，及时补给前线战备，康熙帝决定在上述地区实行屯垦。康熙五十四年（1715年），清政府在击退进犯哈密的准噶尔势力后，随即派遣大军进驻巴里坤，并派员调查哈密屯垦的条件。巴里坤位于天山东端的北坡，路通新疆南北，地理位置尤为重要。哈密位于天山东端的南坡，是新疆东部门户与军事重镇。第二年，即在哈密、巴里坤等地正式开屯。具体地点是巴里坤的杜勒博尔金、图呼鲁克、哈拉乌苏和哈密的塔勒纳沁及蔡巴什湖。屯垦所获之谷物，就近供给军营。

康熙六十年（1721年），清军又将屯垦区向西扩展到吐鲁番地区。吐鲁番位于哈密之西，是向北进入乌鲁木齐、向西南进入焉耆的交通要道，军事地位极其重要。是年，5000清军从巴里坤调驻吐鲁番，并在吐鲁番筑城驻防与屯垦。于次年屯垦即见成效，获粮9300余石。鉴于战局不稳，三地屯垦时断时续，且规模也不太大。从雍正元年（1723年）到乾隆四年（1739

---

① 《钦定皇舆西域图志》卷32《屯政一》。

② 《钦定皇舆西域图志》卷32《屯政一》。

年)的十六年间,《清实录》记载吐鲁番地区收获粮食的年份仅有4次,哈密则有8次。吐鲁番地区收获的粮食主要是麦子和糜子,共计24560石;哈密收获的粮食主要是麦子、糜子和青稞,总计51684石。虽然此时清朝在新疆屯垦的地区较少,规模也不大,且不能持续,但是毕竟开启了清朝在新疆屯垦的历程,为后来大规模屯垦奠定了基础,也积累了经验。

二、乾隆二十二年(1757年)至道光二十七年(1847年)

在这一阶段,清政府完成对新疆的统一,屯垦主要因戍守而兴,随后又发展为兵屯、户屯、遣屯、回屯和旗屯等多种形式,其范围也遍布天山南北,并以北疆为重。

1.兵屯

绿营兵屯是新疆屯垦诸多形式中最早的。康熙和雍正年间的哈密、巴里坤、吐鲁番屯垦主要是由绿营兵完成。乾隆年间的绿营兵屯是随着军事行动的开展而兴起的。屯垦地点先从哈密和巴里坤开始,逐渐向西扩展。

乾隆二十一年(1756年),清政府再次用兵新疆,采取稳打稳扎,步步为营的战略部署,在进军的同时也开展以兵屯为主要形式的屯垦。是年九月,清军统帅兆惠在进军途中奏请:"前奉旨令于伊犁附近地方,酌量派遣绿旗兵丁屯种。查自巴里坤、至济尔玛台、济木萨、乌鲁木齐、罗克伦、玛纳斯、安济海、晶河(今精河)等处,具有地亩可资耕种。伊犁附近地方,约有万人耕种地亩。崆吉斯、珠勒都斯等处可种之地亦多,但须预为筹办,方不误来春耕种之期。……请敕巴里坤办事大臣及甘肃抚臣,派出绿旗兵一百名,委员酌带籽种、农具、耕牛,于明年正月内前来。臣等按地分给耕种,俟试看一年,再行办理。"[①]此后,新疆天山南北的兵屯由此拉开大幕。

哈密垦区。早在康熙五十六年(1717年),靖逆将军富宁安驻军巴里坤时就奏请在哈密所属的布鲁尔图、古里克接壤地,及巴里坤都尔博勒津哈拉乌苏、西吉木大里图布隆吉附近募兵兴屯。雍正七年(1729年),清政府

①《清高宗实录》卷520,乾隆二十一年九月己巳。

商议在哈密及塔勒纳沁屯垦。次年，收获麦、青稞6400石，成效很好。雍正十二年(1734年)副将军张广泗奏称，哈密蔡巴什湖地方有荒地，由榆树沟水口开渠引水可以灌溉。经过开垦，取得田亩4065亩。其中，种麦1465亩，种豌豆1000亩，种谷1600亩。牛毛湖种豌豆205亩。此外，塔勒纳沁种地7030亩，包括麦地6430亩，青稞地500亩，胡麻地100亩。总之，巴里坤地区种地11300亩，收各色粮7000余石。①

乾隆二十一年(1756年)，清政府在原来兵屯的基础上，从陕甘黄墩营派遣200名屯兵试垦，二十三年(1758年)，益以哈密卡伦兵200名试垦，均有成效。二十四年(1759年)，哈密正式开屯，设兵为定额。哈密地区兵屯先后设置塔勒纳沁、蔡巴什湖和牛毛湖三个屯区。其中，二十四年，塔勒纳沁有屯兵200名，垦地5670亩；二十五年，垦地增加500亩；二十七年，屯兵减至170名，垦地减少170亩；三十二年，增加1030亩。至三十三年，该区垦地数为7030亩。主要种植小麦、胡麻、菜籽、糜子和青稞等作物。乾隆二十七年(1762年)，蔡巴什湖开设兵屯，额定屯兵100名，是年垦地3000亩，三十三年，增加1065亩，至4065亩。主要种植小麦、谷子和糜子。乾隆三十二年(1767年)，牛毛湖照例设立兵屯，额定屯兵10名，把总1名，垦田205亩，主要种植小麦和豌豆。

巴里坤垦区。乾隆二十三年(1758年)，清政府在镇西府属之朴城子(宜禾县属)及奎素二处开设两屯，调派甘州、凉州、西宁、肃州、宁夏、固原和河州七提镇营官兵1000名，统以副将、游击、守备诸员经理屯务。二十七年(1762年)，裁撤600名，三十一年(1766年)又增加100名，于是500名屯垦兵丁为定额。乾隆三十六年(1771年)十月，清政府将前派官兵撤回，并裁奎素一屯，别派巴尔库勒镇标营游击、千总和把总各员管理。乾隆二十三年(1758年)，朴城子开垦20900亩，二十五年增加100亩，二十六年增加1000亩，二十七年裁7700亩，三十一年增加2200亩，三十二年增加2200亩。乾隆四十五年(1780年)，当地有屯田18700亩。主要种植小麦、豌豆和青稞。至乾隆末年，巴里坤有屯兵500名，有4处屯点，共种地13092亩，

①《钦定新疆识略》卷3《南路舆图·哈密屯务》。

额给马(牛)636匹(只),农具410副,岁收小麦、豌豆二色粮约11200石。[①]

古城垦区。乾隆三十七年(1772年)设立,初设400名,从肃州、沙州和巴里坤官兵内调拨而来。三十八年增加150名,额定屯兵550名,由官屯游击、千总和把总各员管理经营,系古城本营专辖。古城屯兵采取更换制度。乾隆四十二年(1777年),内地裁撤拨眷兵,清政府撤换沙州和巴里坤兵丁350名回各自营区,留下肃州千总一员和150名屯兵,遂在本营增派眷兵350名。乾隆五十六年(1791年),吉木萨裁撤屯田,即于吉木萨营派千总一员,兵150名更换肃州官兵回营。吉木萨官兵则岁更换。嘉庆十六年(1811年),因古城差多兵少,遂由玛纳斯派兵80名,吉木萨派兵20名更换古城屯兵100名回营。[②]

乾隆三十七年(1772年),古城垦区有垦田8000亩,次年增加4100亩,额定屯田12100亩。该区主要种植小麦和豌豆。至乾隆末年,古城有屯兵500名,有3处屯点,分别为丰盛、太平和安乐三屯,共种地11000亩,额给马(牛)500匹(只),农具250副,岁收小麦、豌豆二色粮约11000余石。[③]至道光元年(1821年),古城兵屯依然保持500名屯兵,种地1100亩。

木垒垦区。该垦区隶属奇台县,乾隆三十一年(1766年)设立,初置屯兵200名,次年增加300名,额定500名,于巴尔库勒镇标属管内派拨,由官屯守备、千总和把总各员经理。至乾隆末年,木垒有屯兵150名,每名屯兵种地22亩,共种地3300百亩,额给马牛150匹只,农具75副,岁收小麦、豌豆二色粮约3400余石。[④]此处兵屯数量及屯垦地亩保持至道光元年(1821年)未变。[⑤]

需要指出的是,木垒垦区存在轮作现象。乾隆三十一年(1766年),屯垦木垒,兼东济尔玛台。三十二年,屯奇台,兼西济尔玛台。三十三年,屯奇台兼吉布库。三十四年,屯奇台、木垒兼东格根,略仿古代一易再易之

---

① 永保:《乌鲁木齐事宜·屯田》,见王希隆整理《新疆文献四种辑注考述》,甘肃文化出版社,1995年,第130页。

②《钦定新疆识略》卷2《北路舆图·古城屯务》。

③ 永保:《乌鲁木齐事宜·屯田》,见王希隆整理《新疆文献四种辑注考述》,第130页。

④ 永保:《乌鲁木齐事宜·屯田》,见王希隆整理《新疆文献四种辑注考述》,第130页。

⑤《钦定新疆识略》卷2《北路舆图·巴里坤屯务》。

法。至乾隆三十五年(1770年)后,专于吉布库开垦,而统于古城营游击管理。其木垒、奇台等处屯田、遗地均给民户耕种。该区垦田在乾隆三十一年(1766年)是2400亩,次年增加7760亩,总共1万亩。该区主要种植小麦和青稞两种作物。吉布库垦区设置于乾隆三十五年(1770年),屯兵150名,于巴尔库勒镇标属营内派拨,由管屯都司、守备、千总和把总各员管理。当年开垦3000亩,三十八年增加300亩。该垦区主要种植小麦和豌豆。

迪化州垦区。乾隆二十二年(1757年)十月,根据侍卫努三等调查和兆惠关于"自木垒至乌鲁木齐、昌吉、辟展等处皆可开垦"的建议,①乾隆帝谕令黄廷桂在绿旗兵内,多选善于耕作之人,发往乌鲁木齐,明春令其试种地亩,量力授田,愈多愈善。②次年,乌鲁木齐的五堡、昌吉、罗克伦三屯驻进800屯兵。乾隆二十四年(1759年),增加至980名。是年,南疆战事告捷,乌鲁木齐兵屯规模迅速扩大。清政府一面加大从内地调拨绿营兵的力度,一面截留凯旋的官兵,留驻屯垦。乾隆二十五年,乌鲁木齐地区的屯兵人数激增至4374人。次年,稍减至4056人。此后,屯兵人数变动较大。乾隆三十三年至三十五年,达到历史最高的4631人。乾隆三十九年(1774年)的人数保持在3190人以上,可见乌鲁木齐是当时兵屯的重要地区。乌鲁木齐屯兵于乌鲁木齐提标属营内派拨,主要由管屯副将、参将、游击、都司、守备、千总和把总等各员管理经营。乾隆四十年(1775年)后,乌鲁木齐屯区人数渐少,分为中营、左营和右营三处。其中中营九屯,左营八屯,右营七屯。至乾隆末年,乌鲁木齐地区的左、中、右三营屯兵有2598名,每营给牛(马)693匹(只),农具288副,三营共种地54558亩,岁收小麦、豌豆、粟谷各色粮19000~20000余石。③至道光元年(1821年),乌鲁木齐地区绿营提督直辖的中、左、右三营及迪化城守营各有屯兵500名,共2000名。④

---

① 《钦定新疆识略》卷2《北路舆图·乌鲁木齐屯务》。

② 《清高宗实录》卷548,乾隆二十二年十月上丙寅。

③ 永保:《乌鲁木齐事宜·屯田》,见王希隆整理《新疆文献四种辑注考述》,第129页。

④ 《钦定新疆识略》卷2《北路舆图·乌鲁木齐屯务》。

表4　乾隆四十二年(1777年)乌鲁木齐兵屯示意表

营名		屯兵数(人)	遣犯数(人)
中营九屯	辑怀城	133	3
	土墩子	133	2
	怀义堡	133	4
	屡丰堡	133	3
	宣仁堡	133	2
	惠徕堡	133	1
	阜康城	88	
	头道湾头工	90	
	头道湾二工	90	
左营八屯	头工	148	3
	二工	148	3
	三工	148	3
	四工	148	2
	甘标头屯	90	
	甘标二屯	90	
	宝昌堡	147	2
	乐全堡	147	1
右营七屯	头工	153	2
	二工	153	3
	三工	153	2
	四工	153	2
	五工	152	1
	六工	152	2
	土古里克	150	

资料来源:《乌鲁木齐政略·屯田》。

乾隆二十五年(1760年),乌鲁木齐屯区垦地87174亩,二十六年增加163亩,二十七年裁40600亩。二十八年增加20039亩,二十九年增加6132亩,此后年年均有变动,或增或裁,至乾隆四十年(1775年),乌鲁木齐屯区有垦地65348亩。该区主要种植小麦、粟、谷子、胡麻和青稞等作物,种植比例大致是每名屯兵种地21亩内,小麦14亩,青稞2亩,粟谷4亩,胡麻1亩。小麦、青稞每亩用籽种1斗,粟谷每亩用籽种2升5合。①至道光元年(1821年),乌鲁木齐兵屯,左、中、右三营各有垦地100500亩,总计31500亩。②

玛纳斯屯区。乾隆二十七年(1762年),清政府始设屯兵180名。三十二年增加180名。此后,数经增加或裁撤,至乾隆三十九年(1774年),玛纳斯屯区有屯兵1400名。屯兵均从陕西、甘肃调拨,由管屯游击、都司、守备、千总和把总各员管理。

玛纳斯屯区分为左营和右营两部。左营有和丰、稼茂、广裕、瑞成、亨有、源兴、松盛等处,每处均设屯兵100名。右营有丰盈、恒裕、庆稔、广润、大有、千仓和万储等处,每处均设屯兵100名。③乾隆二十七年(1762年)时,玛纳斯屯垦1700亩地,次年新增1900亩,此后数年,或增或减,至乾隆三十九年(1774年),该区有垦地28200亩。主要种植青稞、小麦、粟谷等作物。此后或有增损。乾隆四十二年(1777年),左营垦地至15036亩,右营垦地至14700亩,两营共计29736亩。至乾隆五十年(1785年),左营垦地减至12936亩,右营垦地减至13020亩,分别比乾隆四十二年(1777年)减少2100百亩和1680亩,总计减少3780亩。④

吉木萨垦区,设置于乾隆三十三年(1768年)。始设屯兵1000人,此后陆续裁撤,至乾隆三十九年(1774年),该区共有屯兵755名。乾隆四十二年,又增加至875名。屯兵均从陕西、甘肃调拨,由管屯参将、游击、守备、千总和把总各员管理。吉木萨屯区分为5屯,主要是吉木萨、双岔河、柳树

---

① 永保:《乌鲁木齐政略·屯田》,见王希隆整理《新疆文献四种辑注考述》,第52页。

②《钦定新疆识略》卷2《北路舆图·乌鲁木齐屯务》。

③ 永保:《乌鲁木齐政略·屯田》,见王希隆整理《新疆文献四种辑注考述》,第54—55页。

④《钦定新疆识略》卷2《北路舆图·乌鲁木齐屯务》。

河、三台和特讷格尔等处，主要种植青稞、粟谷和小麦。该区在乾隆三十三年（1768年）垦田20000亩，后有所裁减，至乾隆三十七年有屯田17560亩。乾隆三十九年减至15100亩，乾隆五十六年（1791年）减至13419亩。当年清政府撤出该区兵屯，屯兵移驻古城垦区，屯田改为民田。①

库尔喀喇乌苏垦区，始设于乾隆二十七年（1762年）。初设屯兵270名，乾隆三十年（1765年）裁撤90名，屯兵180名为定额，全部由陕西、甘肃调拨，隶属管屯都司、守备、千总和把总各员管理。该区屯田初设时为5400亩，此后或增或减，至乾隆四十年（1775年）为3636亩，主要种植小麦、粟谷和青稞等作物。乾隆末年，该区有屯兵240名，两处屯垦地分别为头工和二工，共种地5040亩，额给牛（马）192匹（只），农具80副，岁收三色粮4600～4700石。②至道光元年（1821年），库尔喀喇乌苏兵屯种地2520亩。③

晶河垦区，设置于乾隆二十七年（1762年）。初设时有屯兵200名，此后不断裁撤，至乾隆四十年（1775年）有屯兵168名。屯兵均由陕西、甘肃省调拨，隶属管屯都司、千总和把总各员管理。乾隆末年，该区有屯兵120名，共种地2520亩，额给牛（马）96匹（只），农具40副，岁收三色粮2230石。④该区初设屯时，有垦田4050亩，后或增或减，至乾隆四十年（1775年）有屯田3360亩，主要种植小麦、青稞和粟谷等作物。至道光元年（1821年），晶河兵屯种地1260亩。⑤

塔尔巴哈台垦区，始设于乾隆三十年（1765年）。是年，清政府从陕西、甘肃省内调拨540名绿营兵进驻雅尔地区设屯垦殖，每名屯兵给马1匹或牛1头，垦种20亩土地，种植小麦、青稞、黍子。⑥因为当年收成不是很好，加之雅尔冬季雪大，难以驻扎，参赞大臣阿桂只得奏请，于次年移至雅尔以东200余里的楚呼楚一带建城屯驻。乾隆三十二年，新城完工，赐名“绥

---

①《钦定新疆识略》卷2《北路舆图·乌鲁木齐屯务》。

② 永保：《乌鲁木齐事宜·屯田》，见王希隆整理《新疆文献四种辑注考述》，第129页。

③《钦定新疆识略》卷2《北路舆图·库尔喀喇乌苏屯务》。

④ 永保：《乌鲁木齐事宜·屯田》，见王希隆整理《新疆文献四种辑注考述》，第129页。

⑤《钦定新疆识略》卷2《北路舆图·库尔喀喇乌苏屯务》。

⑥ 永保：《塔尔巴哈台事宜》卷4《塔尔巴哈台屯田》，成文出版社，1969年，第191页。

靖”城，又称塔尔巴哈台城，雅尔屯田兵也随迁至此。此后，屯兵或增或减，至乾隆四十年（1775年）为850名，乾隆五十九年（1794年），则减为300名，隶属管屯副将、都司、千总和把总管理。嘉庆十三年（1808年）八月，伊犁将军松筠奏请在塔尔巴哈台增加兵屯，从乌鲁木齐调拨兵丁。次年，清政府从乌鲁木齐调拨绿营兵丁200名移驻塔尔巴哈台。道光元年（1821年），则有屯兵500名。①该区初设屯田10800亩，后或增或减，至乾隆四十年（1775年），有屯田17000亩。

塔尔巴哈台绿营屯田以“工”为单位，每工人数在百人左右。历年屯工个数因屯兵数量增减而不确定。据《塔尔巴哈台事宜》载，乾嘉之际，塔城绿营屯田共有5个工，即5处，每工有屯兵80人。按照定例，每名屯兵额种地20亩。其中，种小麦地12亩，种糜谷地8亩。②各工都分布在城周，头工在城西4里、二工在城南2里、三工在城东南8里、四工在城东南12里、五工在城东30里，共有官牛400头，耕作8000亩土地。各工所获粮食全部收入官仓。屯工需要的农具，每年由内地和乌鲁木齐两处调拨。③

水利是农业生产最重要的基础设施，特别是在气候相对干燥的新疆地区。塔尔巴哈台境内河流较多，这为该区屯垦种植提供了有利条件。塔尔巴哈台额密尔河发源于塔城东北的鄂尔霍楚尔、茂海克凌等山，汇合诸水而南流，再西流如带，注入额彬格逊淖尔。发源于塔尔巴哈台的锡伯图、阿布达尔莫多、板厂沟、楚呼楚、乌里雅苏图等河流则由北向南注入额密尔河。“所有各屯工引用诸河之水，不惟取应时灌溉之利，收秋时无需于水之际，且又宣泄有方，下游不致肆溢漫流之患”。绿营5处屯工的用水分别是：头工引水于乌里雅苏图之滋泥泉子；二工引水于楚呼楚之水；三工引用板厂沟之水；四工引用乾河边之水；五工引用阿布达尔莫多之水；锡伯图工引用锡伯图河之水。④

伊犁屯垦区，设于乾隆二十五年（1760年）。乾隆帝“武定功成，农政宜

---

①《钦定新疆识略》卷2《北路舆图·塔尔巴哈台屯务》。

② 永保：《塔尔巴哈台事宜》卷4《塔尔巴哈台屯田》，第191页。

③ 永保：《塔尔巴哈台事宜》卷4《塔尔巴哈台屯田》，第191—193页。

④ 永保：《塔尔巴哈台事宜》卷4《塔尔巴哈台水利》，第147—148页。

举，特命办事大臣阿桂专理屯田，由阿克苏率满洲、索伦骁骑五百名，绿营兵百名，回子三百名越木苏尔达坂罕至伊犁镇守，专事搜捕玛哈沁，招抚溃败之厄鲁特。即以绿营兵筑城，回子乘时兴屯开渠灌溉，是为伊犁屯田之始"[①]。是年，阿桂又奏调绿营兵900名，共计1000名，俟到齐后即令全行垦种。[②]次年，金梁带兵入驻，伊犁屯兵实则800名，一兵种地20亩。[③]翌年，增加200名，增至1000名。"二十六年至三十四年，陆续由内地增调屯田兵至2500百名，5年更替，500名差操，2000名屯种。四十三年(1778年)，将军伊勒图奏准改为携眷，定额3000名，以500名差操，2500名屯种，分为25屯，仍视仓储之多寡，随时增减屯种"[④]。"乾隆四十七年，将军伊勒图以积贮粮石过多，恐致霉变奏明于二十五屯内减撤十屯兵1000名操练技艺。乾隆五十四年将军保宁因筹贮仓储奏准增添七屯。"

至乾隆三十八年(1773年)，伊犁兵屯有西宁屯五处，甘、凉、肃屯各四处，宁夏、安西屯各二处，西安、兴汉、固原、延绥屯各一处，凡二十五屯。其分布格局是绥定城北之喇嘛寺沟及芦草沟各设一屯，塔尔奇城安设三屯，其迤西之霍尔果斯安设三屯，察罕乌苏安设七屯，城西北至清水河安设二屯，独山子安设一屯，城北至大西沟安设二屯，大东沟、小东沟各安设一屯，惠宁城之南设三屯，每屯兵百名，以千把、外委二员专司其事。若三四屯，仍以都司一员兼理稽查。至十二三屯，派游击一员综理之。其参将一员，则总辖二十五屯，而隶于总兵。[⑤]

乾隆二十六年(1761年)时，伊犁兵屯16000亩。此后不断增加，至乾隆四十年(1775年)，伊犁兵屯垦田共50588亩，主要种植大麦、小麦、糜、粟谷和青稞等作物。

---

① 《钦定新疆识略》卷6《屯务》。

② 《西陲总统事略》卷7《兵屯》。

③ 格琫额纂，吴丰培整理：《伊江汇览·屯政》。

④ 《钦定新疆识略》卷6《屯务》。

⑤ 格琫额纂，吴丰培整理：《伊江汇览·屯政》。

表5 伊犁兵屯水利分布表

屯田地名	引用水源	余水	备注
绥定城屯镇中营屯田	乌哈尔里克山泉及小芦草沟泉水		
喇嘛寺沟遣屯民地、绥定城屯镇中营官屯地亩、城南户民地亩、水泉子一带满营五旗地亩及户民园地、旗下园地	乌哈尔里克山泉水上游	余水入惠远城街渠适用	
绥定城中营官屯地	兼引用左营四屯遗水及泉水	灌溉余水流归磨河渠	磨河上游本有山泉由塔尔奇城西北浚渠，环绕城南，折东
绥定城正红、镶红二旗屯地并本城官兵新垦地亩（是为西地）	泉水		
绥定城西北屯镇左营大芦草沟屯田	果子沟（即塔尔奇沟）泉水龙口分水	余水流归营屯地	
左头屯地亩	果子沟（即塔尔奇沟）泉水龙口分水	余水流归塔尔奇屯	
左营屯地	小西沟水	余水流归塔尔奇屯	
屯镇右营清水河屯田（在左营之西）	大西沟泉水自龙口分水一渠另浚水泉一道	余水流入头道河	
屯镇右营清水河屯田（在左营之西）	大西沟泉水自龙口分水一渠另浚水泉一道	余水流入二道河	
右营屯田地	察罕乌苏沟泉水分水二渠	余水流入三道河	
屯镇塔尔奇营屯田（绥定之西微北）	用左营各屯遗水并引泉水过灌溉		
塔尔奇营稻田	磨河渠水灌溉	余水退如磨河水下游草湖	

续表

屯田地名	引用水源	余水	备注
塔尔奇营遗屯地（草湖东岸，谓之西地）	草湖水		
屯镇霍尔果斯营屯田	霍尔果斯河水并滚坝沟泉水兼用索伦屯地余水	所有余水统归三道河	
屯镇巴燕岱营屯田（惠宁城东南）	辟里沁沟泉水分为渠水二道，第一道为巴燕岱渠		
惠宁城旗屯、民人园地	辟里沁沟泉水渠水第二道		
惠远城旗屯阿奇乌苏地亩	巴燕岱渠的分支		
惠远城商户地亩并绥定城旗屯	阿里木图沟泉水（辟里沁之西）	余水由七里沟新渠引灌惠宁城之阿奇乌苏旗屯。余水引入八旗稻屯大渠	

资料来源：《西陲总统事略》卷7《兵屯》。

从乾隆二十一年至乾隆三十七年，清政府在天山北麓自东向西设立诸多兵屯垦区。其中，哈密和巴里坤在东边、伊犁居西边、塔尔巴哈台扼北边、乌鲁木齐居于中，形成北疆兵屯战略的重大支点。在支点之间，奇台、吉木萨、吉布库、古城、库尔喀喇乌苏、玛纳斯、精河等处连点成线，构成一条农垦绿色丝带。

清政府在哈密及吐鲁番的兵屯时间是比较早的。康熙六十年（1721年），清政府始商议在吐鲁番屯田。次年，即遣派巴里坤兵5000名赴吐鲁番筑城垦地。雍正二年（1724年），吐鲁番屯垦取得成效，屯粮5000余石。此后，因回民内徙，准部用兵等因，至乾隆二十年平定准噶尔，二十一年瓜州的回民返归吐鲁番，将军兆惠奏请将地亩赏给维吾尔人耕种，得到允许，当年即拨给4万亩田亩，额交税粮4000石，二十七年又奉旨减去1000石，实际缴纳3000石。乾隆年间，为满足军需，清政府在天山南麓诸多绿洲也开展兵屯。吐鲁番垦区，主要包括辟展、哈喇和卓和托克逊等处。乾隆二十二年（1757年），吐鲁番复屯。是年，吐鲁番垦区有田6550亩。二十三年（1758年），增垦地11150亩。二十四年，设兵开屯。乾隆二十四年（1759年），辟展有屯兵800名，由陕西、甘肃省调派，隶属管屯都司、守备、千总和把总各员管理。设屯当年开垦10700亩，次年增加2928亩，共13628亩。屯区主要种植小麦、青稞、豌豆和粟谷等作物。

哈喇和卓屯垦，乾隆二十四年（1759年）设立，有屯兵300名，由陕西、甘肃省调派，隶属管屯游击、千总和把总各员管理。当年垦田4500亩，次年增加1500亩，共6000亩，主要种植小麦、青稞和粟谷等作物。

托克逊屯垦，乾隆二十四年（1759年）设屯，有兵1000名，由陕西、甘肃省调派，由管屯参将、守备、千总和把总各员管理，当年垦田11082亩。次年增加3170亩，共有14252亩，主要种植小麦、豌豆和粟谷等作物。

乾隆二十六（1761年）、二十七（1762年）两年，经办事大臣奏请给吐鲁番回民为世业，岁纳额租。二十六年，清政府把托克逊、哈喇和卓两处的屯田18582亩转交当地维吾尔人。二十七年，又把辟展、连木沁的兵屯裁撤，其屯田15650亩转交给当地维吾尔人耕种。接收屯田的维吾尔人每年额交粮1560石。至此，吐鲁番暂无屯务。不过，在乾隆四十四年（1779年），因为郡王苏赉璊获罪，其私产地亩自辟展至托克逊被没收归官。清政府分其地为七处，开设七屯，令屯兵700名分种。吐鲁番垦区由领队大臣统领，五年更替总理，或设游击一员，或设都司一员，下设千总、把总等官，托克逊屯兵100名，安展屯兵250名，哈喇和卓屯兵100名，阿斯塔纳屯兵100名，和色尔图喇屯兵50名，胜金屯兵50名，辟展屯兵50名，每名种地21亩，额给牛（马）560匹（只），农具233副，共种地14700亩，额交粮9000石。①乾隆末年，岁收粮增至12300余石。②

①《钦定新疆识略》卷3《南路舆图·吐鲁番屯务》。

②《乌鲁木齐事宜·屯田》。

喀喇沙尔(今焉耆)屯区,乾隆二十三年(1758年)设立,初设屯兵207名,次年新增277名,后或增或减,至乾隆三十八年(1773年),有屯兵362名,均由陕西、甘肃省调派,隶属管屯参将、游击、都司、守备、千总和把总各员管理,主要种植粟谷、小麦和青稞等作物。该区初设屯田时,有4145亩,次年新增5535亩,后或增或减,至乾隆三十九年(1774年),有屯田7440亩。道光元年(1821年),该区有三处屯垦点,头工有屯兵71名,二工有屯兵101名,三工有屯兵130名。头工在城东北60里处,种地1420亩,由西北引开都河水灌溉。二工在城东70里,种地2020亩,由正西引开都河水灌溉。三工名乌沙克塔尔,在城正东10里,种地2600百亩,由东北察罕通格山沟内引雪水灌溉。每年各屯工交粮5952石1斗7升。①

乌什屯区,乾隆三十一年(1766年)设立,初设屯兵1000名,屡经裁撤,至乾隆三十六年(1771年),有屯兵400名,由陕西、甘肃省调派,隶属管屯副将、都司、守备、千总和把总各员管理。屯区曾有垦田20000亩,后屡经裁减,至乾隆三十六年(1771年),减少到8000亩,主要种植小麦、大麦、豌豆和糜子。嘉庆四年(1799年),清政府裁撤屯兵归营。道光元年(1821年),又复垦地5000亩。②

阿克苏屯区。乾隆二十六年(1761年),经办事大臣奏请,以其地当孔道,供支往还使臣及内附藩臣,有酌宜筵宴之处,需用稻米,申请从叶尔羌运籽试种。次年设屯,有屯兵15名,隶驻防官兵,不另派,属管屯游击、把总管辖。屯区位于阿克苏城东南,主要种植水稻,有稻田150亩,每年籽种29石,收稻谷502石3斗5升。③阿克苏稻田收获水稻盈余时,运交乌什粮员,配给官俸,取足用而止。

兵屯是清政府组织性很强的军事屯垦活动,屯兵是按名拨给份地的。《新疆图志》载:"兵屯之制,一夫拨田20亩。"④但实际情况与此记载不同。清政府对不同地区的兵屯要求也不一致。乾隆二十三年(1758年),陕甘总

---

①《钦定新疆识略》卷3《南路舆图·喀喇沙尔屯务》。

②《钦定新疆识略》卷3《南路舆图·乌什屯务》。

③《总统伊犁事宜·南路总说·阿克苏》;《钦定新疆识略》卷3《南路舆图·阿克苏屯务》。

④《新疆图志》卷30《赋税一》。

督黄廷桂奏请“每名种地15亩外,酌加5亩”[1]。可知,当时哈密和巴里坤地区的屯兵每名原授田为15亩,此后增为20亩。之后,巴里坤、古城、木垒三处的屯兵和遣犯每名耕田为22亩,伊犁、塔尔巴哈台、乌什和哈喇沙尔的屯兵每名耕田均20亩。而乌鲁木齐提标中、左、右三营,库尔喀喇乌苏、精河的镇标右营及吐鲁番等处屯兵则是每名耕种21亩,遣犯每名耕种12亩。[2]

此外,清政府在屯兵耕作与畜力配置方面也因管理系统不同而有所差别。新疆绿营兵归属两个不同系统,一个是归提督管理,名提属;另一个是归总兵管理,名镇属。“提属屯兵每百名额给马牛八十匹只,每年每百匹马准倒三分,牛准倒一分五厘。每兵三名给农具一副,铁骑销三,木器皮麻等物销五。每遣犯三名额给马牛一匹只,农具一副。每年马牛查明预咨伊犁将军差解补缺”。而“镇属屯兵、遣犯每名额给马牛一匹只。右营马准一分五厘报倒,牛准一分二厘报倒;古城、木垒马牛倒毙分数与提属例同,惟马匹在该处孳生厂内拨给,其牛只在伊犁解到数内份额。田工马牛倒毙微有过额,倒毙之数着落该管官员赔补,仍记过示惩;如马骡驴头倒至四分、牛只倒至二分者,将多倒至数着落补外,仍将该管官严参交部议处。”清政府不仅对兵屯的畜力使用有严格规定,而且对其农具使用和采买也有明确规定。如巴里坤属屯田农具在乾隆六十年(1795年)之前由宜禾、奇台二县采买。乾隆六十年后,经乌鲁木齐都统奏请,其使用的铁器应从乌鲁木齐铁厂内调取,其余物品仍采用采买补额制度。乌鲁木齐铁厂铸造的农具还供哈喇沙尔、塔尔巴哈台及吐鲁番屯工之用。

除此之外,屯田管理部门甚至连供给屯营的夹布口袋和扎口绳也有明确规定。如乌鲁木齐提标中营屯额定给夹布口袋1081条,左营给815条,右营给782条,库尔喀喇乌苏给231条,精河给104条,巴里坤镇标右营给夹布毛麻口袋1166条,上述兵屯给的口袋和扎口绳是等额配给的。可是古城、吉布库屯支给夹布毛麻口袋,不给扎口绳,前者给口袋918条,后者

---

①《清高宗实录》卷572,乾隆二十三年十月甲子。

②《乌鲁木齐事宜·屯田》。

则给315条。以上口袋每年以三分核销，在营存备用口袋、口绳内按年动拨，而库尔喀喇乌苏和精河二屯则是在该处文员处领补。[1]

从《钦定皇舆西域图志》记载可知，乾隆年间，新疆兵屯人数呈现增长态势，并有波动性。总体来看，人数不断增加，乾隆二十三年至二十五年、乾隆三十年至三十五年，两个阶段为快速增长期；在乾隆二十五年、乾隆三十五年和乾隆三十九至四十年三个时段为人数上升期，乾隆三十九年人数最多，高达12476人；乾隆二十六年至三十年、乾隆三十七年和乾隆四十二年为三个下降期。

从《钦定皇舆西域图志》记载可知，乾隆年间，新疆兵屯每年耕作地亩数也呈现出总体性增长和年份波动的特征。其中，乾隆二十五年、乾隆三十四年和乾隆三十九年为三个高峰，其中以乾隆三十四年为最高，多达327508亩。两个增长期分别为乾隆二十二年至二十五年、乾隆二十八年至三十五年。另外，在乾隆二十五年至二十七年、乾隆三十六年至三十七年、乾隆四十二年为三个衰减期。

从《钦定皇舆西域图志》记载可知，乾隆年间，新疆兵屯各个垦区每年的收成（产量单位应是斗。因为亩产量10斗是正常的，10石等于扩大了10倍，是不可能的），也呈现出明显的区域差异性和波动性。阿克苏、伊犁两地的收成最好，在各地屯垦中产量最高，大致在亩收10石（斗）以上，特别是阿克苏，在乾隆四十二年收成竟高达37.2石（斗），为新疆魁首，两地总体收成高于其他垦区，显示出优越的农垦条件。其他地区总体在5～10石（斗）之间波动。就年度波动性而言，二十五年、三十年、三十四年、四十年为收成较高年份，是为丰年。而二十七年、三十一年、三十九年为收成较低年份，为歉年。

总体而言，新疆兵屯以乾隆、嘉庆两朝为盛，自道光朝后渐衰。主要原因是兵屯政策的调整，或裁撤兵屯，或转为民屯，遂使兵屯规模比之于前而呈现出缩减趋势。由于屯垦农业的发展，粮食生产供给戍军已多有盈余。多余的粮食在不易存储的情况下则生霉变，造成浪费。于是，清政府遂在

① 《乌鲁木齐事宜·屯田》。

乾隆四十七年(1782年)开始逐渐裁减兵屯规模,以与粮食供给需求相适应。如伊犁地区的屯兵从2500人裁撤到1500人,其他人员转入军事训练。[①]再如乌鲁木齐和巴里坤的屯兵在乾隆中期有7000余人,乾隆末年则减至不足3000人。[②]这是由屯田的效果与戍军的粮食供给决定的。然自清朝乾隆年间在新疆开始大规模屯垦活动,以高效的组织形式,在较短时期内恢复和发展了新疆的农业生产,改变了清军统一新疆初期的荒凉景象,则是功不可没的。诚如道光初年松筠所云:"大兴屯田,设立学校,闾阎相望,比户可封,阡陌纵横,余粮栖亩,是又自古建堡塞之议,讲安边之论者所不能得一二于千百者矣。"此外,兵屯的良好绩效,还大大减轻了清政府在新疆的驻防与行政开支。松筠就此计算后认为:"每岁节省银129万两有余,以1078400余两为新疆各城之俸、廉经费,尚余银211500余两。使得新疆不特未尝糜饷,且为节省币银也。"[③]这都是对新疆屯垦事业的高度肯定。

2.回屯

回屯,即指在清政府组织管理下由维吾尔人所从事的屯垦。乾隆年间,清政府在参考历史经验和征求多方意见的基础上,决定从南疆迁移部分维吾尔人至伊犁屯田,以供给伊犁驻军的粮糈。在乾隆皇帝的大力支持下,阿桂和舒赫德等新疆大员积极策划,从乾隆二十五年至三十三年,先后九次组织南疆的维吾尔人迁徙。至乾隆朝末期,移居到伊犁地区的维吾尔人已有6000多户,2万余人,成为伊犁屯田的又一支力量。

康熙十九年(1680年),噶尔丹灭叶尔羌汗国,将南疆伊斯兰教白山派首领拘押于伊犁。为解决准噶尔粮食供应问题,策妄阿拉布坦和噶尔丹策零从南疆各地强制迁移4400余户15000余名维吾尔人到伊犁地区。这些移居伊犁的维吾尔人主要从事农垦,准噶尔人称之为"塔兰奇",这是准噶尔蒙古语的音译,也译作"塔里雅沁",意为"种地人"。因为这段历史,所以乾隆帝在规划伊犁屯垦时,就想到仿照准噶尔旧例,但采取自愿的原则,迁

① 《西陲总统事略》卷7《兵屯》。
② 《乌鲁木齐事宜·屯田》。
③ 《钦定新疆识略》2《北路舆图》。

移部分维吾尔人至伊犁垦田。乾隆二十三年(1758年)四月初,定边将军兆惠奏报平定阿睦尔撒纳之乱,乾隆帝认为势力弱小的大、小和卓将会更易平定。看到平叛胜利曙光即将来临,乾隆帝开始筹划伊犁驻军防卫及屯垦事宜。他谕令军机大臣:"明岁驻兵、屯田,最为紧要。"虽然乌鲁木齐等处已进行屯垦,但位于新疆战略核心的伊犁却"尚属闲荒",应驻扎索伦兵、健锐营兵二三千名及"绿旗屯回兵丁",①以壮大声威;同时,令将军兆惠入京商议伊犁屯垦事宜。不久,乾隆帝就明确指出,待平定大小和卓叛乱后,应将南疆维吾尔人酌量迁移至伊犁。"伊犁驻兵屯田,关系甚重,亦宜预为筹划。从前伊犁地亩,皆回人耕种。今俟回城平定,即将回人酌量迁移,与绿旗兵杂"。②

乾隆二十三年(1758年)四月初,陕甘总督黄廷桂奏请伊犁屯垦事宜。乾隆帝谕令:"查准噶尔旧例,系回人耕种交租,请俟回部荡平,将叶尔羌等处回人量移耕种,查明回人原纳租粮,足敷屯田兵丁若干人之食;其不足者,以货物交易。"③由此可见,乾隆帝鉴于准噶尔旧例,仍将南疆部分维吾尔人移居伊犁进行屯田,以供给伊犁驻军的粮糈。

四月二十七日,黄廷桂再次上奏:"伊犁一带地方驻兵屯田,约略驻兵五千名计算,其未经收获以前,酌备十个月口粮,即需驼一万四五千只方能运送。此外,应运之农具、籽种、零星物件,尚未计入。巴里坤以西,山麓崎岖,不惟车辆难行,即车路可通,拉车骡马必须料豆饲喂,始可前往,计转运裹带,所费更巨。且伊犁既设兵屯田,而原议之济尔格朗、安海、玛那斯、乌鲁木齐、特纳格尔、伊尔巴尔、和硕、木垒一路,均应设兵屯田,以联声势,是所设屯守各兵,断不止五千之数。况屯田初设,三五年之内,开渠垦土,修堡盖房,事事皆需人力,其屯种所获未必丰裕足用。"他建议"南路回民地方距离伊犁一带甚近,从前赴肃州贸易时距彼地六七千里,尚且欣然而来。今若在伊犁一带与之贸,迁牲畜米面,回民自必乐从,且伊犁一带彼时原有回民种地,如令自备牛具、籽种,将屯兵所余之地,分拨垦种,减收其租,均

①《清高宗实录》卷560,乾隆二十三年四月己未。

②《清高宗实录》卷560,乾隆二十三年四月己巳。

③《清高宗实录》卷561,乾隆二十三年四月癸未。

与兵食有裨”[1]。

乾隆二十四年(1759年)九月,南疆大、小和卓叛乱平定。十月,参赞大臣舒赫德奏请,驻防伊犁应派出满洲和索伦兵共四千名驻防,派绿旗兵四千名修建城堡。关于伊犁屯田,他认为应全面展开,“第一年派回人三千户前往屯田,或马匹,或牛驴,亦购买二三千,预备调用”。乾隆帝认为伊犁驻兵与屯田之事,应由近及远,逐步推进,不可着急。他指令舒赫德:“屯田伊始,或派兵五百名防守,回人五百人耕作,计所获之粮,足敷食用,再议开扩。”[2]

定边将军兆惠和办事大臣阿桂商议从南疆阿克苏、乌什、赛里木、拜城、库车和沙雅尔等处“酌派回人二三百户”,将其送往伊犁设屯垦种。[3]

乾隆二十五年(1760年)二月,陕甘总督杨应琚奉旨与将军兆惠、办事大臣阿桂再次会商此事。三人商议后,提出第三种方案,即“派兵四五千名,回人一千户”。此外,阿克苏的维吾尔人迁移伊犁的工作已准备就绪,而库尔勒等地所派任务尚未办理。乾隆帝即谕令阿桂,伊犁“驻兵屯田,惟当渐次扩充。今岁且照原议,派兵五百名,回人三百户”,以后应“量为添派,以渐增多”[4]。

乾隆二十五年(1760年)二月,300户维吾尔族民众在清军护送下,从阿克苏起程,翻越天山到达伊犁。清政府将其安置在伊犁河南的海努克安屯,是为伊犁回屯之始。不久,阿桂奏请再添七百名以足千名之数。适经舒赫德奏派回子五百名,令其携眷于次年春由阿克苏再赴伊犁种地。此次派遣的五百名维吾尔族农民,“每名携带小麦、大麦籽种各五斗,谷黍籽种共五斗,农具、马匹、牲畜等项俱着本年移来回子之例办理”[5]。随后,清政府又陆续从乌什、叶尔羌、和阗、哈密、吐鲁番等处迁徙维吾尔族民众至伊犁屯垦。

---

① 朱批奏折,档号04-01-23-0029-007,缩微号04-01-23-002-1525,《大学士管陕甘总督事黄廷桂奏为拨解色缎酌奖赴伊犁等处贸易垦种回民事》,乾隆二十三年四月二十七日。

②《清高宗实录》卷599,乾隆二十四年十月癸卯。

③《平定准噶尔方略》正编卷83,乾隆二十四年十二月乙巳。

④《清高宗实录》卷606,乾隆二十五年二月癸未。

⑤《钦定新疆识略》卷6《屯务》。

之后，虽然迁移工作陆续进行，但规模渐小。史料中所见最后一次迁移是乾隆三十三年（1768年）。是年三月，阿桂奏请："伊犁驻兵众多，需粮甚殷，若多移回人数百名，于屯田甚有裨益。"他得知叶尔羌及和阗"回人精壮，请捡选三百五十户，照前次遣往乌什之例办理，于冬间遣往伊犁"①。

经过多次迁移和繁衍生息，至乾隆四十年（1775年），伊犁地区实际有维吾尔人6406户，20356口。②至嘉庆末年（1790年），伊犁地区维吾尔人为6383户，34300口。其中，"燕齐回子（随伯克品级给舆服役之回子）323户，挖铁回子60户，种地回子6000户"③。至道光年间，伊犁地区维吾尔人增至8000户。④

伊犁回屯，最初有八处，分别是济尔格朗、鄂罗斯坦、塔什鄂斯坦、巴尔图海、哈什、霍诺海、博罗布尔噶素和海努克。⑤乾隆三十八年（1773年），将军伊勒图奏准以六千回户分为九屯，耕种纳粮，每户交粮十六石，每年共交粮九万六千石。乾隆四十二年（1777年），伊犁有回户6406户，20356名口。⑥

乾隆五十四年（1789年），将军保宁以屯回生齿日繁，增垦地亩，情愿加交粮四千石，以足十万之数。乾隆帝谕令，嗣后遇到有歉收之年，不必增交，以示体恤。

嘉庆九年（1804年），将军松筠以六千回户生齿倍加，请将遣屯等处地亩拨给回子耕种，每年令交小麦2000石以供铜、铅厂夫口实食之需。⑦道光二十年（1840年），清政府组织人员在"塔什土比地方开挖水渠，安置新增回子1000户"，"续开地164750亩，每年交粮16000石"。二十一年，"在三

---

①《清高宗实录》卷806，乾隆三十三三月乙未。

② 格琫额纂，吴丰培整理：《伊江汇览·户籍》记载为20556口。成书于乾隆四十七年（1782年）的《钦定皇舆西域图志》卷33《户口》记载为"6406户，20356口。"笔者估计三20356或为五20556之笔误。

③《西陲总统事略》卷1《伊犁兴屯书始》。

④《伊犁略志》。

⑤《总统伊犁事宜·回务处应办事宜》。

⑥《钦定皇舆西域图志》卷33《屯政》。

⑦《西陲总统事略》卷7《回屯》。

道湾地方开挖水渠，安置新增回子500户，每年纳粮8000石。二十三年，在阿尔布孜地方开挖水渠，安置新增回子500户，每年纳粮8000石”。两处共“垦地256493亩”[①]，共计回子8000户，每年共纳粮128000石。[②]

关于伊犁回屯的人口，《钦定新疆识略》卷6《屯务》载：“至（乾隆）三十三年，共有6383户。”成书于乾隆末年嘉庆初年《总统伊犁事宜·回务处应办事宜》则载：“历年伙驻回子共6383户。内除养赡各伯克之颜齐回子323户外，实有纳粮回子6000户，内30户挖铁，30户种地。”成书于乾隆四十年（1775年）的《伊江汇览·户籍》载：“回子伯克并耘地、挖铁、额齐回子，凡6406户，计大小20560名口。”成书于乾隆四十七年（1782年）的《钦定皇舆西域图志》卷33《屯政二》则载：“回户6406户，20356名口。”二者记载户数相同，但口数稍异。嘉庆末年，户数未增，口至34300人，道光二十三年（1843年），户又增至8000户。[③]由此可知，随着北疆屯垦事业的发展，伊犁地区的维吾尔族人口也出现了较快增长。

伊犁回屯的具体管理者均为吐鲁番郡王额敏和卓后裔。在伊犁回屯设置之初，屯务由阿奇木伯克茂萨负责。茂萨是吐鲁番郡王额敏和卓之次子，于乾隆二十五年（1760年）授伊犁阿奇木伯克。三十一年（1766年），额敏和卓第三子鄂罗木杂布赴伊犁，将军明瑞奏令协理屯田事务。是年，授其一等台吉，任伊犁三品阿奇木伯克。嘉庆十年（1805年），鄂罗木杂布卒，清政府以其子密里克杂特袭一等台吉，署阿奇木伯克事务。为加强对伊犁维吾尔人的管理，清政府在伊犁设立回务处，由领队大臣直接管理。乾隆年间，清政府设立屯田大小伯克共81员，其中，三品阿奇木伯克1员，养廉银每年500两；四品伊什罕伯克1员，养廉银每年200两；五品噶祺那齐伯克2员，商伯克2员；六品哈子伯克1员，密布拉伯克6员，都官伯克1员；七品明伯克7名，什扈尔伯克1名，帕提沙布伯克1名，巴吉格尔伯克1名，色迪尔伯克1名，玉子伯克60名；管理挖铁七品顶戴玉子伯克1名。道光年间，伊犁大小各级伯克增至115员，分别管理各屯地亩、粮赋、水利和诉讼

---

①《伊江集载·屯务》。

②《伊犁略志》。

③《伊犁略志》。

等具体事务。清政府规定，五品以上伯克缺出，由伊犁将军奏请补放；六品以下伯克缺出，由将军、参赞大臣补放，并随时咨行。①另外，为不断培养下一代伊犁维吾尔族伯克，清政府在伯克子弟内选择有堪造就者，赏给金顶，额定12人，指导他们学习中央政府的法规法令与政策。

乾嘉年间，清政府明确规定伊犁的维吾尔人纳税户为6000户，这实际是清政府对伊犁维吾尔人农业纳税户的规定，少于实际户数。史籍中明确记载乾隆四十年（1775年），伊犁地区维吾尔人是6406户。乾隆末年，伊犁地区维吾尔人约6383户。清政府规定，“有缺额时，前经南路各回城拨补”。乾隆四十一年（1776年），改为从伊犁成年子弟及哈萨克地方投回的后代中拨补，“嗣后，若有缺额时，即在成年子弟内拨补”②。道光年间，随着伊犁维吾尔人不断增加，清政府先后在塔什土比地方安置1000户，在三道湾地方安置500户，在阿勒卜斯地方安置500户，上述三地均为屯垦之所。③

其实，较之民屯，清政府对伊犁维吾尔人屯垦的待遇是比较好的。清政府为其提供牲畜，“官给六千户种地回子马、牛六千只，每年补给三分倒毙”④。此外，清政府较早在固尔扎城设立义仓，贮藏麦子6500石，用于接济饥荒年民众缺粮之需。规定是青黄不接时借出，俟秋收后照数交纳。⑤虽然清政府对待伊犁屯田的维吾尔人比汉人好些，但清政府对待从南疆和吐鲁番两处迁移来的维吾尔人的待遇也不一致。因为吐鲁番地区维吾尔人归顺较早，已经取得了清政府的信任，因而清政府也对他们相对有所优待。比如伊犁挖铁的维吾尔人，从南疆来的“挖铁回子三十户，每月各交生铁三十四斤，熟铁各四斤；由吐鲁番发来回子图伦泰等四户，每月各交生铁十七斤，熟铁二斤。”⑥通过优待政策和较为完善的管理体制，清政府较好地处理了南疆维吾尔人移居伊犁的问题，而后者也在辛勤劳动中，为建设伊

①《总统伊犁事宜·回务处应办事宜》。
②《总统伊犁事宜·回务处应办事宜》。
③《伊犁略志》。
④《总统伊犁事宜·回务处应办事宜》。
⑤《总统伊犁事宜·回务处应办事宜》。
⑥《总统伊犁事宜·回务处应办事宜》。

犁和保卫伊犁作出了积极贡献。至道光年间，伊犁地区维吾尔人增至8000户，每年交粮128000石。[1]咸丰初年，海努克等处维吾尔人每年交粮96000石。宁远城附近的维吾尔人开垦田地164750亩，每年交粮16000石。三道湾、阿勒卜斯开垦田地256493亩，每年交粮16000石。[2]

表6　伊犁回屯水利一览表

地点	户数	水源	备注
海努克	六百户	山泉	
哈什	五百户	河水	
博罗布尔噶素	一千一百户	河水	
济尔格朗	九百户	山泉	
塔什鄂斯坦	四百户	山泉	
鄂罗斯坦	六百户	山泉	
巴尔图海	六百户	山泉	
霍诺海	八百户	山泉	
达尔达木图	五百户	山泉	乾隆五十四年(1789年)奏明拨给此地
呢勒哈	回户加种地亩	山泉	
乌里雅素图	回户加种地亩	山泉	
乌兰库图尔	回户加种地亩	哈什河水	此地即铜铅厂田亩改归回子耕种，每年交粮二千石
春稽	回户加种地亩	泉水	以上四处屯地均系嘉庆九年(1804年)奏明拨给

资料来源：《西陲总统事略》卷7《回屯》。

3.犯屯

犯屯，又名遣屯，是清政府组织遣派至新疆的犯人进行屯种的形式。这实际上是清政府对遣犯的一种惩罚和改造的方式。由于其身份特殊，遣犯多是被纳入当地兵屯组织系统中，由兵屯主管官员监督管理。

按照犯人罪行的轻重，清政府对犯人的惩处程度不一。如犯人罪行较

① 《伊犁略志》。

② 《伊江集载·屯务·回屯》。

重,往往发配给种地兵丁为奴,由兵丁负责日常管理,监督其日常劳作;[①]罪行稍轻,则“补耕屯缺额”,领种定额地亩,与屯垦兵丁一起“合力耕作”。[②]所以,清代新疆隶属于兵屯的屯田遣犯大致可分为两种:一是发遣为屯兵为奴,二是承种份地。

发遣罪犯至新疆进行屯垦的建议始于乾隆二十三年(1758年)。是年二月,御史刘宗魏倡议,把盗贼抢夺、挖坟、应拟军流人犯,“不分有无妻室,概发巴里坤,于新辟夷疆并安西回目扎萨克公额敏和卓部落、迁空沙地等处,指一屯垦地亩,另名圈卡,令其耕种。其前已配到各处军流等犯,除年久安静有业者,照常安插外,无业少壮曾有过犯者,一并改发种地,交驻防将军管辖”[③]。这一建议得到允许。

不过虽然御史刘宗魏的建议得到乾隆帝允许,但并未马上实行。此后数年内,乾隆帝一再在谕旨中提及遣犯至新疆进行屯垦的益处。乾隆二十四年(1759年)十月,乾隆帝谕令:“此等人犯,原系死罪减等,仅从改发,已属格外之仁。……内地淳俗既不为稂莠渐移,而食货亦无虞坐耗,且令匪恶之徒,困心衡虑,惟以力田自给,日久化为良民,岂非美事。”这“于直省生机既多裨益,即罪人并知改过自新”[④]。

乾隆二十六年(1761年)三月,乾隆帝再次就新疆遣犯下达谕令:“此等罪犯,本属去死一间,投畀远方,既不至渐染民俗,而新疆屯垦方兴,又可力耕自给,实为一举两得。”[⑤]从乾隆帝的一系列谕令,可知乾隆帝是极力主张发遣罪犯去新疆从事屯垦的,不仅可以给遣犯一个改过自新的机会,还可以增加新疆屯垦的劳动力。最初,这些遣犯多在安西、哈密和巴里坤一带安置。后来渐次遣送至乌鲁木齐、伊犁及塔城地区。不过由于种种原因,清政府并没有把遣犯押送至新疆进行屯垦,而是赏给安西的绿营兵为奴。至于发遣罪人至新疆的时间,《清实录》中记载最迟为乾隆二十六年(1761

① 《清高宗实录》卷564,乾隆二十三年六月癸亥。

② 《清高宗实录》卷1090,乾隆四十四年九月乙巳。

③ 《清高宗实录》卷556,乾隆二十三年二月己巳。

④ 《清高宗实录》卷599,乾隆二十四年十月戊戌。

⑤ 《平定准噶尔方略》续编卷10,乾隆二十六年三月辛酉。

年）四月，甘肃巡抚明德奏称：“查巴里坤、哈密、安西三处，遣犯甚多，难以安顿。嗣后各省遣犯，请停止分发巴里坤等三处，酌发辟展、乌鲁木齐屯所，到配之日，即令分派各屯。照例给与口食。”①八月，巴里坤有遣犯480余名，哈密有种地遣犯130名。②此后，清政府逐渐在乌鲁木齐、伊犁、塔尔巴哈台等地安置遣犯。乾隆四十八年（1783年），伊犁地区的遣犯已多达“三千数百余名”③。

新疆的遣犯主要从事更艰苦的体力消耗巨大的劳动，比如农垦、挖煤、采矿等。此处主要从农垦的角度论述犯屯的情况。依据《钦定皇舆西域图志》卷32《屯政一》记载，犯屯主要集中在以下地区：

哈密的塔尔纳沁地区，乾隆二十七年，派来遣犯130名。至乾隆四十年，无增减。蔡巴什湖地区，乾隆二十七年，派来遣犯50名。

巴里坤朴城子地区，乾隆二十七年，派来遣犯250名。以后不断增加，至乾隆四十年，增至350名。④

乌鲁木齐五堡及昌吉罗克伦地区，乾隆二十七年，派来遣犯28名，次年，增加185名，二十九年增123名，三十年增199名，三十一年增684名，三十二年增427名，三十三年增101名，三十四年裁147名，三十六年裁1074名，三十七年增15名，三十八年裁25名，三十九年裁61名，四十年增3名，至乾隆四十八年为81名。乌鲁木齐是清政府在新疆统治的重要地区，建省后更是成为新疆的首府，这里也自然成为建省后安插遣犯的重要地区。光绪十二年，刘锦棠奏报：“迪化县已安三百户，其余人犯拟于奇台、阜康、绥来等四县各安百户。”⑤

玛纳斯，乾隆三十一年派来遣犯20名，三十二年增70名，三

---

①《清高宗实录》卷635，乾隆二十六年四月戊戌。

② 朱批屯垦，乾隆二十六年八月五日、二十七日杨应琚奏。

③《清高宗实录》卷1195，乾隆四十八年十二月壬午。

④《钦定皇舆西域图志》卷32《屯政一》记载，乾隆三十二年（1767年）增加一名，现有三百五十名。笔者怀疑，是否《西域图志》记载有误，应为“乾隆三十二年（1767年）增加一百名”，且存疑。

⑤ 刘锦棠：《刘勤襄公奏稿》卷12。

十三年增15名，三十四年增12名，三十五年增62名，三十六年增18名，三十七年裁49名，三十八年裁76名，三十九年裁40名，四十年裁19名。至乾隆四十八年，存留13名。

库尔喀喇乌苏，乾隆三十一年派来19名，三十二年增85名，三十三年增1名，三十四年减8名，三十五年减12名，三十六年减53名，三十七年减27名，三十八年增12名，三十九年减12名，四十年减9名，至乾隆四十八年，存留3名。

精河，乾隆三十一年派16名，三十二年增87名，三十三年减7名，三十四年减12名，三十五年减2名，三十六年减53名，三十七年减4名，三十八年减6名，三十九年减2名，四十年减4名。至乾隆四十八年已无存。不过，此后清政府又继续在精河安插遣犯。道光二十二年(1842年)，林则徐谪戍伊犁，途经精河时，见到此地仍有安插遣犯，有200余名，闽、粤人居其半，他们或者种地，或者在各军营中服役。①

伊犁地区，早在乾隆二十九年已始安置遣犯，而不是三十一年。②乾隆二十九年，派来遣犯9名，三十年增3名，三十二年增2名，三十三年增4名，三十四年增6名，三十五年增6名，三十六年增10名，三十七年增2名，三十八年增1名，三十九年增3名，四十年增3名，至乾隆四十八年存留49名。

伊犁地区的遣犯，自乾隆二十九年(1764年)以降，每名遣犯种地12亩，其所收之粮，除给一年口粮360斤外，所余尽数交纳。这是比较严苛的规定，可见遣犯屯种的惩罚性质比较鲜明。不过，此后清政府对能携眷入疆的遣犯，待遇有所提高。乾隆三十二年(1767年)，清政府规定将遣发为奴人犯，有携眷者，每名先拨给田地12亩，令其耕种。次年，即拨地15亩，每亩纳细粮八升，按岁征收。这说明清政府在对待携带家眷的遣犯，还是

① 林则徐：《荷戈纪程》卷1。

② 王希隆认为伊犁安置遣犯是在乾隆三十一年(1766年)，见王希隆《清代西北屯田研究》，新疆人民出版社，2012年，第111页。

有所宽限的。乾隆三十五年(1770年),清政府对遣犯服刑期满三五年后,可以保释为民,“给与籽种牛粮开种,次年计亩纳粮”。伊犁地区“每岁保送为民者数十名,至今五年之内,计为民者225名”①。这样,很多遣犯在服刑期满后,身份变成普通民户,实际上也增加了新疆的民户,同时减轻了清政府安置民户迁移新疆时所需的费用,一举两得。“昔年负罪之黥戍,今为科配之编氓,附屯力穑兵农交安矣。”②此外,伊犁满营协领格琫额还在遣犯中挑选40名素谙农务、能于耕作之人,设屯种地,照例升租,每岁地中收获之粮,除扣留来岁籽种并一岁口粮,以所余变价,为制办衣履布匹等项,散给居民,使其“均无饥寒之虞”③。

经过清政府大力在伊犁地区安置军屯、户屯、回屯、犯屯,伊犁地区的农业生产有了很大发展,无论屯点数量与地域分布,均有较大幅度增加,随处可见欣欣向荣的农业景观。时人盛赞当地“阡陌毗连,塍浍环接,每当秋夏,一望平无,星罗棋布,听炊烟影里春歌,恍历州之境矣”④。

其实,《钦定皇舆西域图志》中的记载是有所偏差的,塔尔巴哈台地区实际也有遣犯,却没有被载入。我们可以认为《钦定皇舆西域图志》中记载的应是承种田地的遣犯,而不包括发遣为奴的犯人。也就是说,清代新疆实际上的遣犯数量应比较多。乾隆四十一年(1776年)的《伊江汇览》记载:“现在实计遣犯二百八十四名。”⑤椿园在同时期记载过伊犁的遣犯,在他眼中,伊犁“流犯千余”⑥。

塔尔巴哈台地区犯屯的设立,与其他地区略有不同,这是为挖煤遣犯提供粮食而设立的。塔尔巴哈台地区的遣犯本是金川战役中溃散的逃兵,原本是发往湖南服役,后在乾隆四十二年(1777年)改为发往伊犁,给额鲁特为奴。分拨至塔尔巴哈台有100名,除去年老病故外,还有放牧、种地和挖煤,共存52名。乾隆四十六年(1781年),塔尔巴哈台参赞大臣惠龄奏请

① 格琫额纂,吴丰培整理:《伊江汇览·船运》。

② 格琫额纂,吴丰培整理:《伊江汇览·屯政》。

③ 格琫额纂,吴丰培整理:《伊江汇览·船运》。

④ 格琫额纂,吴丰培整理:《伊江汇览·屯政》。

⑤ 格琫额纂,吴丰培整理:《伊江汇览·船运》。

⑥ 椿园:《西域闻见录》卷1。

在城北的乌里雅苏图山开挖煤炭，要求在这批遣犯中挑选年轻力壮的21名入山挖煤，11名则种地接济挖煤遣犯的口粮。此一犯屯地点在塔尔巴哈台城东70里的锡伯图，由一名把总管理。每名遣犯种地12亩，共种地120亩。按照乌鲁木齐遣犯种地之例，秋收后除需用口粮外，尽数交仓报部。这一点与伊犁地区遣犯的待遇规定相同。如果收获到六石六斗，则加赏白面半斤，其管官照屯兵收十五石之例议叙；收至十石者，加赏白面一斤，其管官照屯兵收二十五石之例议叙；若只收四石，则功过相抵；不及者，则给以处罚。

乾隆五十八年(1793年)，因这批遣犯年迈或残疾不堪力作而逐渐减少。嘉庆三年(1798)，仅存挖煤种地遣犯22名。遂从乌鲁木齐调拨14名加入。嘉庆五年，因皇恩而释放遣犯12人，复又从乌鲁木齐调拨遣犯12名。嘉庆九年二月，因病故7人，复又从乌鲁木齐调拨10名，人数增至52名。锡伯图种地遣犯的牛只和农具也是自备。①嘉庆十年(1805年)塔尔巴哈台参赞大臣鉴于当地地处极边，且附近有哈萨克游牧，而本处遣犯"聚集渐多，于此地深为不便"，遂请求"改发遣犯一概停止"。②从此，塔尔巴哈台地区的犯屯人数遂日渐减少，以至消亡。

此外，清政府还在辟展和哈喇沙尔安置过遣犯，尤其是光绪二十二年(1896年)，清政府将俘虏的河湟起义军及其家属2000余人安置在哈喇沙尔的英气盖地方进行屯田。③

乾隆二十六年(1761年)，陕西巡抚明德奏请，将应发巴里坤人犯改发乌鲁木齐。之后，乌鲁木齐办事大臣旌额理奏请，待人犯到达乌鲁木齐后，每日给口粮一斤，令其屯种官地12亩外，种田5亩，为其贴补衣履之费，其随带妻子儿女，在未收获私田之前，一律给以口粮，秋收后停止。乾隆三十四年(1769年)，乌鲁木齐办事大臣奏请，遣犯交粮至六石六斗者，每石加赏口粮半斤。乾隆三十五年，乌鲁木齐办事大臣又奏请："只身为民遣犯，每户拨地三十亩，籽种小麦八斗，粟谷一斗，青稞三斗，房价银二两，每四名给

① 永保:《塔尔巴哈台事宜》卷4《塔尔巴哈台屯田》，第194—196页。

② 永保:《塔尔巴哈台事宜》卷4《塔尔巴哈台煤窑》，第214—215页。

③ 王希隆:《清代西北屯田研究》，第112页。

农具一副，马二匹，每马一匹作银八两。为民后三年升科，房、马价摊分作三年带征。”①

清政府对遣犯的监管非常严格，如其脱逃，一旦被抓回则处死。乾隆二十七年（1762年）的上谕中就明确规定：“乌鲁木齐等四处遣犯逃脱，即行一面正法，一面具奏，钦遵在案。如逾限不获，专、兼各官咨参议处。”乾隆三十年，乾隆帝再次谕令：“遣犯脱逃，如逾二十日不获，即行具奏，降旨各处查拿。”②不过，以军屯法，遣犯私逃后，“二十日内自归，尚可贷死”③。

清政府规定，遣犯在屯种期间无过错的前提下，按照遣犯的罪行轻重程度不同，经过不同年限后可以废除其罪犯身份。乾隆三十一年（1766年），塔尔巴哈台参赞大臣奏请：“遣犯俱佥妻、子发遣，其已到只身遣犯有情愿搬眷者，官为资送。在于屯所分别情罪轻重，定以三年、五年，无过准入民籍。”此后，清政府进一步规定：“以原犯死罪减等者定为五年，军流改发者定为三年，如于限内无过，咨部议复，准入民籍；只身人犯若即改为民藉，恐其易于脱逃，俟其搬眷到日亦准为民。”乾隆三十五年，又规定：“只身遣犯年满，准其一体为民，仍交原管屯员管束。”④

承种份地的遣犯，隶属于兵屯，分散于各兵屯中进行垦种，这也是为了防止遣犯集中，不利于管理的目的。兹以乌鲁木齐及巴里坤等地区为例（见下表）。

表7　各地区兵屯点屯兵数、遣犯数统计

地点	兵屯点	屯兵数	遣犯数
乌鲁木齐中营	辑怀城	133	3
	土墩子	133	2
	怀义堡	133	4
	屡丰堡	133	3

① 永保：《乌鲁木齐政略·遣犯》，见王希隆整理《新疆文献四种辑注考述》，第31页。
② 永保：《乌鲁木齐政略·遣犯》，见王希隆整理《新疆文献四种辑注考述》，第30页。
③ 纪昀：《阅微草堂笔记》卷7，中国文联出版公司，1996年，第128页。
④ 永保：《乌鲁木齐政略·遣犯》，见王希隆整理《新疆文献四种辑注考述》，第31页。

续表

地点	兵屯点	屯兵数	遣犯数
乌鲁木齐中营	宣仁堡	133	2
	惠徕堡	133	1
乌鲁木齐左营	头工	148	3
	二工	148	3
	三工	148	3
	四工	148	2
乌鲁木齐右营	头工	153	2
	二工	153	3
	三工	153	2
	四工	153	2
	五工	152	1
	六工	152	2
玛纳斯左营	禾丰工	100	3
玛纳斯右营	丰盈头工	100	5
库尔喀喇乌苏	库尔喀喇乌苏屯	180	5
精河	精河屯	180	5
巴里坤	巴里坤营屯	500	350
哈密	塔尔纳沁屯	170	130
	蔡巴什湖	100	50

资料来源:《乌鲁木齐政略·屯田》。

遣犯承种土地,也与屯兵一样,要完成额定纳粮并接受赏罚处理。可能是因为土壤、气候等自然环境的不同,新疆各地区的遣犯奖惩标准也不一致。乌鲁木齐和塔尔巴哈台地区的遣犯,均承种12亩地,清政府规定其纳粮4石为标准,其功过相抵,不及则交官吏议处,管理官员则降一级留任;如至6石6斗,日增赏白面半斤,收10石者,则日赏白面1斤。[①]伊犁地

① 《塔尔巴哈台事宜》卷4《屯田》;《乌鲁木齐事宜·屯兵地粮马牛具口袋杂例·屯田分数赏罚例》。

区是遣犯收获细粮达到9石，则每日奖赏半斤白面。[1]哈密和巴里坤二地则是因为遣犯承种地亩与屯兵承种地亩一致，故其种地奖罚与屯兵一致，即纳细粮20石为标准，功过相抵，不及此则严加议处；15石以上则每日加赏白面半斤；25石以上则每日加赏白面1斤。兹据《乌鲁木齐政略·屯田》详述该区兵屯与遣犯在乾隆二十七年（1762年）至四十二年（1777年）的收获情况。

表8　乾隆年间乌鲁木齐兵屯与遣屯收成情况

时间（乾隆朝）	屯兵收成（石）	标准线（石）	遣犯收成（石）	标准线（石）
二十七年	3.4	12	1.88	4
二十八年	16.74	12	7.53	4
二十九年	15.2	12	5.91	4
三十〇年	13	12	5.89	4
三十一年	11.27	12	4.7	4
三十二年	13.68	12	4.9	4
三十三年	14.9	12	4.13	4
三十四年	14.8	12	6.26	4
三十五年	13.1	12	5.15	4
三十六年	14.41	12	5.35	4
三十七年	10.78	12	5.64	4
三十八年	11.39	12	4.2	4
三十九年	15.68	12	5.75	4
四十〇年	15.2	12	6.69	4
四十一年	16.01	12	6.69	4
四十二年	15	12	6.6	4

从上表可以看出，在这16年间，乌鲁木齐地区的屯兵在很多年份是能达到基本要求的，仅有5次没有达标，达标率为68.75%；遣犯的达标率远高

① 《西陲总统事略》卷7《屯务》。

于屯兵，仅有1年没有达标，达标率为93.75%，这说明遣犯的屯垦收成远大于兵屯。无论是屯兵还是遣犯，都很难达到最低的奖赏要求，屯兵有6次，受赏率为37.5%，遣犯有6次，受赏率为31.25%。

4. 旗屯

旗屯，其实有广义和狭义两种。广义的旗屯就是旗人进行屯垦，包括满、蒙驻防八旗屯田和编旗设置的额鲁特、锡伯、察哈尔和索伦等营屯田。狭义的旗屯是指满洲八旗的屯垦。学术界在论述伊犁的旗屯时，多是指狭义的满洲八旗屯垦。

旗屯是清政府在新疆进行屯垦的重要类型之一，但与其他类型性质不同。民屯是清政府组织普通民众，征收粮食；兵屯则是清政府组织的军队将士进行的屯垦，也是征收高额度粮食；犯屯更是一种惩罚性质的屯垦活动，不仅待遇低，除保障基本生存要求外，其收获粮食全部上缴国家。回屯与民屯类似，只是民族不同而已。但旗屯的劳动者是旗人，其进行的屯垦收获不是上缴国家，而是满足自身生活需要。所以，就其屯垦的目的而论，旗屯与其他类型屯垦有着较大差别。此外，同样是旗屯，满蒙驻防八旗屯垦与锡伯、额鲁特、察哈尔和索伦四营旗屯也不相同。满蒙驻防八旗屯垦有粮饷，而后四营则有饷无粮，分授的田地也仅仅是为自食其力，有俸饷的性质。

伊犁地区旗屯以锡伯营屯垦最早。乾隆二十九年（1764年），清政府从东北盛京迁移携眷锡伯族官兵1000户至伊犁驻防。次年，清政府设总管、副总管各1员，佐领8员，及其他各级官员26名。乾隆五十七年（1792年），伊犁锡伯族官兵及家口共7392名。[①]道光二十三年（1843年），伊犁锡伯族兵1300名，家口18000丁口。[②]

清政府原本计划让迁徙伊犁的锡伯族放牧戍边，后来发现他们已不擅畜牧，而乐于农耕，遂令其屯垦。锡伯八旗在伊犁的屯垦地点是伊犁河南和济格尔、巴克绰和罗等处。其屯垦制度是“按名分给地亩，各令自耕自

① 《总统伊犁事宜·锡伯营应办事宜》，见中国社会科学院中国边疆史地研究中心《清代新疆稀见史料汇辑》，第199页。

② 《伊犁略志》，见中国社会科学院中国边疆史地研究中心《清代新疆稀见史料汇辑》，第278页。

食，某人耕者，即为某人世产”[1]。虽然“锡伯营向无官给口粮米面”，但经过长期耕耘，其生活均能自耕自食，乾隆五十九年(1794年)，锡伯八旗粮仓储藏粮食9800余石，成效显著。[2]

锡伯营屯垦的成功为满洲八旗的屯垦树立了榜样。虽然早在乾隆二十九年(1764年)乾隆帝就颁布谕旨：“伊犁田土肥润，如敷多人耕作，莫令满洲官兵分种，既得勤于力农而于养赡家口、喂养马匹，均属有益。著交明瑞查明地亩，俟满兵到齐住定后，酌量分给耕种。”当年，经明瑞测量，清政府把附近伊犁二百里以内划为旗地，俟官兵到齐再妥为议处。[3]

随着驻防年久，伊犁地区的满洲八旗驻防人员生齿日繁，伊犁官员则不断奏请增加伊犁步甲钱粮。乾隆五十五年(1790年)，伊犁将军保宁奏请增加四百名步甲钱粮。乾隆帝认为“国家钱粮原有定额，不容屡议增加。此次保宁所奏四百名步甲钱粮暂准其增添外，嗣后不得再请增给。若果因伊等人口众多，钱粮有限，不能养赡，伊犁地方现在可耕之地甚属宽广，满洲兵丁即不谙耕作，自可酌按名数分给伊等地亩，令其雇人耕种，即以取得租息，养赡用资生计。”乾隆帝明确提出要求伊犁官员实行满洲八旗屯垦。不过，由于种种原因，乾隆末年，伊犁地区仍未开始满洲八旗屯垦。

嘉庆七年(1802年)，伊犁将军松筠开始实施满洲八旗屯垦。鉴于八旗生齿日繁，他因采近水可种之田于本年四月间奏明，由惠远、惠宁两满城派闲散360名，分地试种，虽为时稍迟，秋收通计尚获十分有余。是旗人种地已有成效，自应广行，汲引以利屯垦而资养赡。

同年秋间，他派委员于惠远城东相度地势，自伊犁河北岸竣开大渠一道，逶迤数十余里，尽可引用河水。又于城之西北草湖中，觅得泉水甚旺，设法另开渠道以资灌溉。

另外，他计划在次年新春修筑堤岸，广开支渠，一俟工程完竣，春水畅流，计可浇灌地亩甚广，即于渠畔拣择好地分给惠远城八旗耕种。惠宁城

---

①《西陲总统事略》卷7《兵屯·旗屯》。

②《总统伊犁事宜·锡伯营应办事宜》，见中国社会科学院中国边疆史地研究中心《清代新疆稀见史料汇辑》，第199页。

③《西陲总统事略》卷7《兵屯·旗屯》。

八旗于该城就近从前绿营裁撤屯地耕种，原有渠水足资灌溉，两城种地所需器具等项，酌交各协领归还。

鉴于种地必须牛力，松筠认为，伊犁绿营屯田每屯例各牛马，每年倒毙分数，按例由官厂拨补旗人种地。事一同律，且官厂孳生牛只一万有余，其余存厂备差。牛只照例拨补各项外，尚有常年牧放牛四千余只，既无需用，徒滋倒毙。他奏请准于官厂内赏借惠远城八旗每旗牛八十只，惠宁城八旗每旗牛四十只，俾得藉资，种地既多，产量必广。倘有倒毙，毋庸拨补，均着落各旗自行买补，以示限制。经过松筠的大力推进，伊犁满洲八旗屯垦终于付诸实施。

在屯垦之初，松筠鉴于“八旗闲散耕耘未谙，故令公同夥种，以便教习”，但“两年以来，熟悉者已有数百余人，若仍令其夥种，将所获粮石分赡八旗，未免视为官产，久而生懈”。嘉庆九年（1804年），松筠奏请：“应照锡伯营八旗屯种之例。按名分给地亩，各令自耕自食，某人耕者，即为某人世产。”另外，他认为自次年为始，惠远、惠宁两满城熟悉耕种之人内先行酌拨发数百名。另派年长妥实领催马甲，委以催总，按旗约束，量其力作多寡，每名分地三四十亩，仍派妥员督率耕种，永为己产。另外，协领每月例支口粮米面二百六十余斤，佐领、防御以下等官以及前锋、领催、马甲每月每员例支口粮一百四十余斤，多有不敷养赡，此内情愿，令其闲散亲属子侄，分地耕作者，应请一体拨给地亩。各家永为世产，所有自行耕种之人，仰恳鸿慈于仓存余粮内赏借明年籽种、口粮，分作三年，秋成后还仓。如果按此规划执行，则两城余地甚广，所有稻田，每年照旧耕种，不过数年，一切工本概可归还。彼时陆续所获余利尽可赡给贫乏。俟耕种数年，饶裕之后，应仿照锡伯之例，八旗各设公仓一座，每年量其所能，交粮若干，用资生计。今通盘筹划，惠远城官兵需地八万亩，惠宁城官兵需地四万亩，克资久远养赡，遍行踏勘可耕之地尽有。嘉庆九年（1804年），伊犁旗屯种植籼稻600石，收获14000余石；收获谷子、胡麻等各色杂粮4190余石；收获小麦15000余石，成效良好。①

①《伊犁将军松筠十一月初十日奏》，见《清代奏折汇编——农业·环境》，第348页。

嘉庆十年(1805年)十一月,松筠上伊犁旗屯章程折。军机大臣会商认为,若将此项地亩陆续分给官兵,只交闲散余丁代为耕种,断不敢令壮健余丁尽趋南亩,有妨武备。同时,特别强调"应禁其私行典卖,乃能世守无斁"。

嘉庆十一年(1806年)三月,松筠认为,惟期伊犁惠远、惠宁两城驻防官兵渐次立有世产,如耕作闲散不敷,仍可雇人佃种,现在渠水既足,地亩自应宽为筹划,是以有惠远城需地8万亩,惠宁城需地4万亩之奏。现经屯镇总兵纳尔松阿业将地亩如数办就,兹按议复咨文,农作已觉稍迟,领地者不过数百名,其籽种口粮已蒙圣恩准借,酌量每名放给仓存小麦3石按限归欵。至于稻田及雇佣伊犁地区维吾尔族人一切工本该协领等以所获粮石变卖办理,其将来得有盈余,如何养赡贫乏、设立公仓贮粮之处,仍请照依原奏,视收成多寡随年酌办,俟耕种数年之后,照锡伯营立仓贮粮成法办理。①

嘉庆十七年(1812年),伊犁将军晋昌奏请将伊犁屯田事宜略为变通。"该处满营种植杂粮地亩除已分授八旗田二万四千亩,历年均有实效外,其未分之田四万亩缘近来冬雪较少而春暖又早,易于消化,值夏田需水之时,不能接济以致收获有限,且此项田亩除八旗公种之田分授八旗视为己业,不无畛域之见。请与此内删去不能得水之田,将其余两万仍一并分给八旗,悉行管业。如人力不敷,不能全种,准其佃人耕种,计亩收租"。不过嘉庆帝认为"此项地亩只可暂时歇种,亦不便径置废弃,应令该将军随时察看情形,留心经理,至于可以得水之田两万余亩若仍令八旗通力合作,伊等视公产不如私业,或有勤惰不齐,转不足以收实效,自应照该将军所请将此项田两万余亩,按数分给八旗,添入已分田亩项下,俾各专心耕种,永为世业"。此外,伊犁将军应"责令八旗余丁自行耕种,不准佃人耕种,方足以永资乐利。如有违禁租佃。以及私买私卖,将该旗人及典买之人一体严行治罪入官,另给别户勤于耕作之人,以示惩劝。至于回子遣犯,当日原因旗人未谙耕作,是以雇令帮种,今数年来,旗人皆已谙习,毋庸再为佣雇帮种"。②

---

①《西陲总统事略》卷7《兵屯·旗屯》。

②《钦定新疆识略》卷6《屯务》。

表9　伊犁地区旗屯水利分布图

旗屯名称	耕作地点	水源	备注
惠远镶白旗五佐领	惠远城东南红柳湾一带	伊犁河通惠渠水	
惠远正黄旗五佐领	惠远城东北沿山一带	乌哈尔里克泉水	
惠远正蓝旗五佐领	惠远城东北水泉子一带	乌哈尔里克泉水	
惠远镶黄旗五佐领	惠远城新北屯	乌哈尔里克泉水	
惠远正白旗五佐领	惠远城东通惠渠迤北一带	乌哈尔里克泉水	
惠远镶蓝旗五佐领	惠远城东分水闸迤北一带	乌哈尔里克泉水	
惠远正红旗五佐领	惠远城西北一棵树西南一带	塔尔奇上游草湖泉水	
惠远镶红旗五佐领	惠远城西北一棵树西北一带	塔尔奇上游草湖泉水	第三佐领地亩兼用乌哈尔里克渠(泉?)水
惠远八旗公田	惠远城东旗屯稻田	通惠渠伊犁河水	此项收获米石用抵羊只口粮，每年分散官兵撙节羊只价银，酌给种地壮丁盐菜月银，其有盈余分赡旗下贫乏
惠远八旗公田	惠远城稻田迤东七里沟阿奇乌苏旗屯	阿里木图沟泉水、辟里沁新开渠水	此地数年后垦种成熟，另议筑堡盖房派令不能挑甲之闲散壮丁居住，分授地亩，自耕自食，养鸡、畜、豚，一如锡伯，永资生计，并酌设公仓，存贮余粮，以为养赡过鳏寡孤独之需
惠远船工处遣屯地亩	惠宁城西北	苇湖新开渠水	
惠宁正黄、正红旗四佐领	惠宁成东	辟里沁新开渠水	

续表

旗屯名称	耕作地点	水源	备注
惠宁镶黄、正白四佐领	惠宁城东	辟里沁新开渠水	
惠宁镶红、镶蓝旗四佐领	惠宁城东	辟里沁新开渠水	
惠宁镶白、正蓝旗四佐领	惠宁城北	磨霍图泉水	
惠宁八旗公田	惠宁城西北	阿里木图沟泉水	
锡伯营镶黄、正白二旗	豁吉格尔	泉水	锡伯营八旗八佐领分为八屯
锡伯营正红旗	巴图蒙克	泉水	
锡伯营镶白旗	绰豁啰	河水	
锡伯营正黄旗	塔什布拉克	河水	
锡伯营镶红旗	厄尔格穆托罗海	河水	
锡伯营正蓝旗	绰豁啰之东	河水	
锡伯营镶蓝旗	绰豁啰之西	河水	
察哈尔营左右翼	博罗塔拉河南北两岸	河北之田引山泉、河南之田引河水	察哈尔营八旗分左右翼
厄鲁特营上三旗六佐领	敦达察罕乌苏、怀图察汗乌苏、特尔莫图、塔尔哈木	引用其地之水	厄鲁特营上三旗六佐领屯田四处

续表

旗屯名称	耕作地点	水源	备注
厄鲁特营下五旗十四佐领	昌曼、哈什、春稽布拉克、苏布台、浑多莱、衮佐特哈、库尔库垒、呢勒哈、大济尔格朗、箅珠图、特勒克、明布拉克、特古斯塔柳、沙拉博果沁、巴哈拉克、弩楚衮	引用其地之水	厄鲁特营下五旗十四佐领屯田十六处

资料来源:《钦定新疆识略》卷6《屯务》。

遭沙俄入侵的伊犁,社会经济破坏严重。伊犁收复后,清政府开始恢复伊犁营制。光绪九年(1883年),将军金顺恢复了锡伯营的屯垦事宜。光绪二十九年(1903年),清政府从锡伯营中挑补大量官兵在特古斯塔柳开展旗屯。同年,伊犁将军马亮巡视锡伯八旗时,见到锡伯营人口繁庶,土地肥沃,士兵能耐苦劳,种植也非常得法,屯垦效果良好。①

在阿古柏入侵南疆及沙俄入侵伊犁期间,新疆惨遭十余年浩劫,各族群众损失巨大,而满洲八旗驻军损失极为惨重。左宗棠收复新疆后,清政府收集残余旗丁,乌鲁木齐、古城八旗兵丁仅剩295名,巴里坤有779名,刘锦棠遂将其集中驻扎在古城,设城守尉统领之。②移驻古城后,清政府仍按例拨给地亩,令其自行耕作。光绪二十九年(1903年),甘肃新疆巡抚潘效苏鉴于古城满营官兵不暇屯种,奏请招民承垦,但遭清廷否决。光绪帝下旨:"督饬城守尉,责令兵丁,迅往屯种,毋使偷惰,坐享粮料,以尽地利,而免久荒。"③可见,古城满洲旗屯一直持续到清末。

5.户屯

户屯又称民屯,是内地民众移居新疆建立的屯田,《新疆识略》卷6《屯务》云:"户屯者,商、民之屯也。"民屯的主体是从陕甘地区招募和认垦的贫苦农民、进入新疆的商人、携眷兵丁的子弟及遣户等。

---

①《伊犁将军马亮、广福奏稿》,光绪二十九年。

②《刘襄勤公奏稿》卷9《巴、乌满营移并古城并请改设城守尉折》。

③《清德宗实录》卷503,光绪二十九年十一月辛巳。

随着新疆的统一，清中央政府在规划新疆建设时，不仅考虑到让绿营兵进驻屯田，还要求内地民众前往屯田。早在乾隆二十五年（1760年），乾隆帝就谕令“西陲平定，疆宇式廓，辟展、乌鲁木齐等处在屯田，而客民之力作贸易于彼者，日渐加增，将来地利逾开，各省之人将不招自集，其于惠养生民，甚为有益”[①]。不久，他再次强调招民入疆屯垦的重要性，“甘肃等处无业贫民前往营生耕作，污莱辟而就食多，于国家牧民本图，大有裨益”[②]。

乾隆二十六年（1761年）八月，乾隆帝谕令陕甘总督杨应琚将甘肃无业贫民迁移乌鲁木齐垦种立业，并“酌量官为料理前往”，由此拉开清代内地民众移居新疆进行屯垦的大幕。是年十一月初六日，杨应琚奏报，经广为招徕，高台、安西等地206户，男女大小730人愿前往新疆屯垦。同时，哈密办事道员淑宝招募到41户，清政府允许其中有家室的7户和有家口在籍的7户照例送往新疆；只身贫民的7户，恐其不能安心长久居住，遂停止办送。[③]

自此以后，清政府不断组织甘肃张掖、肃州、敦煌、山丹、高台、安西、凉州、甘州、武威等地招募贫民移垦新疆。大致来说，从乾隆二十六年（1761年）至乾隆三十六年（1771年），移垦新疆的民众多来自甘肃中西部，自乾隆三十七年开始，来自甘肃东部及内地的贫民逐渐增加。

清政府把内地民众主要安置在天山北麓一线，以乌鲁木齐为中心，东起巴里坤，西至伊犁，北至塔尔巴哈台。

（1）乌鲁木齐及其所属地区

从乾隆二十七年（1762年）至四十六年（1781年）底，乌鲁木齐所属各州县共安插户民19700余户。[④]至乾隆六十年（1795年）底，迪化州所属民户有3326户，男14232名，女12386口。昌吉县属有3252户，男8847名，女6665口。绥来县有2913户，男6661名，女4664口。阜康县属1964户，男6102名，女5032口。济木萨县有2674户，男7502名，女5336口。呼图壁有

①《清高宗实录》卷604，乾隆二十五年正月庚申。

②《清高宗实录》卷612，乾隆二十五年五月壬子。

③《陕甘总督杨应琚十一月初六日奏》，见《清代奏折汇编——农业·环境》，第207页。

④《乌鲁木齐都统明亮八月二十二日奏》，见《清代奏折汇编——农业·环境》，第285页。

1064户，男4942名，女2838口。喀喇巴尔噶逊有200户，男607名，女505口。镇西府宜禾县有民户601户，男3931名，女2889名。奇台县有3426户，男18342名，女12703口。头屯有民户447户，男1085名，女467名。芦草沟有496户，男990名，女444口。塔西河所有424户，男1064名，女280口。以上共有民户20787户，其中共有男74305名，女54209口，男女共计128514名口。明显可以看出男性比女性多出了20096人。这里有一个原因，即明清时期由于人头税的废除，男女的社会角色就发生了较大变化，男人作为丁承担着各种社会责任和义务，如兵役、徭役等，也是户主，而妇女则是附属于男性的家庭成员，故在当时的人口统计中，普遍存在重男轻女的现象，就是统计男口比较严格，而女口则多有遗漏。因此，这样的户口统计往往男女数字差别较大。基于人口比例大致平衡的基本规律，我们的经验就是对女性人口进行适当校正，使其恢复到与男性人口大致仿佛的位置，如此，上述总人口当有148000万余人。这个数字也许更接近事实。嘉庆八年（1803年），乌鲁木齐和巴里坤两处有民150000余口。①另外，还有商民保甲11545户，男女大小共43791名口。②

清政府对新疆户屯采取国家补助政策，屯户使用的屯地、牛具和籽种等均由国家授予或贷予。早在乾隆二十七年（1762年），陕甘总督杨应琚就奏准，乌鲁木齐地广水足，招募内地无业穷民，由政府咨送。办事大臣旌额理则奏准，屯户每户拨给田地30亩，力能多种者，则听民任意开垦。另外，每户除赏给农具一副，籽种小麦八斗、粟谷一斗、青稞三斗外，还借给建房银二两，马一匹作价银八两，待其生计充裕后再完交。③迨至道光元年（1821年），乌鲁木齐地区户屯垦地大有发展。迪化州户屯种地181866亩。其中，自乾隆二十七年至四十一年垦地37176亩；自乾隆四十二年至嘉庆五年垦地63092亩；此外，乾隆五十一年丈出余地81598亩。昌吉县户屯种地165567亩，其中，自乾隆二十七年至四十一年垦地66938亩；自四十二年至嘉庆六年垦地38952亩。此外，乾隆五十一年丈出余地59677亩。绥来

① 《三州辑略》卷3《户口门》。

② 永保：《乌鲁木齐事宜》，见王希隆整理《新疆文献四种辑注考述》，第126—127页。

③ 永保：《乌鲁木齐政略》，见王希隆整理《新疆文献四种辑注考述》，第57页。

县户屯种地93595亩，其中，自乾隆四十二年至六十年垦地86850亩，乾隆五十一年丈出余地6865亩。呼图壁户屯种地51841亩，其中乾隆三十八年至四十一年垦地3000亩，自乾隆四十二年至嘉庆七年垦地36306亩，乾隆五十一年丈出余地12535亩。阜康县户屯种地63678亩，其中从乾隆二十九年至四十一年垦地43547亩，自乾隆四十二年至嘉庆五年垦地15387亩，乾隆五十一年丈出余地4744亩。吉木萨尔户屯种地93217亩有余，其中自乾隆三十七年至四十一年垦地20850亩，自四十二年至五十八年垦地64500，乾隆五十一年丈出余地7867亩有余。喀喇巴尔噶逊户屯种地7384亩。其中，乾隆五十七年垦地6188亩，乾隆五十年丈出余地1196亩。头屯所种地8823亩。其中，自乾隆三十二年至四十一年垦地1622亩，自乾隆四十三年至嘉庆十年垦地6360亩，乾隆五十一年丈出余地43亩。芦草沟所种地5313亩。其中，自乾隆三十五年至四十一年垦地1740亩，自乾隆四十二年至嘉庆九年垦地3540亩，乾隆五十一年丈出余地33亩。塔西河所种地10529亩，其中自乾隆三十六年至四十一年垦地780亩，自乾隆四十二年至嘉庆九年垦地9480亩，乾隆五十一年丈出余地269亩。①

除民人承垦外，乌鲁木齐所属商户也承种田地。乌鲁木齐所属商户种园共498户，种地27090余亩，纳租银2828两有余。其中，迪化州商户35户，种地1806亩；昌吉县有商户35户，种地1036亩有余；绥来县有商户82户，种地6836亩有余；阜康县有商户13户，种地366亩；济木萨县有商户81户，种地1840亩有余；呼图壁有商户32户，种地757亩；吐鲁番有商户28户，种地710亩有余；还有16户种地230亩有余；12户种地480亩。②

嘉庆道光年间，乌鲁木齐地区不断招民垦种。道光二年（1822年），济木萨马厂的畸零散段地247000余亩，招户承种，每年收粮11200余石。③

库尔喀喇乌苏是乌鲁木齐西部又一个户屯点。乾隆五十五年（1790年），库尔喀喇乌苏有商户95户，种地13330亩有余；精河有商户20户，种

① 《钦定新疆识略》卷2《北路舆图·乌鲁木齐屯务》。

② 永保：《乌鲁木齐事宜》，见王希隆整理《新疆文献四种辑注考述》，第128页。

③ 《伊犁将军庆祥、乌鲁木齐都统德英阿闰三月初六日奏》，见《清代奏折汇编——农业·环境》，第408页。

地410亩有余。[①]库尔喀喇乌苏也有民人垦种,至道光元年(1821年),屯种地有2520亩,精河户屯种地1260亩。[②]

天山北麓多土壤肥沃、水源充足之地,比较适宜农垦。上述地区的户屯收效也较为良好。以乾隆六十年(1795年)为例,迪化州每年收户粮13060余石,屯粮19000余石,外运40000余万,年获粮食71800余石。昌吉县每年收获粮食12330余石,屯粮18360余石;绥来县收户粮9050余石;阜康县收户粮5720余石,屯粮255余石;济木萨收户粮8590余石;呼图壁收户粮3670余石;头屯岁收民户粮1250余石;芦草沟岁收民户粮1330余石;塔西河所岁收民户粮1370余石;宜禾县岁收户粮3740余石,屯粮7980余石;奇台县岁收户粮12400余石,屯粮9930余石。吐鲁番岁收屯粮12300余石;库尔喀喇乌苏岁收屯粮4770余石;精河岁收屯粮2370余石,喀喇巴尔噶逊岁收户粮650余石。[③]

道光初年,清政府在新疆广泛招民垦殖,从而掀起一轮户屯高潮。道光二十年(1840年),乌鲁木齐所属地方自开辟以来,已经原垦、续垦田地12170顷,而迪化、昌吉、阜康、绥来、宜禾、奇台各州县共开垦田地35694亩。[④]

(2)伊犁地区

伊犁地处新疆居中之地,也是清政府在新疆的政治、经济和军事中心。当地不仅有兵屯、旗屯、回屯和犯屯,还有户屯。

伊犁地区的户屯始于乾隆二十八年(1763年),主要是商民张子仪与张尚义等232名民人报垦。其中,乾隆二十八年起至嘉庆十三年(1808年)止,商民张子仪等32名陆续报垦麦地39618亩6分,每亩征银5分,每岁共计征银1982两9钱3分。

乾隆二十八年起至嘉庆十三年(1808年)止,商民张尚义等200名共垦种蔬地稻田10668亩6分。每亩征租银1钱,每岁共计征银1066两8钱6

① 永保:《乌鲁木齐事宜》,见王希隆整理《新疆文献四种辑注考述》,第128—129页。

②《钦定新疆识略》卷2《北路舆图·库尔喀喇乌苏屯务》。

③ 永保:《乌鲁木齐事宜》,见王希隆整理《新疆文献四种辑注考述》,第133—134页。

④《乌鲁木齐都统惠吉七月二十一日奏》,见《清代奏折汇编——农业·环境》,第452页。

分。以上地亩俱系听民报垦官为查丈。

此后,伊犁地区不断有民户加入屯田户籍。史载,乾隆三十七年(1772年),西堡居住的客民庄世福等48户152口,愿入屯田户籍,将军舒赫德奏准将其安置于惠远城西河湾,每户给地30亩,官府借给牛、种、口粮,自我开垦,三年内代完借项。每亩纳租一钱。其借项代完之后,每亩实纳租银五分。乾隆三十九年(1774年),民户张成印等23户57名口,也照48户客民屯田户籍之例,经将军伊勒图奏准,官府借给牛、种、口粮,分年还项,以次酌定科则。①

乾隆四十五年(1780年),将军伊勒图奏准绿营眷兵分户子弟任世才等114户,每户拨给地30亩,共地3420亩,定例升科,每亩额交细粮小麦8升8合9勺,每岁共计额交细粮小麦340石3升8合。

乾隆四十六年(1781年),将军伊勒图以户民王已兴等30户愿入户籍,永为土著良民,亦照前例拨给地亩垦种,以上三项共计户民101户,每户种地30亩,共3030亩,每亩征银5分,每岁共计征银151两5钱。

乾隆五十四年(1789年),将军保宁咨准编入民籍潘有成等4户,每户拨给地12亩,每亩征交细粮小麦8升,每岁共计征交细粮小麦15石3斗6升。②

伊犁地区的遣犯逐渐落户为民,清政府也按照户屯规格拨给地亩,令其耕种,并收取粮税。乾隆三十三年(1768年),将军阿桂以发来种地人犯马登科等3户,每户拨给12亩,每亩交纳细粮小麦8升,共计每岁交纳细粮小麦2石8斗8升。

道光年间是民屯较快发展时期,将军布彦泰于三棵树及红柳湾附近开垦农田,得地33300多亩,分授571户户屯屯民,平均每户授地50亩,每亩征粮8升,年获赋粮2668石。道光二十四年(1844年),将军布彦泰奏准,对惠远城东60余里处的阿齐乌苏废地进行重垦,捐资引伊犁河支流哈什河水灌溉。林则徐主持修筑了工程浩大而艰辛的渠道,修成阿奇乌苏大渠,

① 格琫额纂,吴丰培整理:《伊江汇览·赋税》。

② 松筠:《西陲总统事略》卷7《户屯》。

得良田83000余亩，招徕民众分17段进行屯垦。

咸丰五年（1855年），伊犁地区民户承种稻地53316亩，征银3199两有余。后又续开三棵树、阿奇乌苏和大榆树等处田地178690亩，岁征小麦2668石，征银7267两。还有遣犯民为屯，每民种地12亩，每亩交粮八升。[①]

（3）塔尔巴哈台地区

塔尔巴哈台城外及所属南湖沙拉活落素、乌努根齐肯、色特尔莫多等处地方有民人呈垦地亩，嘉庆十年（1805年），民户种地3000余亩，每年每亩征收地课银1钱，由管粮厅衙门征收。[②]

（4）吐鲁番、哈密地区

嘉庆二十四年（1819年），吐鲁番东湖地区有民报垦12000亩，另外97200余亩正在办理中。[③]不过，经过屯种实践，道光四年（1824年），只有5000余亩可以垦种，其余不是干燥就是碱潮不能耕作。[④]道光二十八年（1848年），哈密地区也通过兴修水渠，实现了土地改造，经过招徕民户屯种，产生成效。其所垦生熟地有10500余亩。[⑤]

（5）叶尔羌地区

叶尔羌巴尔楚克的毛拉巴什和塞克三一带荒地甚多。道光十二年（1832年），叶尔羌办事大臣壁昌组织的巴尔楚克和喀拉赫依两处屯垦，经过两年的经营已初具规模。道光十三年（1833年），由叶尔羌参赞大臣长清奏请，招募各地民人360余名进行屯种，当年开辟田地24000余亩。经试种，收成在九分以上，效果较好。[⑥]次年（1834年），喀什噶尔喀拉赫依地方

---

① 格琫额纂，吴丰培整理：《伊江集载·户屯》。

② 永保：《塔尔巴哈台事宜》卷二《田赋》。

③《乌鲁木齐都统庆祥七月二十六日奏》，见《清代奏折汇编——农业·环境》，第399页。

④《乌鲁木齐都统英惠正月二十二日奏》，见《清代奏折汇编——农业·环境》，第415页。

⑤《乌鲁木齐都统惟勤、哈密办事大臣钟方等十二月初一日奏》，见《清代奏折汇编——农业·环境》，第470页。

⑥《叶尔羌参赞大臣长清等十二月二十六日奏》，见《清代奏折汇编——农业·环境》，第440页。

招垦民人500余名，垦地20000余亩。[①]道光十五年（1835年），伊犁将军特依顺宝奏称，南疆自道光十一年议请兴办垦地招种以来，已经开地24000余亩。其中，巴尔楚克城附近，经过筑坝修渠，又新垦土地4000余亩。从乌鲁木齐招徕的眷民28户已于前年到达开垦屯田。[②]之后，巴尔楚克屯田规模进一步扩大，至道光十九年（1839年），巴尔楚克官兵“沿堤两岸培修”原来320余里的渠道，并且“派屯丁分段看守，遇水涨时，有渠旁草湖可泄，不致淹漫要路”，在维护已有灌溉渠道的同时，又在旧有的基础上延伸新渠140余里，垦田增至164000余亩。这些田地“实属肥腴，引水足灌溉”，获得清廷褒奖。[③]

（6）喀喇沙尔地区

喀喇沙尔的乌沙克塔尔西60里的曲惠地方，地当新疆交通要道，其山下有民人居住。道光元年（1821年），当地民人报垦田地1993亩，每年交粮259石9斗。[④]道光二十七年（1847年），喀喇沙尔所属的环城及库尔勒地方有官荒13500余亩，经当地政府大力招徕，吐鲁番和乌鲁木齐共75户民人前来认种。经两年试种，成效看好。[⑤]

在清政府的组织下，内地民众不断移居新疆天山南北，或是被动招募屯垦，或是主动认垦田亩，或是由犯屯改为户屯，或是商户认垦地亩，虽然存在各种不同类型，但均有把荒漠改造成良田的功效，极大地促进了新疆地区的经济开发与繁荣。特别是天山北麓形成了规模不断加大的农业带和城镇群。木垒是“商贾云集，田亩甚多，民户约五百家”；济木萨是“沿途田亩连塍，村落相接”；绥来则“商民辐辏，庐舍如云，景象明润丰饶，与内地无异”。[⑥]

---

①《叶尔羌参赞大臣兴德七月十三日奏》，见《清代奏折汇编——农业·环境》，第441页。

②《伊犁将军特依顺宝等六月初三日奏》，见《清代奏折汇编——农业·环境》，第444页。

③ 赵尔巽、柯劭忞：《清史稿》卷129《河渠志四》，中华书局，2021年，第2742页。

④《钦定新疆识略》卷3《南路舆图·喀喇沙尔屯务》。

⑤《喀喇沙尔办事大臣舒精阿二月二十日奏》，见《清代奏折汇编——农业·环境》，第476页。

⑥ 祁韵士：《万里行程记》，见杨建新主编《古西行记选注》，第410、454页。

三、光绪元年(1875年)至宣统三年(1911年)

19世纪中叶后,南疆爆发了大规模暴动,特别是同治初年,浩罕汗国军官阿古柏入侵新疆,对南疆经济社会造成了严重破坏。“屯田蹂躏,荒熟俱不可考。”[①]“在阿古柏的暴政之下,新疆沙漠地区的人口比以前减少了一半,耕垦面积也到处缩减。”整个南疆社会经济出现了大倒退。光绪二年(1876年),在左宗棠的督率下,清朝大军开始收复新疆。次年便顺利收复南疆。光绪九年(1883年),清政府在新疆设立行省,刘锦棠为第一任巡抚。在这一时期,清政府恢复对新疆的治理,并改建行省,变革管理方式,积极恢复和发展屯垦事业。

军垦是解决军队粮饷的重要举措,左宗棠就提出“每师行所至,相度形势,以屯田为务。战事余暇,即令士卒持锄犁,从事耕种,树艺谷粟,种植蔬菜,以充军食”[②]。在筹办军垦的同时,左宗棠也积极招徕流民从事耕垦。例如在收复吐鲁番和托克逊时,就将流民2500余人送还哈密,“皆给以牛种赈粮”[③],尽快恢复生产。在清政府的大力鼓励和倡导下,南疆各地的屯垦开展得如火如荼,特别是光绪十六年(1890年),清政府又在罗布淖尔地区设立“扶辑招徕总局”,将全境分为英格可立、卡克里克、托和拉克三段,“安插土著,招抚迁民,开渠垦荒,发给农器籽种”[④]。此后,将来自南疆各地的贫民1200余户和商民200余户安置于此。[⑤]光绪十九年(1893年),清政府又在罗布淖尔的都纳里建立蒲昌城,以加强管理。此后,蒲昌城人口日渐增多,清政府又分其地设立新平县,将卡克里克升格为若羌县。新平、若羌两县的设立是南疆屯垦事业发展的显著标志之一。从1905年至1911年,两地共开垦土地29087亩,[⑥]水利事业也得到飞速发展,成为南疆新的

---

①《新疆图志》卷30《赋税志一》。

② 曾问吾:《中国经营西域史》,上海书店,1989年,第429页。

③《左文襄公全集·奏稿》卷50,光绪十六年刊本。

④ 唐光祎:《婼羌县乡土志·沿革》,见马大正等编《新疆乡土志稿》,湖北图书馆辑,1955年。

⑤ 蔡家艺:《清代新疆社会经济史纲》,人民出版社,2006年,第289页;《新疆图志》卷103。

⑥《新疆图志》卷65《土壤篇》。

垦区。

长期的战乱和阿古柏的暴政使得新疆的水利灌溉系统受到严重破坏，例如叶尔羌河因河道溃坝多处，“河水从各决口汹涌四出，径由玛喇尔巴什以上，直趋喀什噶尔之乌兰乌苏河”。每至秋汛时节，玛喇尔巴什地区便成为一片泽国，下游则断流，以至渠道久废，旱涝无备，土地荒芜。所以刘锦棠说：“目击地方凋敝情状，知最为切要之务莫急于兴水利以除民患。”[①]清政府组织民众维护毁坏的渠道，又新开水渠，完善水力灌溉系统。

除了上述措施之外，清政府还实行了计户授田、按亩征税等举措，大力调动民众生产的积极性，促进农业的恢复和发展。

通过上述诸多举措，清政府在新疆建省后的开发策略已从原来的政府组织的兵屯、户屯等经济开发形式转为以农民自己开发为主的新形式。开发形式的转变是建省后新疆建设的重要特点之一。所以，我们在晚清的新疆方志中看不到清中期所常见的兵屯、旗屯等经济开发形式，而是以当地居民的开发较为常见。这些内容将在下一节具体论述。

第二节　清代的农业

一、准噶尔汗国时期的新疆农业

准噶尔汗国时期的南疆各地农业发展较为平稳。正所谓“山南诸回部，有城郭宫室，故居处有恒，有沟塍垄亩，故田作有时。男识耕耘，女知纺织。”南疆从事农耕的多是维吾尔族人，史载：“以回民之夙习农务，较准俗惟资畜牧者，尤宜且称。”

准噶尔时期的南疆依然是当时主要农业区，吐鲁番以西有八个较大城镇，号称南八城。以阿克苏为界，又划分为东四城和西四城。东四城分别是阿克苏、库车、乌什和喀喇沙尔，西四城分别是喀什噶尔、英吉沙尔、叶尔

①《刘襄勤公奏稿》卷2，光绪二十四年刻本。

羌和和阗。这八城均是历史上著名的农业区，当地人口多以经营农业为主。据统计：乾隆四十年（1775年），喀什噶尔有回庄16处，回民13500余户；英吉沙尔有回庄9处，回民2753户；叶尔羌有回庄25处，回民14600户；和阗有回民13635户；乌什有回民810户；阿克苏有回民10066户；库车和喀喇沙尔共有回民2844户。这里的回民均是指今天的维吾尔族人。以上八城合计共有回民58208户[①]。按每户4—5口人计算，乾隆四十年（1775年），居住在新疆南八城一带的维吾尔族人口约在24万—29万之间。袁祖亮等在《丝绸之路人口研究》一书中，利用乾隆三十一年（1766年）所编修的《西域图志》记载的回民，即今维吾尔族的户数与口数，得出当时的全疆共有维吾尔族人计66871户，262078口。[②]其中包括了居住在哈密、伊犁和辟展三地的4万余人，而居住在南八城一带的维吾尔族则有22万余人。以此作为参照，可以看出前述对乾隆四十年南疆八城一带维吾尔族人口的估算是大致接近事实的。

天山以南地区气候干旱，降雨量很少，农田灌溉全赖泉水或河水，各地均重视水利灌溉。《西域图志》卷30《官制二·附回部旧官制》记载："密喇布伯克，职司水利疏浚灌溉之务。"在密喇布伯克之下，各村还设置"农管一名，察田亩高下远近，以时启闭，更番引疏"，确保村民均能引水灌田。同时还处理"遏流壅利相讼争"的水源分配不均之事。从《西域图志》记载来看，在乾隆四十七年（1782年）之时南疆各绿洲的水利灌溉方式还是修渠引河水或泉水灌溉，尚未出现坎儿井。比如哈密"泉甘土肥，山泉竞发，巨细不一，伏流或数十里或百里许出地，引渠溉田"。吐鲁番（今吐鲁番市及邻近地区）"北倚金岭，岭麓有泉南流，周绕国城，民田资其灌溉"。色尔启布（今鄯善县赛尔克甫村）地区"有水从北山下出，南流经城东，分二支流，其西一支经鲁克察克城（今鲁克沁）南，以溉田园"。辟展（今鄯善县城）地区"秋冬山间积雪，入夏消融，流注南麓，渗于沙土。离辟展城五六里许，复出地上，是为泉源。泉眼星罗棋错，约十数处。去城里许，汇合成渠，名辟展郭勒，

---

① 《总统伊犁事宜》，见中国社会科学院中国边疆史地研究中心《清代新疆稀见史料汇辑》。
② 袁祖亮等：《丝绸之路人口研究》，新疆人民出版社，2009年，第190、191页。

屈曲而南。地势就平，渠流散漫。凡近渠之地，咸引水灌溉。其高阜则水所不到，专资鱼泽也。哈喇和卓（今吐鲁番二堡乡），水源出北山下，经由沙碛，漫衍而南，出金岭口，汇为大渠，入哈喇和卓郭勒。分道诸堡，田亩资其灌溉。托克三（今托克逊县城），水凡二道，一发源于东面大山之麓，湍泉漫流沙碛间，经一百五十余里，汇入河流。一发源于乌鲁木齐之东山，积雪所融，流注南行，离城二十里许，与泉水合，为托克三郭勒，藉溉田亩。……哈喇沙尔（今焉耆回族自治县开都河西岸）：冬春河身广及一里，夏秋涨发辄三四里。引渠灌溉，屯垦地亩"。各地人民兴修水利，灌溉农田，确保了耕地所需水源。

农具种类齐全也是这一时期南疆农业进步的表现之一。农具包括耕耘、施肥、收割、脱粒一整套农具。耕耘工具有铁犁、犁耙、铁锹等。维吾尔语称犁为"布古而斯"，犁头铁制，曰题实。长短参差如指形。犁梁长约一丈，端头有环，可以穿钩。牛膊之上，左右设有两木板，长约一尺五寸，其上放置横木。横木长约一丈，可以驾两牛。横木中间系以长绳，系有挂钩，系在犁梁之间。这样便可驱牛负犁前进了。这就是南疆的二牲抬杠犁耕法。诚所谓"双驱骏马勤耕陇，不待天明早唤醒"。"耕不拘牛，骡马与驴皆用之"。由此可见，当地人用来耕作的家畜不仅仅是牛，还可以是马、驴、骡等。播种之后，还需犁耙用来平整土地。犁耙铁头向内，形似铲，以枣木为柄。掘土开沟引水灌田的工具维吾尔语称"恰特满"，它形似铁镢，前端呈圆形，以枣木为直柄。当地人一般使用柳条编制的粪筐运粪肥，"以牛马者为良，粪田可倍收"。收割稻麦的工具"鄂尔嘎克"，形如曲刀，以纯钢制成，头柄皆铁，锋利无比。脱粒时，先用类似叉子的工具"阿伊俚"把庄稼均匀地铺散在场圃上曝晒，在中间树立一个木棍，用来系住牲口，"同踏谷麦，以代碌碡"。场上的立木叫作"摩密"。维吾尔族人还用簸箕除去谷壳和杂质。簸箕以屈柳木为边，以牛皮为档，结细草为底，或用藤为底。此外，还有出谷的木制工具"阿斯喀克"。颇知农耕的当地农民长期以来逐渐完善耕作工具，"以资耕获，若地利人工之所出，劝课有方，则不逮中土甚矣"。

南疆虽"土地肥瘠不一"，但五谷俱全，有黍、稷、高粱、麦、青稞、稻米等，豆类有豌豆、扁豆、小豆、绿豆等，还有黑、白、黄三色的麻。芝麻有黑、白两种，榨油食用，奇香无比，俗称芝麻油为“香油”。此外，还有“红粒”的品种，也可榨油。向日葵的种子也可用来榨油。棉花在汉代起就在南疆种植，准噶尔汗国时期依然种植，是衣料的重要来源。

瓜果蔬菜深受南疆各族人民喜爱。瓜类有西瓜，大者重四五十斤。甜瓜小而脆。甜瓜可能就是后来闻名的哈密瓜，其中以“绿皮绿穰而清脆如梨、甘芳似醴者为最上，圆扁如阿浑帽形、白穰者次之；绿者为上，皮淡白多绿斑点、穰红色者为下”。水果有石榴、苹果、木瓜、梨、樱桃、杏、柿、核桃、李子、葡萄、桃子、枣子、桑葚等。葡萄有长的、圆的两类，此外，还有绿色的葡萄“味倍甘，无核，截条栽地而生”，为布哈尔部所种植。其名美曰“奇石蜜食”。其实这就是明代陈诚所见到的锁子葡萄。桑葚“实大而味厚，可佐粮储”，其中无子的桑葚叫作“沙图特”。蔬菜有茄子、葫芦、红萝卜、白萝卜、野葱、黄芽韭、秦椒、胡椒、姜等。

《西域图志》中记载征收菜园地税的地区就有哈密、辟展、哈喇沙尔、乌什等地。值得注意的是，辟展的菜园地还分为附郭菜园地和远郊菜园地两类，前者的税率是后者的3.5倍。商民认垦菜园地需缴税，这说明了蔬菜种植的规模较大，商品化程度较高。叶尔羌一带所产的瓜果不仅种类多，种植广，而且果园还要缴税，反映了该地瓜果种植规模较大。此外，还设有专门官员“赛特里伯克”负责巡查街道园林果木。新疆的瓜果在人们日常生活中占有重要地位，在粮食不充足的时候，瓜果就是充饥之物。对此，林则徐在诗中形象描述“桑葚才肥杏又黄，甜瓜沙枣亦糇粮”。直到现在，新疆民众还把桑葚、葡萄、杏、瓜等制成干货，长期储存，以备日常食用。

如前文所述，北疆的农业在准噶尔汗国时期也有所发展，这主要得益于准噶尔首领的倡导和奖励。这一时期的北疆农业区主要集中在额尔齐斯河流域、伊犁河谷和乌鲁木齐地区。

伊犁河谷是准噶尔汗国的牙帐所在，当地是准噶尔农垦的重要地区之一。准噶尔汗国首领曾把战俘集中在伊犁河谷屯种。此外，还把南疆的乌什、叶尔羌、阿克苏和喀什噶尔等地居民迁移至伊犁河谷，从事农耕。清朝统一新疆后，对此情况也有清晰认识。“从前伊犁地亩，皆回人耕种”，“回人等本以种艺为生，自为准夷驱使执役，伊犁各处习耕佃者延袤相望"①。据定边右副将军兆惠奏报："伊犁附近地方约有万人耕种地亩。"②兆惠在乾隆二十四年（1759年）一次就接收齐凌扎布等准噶尔汗国首领送还的8300余人，其中大半是伯德尔格和塔兰奇人。③准噶尔时期在伊犁河谷的农业经营由此可见一斑。乌鲁木齐地区的农田面积也不小，因为当地有从事农业种植的500多户准噶尔人、300多户维吾尔族人和30户汉族人；在赛音塔喇（今阜康市以东60里）的种田人也有五六十家④。准噶尔汗国实行农牧兼营，促进和加快了准噶尔汗国的强大。史载，准噶尔"且耕且战，号富强"⑤。准噶尔汗国对北疆农业的经营对北疆农业发展起到积极促进作用。

二、清朝统一新疆后的区域农业发展

（一）南疆地区

清代新疆发展的第二个时期，为乾隆二十年（1755年）后完成新疆统一至同治四年（1865年）阿古柏入侵新疆的百余年时间。这段时间是清朝在新疆各地大力发展经济的时期，也是新疆社会秩序稳定、经济文化大发展时期。

清军统一新疆及平叛大、小和卓之乱期间，南疆农牧业遭到严重破坏。为了尽快医治战争创伤，恢复和发展社会经济，清政府采取了一系列鼓励开垦，兴修水利，发展生产的措施。

首先，招民耕种，尽快恢复社会经济正常运行。劳动力是发展经济的主要动力，只有把民众召集起来从事农耕才能恢复和发展社会经济，免除社会动荡。乾隆二十五年（1760年），陕甘总督杨应琚上奏曰："巴尔楚克傍

---

①《清高宗实录》卷560，乾隆二十三年四月己巳；《清高宗实录》卷612，乾隆二十五年五月壬子。

②《清高宗实录》卷520，乾隆二十一年九月己巳。

③《清高宗实录》卷598，乾隆二十四年十月丁亥。

④《军机处录副，乾隆四年八月一日陕西固原提督李绳武奏》。转引自蔡家艺《清代新疆社会经济史纲》，第60页。

⑤《西陲总统事略》卷1。

近河流，泉源充裕。若多招无业回民保聚耕作，由灌溉有资，可渐成村落。……恒额拉克可垦地亩甚多，若招散处回民，听其垦艺，亦可成一大聚落。”[1]对于贫困不能自立的民众，可以让政府借给口粮籽种让其开垦荒地，恢复生产，等待收获后再缴还粮种。乾隆三十一年（1766）时乌什土地足供6000余户耕种，虽然以前已经把部分土地分给当地民众种植，但余地尚多，地方官员曾奏请招人耕种，以免荒芜。

其次，将旧王族土地或军垦田地分给民众耕种。旧王族的土地主要集中在塔里木盆地四周的绿洲地区，特别是灌溉条件较好的库车、沙雅尔、乌什、阿克苏、喀什噶尔、叶尔羌、和阗等地。据《西域图志》卷34《贡赋》记载可知：库车原有250石籽种地亩，沙雅尔原有75石籽种地亩，阿克苏原有344亩，喀什噶尔原有801石4斗有奇籽种地亩，内兼一易地亩；叶尔羌原有旧官地1283石6斗6升籽种地亩，和阗原有旧官地13062石有奇籽种地亩。这些规模庞大的旧官地“一体归民垦种”。由于其土质肥沃，水利灌溉便捷，所以该地税收是高达“十分之五”，是一般土地的5倍。更有甚者，清朝为了安抚维吾尔族贫民，竟把军屯田地划拨给他们耕种。比如乾隆二十六（1761年）、二十七年（1762年）两年将军垦田地34232亩裁归回部郡王额敏和卓属回户承种。这些措施既从经济根本上打击了原来的旧官僚实力，又促进了社会经济的恢复，有利于稳定社会秩序，为当地经济的发展创造了有利条件。

最后，大兴水利，确保耕作顺利进行。经过实际考察后，清朝地方官员对南疆农业发展与水源的关系有了深刻认识，“回人地亩，俱藉山水灌溉”。所以，要尽快恢复农业，必须首先修复水渠，重视水利灌溉，确保农业生产的顺利进行。鉴于此，乾隆二十六年（1761年），叶尔羌办事都统新柱上奏，按照旧有惯例，设置密喇布伯克，专司水利。并给噶匝纳齐伯克（管理地亩粮赋）和商伯克（职司征输粮赋）配给丁役50人办公，在引水季节须“派拨丁役从叶尔羌河源逐步查勘”，以防不当用水行为。[2]喀什噶尔地方官员也

---

①《清高宗实录》卷610，乾隆二十五年四月己丑。

②《清高宗实录》卷632，乾隆二十六年三月丁未。

鉴于地方百姓不知守护修葺渠道，以至淤阻塌陷的弊病，特地“派喀什噶尔伯克水灵所属密喇卜伯克等，遍历村庄，详加查勘，或应浚渠以通其源，或应筑堤以蓄其势”[①]。上文已述，密喇布(卜)伯克是南疆专管水利的官员。清朝在统一新疆后继续设置此职以维护水利灌溉的有序进行。从记载来看，库车设置密喇布伯克2人，沙雅尔置密喇布伯克1人，乌什置密喇布伯克1人，阿克苏置密喇布伯克7人，赛喇木(兼拜城)置密喇布伯克2人，喀什噶尔置密喇布伯克9人，叶尔羌置密喇布伯克7人，和阗置密喇布伯克7人。[②]南疆各地官吏体系中大量设置密喇布伯克说明了清朝对水利灌溉事业的重视，为南疆农业生产的恢复与发展提供了有利的条件。塔里木盆地各地密喇布伯克设置的数量多少也反映出各地水利事业发展的程度不同。上述8个地区，库车、沙雅、乌什和赛喇木(兼拜城)只有1—2人不等。喀什噶尔的密喇布伯克最多，竟达9人！阿克苏、叶尔羌与和阗也较多，均为7人。密喇布伯克设置数量的多寡是由当地的水利规模所决定的，以此可见，喀什噶尔、阿克苏、叶尔羌、和阗等绿洲水利灌溉的发达与兴盛。

在清政府的政策鼓励下，各族人民辛勤劳作，战争的创伤逐渐得以恢复，新疆各地农业陆续得以恢复并有所发展。

首先，新垦耕地面积增多。嘉庆二十五年(1820年)，库车办事大臣嵩安疏报称，别什托固喇克等处挑渠引水，垦田有53000余亩。[③]道光七年(1827年)，长龄奏“(南疆)各城田土肥饶，新垦日增”[④]。道光十四年(1834年)，喀拉赫依有田地20262亩，[⑤]巴尔楚克有田地24000余亩。[⑥]到道光末年，新疆各地耕地面积大增，吐鲁番、阿克苏各有田10万余亩，叶尔羌有田约98000亩，喀什噶尔有田83298亩，库车有田120393亩，哈密有田约9952亩，和阗有田28100亩。

---

①《清高宗实录》卷656，乾隆二十七年三月甲申。

②《钦定皇舆西域图志》卷30《官制二》。

③《清史稿》卷129《河渠志四》，第2738页。

④《钦定平定回疆剿擒逆裔方略》卷46，道光七年闰五月癸酉。

⑤《清宣宗实录》卷249，道光十四年二月丙申。

⑥《叶尔羌参赞大臣长清等十二月二十六日奏》，见《清代奏折汇编——农业·环境》，第440页。

在南疆农业取得较快发展的同时，北疆农业也取得了不小的成就，尤以伊犁和乌鲁木齐两地最为突出。

道光十八年（1838年），伊犁将军奕山鉴于“伊犁每岁需放官兵口粮日久渐形不足”，遂筹划增垦地亩。经过实地勘察，额鲁特营所在的塔什图毕地方“长约三十里，宽五、六、七里不等，颇可耕种，开渠引水，足资灌溉”，呈请将此项地亩拨给回户承种纳粮，以解决官兵口粮不足问题。[①]此奏得到道光皇帝嘉奖。经过一年努力，当地修浚水渠140余里，得地164753亩，安置伊犁维吾尔族民众1000户，增设伯克进行管理。[②]次年，奕山又组织人员续垦塔什图毕以南三道湾地92493亩，安置维吾尔族民众500户。[③]

新任伊犁将军布彦泰热心农垦事业，他多次留心相度伊犁宜垦之地，要求各级官员注意访察各处土地，如有可垦之地，即行呈报。道光二十二年（1842年），布彦泰奏请开垦惠远城东的三棵树和阿卜勒斯二地。在其积极筹措下，次年，三棵树及红柳湾迤东地方共开垦田地33350亩，安置571户，每年征收小麦2668石；阿卜勒斯地方垦地161000余亩，设立回庄5处，安置回户500户，每年征粮8140石。[④]

三棵树和阿卜勒斯二处开垦的顺利开局，又获得道光帝的肯定和嘉奖。道光二十四年（1844年）二月，道光帝降旨称赞布彦泰，指示“当以开垦为第一要务”。[⑤]四月，布彦泰筹划在惠远城东60里处的阿齐乌苏地方从事开垦，并先规划引水工程。布彦泰任用谪戍伊犁的林则徐指导修建引水灌渠。林则徐首先选择修建了从龙口引哈什河灌溉的引水渠工程。经过一年努力，阿齐乌苏引水灌渠全线贯通，共得地100300亩，除去低洼盐碱地，实际垦成熟地83000亩。[⑥]经过嘉庆、道光年间的不断开垦，伊犁地区农垦面积大增，乾隆朝时该区垦殖不过30万亩，至咸丰四年（1854年），已

① 《清宣宗实录》卷310，道光十八年五月癸卯。
② 《伊犁将军奕山等四月二十二日奏》，见《清代奏折汇编——农业·环境》，第451页。
③ 《清宣宗实录》卷346，道光二十一年二月戊辰。
④ 《清宣宗实录》卷400，道光二十三年十二月丁未。
⑤ 《清宣宗实录》卷402，道光二十四年二月己酉。
⑥ 华立：《清代新疆农业开发史》，黑龙江教育出版社，1995年，第176页。

有垦地“七十二万三千二百亩”[1]。

在伊犁农业垦殖方兴未艾之时，乌鲁木齐都统所属地区的垦殖活动也开始活跃起来。道光二十年（1840年），乌鲁木齐都统惠吉奏报，乌鲁木齐所属地方自开辟以来有田地12170顷，而未垦者甚多。经过多方努力，至当年七月，迪化、昌吉、阜康、绥来、宜禾、奇台各州县共已开成地35694亩有余，召集有眷民户1189户，吐鲁番所属的都岗湖地方开垦2600余亩，牙木什地方垦地800余亩，农业垦殖取得了较大发展。[2]至道光二十九年（1849年），乌鲁木齐所属地方共开垦荒地86519亩，其中镇西府所属的宜禾县和奇台县共开垦24569亩，迪化州、阜康县、昌吉县、绥来县、济木萨、呼图壁等处垦地45600亩，喀喇巴尔噶逊、库尔喀喇乌苏、精河等处垦地16350亩。[3]道光二十七年（1847年），哈密已垦新地10500余亩。[4]道光三十年（1850年），喀喇沙尔所属环城及库尔勒地方新增垦地13500亩。[5]

其次，水利事业的兴盛。清政府对水利事业比较重视，各地纷纷开渠修堰，加大水利建设力度。乌什“所属回庄并官垦屯田，皆开渠灌溉”[6]；英吉沙尔的“大河阔四五丈，至图木舒克地方分流各处，回民开渠，引以灌田”[7]；和阗“各回庄开渠灌田，资其利焉”[8]。清代地方政府在哈喇沙尔城西利用开都河引水灌溉。道光十七年（1837年），组织民众修筑护堤，设有屯田头工、二工两渠，自裁屯安户后，又于上游大河开一大渠，嗣头二工又各添新渠，共有5渠。鉴于上年大水，各渠口冲塌，护堤亦坏。当年又挑浚北大渠，接长2300丈，共长9000丈；修筑龙口石工，外设木闸，自龙口至坡心滩嘴，筑碎石长坝40余丈，中设泄水闸，随时启闭；接长旧堤30余里，至

---

①《伊犁将军奕山、伊犁参赞大臣图伽布十月十二日奏》，见《清代奏折汇编——农业·环境》，第484页。

②《乌鲁木齐都统惠吉七月十一日奏》，见《清代奏折汇编——农业·环境》，第452页。

③《乌鲁木齐都统惟勤五月二十八日奏》，见《清代奏折汇编——农业·环境》，第473页。

④《乌鲁木齐都统惟勤、哈密办事大臣钟方等十二月初一日奏》，见《清代奏折汇编——农业·环境》，第470页。

⑤《喀喇沙尔办事大臣舒精阿二月二十日奏》，见《清代奏折汇编——农业·环境》，第476页。

⑥《回疆通志》卷10。

⑦《回疆通志》卷7。

⑧《回疆通志》卷8。

北大渠口为止;其余诸渠挑浚深通,庶期经久。[①]道光二十五年(1845年),吐鲁番的伊拉里克除了新修水渠把阿拉浑水由东向西引到了新垦田地之外,还在黑山头修筑了灌溉大渠,为了防止渠道下渗,还在渠底铺上毡子,大大提高了灌溉效益。[②]

特别需要指出的是吐鲁番地区坎儿井的出现和推广。关于坎儿井的起源,学术界还有不同认识,或言是汉代关中井渠的西传,或言由中亚传入,或言为吐鲁番维吾尔人自己发明。但有一点是明确的,即坎儿井主要兴修于清代,是清代吐鲁番地区水利发展最突出的特点。坎儿井适宜于特别干旱、蒸发量大的地区。从现有文献和考古资料看,属于清代以前的坎儿井尚无明确记载即可指认的对象,或者可以说,乾隆四十二年(1777年)前吐鲁番地区还没有出现坎儿井。《西域图志》中记载该地的水利设施全是地上明渠,没有坎儿井的任何痕迹。现在所见有关坎儿井最早的一条史料是和瑛《三州辑略》卷三《赋税》中的记载:"嘉庆十二年五月乌鲁木齐都统和宁案据……,又据民人魏良灏等十五家情愿认垦雅尔湖潮地一千三百四十亩,堪垦卡尔地二百五十一亩,潮地每亩交纳租银四钱,卡尔地每亩交纳租银六钱,交同知衙门存贮。"雅尔湖是地名,东距吐鲁番市约10公里。卡尔即坎儿井,坎儿井水量稳定,由它浇灌的土地,可保旱季收获,故其租税比潮地须多交纳1/3,显然坎儿井已经产生实际效益。

道光十九年(1839年)五月二十九日,道光帝在上谕中说:"据奏(乌鲁木齐都统廉敬奏)……在牙木什(吐鲁番西一小地名)迤南地方,勘有可垦地八百余亩,因附近无水,必须挖卡引水,以资浇灌"。"卡"即"卡井"的简称。此后,林则徐在考察吐鲁番时,见到"沿途多土坑,询其名曰'卡井',能引水横流者。自南而北,渐引渐高,水从土中穿穴而行,诚不可思议"[③]。这是中原人士第一次在个人文献中记载坎儿井,并对坎儿井"水从土中穿穴而行"的特征做了准确描述,不过当时仍称"卡井"。此外,坎儿井还被称为"闸井"。林则徐曾大力提倡开凿坎儿井,为坎儿井的推广起到了积极的推

① 《清史稿》卷382《萨迎阿传》,第7778页。

② 《新疆图志》卷114。

③ 中山大学历史系:《林则徐日记》,中华书局,1985年,第448页。

动作用。[1]虽然林则徐在新疆时间不长，但他的建议还是被伊犁将军萨迎阿采纳，并付诸实施。道光二十五年（1845年），伊犁将军萨迎阿上疏言："吐鲁番掘井取泉，由地中连环导引，浇灌高田，以备渠水所不及，名曰闸井，旧有三十余处。现因伊拉里克户民无力，饬属捐钱筹办，可得六十余处，共成百处。"[2]萨迎阿对吐鲁番地区伊拉里克户民的大力支持，为该区的坎儿井建设起到了积极的推动作用，也进而扩大了区域坎儿井的建设规模。总之，坎儿井以其水量稳定、蒸发量小、灌溉效益好等优点，成为区域人民最重视的水利工程。然而由于开挖工程量大，人力物力消耗也大，民间难以承担，故一般由政府出资，组织民力集中开挖。在此背景下，吐鲁番地区的坎儿井建设便取得了令人瞩目的成就。

道光年间（1821—1850年），伊犁地区兴修的水利工程，以林则徐主持的哈什河引水渠为著。道光二十四年（1844年）四月，伊犁将军布彦泰筹划开垦阿齐乌苏地方荒地，然当地水源未辟，原来所用山泉之水一遇旱季便干涸无水，致使垦地抛荒，故开渠引水是恢复阿齐乌苏垦田的关键。经过一番仔细勘查，引注哈什河水浇灌是最好方案。哈什河是伊犁河支流，由此开渠引水，就需要修筑长度约400里引水渠道，工程量大，任务艰巨。布彦泰倡导捐工，发动文武官弁捐资分段承修。哈什河引水渠道的关键是龙口部分。主持该段工程建设的是谪戍伊犁的林则徐。他再次进行详细勘测，选择水流缓慢易于导水处开凿渠口，同时需要修筑截水设施，即定桩抛石，形成截流坝，逼水入渠，是谓引水入渠的龙口。历时4个月，用工10万，龙口引水工程顺利竣工。新渠开通后，河水源源不断入渠，为新垦土地提供了水源保障。开挖新渠的同时，布彦泰还组织人员为塔什鄂斯坦回屯挑浚年久淤积的旧渠90余里，并把新旧二渠连接起来。哈什河引水渠的修建，可以灌溉周边田地10余万亩，功效甚大。由于林则徐对此项水利工程的卓越贡献，当地民众又称此渠为"林公渠"，以示纪念。

随着土地垦殖的不断增加，粮食也屡获丰收。乾隆四十二年（1777

①《新疆图志》卷2《建置》。

②《清史稿》卷382《萨迎阿传》，第7778页。

年)，南疆除了东疆外，共纳粮75235石，[1]按照清朝“十分之一”税率计算，当年上述地区产量应为752350石。至道光三十年(1850年)，上述地区的纳粮上升至146449石，[2]若按照同样税率计算，当年该区产量为1464490石，这是前者的1.95倍。粮食的增加，为区域人口的增长和社会发展与稳定提供了可靠保证。

于是，在其后一段时间，新疆的人口也出现了快速增长。据《大清会典》记载，乾隆二十六年(1761年)，南疆地区有民205250口，[3]到乾隆四十一年(1776年)，人口数已经增至61.4万人，到了嘉庆二十五年(1820年)，又上升至70余万。[4]堪称快速增长。

在此历史背景下，南疆各地呈现出一派农业繁荣的景象。于阗“户口繁多，瓜果咸备”；叶尔羌“远近所属，村城甚多”，物产丰富，“土产米、谷、瓜果甲于回地”；喀什噶尔水果种类多且味道美，所产石榴、木瓜瓜膏、苹果、葡萄干等均为贡品；乌什境内饶耕稼，“果木成林”；阿克苏“土田广沃，芝麻、二麦、谷、豆、黍、棉、黄云披野；桃、杏、桑、梨、石榴、葡萄、苹果、瓜菜之属，塞圃充园，人人富厚，牛羊驼马，所在群聚”；尤以所产稻谷闻名遐迩。库车“自底定以来，滋养生息，家给人足，迄今最贫苦之小回，亦有牛、羊、驼、马，出有衣，入有食，吉凶皆能成礼，歌舞升平矣”。[5]辟展“民居鳞接，商贾辐辏”。[6]哈密“田畴沃衍，园林蕃庑”[7]，“人烟辐辏，店铺繁多”[8]，可谓物产丰富，经济繁荣，人民喜庆，安居乐业。

如前所述，19世纪中叶后，南疆地区在内忧外患的严重影响下，社会经济曾遭受巨大破坏，出现了人口锐减、田畴荒芜等现象。光绪三年(1877年)左宗棠收复南疆。光绪十年(1884年)新疆行省建立，清政府在新疆实

---

① 《西域图志》卷三四《贡赋》。

② 华立：《清代新疆农业开发史》，第183—184页。

③ 蔡家艺：《清代新疆社会经济史纲》，第163页。

④ 曹树基：《中国人口史·第五卷·清时期》，复旦大学出版社，2001年，第445—446页。

⑤ 椿园：《西域闻见录》卷2。

⑥ 《西域图志》卷14《疆域七》。

⑦ 《西域图志》卷9《疆域二》。

⑧ 钟方：《哈密志》卷14《街巷》。

行了更有效的管理。在各族群众的积极参与下,新疆农业逐渐得以恢复。

第一是水利灌溉系统得到修复和维护。比如叶尔羌河和喀什噶尔河流域所属渠道均得以疏浚。"回疆四城,自兴修各项工程以来,闾阎鲜水旱之忧。"[①]南疆其他地区的水利灌溉事业也均发展良好,从《新疆图志》卷73《沟渠志》的记载来看,此时南疆共修建干渠664条,支渠1704条,分别占全疆水渠数量的70%(664/944)和73%(1704/2333)。可见南疆的水利事业所取得的巨大进步。在南疆诸地区中以库车、和阗、沙雅、皮山、叶城、疏勒、疏附、伽师、鄯善等地区的水渠数量较大,这也体现了上述地区农业的发展与进步。

第二是耕地面积的扩大。1901—1911年间鄯善新增田地3892亩,新平县新增8793亩,婼羌县新增20294亩,拜城县新增23426亩,巴楚州新增16413亩,疏附县新增21146亩,英吉沙尔厅新增10255亩,叶城县新增15298亩,皮山县新增55165亩,和阗本州新增52065亩,洛浦县新增27287亩,于阗县新增46863亩。[②]各地增加的数量都为数不少。

第三是耕作技艺的大幅提高。在收复新疆的过程中,大量内地士卒和商人及杂役人员落户于此,其中就有许多有种植经验和技能的农家子弟,"客民之艺棉者咸聚焉"[③]。其中湖北人的植棉技术较高,人数也较多,他们在吐鲁番地区种植棉花,会及时浇水、注意施肥、松土整枝,故所种棉花皆长势良好,因而产量大增。[④]此外,吐鲁番地区还引进了高产的优良棉花新品种——美利坚棉,当时的吐鲁番有两种棉花,一是与布哈尔品种同类的当地品种,还有就是较前者优良的美利坚品种。然而,该品种何时引进不可靠。但是,自光绪二十九年(1903年)以后,吐鲁番的棉花产量大增,每年出口俄国的棉花价值五六十万两白银。[⑤]光绪年间,浙江人赵贵华受新疆布政使王树枏之命,寻求流落南疆的丝质蚕桑工匠推广先进的养蚕技术,

---

① 《新疆图志》卷98,刘锦棠:《新疆南路四城兴修各工完竣并筹办应修各工折》。

② 《新疆图志》卷65《土壤篇》。

③ 《新疆图志》卷28《实业一》。

④ 《新疆图志》卷28《实业一》。

⑤ 钟广生等:《新疆志稿》卷2,民国十九年铅印本,成文出版社,1968年影印本。

并对从植桑、接枝、压条到选择蚕种、制器、缫丝等过程详加考究，终于总结出先进的养蚕缫丝方法，在南疆推广，使得南疆蚕丝的质量和产量均大幅提高。[①]

第四是新品种引进和高产作物的推广。明清时期我国农业发展的一个特点就是引进了许多国外优良的高产新品种，如玉米、马铃薯、甘薯等。长期以来，南疆的农作物主要是大小麦、青稞、粟、黍、高粱、豌豆等，也有一些地区种植稻谷。大约在乾隆年间玉米等新物种被引进新疆。齐清顺依据《伊江汇览》的记载，认为新疆玉米是由内地传入的。[②]日本学者崛直则认为是从中亚引进的。[③]不管两者孰是孰非，有一点可以肯定，玉米首先是在伊犁地区种植，此后逐渐向南疆推广。玉米是一种适应性强、耐旱、耐高温、产量高的优良作物，直到道光后期，南疆地区开始种植玉米。咸丰时期，南疆其他地区已广泛种植。[④]据《新疆乡土志稿》记载，在南疆的26个府、厅、州、县中有21个地区种植玉米，特别是轮台、沙雅、莎车和于阗四地的玉米成为当地粮食生产的大宗。此外还有洋芋的引进。洋芋即马铃薯，俗称土豆。在《哈密志》中就有洋芋的记载。不过洋芋还是归于蔬菜类，可能是其种植比较少。糯米在清代时也被引进新疆，哈密地区就生产糯米。[⑤]糯米又叫江米，富含维生素B，温暖脾胃，补益中气，且香糯黏滑，常被用以制成风味小吃，深受人们喜爱。稻谷早在魏晋时期已经在疏勒、莎车、和阗等地种植，吐鲁番地区也可能有少量栽培。到了清代，稻谷的种植范围逐渐扩大，南疆的稻谷种植已较普遍，焉耆、库尔勒、沙雅、阿克苏、新平、库车、疏勒、叶城、英吉沙尔、皮山、和阗等地均有种植。而乌什地区早在乾隆三十二年（1767年）就试种成功，但由于该地水冷而没有坚持种植，

① 《新疆图志》卷28《实业一》；钟广生等：《新疆志稿》卷2。

② 齐清顺：《玉米在新疆的种植与推广》，《新疆社会科学》1988年第1期。

③ ［日］崛直：《回疆玉米考》，章莹译，《西域研究》1994年第4期。

④ 华立：《清代新疆农业开发史》，第240页。

⑤ 钟方：《哈密志》卷23《物产》。

即长时间放弃种植稻谷。[①]然而到了清后期，该地又生产稻谷，[②]这或许与生产技术提高有关。在左宗棠收复新疆后，湖南籍军士中有的留在南疆，他们擅于种植水稻，史载“湘人善艺稻，深耕溉种，亩收十钟”[③]。“深耕溉种”即通过深耕排碱，再灌溉种植。蔡家艺先生认为“亩收十钟”可谓太高，可能是“十斛”之误。[④]即便如此，稻谷的产量还是相当可观的。乾隆年间阿克苏水稻的产量年均在20—30分（十分为一石），在各地军垦中名列榜首。[⑤]众多引进的作物中还有油菜，这是重要的油料作物。油菜可能在乾隆年间由内地的军士带进新疆的，并首先在辟展试种成功。此后，油菜种植逐渐在维吾尔人中得以推广。[⑥]

第五是粮食产量的增加。粮食的产量是反映农业进步的重要指标。光绪四年（1878年），南疆共征粮247064石，[⑦]按照清朝当时的“十一分而取其一”的税率，当年南疆粮食产量应为2470640石，这是前一时期的1.7倍。

第六是人口大增。光绪末年南疆人口进一步增长，《新疆图志》（宣统元年）载南疆阿克苏道和喀什噶尔道共有375376户，人口1804143人，分别占到全疆人口的88%和89%。这还没有加入划归镇迪道的吐鲁番、鄯善和哈密三地。较之前一时期南疆70余万数，宣统年间人口增长了2.6倍，其中农业人口占到1433088人，占到全疆农业人口的92%。[⑧]

总而言之，有清一代，通过政府的积极鼓励与支持，以及各族群众的辛勤劳动，南疆农业发展虽经历战争的波动，但仍取得了令人瞩目的成就。无论是农田面积的扩大，新物种的引入，高产作物的推广还是耕作技术的提高，以及人口的增加，均反映了南疆农业生产发展的总成就。历史时期

---

① 《西域图志》卷33《屯政二》。

② 穆彰阿等修《嘉庆重修大清一统志》卷516《西域新疆统部》，（台湾）商务印书馆，1983年影印本。

③ 《新疆图志》卷28《实业一》。

④ 蔡家艺：《清代新疆社会经济史纲》，第296页。

⑤ 《西域图志》卷33《屯政二》。

⑥ 《清高宗实录》卷658，乾隆二十七年四月乙丑。

⑦ 华立：《清代新疆农业开发史》，第231页。

⑧ 华立：《清代新疆农业开发史》，第219—220页。

南疆农业生产呈现波浪式前进的发展特点，清代则是继汉、唐之后南疆农业发展的第三个高潮。

（二）北疆地区

清代是新疆农业快速发展时期。鉴于北疆战略地位的重要性，清朝尤为重视对北疆的经营，从而促进了该地区农业获得飞跃式发展。

虽然准噶尔汗国时期北疆的农业仍有经营，但存在从事农业经营的人口少、农田规模小等现象或问题，农业种植零星分布，尚未形成具有一定规模的农耕区。这种状况一直到清军收复全疆后才有根本性改变。

清代统一新疆后，屯垦事业蓬勃发展，军屯、民屯、旗屯、回屯和犯屯等各种形式的屯垦遍布天山北麓。以屯垦为主体的农业区自东向西不断拓展，并日益密集，逐渐形成了巴里坤、木垒、奇台、吉木萨尔、阜康、昌吉、乌鲁木齐、呼图壁、玛纳斯、库尔喀喇乌苏、精河、伊犁、塔尔巴哈台等众多屯区的条状分布带，其中以伊犁九城为中心的伊犁河谷和以乌鲁木齐为中心的吉木萨尔—精河地区是北疆农业区的双核。伊犁当时为新疆前期的政治经济中心，该地不仅屯垦形式多样，而且农耕人口众多，农业成效也最为显著。谓之阡陌纵横，渠道密布，禾菽弥望。在农业发展的基础上，逐渐形成了以惠远、惠宁、绥定、宁远、拱宸、广仁、瞻德、塔勒奇、熙春等9城为中心的城镇体系，村落毗接，鸡犬相闻，呈现出欣欣向荣的繁荣景象，“昔年荒服之区，今悉无殊内地矣”①。乌鲁木齐是清代移民屯垦的重点区域之一，以其为中心的吉木萨尔—精河农区，有军屯、民屯、犯屯等诸多类型。农业发展，城镇兴起，商业繁盛，真是“到处歌楼到处花，塞垣此地最繁华”②。

清代北疆农业的飞跃发展主要体现在人口的增加、田亩的增加、农耕技术的提高、农田水利的进步和农作物品种的改良与增多等方面。以下依次论述。

第一是人口的增加。在没有实现农业机械化的古代，人口的多寡是衡量地区农业进步与否的重要指标之一。在清军收复新疆之初，由于长期战

---

①《伊江汇览·赋税》，见中国社会科学院中国边疆史地研究中心《清代新疆稀见史料汇辑》，第65页。

② 吴蔼宸：《历代西域诗钞》，新疆人民出版社，1982年，第103页。

乱，北疆人口锐减。为了迅速医治战争创伤、稳定社会和发展生产，清朝开始大规模移民运动，不断从内地以及东北地区、新疆南疆地区调集士兵以及招徕各族民众进入北疆。[①]据学者研究，乾隆四十二年（1777年）前后，北疆地区的人口已有27万左右。道光六年（1826年）前后，北疆仅汉族人口就达到43万人。[②]若加上维吾尔、蒙古等民族，人口将超过50万。此后发生的一系列社会动荡，使得新疆人口又大幅减少。到了1909年，北疆人口已经减至220519人。[③]

第二是田亩的增加。先以伊犁地区为例，清军进入伊犁时，当地不过有10万亩左右耕地。经过各族劳动人民的辛勤开发，咸丰初年，耕地面积曾一度达723200余亩，增长了7倍多。[④]再看北疆的农耕面积，乾隆四十二年（1777年）北疆耕地面积为678885亩，经乾嘉时期的发展，道光元年（1821年）时北疆的耕地面积已达1285687亩，[⑤]较之前者，几乎翻了一倍！此后，由于受到一系列社会动荡等因素的影响，到光绪三十一年（1905年）时，北疆各府、厅、州、县的耕地面积略有下降，但仍多达967269亩。[⑥]即便如此，这仍是唐代北疆农垦面积的9倍多！

第三是土壤改良与农耕技术的提高。经过长时间探索，各族劳动人民对北疆地区土壤的认识进一步加深，并逐渐总结出土壤改良的成功经验。《新疆图志》卷28《实业》记载："迪化以西，伊犁以东，土质坚实，荒田弥望，无虑千万顷。垦荒之法，先相土宜。生白蒿者为上地，生龙须草者为中地，生芦苇者多碱，为下地，然宜稻。既度地利，乃芟而焚之，区画成方罫形。夏日则犁其土，使草根森露，曝之欲使其干也。秋日则疏其渠，引水浸之，欲其腐也。次岁春融，则草化而地亦腴。初种宜麦，麦能吸地力，化土性，使坚者耎，实者松。再种宜豆，豆能稍减碱质。若不依法次第种之，则地角

---

① 马大正：《清代西迁新疆之察哈尔蒙古的史料与历史》，《民族研究》1994年第4期。

② 齐清顺：《清代新疆农业生产力的发展》，《西北民族研究》1988年第2期，第262、263页。

③ 笔者依据《新疆图志》中的镇迪道和塔伊道人口数减去哈密厅的人口计算所得。

④《伊江集载·屯务》，见中国社会科学院中国边疆史地研究中心《清代新疆稀见史料汇辑》，第104页。

⑤ 华立：《清代新疆农业开发史》，第140页。

⑥ 依据《新疆图志·土壤志》计算出北疆的耕地面积。

坼裂，秀而不实矣。如是三年之后，五谷皆宜，每种一石，若可获二十石。”这种先通过植物辨识土质，再通过生物种植技术来改良土壤的方法，对今天的农业生产仍有重要借鉴意义。

随着进入北疆的内地人增多，先进的耕作技术也日渐传播到北疆。通过水稻种植技术的改进，原来不能种植水稻的阜康、迪化、昌吉、呼图壁、绥来、库尔喀喇乌苏、精河和伊犁也开始种植水稻了，其中迪化所属的三个泉、绥来和库尔喀喇乌苏3处的稻米最负盛名，库尔喀喇乌苏所产的稻米有“西湖稻米”之美誉，[①]与南疆阿克苏的稻米不相上下。此外，来自内地的民众还把家乡的种菜技术带到新疆，并针对冬季寒冷的特点创造了地窖温室育苗法。史载“掘地为窖，播种其中，以微火烘之，取苇秆密护四周，上覆芦箔，以御风雪”。等到春暖时节，再移苗田间，使“春初之菜，无不应时入市”[②]。这一种植蔬菜之法，当是现代大棚温室技术的先声。种菜技术的改进，大大提高了当地蔬菜的产量，更重要的是反季节蔬菜的种植和上市，大大丰富了食物品种，提高了人们的生活质量。

第四是农田水利的进步。水利是农业命脉，没有良好的灌溉系统，农业生产很难发展。有清一代，北疆的军民为粮食种植大力发展农田水利事业。建省前的新疆，水利建设主要集中在伊犁地区。伊犁将军阿桂率领军民在惠远城北修建有塔尔奇沟和乌哈尔里克沟二渠。伊犁将军松筠在惠远城东修建有通惠渠，又在其渠东阿齐乌苏地方开浚大渠引辟里沁山的泉水灌田数万亩。此外，由伊犁将军松筠勘探、发起和主持，锡伯营总管图伯特率领锡伯军民，用时6年开凿的察布查尔渠，长200余里，沿泉水溢出带与洪积扇之间延伸，东至察布查尔山口，可得灌地70000余亩。道光十八年（1838年）到道光二十四年（1844年）伊犁地区先后开垦出塔什图毕及三道湾、三棵树（包括红柳湾）、阿卜勒斯、阿齐乌苏等4块灌溉垦区，垦区内灌溉渠网密布，保证了灌溉之需。此外，还有林则徐在伊犁期间主持修建的哈什河引水灌溉工程，使得阿齐乌苏荒地得以顺利开垦灌溉。经过乾、

---

① 《新疆图志》卷28《实业一》。

② 《新疆图志》卷28《实业一》。

嘉、道三朝的努力，伊犁的灌区田地面积达30万亩以上。[①]

新疆建省后，北疆地区的水利建设取得了进一步发展。到宣统末年，据《新疆图志》所记载统计得出，北疆各地共有干渠280条，支渠576条，溉地约1708223亩。[②]其中对乌鲁木齐地区水利建设投入的人力、物力、财力为最大，修浚的河渠数量最多，干渠44条，支渠66条，渠道总长达2245里，灌溉亩数达44557亩。[③]北疆水利开发中心由伊犁地区转向乌鲁木齐地区，这与新疆政治中心的转移有极大的关系。总之，清代北疆地区农田水利事业的发展充分反映了北疆农业的进步。

第五是农作物品种的改良和增多。品种改良是农业进步的重要体现。清代的农作物品种改良主要是水稻和棉花，涉及北疆的则是水稻。清代以前新疆的水稻是粳稻，粳稻颗粒短而圆，而清代文献资料记载的水稻却是颗粒长白，这是清代水稻的新品种。《新疆志稿》记载该品种是“粒长色白，味甘而濡，精凿出东南秔米上”[④]。

长期以来，新疆的农作物主要是大小麦、水稻、青稞、粟、黍和高粱等。玉米、油菜等新物种大约在乾隆年间被引进新疆，并逐渐得以推广。

综上所述，清代的北疆地区农业生产的进步远远超过以前各代，从农田水利建设看，清代新疆的水利最发达；从农作物品种看，清代的农作物品种最多，高产优质的粮食品种多且种植广；从农田规模看，清代北疆的农业区东起巴里坤，西至伊犁，北至额尔齐斯河流域，南到天山北麓，星罗棋布。因此，清代作为北疆地区农业开发史上的飞跃时期，为后来北疆农业区的形成奠定了重要基础。在清代以前，北疆地区的农业生产较之南疆一直处于弱势，经过有清一代各族人民的辛勤开发，北疆地区农业生产的规模超过历史上任何时期，农业生产比重不断增加，以至渐居主体地位，形成北疆农牧兼营、以农为主的经济产业结构，并初步改变了长期以来新疆“南农北牧”的经济地理格局。总之，北疆地区农业生产的不断进步与发展，不仅密

---

① 《钦定新疆识略》卷6《屯务》。

② 依据《新疆图志》卷73《沟渠》统计。

③ 《新疆图志》卷73《沟渠一》。

④ 钟广生等：《新疆志稿》卷2。

切了南、北疆的经济联系，而且缩小了新疆与内地的经济差距，为促进新疆与内地一体化进程，以及近现代新疆农业的进一步发展奠定了坚实基础。

第三节　清代新疆的民间畜牧业

一、南疆地区

从有限的资料得知，清朝康熙年间，南疆地区的牲畜主要是羊、牛、马、驴、骡等，骆驼较少。羊可供肉食和羊皮、羊毛，牛、马、驴、骡和骆驼等大型牲畜主要作为耕地和运输的畜力。肖雄在《西疆杂述诗·牧养》中记载："回俗亦重牧，养牛以事耕种，并负大车。骡马或骑乘，或驾车远去，农时也耕于野。驴则坐人运货，耕田推磨以及柴水之需，皆赖之。……耕牛壮大者少，皆黄犊，无水牛。……骡马率高大而善走……今各城所出骏马甚多。骡之嘉者，能日行数百里。羊为食肉计，兼成衣以御寒。……骆驼独少，不能成帮。"[①]据此可知，南疆的民间畜牧业依然如前得以继续。

清政府统一新疆后，采取"因俗而治"的方略，由伊犁将军统管新疆事务，南疆则由喀什噶尔参赞大臣（个别时间改为乌什参赞大臣和叶尔羌参赞大臣）管理。南疆地方具体事务由地方官员——各级伯克负责管理。所以，清政府对南疆的畜牧业管理基本上沿用传统的鼓励政策。南疆各地民间的畜牧业也较繁盛。哈密的淖毛湖"是回部畜牧大草场"[②]，辟展的齐克塔木"有水草，可驻牧"；纳呼地区"滨湖之地可驻牧"[③]。哈喇沙尔的硕尔楚克"有水草，可驻牧"；策特尔"饶水草"[④]。拜城地区"地饶水草"[⑤]。乌什则"介于阿克苏、喀什噶尔之间，为回部适中之地，依山为城，有险可恃，田肥

① 蔡家艺：《清代新疆社会经济史纲》，第52页。

② 刘润道：《哈密直隶厅乡土志》。

③ 钟兴麒等校注：《西域图志校注》卷14《天山南路一》，第232页。

④ 钟兴麒等校注：《西域图志校注》卷15《天山南路二》，第243、244页。

⑤ 钟兴麒等校注：《西域图志校注》卷16《天山南路三》，第256页。

饶，水充足，又有牧场可滋养马牛羊”[①]。叶尔羌的贝拉“有水草”[②]。在上述水草肥美的地区中，特别要提到焉耆西部的开都河两岸和上游的尤勒都斯大草原。椿园在描述上述两地时说：“著勒土斯山场回环千里，草肥水甘，多野牲，足资游牧；开都河水畅流，足资灌溉。……后土尔扈特来归，遂将其汗乌巴锡部落、霍硕特贝勒恭格部安插于著勒土斯，恣其游牧，教之耕种。”经过一段时间的休养生息，“开都河南北两岸及著勒土斯牧场，毡帐云屯，皆伊等所居也”[③]。乌什西部及喀什噶尔以南，游牧的布鲁特有14部之众，伊犁地区也有布鲁特80余户，[④]内附的布鲁特还游牧在听杂布河（即叶尔羌河上游）左右两岸，“强盛不劣于哈萨克，岁鬻牲畜数十万计”[⑤]。

清代南疆地区的畜牧业经营有一个特点，即南疆定居民众多聘请擅长畜牧的蒙古族和哈萨克族代为放牧。一般情况下，每个人放养马30匹或牛50头或羊300只，雇佣放牧的报酬是每年主家给“絮毡裘革履毯幕各一具，月饷羊羔一麦三十斛，春秋剪毛二此分遗其半抵佣值”。此外，主人还定下了奖励机制。“岁终巡视牧群，察其羡耗。若孳乳肥月循，则纳羔羝为酬”。在此奖励机制的激励下，“佣力弥奋其群”[⑥]。

长期畜牧使得当地牧民在草场的选择、放牧顺序、牲畜疾病的防治以及牧群的管理等方面积累了许多宝贵经验。关于草场的选择，牧民认为“大凡牧必谨择水草，度原隰之所，宜冬宜燠。取背阴而面阳以避风雪谓之冬窝；夏宜平原高阜蠓蠛不生之地谓之夏窝”。放牧的顺序也要有规定，如果按照顺序放牧，则牲畜肥壮，否则，牲畜瘦弱。一般“春草初生，宜先牧马，马性嗜洁，牛羊践之则不复食。饮水必寻上游。秋日苜蓿遍野，饲马则肥，牛误食则病。牛误食青苜蓿，必腹胀大。医法灌以胡麻油半斛，折红柳为枚衔之，流涎而愈”。此外，牧民对草原野地的毒草也有很多认识。例如有一种毒草，草色碧绿而叶肥。该草毒性特强，驼马食之立毙。对此，牧民

---

① 钟兴麒等校注：《西域图志校注》卷17《天山南路四》，第265页。

② 钟兴麒等校注：《西域图志校注》卷18《天山南路五》，第287页。

③ 椿园：《西域闻见录》卷2《哈喇沙尔》，乾隆四十二年刊本。

④《新疆图志》卷16《蕃部一》。

⑤《新疆图志》卷28《实业》。

⑥ 钟广生等：《新疆志稿》卷2《畜牧》。

在驼驹马驹生下数月时,“取草涅齿则终身识之,一嗅即去”[①]。为了防止羊群遭狼袭击,牧民多畜养巨獒,巨獒警捷多力,能卫护羊群。白天放牧,牧民则让巨獒先行导路。黑夜则让巨獒巡逻守卫羊群,“御豺狼,戒窃盗”。疫疾对牲畜危害极大,所以牧民对此非常重视。长期的牧养经验告诉他们,牧养羊群“必慎疾病,慎刍秣去其害群,勿使滋累,斯为善牧一。或不慎,疠气传染,旦夕之间能空其群,俾无遗育,马牛亦然”[②]。

此外,牧民对牲畜的合理育殖、孕育时间和齿岁辨别也有很准确的认识。牧民认为:“牧羊之法,大率牡二羝四,配偶相当。多则乱群,少则孳生不蕃。羝羊四乳多孳生。”一般来说,马十一月而产,牛九月、十月而产,羊六月而产。牧民通过辨认牲畜的牙齿可以识别其齿岁,“且马、羊、牛的不同齿龄也有不同的叫法。马初生曰驹,三岁曰对牙,四岁曰四牙,五岁牙齐,十岁牙平。牛初生曰犊,其辨牙之法,亦如之羊。羊初生曰羔,周岁曰密牙,二岁曰二齿,三岁曰四齿,四岁曰满口”[③]。

南疆地区的畜牧业,也形成了具有地方优势的特产牲畜。如南疆沙漠地区盛产明驼。明驼是骆驼中特别擅长行走的品种。史载,明驼“驼之种类,以卧时前蹄拳曲而不着地者谓之明驼,谚云:明驼千里足是也”。明驼负致远有韧力,行戈壁中四五日程,不得水草亦无害。葱岭地区则盛产牦牛。牦牛毛长委地,耐高原空气稀薄和寒冷气候,尤其是它具有登陟山径、稳平健步胜过骡马的优点,所以牧民从蒲犁进入山岩陡坡时,必骑牦牛才能进入山岭。就马匹而论,天山南北盛产3种骏马,分别是伊犁马、巴里坤马和喀喇沙尔马。钟广生对此有一番精论:“伊犁马高七尺,龙头努睛,长劲修尾;巴里坤马细腰耸耳,短小精悍,而性黠不受驯勒,往往张脉愤兴,有奔踶乏驾之虞;喀喇沙尔马驯良过于伊犁而神骏不逮。故第马之品格,巴里坤不如喀喇沙尔,喀喇沙尔不如伊犁。”总之,喀喇沙尔马最适骑乘,故深受当地民众喜爱。“喀喇沙尔马群,蒙部之人,资以为生,是以操术专而习业勤,息耗之数,比之官厂,悬绝不啻倍蓰。今南北疆所服乘者大抵皆喀喇沙

① 钟广生等:《新疆图志》卷28《实业》。
② 钟广生等:《新疆志稿》卷2《畜牧》。
③ 钟广生等:《新疆志稿》卷2《畜牧》。

尔产也。”[①]

南疆虽然属于开发较早的绿洲农业经济区，然其畜牧业比重也不小，实为“半耕半牧”。“天方之俗，专以牛羊常铺。是故，阡陌之间，讹寝成群，居恒生事，无一不取于牧，其同乳、绞毛、靬革、纺毡织罽之利，比闾之间，皆优为之”[②]。哈密所居回民“以耕牧射猎为生”，康熙三十五年（1696年）当地回民首领曾向朝廷贡献驼、马等。[③]清军平定准噶尔部叛乱时，库车城中“只有羊七双，牛二百”，然“底定以来，滋养生息，家给人足，迄今最贫苦之小回亦有牛羊驼马”。乌什“其地山场丰蔚，苇荡深邃，皆布鲁特游牧其中”，阿克苏“牛羊驼马所在群聚”[④]。

清末，依据各个府州县志的统计资料可知，南疆绝大部分地区均有畜牧业生产。下面依据《新疆乡土志稿》的记载对之列表。

表10　南疆各地区畜牧业生产情况

地　区	牲畜品种	备　注
温宿府	马、牛、羊、驴	马、牛、羊、驴、牛皮、羊皮、马皮、羊毛皆出产大宗
新平县	牛、马、羊	
焉耆府	马、牛、羊、驼、驴	
疏勒府	羊、驴、牛、马	然多非产自本境，无牧场故也
莎车府	马、牛、羊	
吐鲁番直隶厅	牛、羊、马	
鄯善县	马、牛、山羊、羯羊	
哈密直隶厅	牛、羊、马	牛、羊、马皆本地固有，惟回部孳繁，……东山地方孳生大马易膘肥，为回部第一牧厂，回贡马多选于此
婼羌县	牛、羊、驴、马	

① 钟广生等：《新疆志稿》卷2《畜牧》。

② 钟广生等：《新疆志稿》卷2《畜牧》。

③ 钟兴麒等校注：《西域图志校注》卷9《安西北路一》，第178页。

④ 椿园：《西域闻见录》卷2。

续表

地　区	牲畜品种	备　注
轮台县	羊、牛、马、驴、黄羊	县境草湖肥美，羊双孳生报繁，系大宗出产牛、马、驴、黄羊均为民间畜养，系本境常产
和阗直隶州	牛、羊、马、骆驼	
皮山县	羊、牛、马、驴、骆驼、牦牛	大尾羊居多，山羊次之，南山内产寒羊；牛，概系黄牛，无水牛，缠民以牛乳为食；缠民之家善养马，不惟备骑，亦且代耕；行山路报险处，可以牦牛度之，万无一失，其肉可食；驴较多，骆驼较稀少
洛浦县	牛、羊、马、骆驼	
伽师县	牛、羊、马	牛、羊、马不敷食用，尚由邻境商贩而来
巴楚州	牛、羊	
英吉沙尔厅	牛、羊	
蒲犁厅	牦牛、骆驼、牛、羊、马、驴	
拜城县	马、牛、羊、驴	
库车州	马、牛、羊、驴	马、牛、羊、驴皆出产大宗
沙雅县	牛、羊、驴、马	牛、羊为大宗，年孳生10余万，民间交相贸易；驴、马所产有限
柯坪县	马、骆驼、牛、羊	产马、骆驼、牛、羊，惟无大宗者
乌什直隶厅	牛、羊、马、骆驼	

注：资料来源于《新疆乡土志稿：29种》。

如表所示，南疆22个地区均有畜牧业生产，几乎每个地区均生产牛、羊，这两种牲畜是最主要的种类，次之就是马。此外，驴和骆驼也是塔里木盆地周边绿洲的重要牲畜。牦牛主要分布于皮山县和蒲犁厅的高寒地区。各地的畜牧业除了疏勒府较少外，其余地区均较发达，特别是温宿县、轮台县、和阗直隶州、蒲犁厅和库车州等地区，畜牧产品成为该区出口的重要物品。例如光绪三十二年（1906年）温宿县出口牛皮5300斤，马皮1050斤，羊皮50900斤，（以上均出口俄罗斯），还有羊毛64000斤（出口英吉利），另有向省垣运送毡子3500件。[1]轮台县每年卖羊10000余只，牛1000余头，马300余匹，驴400余头。[2]和阗直隶州每年卖羊11000只至12000只，牛220至2300头，马1000余匹。[3]蒲犁厅每年卖牦牛约1000头至1200头，羊约18000只。库车州在1906年出口牛皮7900斤，马皮1500斤，（以上出口俄罗斯），羊毛97000斤（出口英吉利），老羊皮59000斤，羔羊皮5400斤（出口俄罗斯），羊羔皮筒315件（运送省垣）。[4]在新疆的畜产品中，南疆的一些毛皮产品以其良好的质量和庞大的数额而成为新疆畜制品的重要组成部分。如“库车之羊皮，温宿、莎车之马牛皮张岁值亦十余万（卢布）”[5]。

在南疆的绿洲牲畜中，羊的养殖最为发达，基本上每个地区均有羊的养殖。除了羊的个体小，饲养所需草料和食料较少，便于养殖的原因外，还有一个原因是羊的孕期较短，产仔较多，增殖较快。“凡畜牧孳生之数，惟羊群最蕃，利亦最厚。一岁本息，二岁再倍，三岁四倍，六年以往则本一而利百。……假如一胎一子计之，如今秋间，交银一两六钱与哈萨克，明年及期交二齿羊二头，是为第一年，本年即有二羊，次年四羊，如是，按年乘至第六年，得六十四羊矣”[6]。牛是最为重要的耕作畜力，所以各地养牛也较多。

总而言之，有清一代，南疆的畜牧业得到很大发展，尤其是在官营牧厂的激励下，各地牧民重视畜牧业经营，很快弥补了战乱对畜牧业造成的创伤，促进了畜牧业的发展。在建省后，新疆对外贸易更为便利，特别是牲畜制品成为俄罗斯和英吉利的重要需求产品，这也刺激了南疆畜牧业的发展。南疆畜牧业的发展在很大程度上使得畜牧业的地位进一步上升，甚至出现“半耕半牧”的局面。

---

① 佚名：《温宿府乡土志·物产》。

② 顾桂芬：《轮台县乡土志·物产》。

③ 谢雅兴：《和阗直隶州乡土志·物产》。

④ 佚名：《库车州乡土志·物产》。

⑤ 佚名：《库车州乡土志·物产》。

⑥ 钟广生等：《新疆志稿》卷2《畜牧》。

二、北疆地区

北疆地区水草丰美，历史就有发达的畜牧业，清代亦然。椿园在《西域记》中也记载，准噶尔“地据伊犁、乌鲁木齐、雅尔、著勒土斯、玛纳斯、巴彦岱之间，地广、草肥、水甘，易蕃牲畜”[①]。“准噶尔全境不乏泉甘土肥，宜种五谷之处，然不尚田作，惟以畜牧为业”。卫拉特各部，“各有分地，问富强者数牲畜多寡以对。饥食其肉，渴饮其酪，寒衣其皮，驰驱资其用，无一事不取给牲畜”[②]。在准噶尔部首领策妄阿拉布坦和噶尔丹策零统治期间，由于其统治有方，卫拉特社会稳定，畜牧业获得较大发展。“控弦之众百余万，驼、马、牛、羊遍满山谷”[③]。由此可见，准噶尔汗国时期，当地居民牧养的主要牲畜品种是驼、马、牛、羊4种，其中以羊为主，这也是游牧民族主要的畜牧品种。蔡家艺研究认为，在噶尔丹策零时期，“一个上等户，其拥有牲畜头数，一般是马五六十匹，牛四五十头，羊二三百只，骆驼十多头。中等户是马二三十匹，羊五六十只以上，牛十多头，骆驼数峰”[④]。噶尔丹统治时期，曾令其属下兵丁，“殷实者各备马十匹、驼三只、羊十只，窘乏者马五匹、驼一只、羊五只”[⑤]。

准噶尔人养殖的羊主要是大绵羊和山羊。[⑥]大绵羊主要是蒙古羊，其体型较大，羊毛细长，肉质肥美，经济价值较高。而山羊个体较小，能适应环境较差的牧场。此外，由于山羊的灵敏性高于绵羊，能较早发现狼等天敌，所以牧民往往在饲养绵羊的同时，也饲养山羊。羊群一般以绵羊为主，掺杂少量的山羊，这样在野外牧养时，能起到及早发现威胁，保护羊群的目的。

---

① 椿园：《西域记》卷5《准噶尔叛亡纪略》。

②《西域图志》卷39《风俗一》。

③ 椿园：《西域记》卷5《准噶尔叛亡纪略》。

④ 蔡家艺：《准噶尔的畜牧业》，《西域研究》1993年第4期。

⑤《清圣祖实录》康熙十七年八月庚午项。

⑥ [俄]伊·温科夫斯基：《十八世纪俄国炮兵大尉新疆见闻录》，宋嗣喜译，黑龙江教育出版社，1999年，第210页。

牧民一般认为马是草原的精灵，主要供骑乘，在日常放牧、出行、围猎等生活中占据重要地位，同时也是行军作战的重要乘骑，因此饲养马匹也是其生活的主要内容之一。准噶尔人培育的蒙古马，体形矮小，其貌不扬，然而在风霜雪雨的大草原上，没有失去雄悍的马性，它们头大颈短，体魄强健，胸宽鬃长，皮厚毛粗，能抵御西伯利亚暴雪；能扬蹄踢碎狐狼的脑袋，还能攀登崎岖的山道，乘坐平稳；耐劳苦，不畏寒冷，能适应极粗放的饲养管理，生命力极强，能够在艰苦恶劣的条件下生存。经过调驯的蒙古马，在战场上勇猛无比，耐力较强，适于长途行军，历来是一种良好的军马。准噶尔人的牧马经验丰富，阿克敦曾赞美："种类之中，准噶尔善于牧马，日蕃滋部落。"[①]

准噶尔人养殖的牛有黄牛和牦牛。黄牛主要是用来拉车、挤奶和供给肉食。据赵翼《簷曝杂记》卷一载："蒙古之俗，膻肉酪浆，然不能皆食肉也。""寻常度日，但食牛马乳。每清晨，男妇皆取乳，先熬茶熟，去其渣，倾乳而沸之。人各啜两碗，暮亦如此。"准噶尔人饲养的牦牛可能是产自巴音布鲁克草原山地一带，时至今日，当地蒙古族依然保持饲养牦牛的传统。

骆驼也是游牧民族养殖的重要家畜之一。骆驼被沙漠或戈壁地区民众誉为"沙漠之舟"，具有忍饥耐饿，能知地下暗河和预知风沙的能力。其主要作用是供骑乘和运货物，特别是长途运输或迁徙，均离不开骆驼的负重搬运。此外，驼毛还可以制作毡毯。准噶尔人也饲养一定数量的骆驼。乾隆六年（1741年），准噶尔使臣齐默特等至青海贸易，就带来骆驼1600余峰，马1100余匹。[②]此外，准噶尔人还饲养驴和骡，但不是主要家畜品种。

游牧放养需要根据季节变化，进行转场。夏季时把牲畜赶往夏牧场，冬季则赶往冬牧场。夏季牧场多是地势开阔、牧草丰茂、气候凉爽和水源充足的地方；冬季牧场则是多选择背风向阳、能避风雪的山谷之间，即所谓"夏则平原，冬居暖谷"[③]。

清朝统一新疆后，北疆各民族分布有所变化。为治理新疆的需要，清

① 阿克敦：《德荫堂集》卷8《准噶尔歌》。

② 《平定准噶尔史略》前编卷46。转引自《准噶尔史略》，第125页。

③ 《西域图志》卷39《风俗一》。

政府从内地调拨游牧民驻扎在新疆要地，戍守边疆。乾隆三十年（1765年），清政府从张家口、热河等地方迁来部分额鲁特人驻扎在伊犁，立“额鲁特营”。“额鲁特营”设立“上三旗”和“下五旗”。前者游牧在新疆特克斯一带，设总管一员，大小官员51人，兵丁1132人；后者游牧于霍诺海、崆吉斯河、喀什河流域，设总管一员，有大小官员58名，兵丁1564人。随着土尔扈特部回归祖国的沙比那尔额鲁特有867名。经伊犁将军舒赫德奏请，清政府将其归入下五旗额鲁特。[①]因此，还有投诚的沙比那尔额鲁特四旗，有虚衔副总管一员，大小官员35人，兵丁580人。此外，还有达什达瓦厄鲁特，“系准噶尔在先投诚者，还有准噶尔灭后，陆续招抚，并由哈萨克、布鲁特投出者”[②]。“共计官五十七员，兵三千三百八十六名”[③]。这与分别相加的结果不一致。经过发展，额鲁特营官兵和民众数量有了进一步发展，“生齿日繁，添丁增户岁岁有之”。乾隆四十年（1775年）的《伊江汇览》记载：“额鲁特营官兵闲散凡三千五百一十六户，计大小一万零七百三十七名口。”[④]此后，额鲁特营人口进一步增加。乾隆五十四年（1789年），额鲁特营“官兵家口，共二万二千七百二十九名口”[⑤]。至道光元年（1821年），额鲁特营有人口“二万六千三百余口”。[⑥]

伊犁地区还有察哈尔蒙古。察哈尔原为东北地区蒙古之一部，清初被编为“察哈尔八旗”，游牧于今内蒙古乌兰察布市及锡林郭勒盟。乾隆二十七年（1762年）至二十八年（1763年），清朝为充实伊犁边防，维护西北领土安全，先后两次从张家口外抽调察哈尔蒙古官兵2000余名及其家属，其中

---

①《伊江集载·额制官兵》，见中国社会科学院中国边疆史地研究中心《清代新疆稀见史料汇辑》，第103页。

②《伊江集载·营务》，见中国社会科学院中国边疆史地研究中心《清代新疆稀见史料汇辑》，第106—107页。

③《伊犁略志》，见中国社会科学院中国边疆史地研究中心《清代新疆稀见史料汇辑》，第278—279页。

④《伊江汇览·户籍》，见中国社会科学院中国边疆史地研究中心《清代新疆稀见史料汇辑》，第41页。

⑤《总统伊犁事宜·索伦营应办事宜》，见中国社会科学院中国边疆史地研究中心《清代新疆稀见史料汇辑》，第205页。

⑥《钦定新疆识略》卷4《伊犁舆图》。

200户留乌鲁木齐，其余1836户5548人，迁至伊犁地区的博罗塔拉、哈布塔海、赛里木淖尔一带游牧。[①]经过不断发展，至乾隆五十七年（1792年），察哈尔营已有“家口一万零五十九名口”[②]。道光元年（1821年），察哈尔营有人口“一万一千七百余口”[③]。

除察哈尔外，清政府还从东北调拨锡伯族和索伦族驻防伊犁。乾隆二十九年（1764年），清政府从盛京调拨锡伯族官兵和家眷到伊犁驻防。在伊犁设立锡伯营，置总管一员管理之。《伊江汇览·户籍》记载：“锡伯营官兵凡一千零一十八户，计大小四千四百三十九名口。”道光元年（1821年），锡伯营有人口“九千二百余口”[④]。此后的《伊犁略志》记载，锡伯营“兵一千三百名，家口一万八千丁口”[⑤]。

乾隆二十八年（1763年），清政府从东北黑龙江调拨索伦及达尔虎部族官兵和家眷1000户驻防伊犁。清政府设索伦营，置总管一员管理之。《伊犁略志》记载，索伦营“兵一千三百四十名”[⑥]。《伊江汇览·户籍》记载，索伦营“官兵凡一千零一十八户，计大小三千二百零八名口”。此后，经过不断繁衍，至乾隆五十七年（1792年），索伦营人口大幅增长，已有“官兵家口共四千零五十七名口”[⑦]。道光元年（1821年），索伦营有人口“四千五百余口”[⑧]。

在伊犁驻防的察哈尔、额鲁特、锡伯和索伦一方面从事边防戍守工作，一方面要从事生产自给。在早期，察哈尔、额鲁特、锡伯和索伦均从事畜牧

---

①《伊江汇览·户籍》，见中国社会科学院中国边疆史地研究中心《清代新疆稀见史料汇辑》，第41页。

②《总统伊犁事宜·索伦营应办事宜》，见中国社会科学院中国边疆史地研究中心《清代新疆稀见史料汇辑》，第202页。

③《钦定新疆识略》卷4《伊犁舆图》。

④《钦定新疆识略》卷4《伊犁舆图》。

⑤《伊犁略志》，见中国社会科学院中国边疆史地研究中心《清代新疆稀见史料汇辑》，第278页。

⑥《伊犁略志》，见中国社会科学院中国边疆史地研究中心《清代新疆稀见史料汇辑》，第278页。

⑦《总统伊犁事宜·索伦营应办事宜》，见中国社会科学院中国边疆史地研究中心《清代新疆稀见史料汇辑》，第200页。

⑧《钦定新疆识略》卷4《伊犁舆图》。

生产活动。史载“旧系锡伯、索伦、察哈尔、额鲁特经管牧放,后将马、驼、牛并归察哈尔、额鲁特两营经牧。其羊系回子牧放,羊只归驼马处经管。凡孳生马,则三年一均齐;孳生牛,则四年一均齐;驼则五年一均齐;羊则一年一均齐。每均齐一次,马三匹取孳一匹;牛十只取孳八只;驼十只取孳四只,羊十只取孳三只”[①]。

在伊犁驻扎以来,索伦和锡伯逐渐从畜牧转为农耕,而察哈尔和额鲁特依然从事畜牧生产。早在迁居伊犁之初,由于在长途迁徙过程中,其携带的牲畜大量倒毙,清政府待其抵达伊犁后,曾从乌里雅苏台等地调拨大批牛羊供其牧养。

乾隆二十七年(1762年)八月,负责该事宜的伊犁办事大臣阿桂就奏称:“新来察哈尔、额鲁特兵之生活习性,与本地额鲁特同,均系游牧兵丁,除交给伊等官牧孳生牲畜外,又按驻防兵得给口食羊只,则必有差异。查得,明年仍由乌里雅苏台解来三万只孳生羊。此项羊只能否作为孳生羊只,虽然不可预先议定,暂且皆可视为孳生羊只,俟解来后,平分给新来八百名察哈尔、额鲁特兵孳生,照额鲁特之例,本羊永不倒毙,每年每羊十只取孳三只,除交官羊外,倘有剩余,均赏给伊等;倘有减少,则令伊等赔偿,不必按驻防兵之例,支给口食羊只。如此,则伊等不惟各有奶喝,而且除无瘟疫之年交官及补充倒毙羊只数额外,尚能余羊数只,于其生计大有裨益。”[②]

在察哈尔官兵及家眷抵达伊犁后,开始组建察哈尔营,清政府以“每户各给二十五只、总管翼长各给一百五十只、佐领各给七十五只、骁骑校各给五十只计”的比例,拨给羊只牧放孳生。

至乾隆三十一年(1766年),察哈尔营牧放的孳生羊共计54287只。其中左翼牧放28278只,右翼牧放26000只,并以此为定额。孳生羊每年一均齐,每本羊10只取孳3只,统计16287只,交给官署调拨食用外,其余归各自留用。

---

① 《伊江集载·厂务孳生牲畜》,见中国社会科学院中国边疆史地研究中心《清代新疆稀见史料汇辑》,第114—115页。

② 军机处满文录副奏折,1964-003。

此外，还交给牛马牧放孳生。乾隆二十九年（1764年）交给牧放的孳生牛1125只。其中，左翼牧放575只，右翼牧放550只。孳生牛每四年一均齐，每本牛10只取孳8只。其中，公牛拨入备用牧场牧放，以备调拨使用，而乳牛拨入本营孳生牛内牧放，按限取孳。所以，孳生牛并无常数，而是逐年增加。至乾隆五十八年（1793年），孳生牛的数目，由原来的1125只增加到4164只，每四年收取孳生牛犊3331只，其余归各自留用。

乾隆二十八年（1763年）交给左翼牧放的孳生马273匹，二十九年交给右翼牧放的孳生马229匹，共计508匹。孳生马每三年一均齐，每本马3匹取孳1匹。其中，儿马拨入备用牧场牧放，以备调拨使用，而骒马拨入本营孳生马内牧放，按限取孳。另外，每年向哈萨克部贸易获得的骒马，也拨入孳生马内牧放，故孳生马逐年增加。至乾隆五十八年（1793年），孳生马的数目，由原来的508匹增加到11502匹，每三年收取孳生马驹3832匹，其余归各自留用。①

此后，由于受到气候和瘟疫等因素影响，乾隆末年，察哈尔牧放牲畜倒毙很多，清政府及时予以接济。嘉庆二年（1797年）十月，"动用近三年所得息银，先采买骟马九百匹，遇有官差，拨给伊等乘骑，其所有官私骒马留为孳生，不仅可收孳生官畜，又可赡养家口。此外，又陆续采买母羊一万九千八百只、母牛二千六百只、骒马一千二百八十匹，经查看其户口及孳生牲畜之多寡，为足以度日计，分别分发孳生"②。经过政府一番努力，最终帮助百姓渡过难关，察哈尔营的牧养得以恢复。

除了清政府在乾隆年间从东北调拨人员进驻伊犁戍边防守，从而促进伊犁地区畜牧业发展外，乾隆年间，东归的土尔扈特部，也为促进新疆畜牧业的发展增添了动力。

早在明朝末年（1628年），土尔扈特部为了寻找新的生存环境，整个部落离开新疆塔尔巴哈台故土，越过哈萨克草原，渡过乌拉尔河，来到当时尚未被沙皇俄国占领的伏尔加河下游和里海之滨。乾隆三十六年（1771年），

① 吴元丰：《清代伊犁察哈尔营述论》，《西域研究》2006年第3期。

② 军机处满文录副奏折，3574-035。

土尔扈特部在其首领渥巴锡的率领下起程东返祖国。历经种种艰辛与磨难，终于顺利到达清朝边界。土尔扈特部在东返时尚有3万余户，近17万人。由于沿途大量损员，“其至伊犁者，仅以半数计”。回来时只剩下15793户，66073人。①加上同时随队归来的“旧新霍硕特、多罗特、绰罗斯、辉特六台吉五十人，所属16538户，71085名口”②。清政府拨出专项银两，调拨各种物资，动员新疆各族军民捐粮捐衣，对土尔扈特部民众以大量物资救助。共计“币二十万，……粮米十三万八千余石，……兼给与孳生种地之马五千七百余匹，牛二千九百余只，羊二十二万二千一百”③。政府按照部落大小和人口，分别每户“赏给孳生羊三十、二十、三、五、八只不等，赏给白银五十、三十、二十两不等”③，在清政府的大力帮助下，土尔扈特部民众终于摆脱了困境，生活得以安定下来。

乾隆三十七年（1772年），清政府对土尔扈特部的游牧地进行安排。舍楞一旗所属104户，共1616口，共设两扎萨克，为青塞特启勒图盟，游牧在科布多所属青济尔地方。叶璘所属104户，497口，归于额鲁特营上三旗安插。准噶尔二十九鄂克之838口和570口安插在额鲁特营。喀喇沙毕纳尔1080户，4852口也被安插在额鲁特营。阿尔泰之乌里洋海所属的25户，91口，送赴乌里雅苏台归乌里洋海安插。将渥巴锡所属极贫穷人安置在伊犁种地的有6514口，在博罗塔拉种地者有827口。公坦所属的穷人422口安置在塔尔巴哈台种地。绰罗斯所属11户，44口，安插在张家口察哈尔营内。霍硕特台吉诺音格隆尊吉特之9户，16口，送往京师安置。策伯克多尔济及在吉奇里布所属5255口，被安置在霍博克赛里游牧。巴尔及绰克托所属2863口，被安置在古尔班吉尔噶朗游牧。谟们图暨额尔德尼所属1359口，被安置在古尔班精库色木克游牧。德勒克渥巴锡、布彦楚克及诺海所属3131口，被安置在哈布齐海游牧。此后，土尔扈特部人口不断增多，至乾隆五十九年（1794年），塔尔巴哈台地区的土尔扈特人有1899户，

① 马大正：《土尔扈特蒙古东返人、户数考析》，《历史档案》1983年第1期。

③《伊江汇览·外藩》，见中国社会科学院中国边疆史地研究中心《清代新疆稀见史料汇辑》，第82页。

③《准噶尔史略》编写组：《准噶尔史略》，第238页。

大小11079口。[1]至道光元年，被安插在额鲁特营的喀喇沙毕纳尔增加至9300余口。[2]

乾隆三十八年（1773年）秋，渥巴锡所属人众由寨尔移驻喀喇沙尔，其冬日驻牧地方，距喀喇沙尔60—70里；夏日驻牧大珠尔图斯，距喀喇沙尔500余里。渥巴锡所属有克勒特、察塘、巴伦、扎布萨尔、沙毕纳尔等五昂吉，及公坦所属下大小宰桑170余人，10900余口，有驼2000余只，马、牛1000有奇，羊40039只，耕种小麦25000亩，大麦15000亩，糜谷32000亩。[3]乾隆四十二年（1777年），生活在尤勒都斯的土尔扈特部有11219名口。[4]

此外，原本居住在伊犁河下游的哈萨克部众受到俄罗斯和浩罕的欺压，乾隆三十九年（1774年），部分哈萨克部众向清朝边疆线内迁徙，居住在伊犁河中游地区和塔尔巴哈台西部，接受清政府管理，成为清朝的臣民。史载，这部分哈萨克人有90余户，700余口，[5]清政府对哈萨克人予以保护，驻守卡伦的清朝官员每年向当地征收赋税，按照"牛马百取一，羊千取一"[6]的税率收取马匹和牛羊。同治年间，由于不满俄国压迫，部分哈萨克民众继续向中国境内迁徙，甚至到了伊犁地区的托古斯塔柳（今巩留县）游牧。至乾隆五十九年（1794年），塔尔巴哈台地区的哈萨克人有94户，1055口。[7]哈萨克也是游牧民族，所养之马是比较有名的。乾隆帝曾写诗赞美哈萨克进贡的马匹"如意骢"，"宛看龙是性，何用月为题"[8]。

塔尔巴哈台地区是一个多民族聚集地区，除了前文所述的土尔扈特部、哈萨克部外，清政府还将部分额鲁特和布鲁特迁居于此，一边戍守一边生产。乾隆三十年（1765年），塔尔巴哈台驻防地尚在雅尔之时，清政府从

① 永保：《塔尔巴哈台事宜》卷3《塔尔巴哈台户口》，第57页。
② 《钦定新疆识略》卷4《伊犁舆图》。
③ 《伊江汇览·外藩》，见中国社会科学院中国边疆史地研究中心《清代新疆稀见史料汇辑》，第82—83页。
④ 《钦定皇舆西域图志》卷33《屯政二》。
⑤ 《钦定新疆识略》卷2《塔尔巴哈台·疆域》。
⑥ 椿园：《西域闻见录》卷2《外藩列传·哈萨克》。
⑦ 《塔尔巴哈台事宜》卷2《塔尔巴哈台户口》，第56—57页。
⑧ 蔡家艺：《清代新疆社会经济史纲》，第46页。

乌鲁木齐调拨满洲及黑龙江索伦兵900名于此驻防。次年，改由伊犁驻防兵内派拨满营及察哈尔等4营1300名驻防雅尔。乾隆三十七年（1772年），分拨土尔扈特安插于塔尔巴哈台霍伯克赛里，又从伊犁添拨兵200名驻防塔尔巴哈台。经过多次调整，塔尔巴哈台地区有满洲兵700名，察哈尔兵150名，锡伯兵100名，索伦兵100名，额鲁特兵150名。至乾隆五十九年（1794年），塔尔巴哈台地区的察哈尔人有156户，906口；额鲁特人有1222户，9810口。①此外，在乾隆四十二年（1777年），清政府还将伊犁“额鲁特户3516户，11737名口”②移住塔尔巴哈台。

乾隆三十七年（1772年）八月，清政府从伊犁迁移部分额鲁特官兵1000户移驻乌鲁木齐，由总管都布珠尔管理。该部额鲁特有官兵、家眷及家奴共5000人。该部主要是养殖马、牛、羊等牲畜，从乾隆三十七年至四十二年，加上从伊犁带来的和陆续增加的孳生马6760匹，儿马驹99匹，孳生牛1140匹，孳生羊66863只。③清政府在乾隆三十八年和三十九年共收取孳生马2800匹，孳生牛500只，孳生羊23764只。乾隆四十二年（1777年）三月，乌鲁木齐都统奏请将该部移驻塔尔巴哈台所属的斋尔地方。④

此外，乌鲁木齐地区还有军台饲养的骆驼数百峰。乾隆三十七年（1772年）十二月底，从伊犁转来载物骆驼325峰，牧放驼95峰。不过两年，乌鲁木齐都统奏请将所有骆驼变价充公。乌鲁木齐辖内各屯田地点，也有众多牧放的耕地用马匹和牛。截至乾隆四十二年（1777年）十二月底，乌鲁木齐中营有田工马298匹，田工牛380头；左营有田工马326匹，田工牛371只；右营有田工马320匹，田工牛355头。济木萨营有田工马232匹，田工牛285头。

库尔喀喇乌苏屯有田工马39匹，田工牛77头，军台马190匹，军台牛48头，备差马36匹，备拨马113匹，备拨牛20头。

精河有田工马36匹，田工牛77头，军台马116匹，军台牛34头，备拨马

---

①《塔尔巴哈台事宜》卷3《塔尔巴哈台户口》，成文出版社，1969年，第56页。

②《钦定皇舆西域图志》卷33《屯政二》。

③《乌鲁木齐政略·牲畜》，见王希隆整理《新疆文献四种辑注考述》，第83页。

④《乌鲁木齐政略·额鲁特》，见王希隆整理《新疆文献四种辑注考述》，第52页。

64匹,备拨牛19头。

玛纳斯左营有田工马247匹,田工牛276头,备拨马108匹,备拨牛32头。玛纳斯右营有田工马174匹,田工牛276头,备拨马66匹,备拨牛48头。

巴里坤屯也有田工马、牛。清政府规定,巴里坤屯田之田工马、田工牛管理,按照蔡巴什湖之例,每百准倒八匹,军台马匹准倒三分。古城、木垒二营田工马匹,系照乌鲁木齐之例,准倒三分,牛只准倒一分五厘,磨马准倒三分。如有逾额,着落该管官员按年赔补,并不分别功过,具奏系造册题销。

截至乾隆四十二年(1777年)十二月底,巴里坤有田工马500匹,田工牛282只,军台马160匹。古城营有田工马194匹,田共牛199只,拽磨马11匹。木垒营有田工马78匹,田工牛29只。[①]

总体而言,北疆地区的畜牧业有别于清政府设立的官营牧厂,体现在游牧民族的日常畜牧,还有屯垦区内的田作牛马及军台马匹和骆驼的饲养与管理,还有驻军骑兵部队中军马的饲养与管理等,均为北疆畜牧业兴盛的一部分。

同治年间,社会动荡,北疆畜牧业生产遭到沉重打击。建省以后,新疆社会安定,畜牧业生产逐渐得以恢复和发展,北疆地区也不例外。《新疆图志》载:"全疆之地皆宜耕牧,而牧之利有大且厚。"[②]塔尔巴哈台地区游牧的额鲁特、察哈尔、土尔扈特部及哈萨克部,"孳生牛、羊、驼、马,逐水草而居,随处列帐,弥漫山谷。其中以羊为最多,富者千百成群,贫者也数百余头不等;次则各色马,次则黄牛,次则骆驼与驴,均系大宗常产"。[③]牲畜在塔城地区行销"每岁马五百余匹,牛三百余头,羊两万余只;运出本境,在俄国行销者每岁马两万余匹,牛两千余头,羊七万余只"[④]。

伊犁地区的察哈尔营左右两翼游牧在博罗塔拉一带,额鲁特营右翼游

---

①《乌鲁木齐政略·牲畜》,见王希隆整理《新疆文献四种辑注考述》,第81—84页。

②《新疆图志》卷65《土壤》。

③ 马大正等:《新疆乡土志稿》之《塔城直隶厅乡土志·物产》,新疆人民出版社,2010年。

④ 马大正等:《新疆乡土志稿》之《塔城直隶厅乡土志·商务》。

牧在喀什河北一带，额鲁特营左翼游牧在特克斯川一带。伊犁各属均产牛、羊、骡、马、骆驼。①光绪八年（1882年）投诚的哈萨克三千余人被清政府安置在博罗塔拉北山游牧。光绪十五年（1889年）鉴于当地哈萨克生齿日繁，已有6600余户，34000余口，“各项牲畜孳生亦好”，“现在所收共马十万匹幼龄”，伊犁将军长庚奏请添设千户2名，并按乾隆年间征收定例，“每马百匹收租马一匹”每岁征收马1000匹。光绪二十五年（1899年），俄国送回哈萨克昆布拉特所属130户，男女大小713口，被安置在却尔角塔科克特齐地方游牧。至光绪二十七年（1901年），两部哈萨克已有8900余户，大小4万余口。此外，光绪初年，游牧在喀喇沙尔珠勒都斯河附近的土尔扈特仍有10万余人，②“土尔扈特牧其东，和硕特牧其西，雪山回环，草木繁殖，马羊之群，填委山谷，富庶为诸蒙部冠”③。可见，珠勒都斯河地区的游牧业在经历同治、光绪年间动荡后，已经得到恢复并有所发展。

清代，自新疆与俄国通商以来，毛皮出口成为新疆与沙俄通商的主要商贸品。牲畜皮革价格也比昔日增长10倍左右，仅乌鲁木齐一地出口俄国的毛皮价值百万卢布。随着新疆与俄国铁路的修建，伊犁出口毛皮至俄国，既便捷又无关税，西方各国商人蜂拥而至。④出口的增长，刺激了新疆畜牧业的发展。比如迪化“物产的动物有马、牛、羊、骆驼等”，其商务出口以“马、牛、羊为大宗，……马、牛、羊现设皮毛公司，每年估算约出马、牛皮3000张，羊毛1000斤，均在省城销售”⑤。

阜康县物产主要有“六畜无论已，而马牛为最多，驴次之，以其有名马而无佳种也。羊猪之属，惟羊为成群，曰绵羊、曰鞠羊，绵羊分两种，曰哈萨克羊，曰尖尾羊，非惟以尾判，肉亦有膻不膻之分”⑥。

奇台县“孳生牲畜之繁以羊为最，骆驼次之，牛羊又次之，每岁约出羊

① 马大正等：《新疆乡土志稿》之《伊犁府乡土志·物产》。
② 《新疆图志》卷16《蕃部一》。
③ 《新疆图志》卷28《实业》。
④ 《新疆图志》卷28《实业》。
⑤ 马大正等：《新疆乡土志稿》之《迪化县乡土志·物产·商务》。
⑥ 马大正等：《新疆乡土志稿》之《阜康县乡土志·物产》。

皮八九千张，牛皮三四千张，羊毛四五斤，驼毛一二万斤”[1]。昌吉县也是“马牛羊畜”，“大宗羊岁产二千余只，马岁产六百余匹，牛岁产七百余头。……出产品也是大宗牛马皮筋、羊皮和羊毛”[2]。

绥来县“牛、羊、马匹，民户孳生者约数万余只，而南山内缠回之所畜牧者约又有一万数千”[3]。呼图壁的民户也是畜养“牛、羊、马”等。[4]镇西厅（今巴里坤）民间畜养“马、牛、羊、骆驼”[5]。库尔喀喇乌苏“牛羊马匹，蒙古旧土尔扈特生产甚繁，乡下民户亦有孳生者，出产无多”[6]。精河地区“牛羊马匹，蒙古旧土尔扈特生产甚繁，乡下民户亦有孳生者，出产无多”[7]。

到了清末，依据各个府州县志的统计资料可知，南疆绝大部分地区出产牲畜。下面依据《新疆乡土志稿》的记载对之列表。

表11　南疆地区出产牲畜情况

地区	牲畜品种	备注
迪化县	马、牛、羊、骆驼	马、牛皮，羊毛
阜康县	马、牛、驴、骡、绵羊、山羊	马、牛为最多，驴次之，骡则甚寡，羊成群
孚远县	随处所有	
奇台县	羊、骆驼、牛	以羊为最，骆驼次之，每岁约出羊皮八九千张，牛皮三四千张，羊毛四五万斤，驼毛一二万斤
昌吉县	马、牛、羊	
绥来县	牛、羊、马	民户孳生者数万余只
呼图壁县	牛、羊、马	

① 马大正等：《新疆乡土志稿》之《奇台县乡土志·物产》。
② 马大正等：《新疆乡土志稿》之《昌吉县乡土图志·物产》。
③ 马大正等：《新疆乡土志稿》之《绥来县乡土志·物产》。
④ 马大正等：《新疆乡土志稿》之《呼图壁乡土志·物产》。
⑤ 马大正等：《新疆乡土志稿》之《镇西厅乡土志·土产》。
⑥ 马大正等：《新疆乡土志稿》之《库尔喀喇乌苏直隶厅乡土志·物产》。
⑦ 马大正等：《新疆乡土志稿》之《精河直隶厅乡土志·物产》。

续表

地区	牲畜品种	备注
镇西厅	马、牛、羊、骆驼	
伊犁府	牛、羊、骆驼、马	
绥定县	马、牛、山羊	
宁远县	马、牛、山羊	
塔城直隶厅	黄牛、羊、马、骆驼、驴	以羊为最多，富者千万成群，贫者亦数百余头不等
精河直隶厅	牛、羊、马	旧土尔扈特生产甚繁，乡下户民亦间有孳生者，出产无多

注：资料来源于马大正编《新疆乡土志稿》。

总体而言，清代北疆地区的民间畜牧业，其发展态势还是比较好的，特别是塔尔巴哈台、伊犁等地，有哈萨克、额鲁特和土尔扈特等游牧部族驻牧，畜牧业生产呈现兴旺发达的景象。

第四节　清代新疆的官营畜牧业

随着清朝对准噶尔的用兵和随后的屯垦以及驿站陆续建立，清军对马、驼等牲畜的需求日益增多。然而，其供给远远不能满足要求。因此，清政府认识到必须“设立牧厂，孳生牲口，方为久远之计”①，官营牧厂便应运而生。

一、南疆的官营畜牧业

清朝在新疆设立的官营牧厂分布在天山南北，南疆地区的官营牧厂主

① 《清高宗实录》卷681，乾隆二十八年二月丁巳。

要是哈密牧厂、喀喇沙尔牧厂、库车牧厂、阿克苏牧厂、乌什牧厂、喀什噶尔牧厂、英吉沙尔牧厂和叶尔羌牧厂等，南疆诸牧厂由于自然条件所限，规模一般较小。下面分别进行论述。

哈密牧厂，分为马厂和羊厂两类，乾隆二十五年（1760年）从安西军营等处调解1500匹马入厂牧放，为马厂运营之始。[①]至道光七年（1827年），马厂牧养之马，除调拨和倒毙的，官兵换留之乏马及截留宁夏满、汉各营解至之马，计有868匹，归入哈密备拨厂牧放。羊厂亦设置于乾隆二十五年，是年从甘肃、凉州、西宁等地收买4万余只羊入厂，此后从中挑出瘦弱的4300余只变价出售，其余羊只便成为羊厂孳养蕃息的基础。哈密马厂与羊厂均由绿营兵经营。

喀喇沙尔牧厂，设置的时间不详，主要畜养马、牛和骆驼，供屯田和军台使用。在嘉庆年间（1796—1820年）有牧马120匹、牛79头、屯田马54匹、屯田牛105头、磨坊马17匹，由屯田士卒负责经营。道光七年（1827年），该牧厂尚存马518匹，骆驼68峰。此后，该厂调拨150匹马补给军台缺额，其余的368匹马由城守营牧养，骆驼则拨给军台驮运粮食。[②]

库车牧厂，设置时间不详，规模也较小。设有马、牛二厂，牧养马100匹、牛50头，每年孳生的小牲畜数量也少，大致有马驹6匹、牛犊6头。按规定库车牧厂每年要向军台提供马10匹，牛10头，而其实际显然达不到要求。鉴于库车牧厂孳息不符要求，只好每年向伊犁所属的沙土阿满军台请领马、牛收厂牧养。[③]

阿克苏牧厂，为道光十二年（1832年）设置，是时从内地购买协给官驼500峰，“供运送冰岭布棉硝黄”[④]等物。

乌什牧厂，设立于乾隆三十一年（1766年）。是时，清廷鉴于“各回城需马甚多，乌什系回疆腹地，土地辽阔，水草丰美”，遂谕令在乌什“宜照伊犁设立牧厂数处，孳生马匹，以备接济喀什噶尔、叶尔羌等处调用”。当地驻

---

①《清高宗实录》卷612，乾隆二十五年五月戊午。

② 曹振镛、赵盛奎等：《平定回疆剿擒逆裔方略》卷50。

③《回疆通志》卷10《库车》。

④《清宣宗实录》卷209，道光十二年四月戊子。

军可直接“与哈萨克交易马匹，著多换驹骡，于乌什地方择水草佳处多置牧场，加意畜养”[①]，此外，清廷还以官抽税马、年满回京交留马、布鲁特呈递伯勒克马和来自喀什噶尔分领的备差马200匹充置。除了马厂外，乌什还设有羊厂，以每年官抽税羊约200只设置。另一来源是从伊犁解送过来的1500只羊。

叶尔羌牧场，设置于乾隆二十七年（1762年），后因该地水草与骆驼不甚相宜，便将喀什噶尔和叶尔羌所存的骆驼解行伊犁牧养，该厂遂废。道光十二年（1832年），又在此处复置牧厂，主要是从内地购买来的协济官驼“挑选二千五百只拨叶尔羌等处设厂牧放”。此后不久，又将其中的800峰拨送给巴尔楚克，400峰分交各军台兵丁运送布棉，以400峰分拨叶尔羌和巴尔楚克两城兵丁运送粮石柴薪，统由经牧章京管理。[②]

英吉沙尔牧厂，设有马、羊二厂。马厂以喀什噶尔拨调解备差马30匹置。自乾隆五十一年（1786年）开始，由兵丁自行喂养。羊厂在嘉庆时有母羊547只，羝羊32只，收获孳生羊羔280只余。每年出群约170只，成效较好。[③]

喀什噶尔牧厂，设置于乾隆二十五年（1760年）。有马、牛、羊、驼厂。马厂最初的马匹主要有每年来贡的伯特勒克马三四十匹、官兵交留马一二十匹、收税马八九十匹等。[④]马厂的马匹在需要调拨时还要向叶尔羌和乌什调拨，数或七八十匹至一百匹不等。马厂每年计有官马18匹，在城拴喂备差马12匹，税马四五十匹至百余匹不等。牛厂以每年收税牛、孳生出群备差牛犊、牧厂备差牛、孳生乳牛等，各有十余头或数十头而置。羊厂以每年收税羊一二千只和厂内滋生羊羔而置。驼厂是道光十二年（1832年）以内地购买的协济官驼200峰设置的，主要用来“备兵丁驮运柴薪”[⑤]。

牧厂管理均有比较严格的制度。各牧厂的厂兵来自各城，为了厂兵更

---

①《清高宗实录》卷671，乾隆三十一年五月戊子。

②《清高宗实录》卷209，道光十二年四月戊子。

③《回疆通志》卷7《英吉沙尔》。

④《回疆通志》卷7《喀什噶尔》。

⑤《清宣宗实录》卷209，道光十二年四月戊子。

安心牧养牲畜，他们被免除了差操。厂规规定厂兵对各个牧厂的牲畜“不取孳生，亦不准倒毙，除运送官物，仍给盘费外，空闲之日准各厂兵日行营运。”但“定以限制，不得潜越库车以东”[①]。厂兵营运所得的脚资只准用来添补绳索鞍，不准另行开销。各厂在每年度的年终要将该厂实有的牲畜数目上报参赞，以备查核。如果牧厂的牲畜达到1000只，就要上报乌鲁木齐都统收验。

此外，清朝在吐鲁番有驻防满营骑兵。吐鲁番满营有马444匹，除换防等项兵丁骑去马73匹外，其余371匹需要在当地牧养。牧养方式为夏、秋两季全在当地牧厂牧放，春、冬两季则四成在牧厂牧放，六成归马圈喂养。[②]

南疆的官牧厂，主要是为牧放军台和屯田所用牲畜而设，也基本上是马、牛、驼、羊的混合配置，隶属各城守营，所孳生的牲畜则全部归公。虽然南疆的官营牧厂没有北疆的规模大，且多是备差厂，但牧厂的设立也在一定程度上反映了清廷对南疆畜牧业的重视。

二、北疆的官营畜牧业

北疆地区的官营牧厂主要集中在伊犁、巴里坤和塔尔巴哈台三地，此外乌鲁木齐、古城和木垒也有小型和暂时性的牧厂。下面依次论述之。

1.伊犁牧厂

伊犁河的南北两山，形如箕张，当地草茂泉甘，是最优良的游牧区域。赛里木湖地处四山之中，其周围数百里松桧丛荫，细草如茵，夏无蚊蠓，宜于憩息，每至夏季，“卓帐千行，牧群麇集，繁衍称盛”[③]。清政府在伊犁设立的官营牧厂种类较多，规模较大。

满营马厂。满营马厂设立于满洲八旗驻防的惠宁和惠远二城。在移驻之初，因马匹颇多，购买甚易，较之内地计值亦廉，所以伊犁将军明瑞与

---

① 《清宣宗实录》卷209，道光十二年四月戊子。

② 《乌鲁木齐事宜·满营马匹军械》，见王希隆整理《新疆文献四种辑注考述》，第120页。

③ 《新疆图志》卷28《实业》。

陕甘总督杨应琚协商，令驻防官兵只带骑马一匹，携带马价银两来伊犁后补立。计每旗马甲410名，额设马601匹。八旗计马4810匹，而镶黄、正黄则皆602匹。每二旗设厂一所，于附近水草丰裕之处，派官一员，兵数名牧放，相距不过200余里。遇有差务，则酌调来城，左右两翼，每翼仍派佐领一员专司之。城内各旗均有官圈拴喂，小拴马50匹，以备近差操演骑用。各项差使，每年官兵需马不过千匹，向系每百准倒6匹。乾隆三十九年（1774年），伊犁将军伊勒图上奏："因新疆差务殷繁，请以准倒二分之例；如官兵一月外差者，每匹准倒三分，赔补七分。其在厂牧放及官圈拴养者，每年仍按每百准倒二十匹。逾额倒毙者，着该官兵赔补，至核销应免马价银两，年终汇办，在于官铺领取。若小拴马匹，每月仍派营务处官为按旗点验，定以膘分，殊无疲疾之累。他如各营之马，皆归于大厂牧放。"[①]营务处官员查验满营马厂的标准是，马匹膘壮者多，倒毙者少，给该管官记录二次，兵丁等应升之处列名。匹膘壮者少，倒毙者多，将该管官参奏治罪，兵丁等酌量责处。[②]

孳生马厂。除满营马厂外，乾隆二十五年（1760年），办事大臣阿桂奏请设立孳生马厂。[③]同年，清政府陆续从阿克苏、乌鲁木齐、张家口外牧群及达里冈爱等处运来孳生马14033匹。乾隆三十年（1765年），又陆续购买孳生马3526匹。从乾隆三十年（1765年）至五十八年（1793年），孳生马厂共收获孳生马11010匹，孳生本马28569匹。[④]

乾隆二十六年（1761年），始设孳生羊厂。乾隆二十七年（1762年），伊犁将军明瑞设孳生驼、牛厂，交锡伯、索伦、察哈尔、额鲁特、沙毕纳尔各营及维吾尔人等经营牧放。当年，清政府从乌里雅苏台等处调拨达什达瓦、

---

①《伊江汇览·马政》，见中国社会科学院中国边疆史地研究中心《清代新疆稀见史料汇辑》，第70—71页。

②《总统伊犁事宜·功过处应办事宜》，见中国社会科学院中国边疆史地研究中心《清代新疆稀见史料汇辑》，第267页。

③《钦定新疆识略》卷10《厂务》，《伊江汇览·牧畜》记载："伊犁之设立牧厂也，始于二十九年。"此处错误，应为乾隆二十五年（1760年）。

④《钦定新疆识略》卷10《厂务》。

额鲁特从热河带来孳生牛共5561只，之后又陆续购买孳生牛1576只。[1]设置之始，马匹由锡伯、索伦、察哈尔、额鲁特四营牧养，牛则由上述四营及维吾尔人牧养。乾隆三十年（1765年），停止锡伯营的孳生马厂。三十八年（1773年），停止索伦营的孳生马厂。五十四年（1789年），停止索伦营的孳生牛厂。嘉庆三年（1798年），停止锡伯营的孳生牛厂。嘉庆十三年（1808年），停止维吾尔人的孳生牛厂。此后，马厂、牛厂仅由察哈尔、额鲁特牧放，驼厂由额鲁特牧放，羊厂由察哈尔、额鲁特和维吾尔人牧放。[2]

此外，从哈萨克购买的马、牛、驼、羊，也拨入孳生厂养育。乾隆四十年（1775年），牧厂获哈萨克骆驼270只，交察哈尔牧放者50只，交额鲁特牧放者220只。获哈萨克乳牛28头，交察哈尔牧放者12头，交额鲁特牧放者16头。获哈萨克大羊31988只，山小羊226只，交察哈尔牧放大羊15562只，交额鲁特牧放大羊15426只，山小羊226只。[3]乾隆五十八年（1793年）后，则拨入备差厂。羊则另立官厂孳生，清政府又设驼马处，以专司其事。[4]

乾隆四十年（1775年），孳生厂有马匹，交额鲁特牧放19279匹，交察哈尔牧放8106匹，交额鲁特牧放11173匹；有牛9792只，交额鲁特牧养。孳生厂孳生羊147195只，交察哈尔牧放者54287只，交额鲁特牧放者54963只，交沙毕纳尔牧放者31445只，交回子牧放者6500只。有孳生驼2080只。另牧未届四岁口齿牛犊1026只，交锡伯牧放者762只。[5]

至嘉庆二年（1797年）三月底，孳生厂有驼3779只，内上三旗额鲁特牧放驼1624只，下五旗额鲁特牧放驼2155只。马28569匹，内两翼察哈尔牧放马11502匹，八旗额鲁特牧放马17067匹，另场牧放一岁骒马驹386匹，两翼察哈尔牧放马驹125匹，八旗额鲁特牧放马驹261匹。牛14845头，内两翼察哈尔牧放牛4164头，八旗额鲁特牧放牛5838头，准噶尔沙毕纳尔牧

---

①《钦定新疆识略》卷10《厂务》。

②《钦定新疆识略》卷10《厂务》。

③《伊江汇览·牧畜》，见中国社会科学院中国边疆史地研究中心《清代新疆稀见史料汇辑》，第71—72页。

④《伊江汇览·牧畜》，记载为乾隆二十九年（1764年）。

⑤《伊江汇览·牧畜》，见中国社会科学院中国边疆史地研究中心《清代新疆稀见史料汇辑》，第71—72页。

放牛犊350头，维吾尔人牧放牛4133头。另厂牧放一岁牛犊3466只。内两翼察哈尔牧放羊54287只，八旗额鲁特牧放羊54963只，准噶尔沙毕纳尔牧放羊31445只，下五旗额鲁特牧放驼1267只。①

孳生厂的日常管理为：羊，每年正月起，至十一月止，各部落牧放孳生羊只，一年一均齐，每年10只，收取羊羔3只，按各部落起正月限，陆续报部，年底汇奏。牛，每年二月起，十一月止，各部落牧放孳生牛只，四年一均齐，每年10只收取牛犊2只。内已届四岁乳牛，拨入孳生场，添入大牛内，扣限取孳。已届四岁牝牛撤出，入放各差场内，牧放备用。其三岁以下牛犊，仍交各昂吉，跟随大牛俟届口齿之时，照例查办。

马，每年四月起，至十一月止，各部落牧放孽生马匹，三年一均齐，每马3匹，收取马驹1匹。收取马驹内，已届二三岁儿马驹撤出，入于各差场牧放备用。骒马驹，无论岁数，俱拨入孳生场，添入大马内，扣限取孳。其一岁儿马驹，仍跟随大马，俟届口齿之时，照例查办。

驼，额鲁特牧放孳生驼只，五年一均齐，每驼10只，收取驼羔4只，按限照例取孳。②

除孳生厂外，还设有备差厂。政府从孳生厂取孳之后的牲畜则归入备差厂。备差厂的牲畜也由察哈尔和额鲁特牧放。无论是调用本城的拨补，还是天山南北两路及内地调用的拨运，以及官兵请领交价充公的领买，皆于备差厂取之。

乾隆四十年（1775年），备差厂有驼667只，交额鲁特牧放。马5028匹，交察哈尔牧放者2341匹，交额鲁特牧放者2687匹。牛1896头，交察哈尔牧放者353头，交额鲁特牧放者1543头。口食羊43093只，交察哈尔牧放者24696只，交额鲁特牧放者16490只，交沙毕纳尔牧放者1907只。③

嘉庆二年（1797年）三月底，备差厂有马12697匹，内两翼察哈尔牧放

---

①《总统伊犁事宜·驼马处应办事宜》，见中国社会科学院中国边疆史地研究中心《清代新疆稀见史料汇辑》，第262页。

②《总统伊犁事宜·驼马处应办事宜》，见中国社会科学院中国边疆史地研究中心《清代新疆稀见史料汇辑》，第262页。

③《伊江汇览·牧畜》，见中国社会科学院中国边疆史地研究中心《清代新疆稀见史料汇辑》，第72页。

4381匹，八旗额鲁特牧放8316匹。犍牛2625头，内两翼察哈尔牧放816头，八旗额鲁特牧放1809头。乳牛171头，俱交八旗额鲁特牧放。另厂牧放儿骒马2483匹，内两翼察哈尔牧放马728匹，八旗额鲁特牧放马1755匹。大羊20386只，内两翼察哈尔牧放8122只，八旗额鲁特牧放12264只。口食羊111189只，内两翼察哈尔牧放40374，八旗额鲁特牧放36663只，准噶尔沙毕纳尔牧放28301只，回子牧放5851只。①

清政府对孳生厂和备差厂牧兵的奖惩管理是参照满营马厂执行的。乾隆四十年（1775年）五月，伊犁将军奏请将察哈尔和额鲁特二处马厂，按照满营马厂查验之例执行，或由将军、参赞大臣亲自查验，或委派领队大臣查验。官厂马匹膘分以上者，给该管领队大人官员等记录二次，兵丁等应升之处列名。马匹膘分三分以下者，将该管领队大臣官员等参奏治罪，兵丁酌量责处。②

伊犁官牧厂设立的目的是为国家供给优良马驼等牲畜，马资骑兵之用，驼资运输之需，均属国家战略性物资。可是由于管理制度上的弊病而生出各种弊端。如给予牧马官兵的待遇太低，则导致牧马官兵的生产积极性不高，甚或生出诸多不法事端来。如“马有优劣，则价有高下。官马每匹一律定价八两，蒙兵嗜利，故盗卖抵换皆由此”。每当伊犁将军亲临检阅马厂时，牧马官兵往往“驱其良马藏纳山谷，而取中下驷以献”，造成“官马之良者，大半为厂兵所盗卖，故不可得”③。

咸丰三年（1853年），伊犁牧厂报灾倒毙牲畜42000余匹。鉴于灾害对牲畜造成的巨大损失，清政府决定变价出售，应除备用不能变价外，最终变价出售了驼、马、牛、羊34910匹（只）。未能出售的牲畜，后以“停运内地马七八百匹，奏请按每匹三两五钱变价抵饷，后又奏明拨差马一千匹，同驼、

①《总统伊犁事宜·驼马处应办事宜》，见中国社会科学院中国边疆史地研究中心《清代新疆稀见史料汇辑》，第262页。

②《总统伊犁事宜·功过处应办事宜》，见中国社会科学院中国边疆史地研究中心《清代新疆稀见史料汇辑》，第267—268页。

③《新疆图志》卷28《实业》。

牛、羊等共34000余只，抵银53678两八钱”[①]。这些变价出售和抵饷的资金，支发给察哈尔、额鲁特两营兵饷，作为三年扣款。咸丰四年（1854年），伊犁共存驼、马、牛、羊积存在册者还有10余万匹（只）。

同治末年，新疆社会发生大动乱，伊犁马厂也惨遭毁灭性打击，“兵燹以后，荡然无存”[②]。此外，伊犁的察哈尔、额鲁特、沙毕纳尔等部众30000余口生计艰难。光绪十一年（1885年），清政府在伊犁河南设立镇标牧场，隶属总兵管理。其经费不由政府拨发，“凡考核、功过及盈虚、良驽之数，皆不关白于部，其所孳生马，充官厩，备驿邮；羊以给岁时祭飨、蒐狝、犒劳之需，额有羡余，则分赡营中将士，故人人乐于尽力”。因为把经营主动权交给了从事牧养的将士，其生产积极性得到很大提高，“伊犁一厂，尤讲驭有法，骎骎称盛。”[③]

光绪二十年（1894年），伊犁将军长庚奏请恢复伊犁牧厂旧制，请拨经费72000两白银购买孳生马、羊，交给当地牧民牧放。长庚先用24000两白银购买羊24000头，发给察哈尔、额鲁特。裁兵800名，每名发羊30头，令其孳生放牧。此后，长庚再购买马4000匹、羊16000头，分别交给察哈尔、额鲁特和沙毕纳尔各营旗牧养。其管理规则是，马厂仍遵旧章办理。羊厂则有所变动，原来是一年均齐一次，现改为三年均齐一次，羊10只取孳生羔羊3只，以示限制。[④]这样既有利于帮助伊犁贫困牧民摆脱艰难生计，也有利于边圉安定，于国于民均有所裨益。长庚计划继续开设驼厂和牛厂，但由于当时连续几年瘟疫流行，驼、牛受损严重，故其价格飙升，政府拨付资金不敷购买，恢复驼厂和牛厂的事就搁浅了。

2.巴里坤牧厂

巴里坤牧厂共有3处，东牧厂在巴里坤，西牧厂在古城，三牧厂在木垒。乾隆二十六年（1761年），清政府设立巴里坤牧厂，即东牧厂。当年，清

---

①《伊江集载·牲畜》，见中国社会科学院中国边疆史地研究中心《清代新疆稀见史料汇辑》，第118页。

②《新疆图志》卷28《实业》。

③《新疆图志》卷28《实业》。

④《新疆图志》卷28《实业》。

政府从凉州、肃州二镇营调运儿骒马1500余匹交给东牧厂牧放。乾隆三十四年(1769年),该牧厂已有孳生马匹5000余匹。同年,清政府又在古城设立西厂,牧养从东厂匀出的孳生马匹和从塔尔巴哈台调取而来的马匹。乾隆四十年(1775年),鉴于东、西二厂孳生马匹已达8000余匹,而牧厂面积有限,清政府遂于木垒另设一个牧厂,名为三厂。①当时,巴里坤三大牧厂各有马2900余匹,各设牧弁10员,牧兵122名,每名兵丁牧放24匹。此后,三个牧厂发展势头良好,史载“昔承平时,各有马九千余匹,其后日益蕃庶,木垒河地势卑狭,渐至不能容。嘉庆十二年(1807年),设厂于吉木萨尔、玛纳斯两地,仍由巴里坤总兵管理。三年一均齐,由乌鲁木齐提督考核,以次赏罚”。“每届均齐之年,视马群优劣,分为四等,一、二等留厂候拨,三、四等发民间价卖,填补倒毙亏数,每匹估定官价,平均值银四五两”②。次年(1808年),清政府就出售古城及吉木萨尔两处马厂的马匹。当时,马厂挑变马匹由地方官饬令户民承领。每匹价银二至五两不等,所变价银即解交道库充饷。

道光五年(1825年),巴里坤三大牧厂,除历次挑变与拨补各营缺额及倒毙外,实有马39088匹,比乾隆四十年(1775年)增加至五倍。其中,巴里坤东厂有14293匹,古城马厂有12164匹,吉木萨厂有12671匹。鉴于牧厂“孳生日多,不能容牧”,陕甘总督杨遇春奏请每厂各留壮健儿马500匹,骒马5500匹外,并带牧骟马2535匹,及300匹备拨补毙缺军台等项外,其余马15793匹应酌定价值即行出售。如以每匹马定价四两白银,则应收63172两。③

驼厂设于宜禾县,有孳生驼800余只。驼厂始建于乾隆三十八年(1773年),由甘、凉、西宁等处拨调470余只。至乾隆五十六年(1791年),孳生380余只。道光中叶,清军为平定张格尔叛乱,大批调拨骆驼运输物

---

① 录副奏折,档案号:03-3001-013。陕甘总督杨遇春、乌鲁木齐都统英惠:《奏为会同筹议疏通巴里坤各马厂厂地以利马政事》,道光九年三月十三日。杨遇春在奏折中说在乾隆四十年(1775年)设立木垒牧厂后,“旋又改移济木萨营牧放”,这与《新疆图志》中的记载有所差别。

② 《新疆图志》卷28《实业》。

③ 录副奏折,档案号:03-3001-013。陕甘总督杨遇春、乌鲁木齐都统英惠:《奏为会同筹议疏通巴里坤各马厂厂地以利马政事》,道光九年三月十三日。

资，事后骆驼存活无几，驼厂遂停。

巴里坤牧厂马匹的饲养之法是，以1400匹为一群，每群用牧兵20人管理。每年四月，青草萌生时，驱赶马群至郊外食草，名曰抢青。五月以后，天气逐渐炎热，则驱入天山之中，以避蚊蠓。一旦被蚊蠓咬噬过重，马驹将会食欲不振而倒毙。待到秋日，再将马匹驱赶出山，散牧田埂间，取食禾麦，遣穗食之日，名曰抢岔。小雪以后，则驱之至北沙窝向阳之处取暖，以避风雪。[1]

巴里坤牧厂在经营管理上制定了一系列严格规定。如当时马厂规定，每本马三匹取孳生马一匹，如应取千匹者，以百匹为一分，十匹为一厘。每届三年均齐一次，若如额取之外，多孳生一分者，为三等；一分以上至二分者为二等；二分以上至三分者为头等。如得头等，牧长、牧副记名侯升，牧兵每名赏银三两。二、三等以次，牧长、牧副加级记录，兵丁赏银各有差。若于取额之内少孳生二分以下者，罚马四厘，牧长、牧副、牧兵俱责二十棍；少至四分、六分、八分、十分以下者，罚马八厘至一分六厘，责棍三十至六十，各有差。若原牧不敷缺少者，牧长、牧副革职，牧兵则八十棍，所缺马匹仍著牧长赔补二成，提督、总兵游击以次分赔八成。统辖五群之游击、都司、守备各官，若一群得赏四群得罚，则各降一级调用；二群得赏三群得罚，则各降一级留任；三群得赏二群得罚，则抵消免议；若四群得赏一群得罚，则俱加一级；若五群全赏，则俱各加二级；五群全罚者，俱革职。[2]道光年间，因牧遭遇灾荒，马匹倒毙逾额，总兵甚至自杀身死。如此严格的管理和苛刻的要求，时人也认为是"罚严而赏薄"，但这促使牧厂官兵不得不努力牧养，甚至还修建了马祖庙，以祈求牧厂牲畜兴旺。

同治、光绪之际，新疆社会动荡，先是新疆军民的反清起事，再是浩罕汗国军官阿古柏入侵，还有沙俄趁火打劫侵占伊犁地区，使新疆陷入战乱。在这场浩劫中，很多官牧厂惨遭洗劫。位于东疆的巴里坤在军民竭力守卫下，巴里坤城没有失守，但长期围困下的军民无粮可食，只好宰杀马厂的马

① 《新疆图志》卷28《实业》。

② 《新疆图志》卷28《实业》。

匹，巴里坤马厂就有14000多匹马遭宰杀。巴里坤解围后，马厂残存的马匹不过数百匹而已。左宗棠收复新疆后，清政府力图重整新疆马政，首先就是恢复巴里坤马厂。

光绪十四年(1888年)，清政府分巴里坤马厂马匹为5群，每群设牧长1员，牧副1员，牧兵14人，隶属左营游击管理。此后，巴里坤马群改归后路巡防步队第一营兼管。原设牧长、牧副、牧兵保持不变。光绪三十二年(1906年)，巴里坤马厂有马4528匹。

因古城牧马厂被毁严重，无法恢复，清政府只好从东巴里坤马厂分出500匹移入重建。吉木萨尔马群也分为5群，其牧地分别是叶家湖、营马台、小栓湖、四厂湖、五厂湖，每群设牧兵8名，牧长、牧副官额如巴里坤马群。此后，吉木萨马群改归中路巡防步队第四营兼管，有马823匹。①

此外，清政府在巴里坤、古城驻防满营骑兵。巴里坤满营有马848匹，除换防卡伦等项兵丁骑去马204匹外，其余644匹需要在当地牧养。除换防卡伦等项兵丁骑去马173匹外，其余675匹需要在当地牧养。饲养方式为夏、秋二季全在当地牧厂牧放，春、冬二季则四成到牧厂牧放，六成在马圈喂养。②

3.塔尔巴哈台牧厂

塔尔巴哈台的巴尔鲁克山之东地区地势平衍，河流错出，草色葱茏，弥望无垠，是北疆重要的优良牧场，也是游牧民众的长居之地。乾隆三十九年(1774年)，清政府在塔尔巴哈台设立官牧厂。是年，塔尔巴哈台参赞大臣奏请，在购买的哈萨克牲畜内挑出骒马600匹、牝乳牛200头、公母羊3000只，交本处察哈尔一佐领和额鲁特二佐领立厂牧放。管理条例为孳生足例，马匹按三年均齐一次，每三匹每次征收马一匹；牛按四年均齐一次，每十头每年征收二头；羊则一年均齐一次，每十只羊每次征收三只。

乾隆四十二年(1777年)，乌鲁木齐都统会同伊犁将军奏请将乌鲁木齐的额鲁特1000户分作四佐领，移驻塔尔巴哈台的斋尔地方安插。当时额

① 《新疆图志》卷28《实业》。

② 《乌鲁木齐事宜·满营马匹军械》，见王希隆整理《新疆文献四种辑注考述》，第119页。

鲁特带来骒马6760匹、牝乳牛1140头、公母羊66863只，仍交给四佐领负责牧放。按照起限年月，照前例取孳。每年约收孳生马驹900余匹，内骒马驹随时拨入孳生大马群中，一例取孳。其二岁、三岁儿马驹即拨入备用厂内牧放。剩下的一岁儿马驹俟足二岁时，再拨入备用厂内牧放。

乾隆四十三年(1778年)，塔尔巴哈台参赞大臣又从哈萨克陆续购换来的牲畜中挑出堪可孳生牛100头、羊1000只交察哈尔、额鲁特等七佐领牧放，照前例取孳。四岁牝牛犊随时拨入备用厂内牧放。一岁、二岁及三岁的牝乳牛犊随同大牛牧放，俟其齿足四岁时，再按年扣限取孳，分别拨厂。羊则每年取羊羔21260只，每岁于八月间解送乌鲁木齐官兵口食羊羔26000只，其余羊羔1200只拨入备用厂牧放。乾隆五十七年(1792年)，孳生厂现存大马9679匹，马驹371匹，大牛4154头，牛犊1120头，大羊70863只，羊羔8330只。

备用厂设立于乾隆三十八年(1773年)，牲畜主要来源于照例追罚各项马、牛。清政府每年从此备用厂调拨马和牛供乌鲁木齐屯田、台卡使用。乾隆五十二年(1787年)后停止调拨。清政府规定“凡本城调用谓之拨补，南北两路及内地调用谓之拨用”[①]。备用厂骟马内除留存备用马2000匹及每年拨补塔尔巴哈台军台马33匹外，其余马匹则拨用陕甘各营。乾隆末年，塔尔巴哈台备用厂现存马4367匹，牛1698头，羊34255只。[②]此外，备用厂的马匹还曾借给坐卡官兵使用。嘉庆七年(1802年)九月，伊犁将军和塔尔巴哈台参赞大臣联衔奏请：“因当地雪大，致使坐卡巡逻官兵的马匹倒毙甚多，必须于次年雪消后补给马匹，请将塔尔巴哈台备用厂内马匹暂借守卡官兵骑乘。”清廷批准了此奏请，但同时要求伊犁将军严饬各卡借骑马匹兵丁“用心牧养，爱惜乘骑，勿致疲瘦、残疾，有累官厂难以牧养，如有倒毙，即着落该兵丁等赔补”。伊犁将军和塔尔巴哈台参赞大臣遂规定：“冬季各卡借用官马于次年还厂，后酌定一分五厘报销。”[③]

塔尔巴哈台官牧厂实行动态管理机制，如果存栏数目不足，则奏请减

---

① 《新疆图志》卷28《实业》。

② 《塔尔巴哈台事宜》卷4《官厂牲畜》。

③ 《塔尔巴哈台事宜》卷4《官厂牲畜》。

少给内地调拨的数额,俟存栏牲畜充足后再足额调拨。如果存栏牲畜数量过多,则采取变价出售的办法。乾隆五十七年(1792年),伊犁将军保宁奏请,因伊犁、塔尔巴哈台近来换获哈萨克马匹不多,不敷如数解运,请每年暂运一半,其余一半则由陕甘各省自行购买,俟马匹充足时再全数解运。当年各营解送内地的均为一半之数,大致为六七百匹至一千匹不等。乾隆四十六年(1781年),因官厂牛羊积聚过多,塔尔巴哈台参赞大臣奏请变价出售,听任官、兵、商、民购买。其价格是牛一头银三两三钱,羊一只银五钱至七钱。乾隆五十九年(1794年),塔尔巴哈台参赞大臣奏请,因为官厂牛羊仍然积聚过多,奏请酌量减价售卖。每头骨力高大的牛,定价银三两;次等者二两五钱。羊每只递减定价四钱至六钱。塔尔巴哈台官牧厂的牛主要供给各屯点和军台使用。清政府规定,每年拨补田工牛60头,军台则是4头。是年,经参赞大臣奏请,科布多每年田工倒毙牛无法拨补,遂每三年一次,从塔尔巴哈台官厂内拨给科布多牛300头。

备用厂在经营管理上也有一系列严格规定。如马牛羊的倒毙数,每年每百匹(只),报销倒毙6匹(只)。每岁搭放官兵口食羊约6200余只,每只抵口粮面15斤,由粮厅衙门扣收。塔尔巴哈台官牧厂主要分布在巴尔鲁克山和额鲁特等处。清政府规定,自乾隆四十四年(1779年)起,塔尔巴哈台参赞大臣每年四五月间亲往查阅牧场,查看牲畜牧养情况。如果牲畜膘分足,则奖赏经牧官;若膘分不足,则将经理官员议处。清政府规定,在陆续从哈萨克购买的牲畜中,如果有怀驹、犊者,则投入厂后收获马驹、牛犊、羊羔等;除例倒毙外,挑出堪可入官厂者,收入官厂牧放;其余不堪官用者,则分赏给勤奋的官兵,以示鼓励。此外,清政府还从每年得到的哈萨克贡赋马内,挑出堪以官用者收入官厂牧放;其余掉膘、疲乏的牲畜则等来年青草发生得以饱食之际查验,除倒毙外,其余缓养痊好者,收入官厂牧放;其救养不痊残伤者,则变价出售。马一匹作价银一两二钱。

此外,塔尔巴哈台还短暂设置过驼厂。乾隆三十年(1765年),由乌鲁木齐驮载官物的骆驼交给本处官厂牧放。三十二年,塔尔巴哈台参赞大臣奏请,除倒毙外将现存驼只尽数变卖,收获价银归入本处库存。不过,时隔五年后,清政府再次恢复塔尔巴哈台的骆驼饲养。乾隆三十七至三十八年，清政府以本处官厂马、羊换获归国的土尔扈特部的骆驼188只。经过七八年养殖，乾隆四十三、四十五年，塔尔巴哈台参赞大臣奏请因此处骆驼没有调拨运输之用，遂请除倒毙之驼20只外，其余骆驼依照原换价值变卖，所有收获银钱收入本处库藏。[①]自此，塔尔巴哈台地区官营牧场中没有骆驼饲养。

由于驻防兵内有骑兵，所以塔尔巴哈台驻防兵的马匹放牧也就构成当地官营畜牧业的组成部分。按照当地军马放牧要求，满营分新、陈二营。满营的马匹一半在槽饲养，一半在城就近水草得宜之处牧放。陈营在东门外，自建马圈一处，负责日常圈养马匹的饲养。其牧放马匹之处，夏季在额尔格图一带，冬季在杂达尔莫多一带，以备随时差遣。新营在西门外，自建马圈一处，负责日常圈养马匹的饲养。其野外牧养的马匹，夏季牧于额尔格图一带，冬季牧于西伯图一带，以备差遣。留城听差兵丁的马匹，夏季在额尔格图牧养，冬季在乌努根齐肯牧放。以上三营牧马处所，离塔尔巴哈台城不过三四十里至五六十里不等。[②]

在同治年间的新疆社会大动荡中，大部分官牧厂遭到严重破坏，虽然塔尔巴哈台官牧厂幸存下来，但由于沙俄侵占塔尔巴哈台地区大片领土，并"租借"塔尔巴哈台最重要的牧场巴尔鲁克山十年，致使塔尔巴哈台牧场面积大为缩小。光绪十九年(1893年)，清政府与俄国政府签订《收回巴尔鲁克山文约》，收回俄国所借的巴尔鲁克山和额敉勒河南之地。[③]经此事件，塔尔巴哈台地区"蹙地千里，内附哈民不敷栖住"[④]，官营畜牧业发展受到很大挫折。从光绪三十一年(1905年)塔尔巴哈台参赞大臣春满的奏折看，从光绪二十七年(1901年)至三十年(1904年)，塔尔巴哈台牧厂三年届满均齐，马厂仅有选购而来的孳生马500匹，可挑选骟马驹29匹拨入备用厂。[⑤]

---

①《塔尔巴哈台事宜》卷4《官厂牲畜》。

②《塔尔巴哈台事宜》卷3《塔尔巴哈台营制兵防》，第97—100页。

③《中俄边界条约集》(俄文汉译本)，商务印书馆，1973年，第112、114页。

④《新疆图志》卷28《实业》。

⑤《新疆图志》卷28《实业》。

4.乌鲁木齐牧厂

乌鲁木齐地势平坦，有河有湖，是非常优良的牲畜牧养地。乾隆二十六年（1761年），清政府在乌鲁木齐设立马厂，在南山之阳，隶属都统，一切制度按照伊犁牧厂之例。在同治、光绪之际的战乱浩劫中，乌鲁木齐牧厂也未能幸免。光绪十一年（1885年），清政府在天山南北增置标营，迪化抚标在南山中设立牧厂，由中军参将管理。不过，由于牧养不得其法，管理不善，历年孳生马不足千匹，羊不满万只，比之伊犁镇标牧厂相差甚远。①

此外，清政府在乌鲁木齐驻防满营骑兵。满营有马2664匹，除南路换防、军台、卡伦等项兵丁骑去马497匹外，其余2167匹需要在当地牧养。饲养方式是，夏、秋二季全在当地牧厂牧放，春、冬二季则四成到牧厂牧放，六成在马圈喂养。②

总而言之，有清一代，新疆的畜牧业获得很大发展，尤其是在官营牧厂的激励下，各地牧民重视畜牧经营，尽快弥补了战乱对畜牧业的创伤，促进了畜牧业的发展。清政府在新疆建省后，借助对外贸易的有利地位，向俄罗斯和英吉利等国出售皮货等畜产品，也刺激了新疆畜牧业生产的发展。

---

①《新疆图志》卷28《实业》。

②《乌鲁木齐事宜·满营马匹军械》，见王希隆整理《新疆文献四种辑注考述》，第119页。

第七章　新疆农牧业的地域分布及演变

第一节　新疆农牧业格局的形成与演变

虽然农业是栽培植物的生产部门，其本质则是经济再生产过程与自然再生产过程的统一。[①]它不仅受到自然条件的制约，还受到人口分布、耕种技术、政府政策措施等诸多因素的影响。然而，各地区自然条件的迥异、不同时期人口数量的变迁、耕作技术的进步衰退、政府政策措施的差异均对不同历史时期的各地农业产生影响，从而导致新疆农业在不同时期的地域差异。

一、南疆地区

1.从历史过程看纵向发展

西汉以前的新疆南部地区农业已呈现地域发展的不均衡性。《汉书》中记载有关南疆社会经济时就体现了这一经济特征。《汉书》卷96《西域传》中

① 马克思：《资本论》第2卷，郭大力、王亚南译，人民出版社，1964年，第387页。

说:“自且末以往皆种五谷,土地草木,畜产作兵,略与汉同。”这就是说,在且末以西的诸多绿洲地区,大部分是以农业为主的农业区,这与且末以东的鄯善、若羌以及昆仑山中以游牧为主只有少量农业的行国经济不同。在这些绿洲农业区内部也存在地域差异。拘弥、于阗、莎车、疏勒、龟兹、焉耆等人口均超过万人,特别是龟兹人口竟达八万多人,在沙漠绿洲地区养活这么多人口,其农业发展程度自然不低。其他地区的绿洲农业显然就没有上述地区发达。

汉朝在西域屯兵开垦使得屯垦地区的农业获得较快发展,甚至出现了农业占据主导地位的地区,如渠犁、乌垒、车师都尉国等。汉朝的屯垦使得一些农业区的农业比重进一步增大,或使得一些本属于游牧区的地方也开始经营农业。渠犁、乌垒两地的农业规模原本就较大,自汉军在两地大规模屯垦后,两地的经济活动完全变成由农业支撑了。此外,姑墨、焉耆、精绝、车师前部等的农业生产也因汉朝屯垦获得快速发展。需要特别指出的是汉军在以往游牧区的屯垦,打破了这些地方固有经济格局,使这些地区开始出现农业经营。如鄯善地区本是“地沙卤,少田”的游牧区,自元凤四年(前77年)西汉在伊循城屯垦始,到东汉魏晋时期,这里一直保持着一定的农业生产规模。此外,东汉在伊吾地区的屯垦也使得该地区成为“地宜五谷、桑麻、蒲萄”的膏腴之地。

从耕作技术上看,以往南疆绝大部分农业区一直以木制农具为主,这在考古发现中也得到证实。但是在汉人屯垦区,生产工具多是从中原地区引入的铁制器物,如耕种使用铁犁铧,收获使用铁镰刀等,极大地提高了生产效率。

综合来看,两汉时期南疆的农业发达地区主要是拘弥、于阗、莎车、疏勒、龟兹、焉耆、轮台、渠犁、精绝等,以及伊循、柳中、伊吾与高昌地区,其他绿洲地区的农业相对落后,昆仑山间的游牧民族经营的少量农业更为落后。

魏晋南北朝时期的南疆农业生产基本沿袭了两汉时期的布局,但出现一些新的特点:一是在一些地区出现了水稻种植。这一新的农作物品种,从史籍记载来看,主要在于阗、焉耆、龟兹、疏勒等地种植。二是高昌地区开始出现棉花种植，并逐渐成为该地区的主要农作物。三是汉军屯垦区、高昌和龟兹等地区已推广了牛耕技术，但仍存在耕作技术比较原始的地区，如“左末（今且末）依然不知用牛，耒耜而田”[①]。总体而言，魏晋南北朝时期南疆农业较发达的地区是高昌、于阗、焉耆、龟兹、疏勒等地。到魏晋南北朝后期，楼兰、尼雅等塔里木盆地东南部一带的农业出现大幅度后退，主要是沙漠化严重，已经不太适宜人类居住和农垦。

隋唐时期，天山北麓的诸多绿洲和高昌、伊吾地区农业发展依旧，昆仑山北麓于阗及以西的地区发展也较好。特别是高昌地区农业发展特别显著，耕地面积增多，采用休耕轮作、复种和施肥等先进耕作技术，人口增加是这时期农业发展的最大亮点。此外，昆仑山中的朅盘陀国决水而种，菽麦丰收，农业生产也获得较大进步。

五代宋元明时期建立了不少少数民族地方政权。这些少数民族延续了南疆农业区的农业生产，都能保留和继承区域农业传统，甚至从农牧兼营逐渐转牧为农，使得南疆的农业发展没有受到太大的破坏与阻碍。于阗、疏勒、龟兹、焉耆、高昌等地区的农业生产依然保持着发展的势头，不过哈密地区由于受到东喀喇汗王朝与明朝中央政府的战争影响，人口减少，对农业生产影响较大。

清代是南疆地区农业生产的快速发展时期，无论是吐鲁番、哈密，还是焉耆、阿克苏、沙雅、疏勒、叶尔羌、和田，各地农业生产均有较快发展。特别是罗布淖尔地区也得到重新开发，使得这块老农业区重新焕发了活力。清代不仅对以往老农垦区进一步开发，还把开发的方向伸展至一些山区盆地。例如乌什地区，清朝末年，该地水利有干渠36条，支渠117条，灌溉面积达到572700余亩。[②]农作物品种新增了水稻，这是可喜之处。从水利技术看，吐鲁番地区发展并推广了坎儿井。坎儿井可以减少水量蒸发，引用潜水，确保水量稳定，使得农田灌溉突破旱季的局限，极大地促进农业发展。坎儿井的发展与推广使得吐鲁番地区成为南疆重要的农业区。综合

---

① 宋云：《宋云行纪》，见杨建新主编《古西行记选注》，第47页。

② 《新疆图志》卷73《沟渠志》。

有清一代的农业开发,我们不难看出,南疆的农业先进地区依然是那些古老的绿洲地区,和田、疏勒、阿克苏、焉耆、吐鲁番、哈密等地区均在南疆农业发展中占有一席之地。

总之,南疆农业生产在时间上呈现出波浪式前进的态势,汉、唐、清三个时期分别是南疆农业平稳发展以至出现相对而言的高峰时期。而魏晋南北朝时期、五代宋金、元明时期为南疆农业发展相对低迷时期。相对低迷时期与相对高峰时期共同构成了南疆农业波浪式发展的历史过程。

2.从空间分布看区域差异

南疆的农业区大致可以分为吐鲁番—哈密地区,塔里木盆地东南区(今鄯善、且末等),塔里木盆地北缘、西缘和南缘的三大区域。

吐鲁番—哈密地区。在西汉前的考古发现中,这片地区虽然发现有大麦、小麦、黍、青稞、糜子等农作物,但是数量较少,①畜牧业经济仍占据重要地位。②两汉时期此地区主要是车师前国和匈奴的领地,从事的生产活动仍以畜牧业为主,农业比重甚小。西汉宣帝地节三年(前67年),汉军经过激烈争夺后,终于击败匈奴,得以在车师前国屯垦。此后就成为东汉戊己校尉屯垦之地。东汉时,汉军在高昌和柳中地区屯垦,扩大了吐鲁番地区农业耕作范围。东汉永平十六年(73年),东汉明帝“命将帅北征匈奴,取伊吾卢地,置宜禾都尉以屯田”③。汉朝在哈密的屯垦始于此。到了桓帝元嘉元年(151年),匈奴呼衍王将3000余骑寇伊吾,伊吾司马毛恺遣吏兵500人于蒲类海东与呼衍王战,悉为所没,呼衍王遂攻取伊吾屯城。然此时汉在哈密的屯垦已历78年之久。由于汉军带去了先进的生产工具和耕作技术,区域农业发展加快。到了魏晋南北朝时期,魏晋继承汉朝在西域继续设立戊己校尉,仍屯驻高昌,戍守边地,发展农垦,促进了高昌地区经济的持续发展。晋咸和二年(327年),前凉政权在高昌设置高昌郡,分设高昌、

---

① 张成安:《浅析青铜时期哈密地区的农业生产状况》,《农业考古》1997年第3期,第41—44页;蒋洪恩等:《新疆吐鲁番洋海墓地出土的粮食作物及其古环境意义》,《古地理学报》2007年第5期,第552—558页;新疆文物考古研究所、新疆大学历史系等:《新疆鄯善三个桥墓葬发掘简报》,《文物》2002年第6期,第56页。

② 张成安:《青铜时期哈密地区的畜牧经济》,《农业考古》2000年第3期,第273—275页。

③《后汉书》卷88《西域传》,第2909页。

田地(柳中)二县。此后,吐鲁番地区虽历经前秦、后凉、西凉和北凉等政权的更迭,但其农业生产一直没有停滞,当地民众已经学会犁耕、施肥等技术,并继续兴修水利,开垦农田,增加农作物品种,成为魏晋南北朝时期西域农业生产发展的亮点。

隋唐时期,此区又成为唐代西州和伊州所在地,唐朝在两地实行大规模军垦,使用犁耕,学会施肥,实行轮耕休种,大力发展水利事业,促进了区域农业生产的发展。

唐中后期至明朝时期,吐鲁番和哈密地区成为高昌回鹘的辖地。进入该地区后部分民众逐渐放弃畜牧,转为农耕。到了清朝乾嘉时期,吐鲁番地区的著名水利灌溉工程——坎儿井得到了长足发展,这是该地区农业技术进步的最突出表现。坎儿井的水流稳定,蒸发量小,可确保农田灌溉面积与粮食稳产,为区域农业发展提供了可靠保障。纵观历史,此地区的农业自汉朝走上以农耕为主的发展轨道以来,在历史过程中,平稳发展一直是主流形态,故是南疆农业发展比较好的区域。

塔里木盆地东南区,主要包括鄯善、且末等地。位于罗布泊地区孔雀河下游荒漠之中的小河墓地,年代约为公元前1650年至前1450年之间。考古工作者在此发现了较多的炭化麦粒、粟粒和已经干结的食物及麻黄小枝等实物标本,其中的黍颗粒饱满,呈紫黑色和棕红色。这些均说明当地已出现了史前农业。此外,墓葬中还发现大量的牛皮、羊皮,牛头和羊腿骨,毛毡等。其中M33出土了一块面积较大的完整的绵羊皮。以上考古资料又说明当地畜牧业也占有极其重要的地位。[①]与此相似的是东距干涸的罗布泊70公里的孔雀河下游古墓沟墓地。1979年新疆考古工作者在古墓沟共发掘了42座墓葬,碳十四测定年代为公元前1800年至前200年。部分尸体为毛毡包覆,死者头戴尖顶毡帽,足穿皮鞋,胸部有一件草篓,装有10—100粒小麦。从墓葬出土文物分析,古墓沟的居民主要从事畜牧业,饲养羊(山羊、绵羊)、牛,墓葬中曾出土牛、羊角多达26支,鞋、毡及毛布等也

---

① 新疆文物考古研究所:《新疆罗布泊小河墓地2003年发掘简报》,《文物》2007年第10期,第10—40页。

取自羊毛及羊皮，这说明畜牧业是当地的重要生产部门。小草篓中的麦粒，经鉴定，其形态特征与现代普通小麦无异，说明当地居民也有原始农业。此外，家庭手工业中毛纺织业已较发达，毛毯、毛毡制品出土数量多，质量较高。[①]位于且末县境内距今约3000年的扎滚鲁克墓葬遗址也曾发现“食物两袋，装在小羊皮口袋内，红色羊毛线扎口，食物用粟制成”[②]。以上诸多现象说明塔里木盆地东南部地区在史前已出现农业种植，但畜牧业仍占据重要地位。该地史前墓葬区发现的柳、芨芨草、胡杨、红花、芦苇等植物或制品，说明3000多年前罗布泊地区的生态环境与现代南疆绿洲荒漠或半荒漠的生态环境在植物发育方面有诸多相似之处，生态极其脆弱。这就决定了该地区不适合发展大规模的农业，而区域人口增长与经济发展，在很大程度上会对当地生态环境造成不利影响。魏晋时期该区域的生态环境已趋于严重恶化，出现了废弃绿洲。求其原因，不排除干旱地区河流变化的因素，而人类利益驱动也是导致区域环境改变的力量。[③]

在西汉前期，史书记载鄯善地区还是以畜牧为主，只有少量农业的地区。居民还是“随畜牧逐水草”，“地沙卤，少田，寄田仰谷旁国”。且末地区的农业较发达，“且末以往皆种五谷，土地草木，畜产作兵，略与汉同”，并有“蒲陶诸果”。随着汉朝对鄯善地区的管辖，西汉在伊循屯垦，开始了鄯善农业的开发历程。汉军屯垦的组织管理级别由司马上升到都尉，反映了区域屯垦规模的扩大。同时，汉军还在楼兰、精绝等处开展屯垦。考古发现于罗布泊北岸的土垠遗址，就是当年汉军屯垦之遗存。考古工作者先后在此发现了诸多反映屯垦的简牍文书等，反映了该地屯垦事业的兴盛。尼雅遗址发现的司禾府印章，反映了当时的屯垦还有一个司禾府的管理机构，其屯垦规模当不会小。魏晋十六国时期，该地区的农业发展依然较好，魏晋两朝曾在鄯善地区的海头屯垦。持续屯垦保证了区域农业生产发展的连续性。从佉卢文书和《楼兰尼雅出土文书》可知，该地筑堤修坝，截河建

① 新疆文物考古研究所：《新疆文物考古新收获》(1979—1989)，新疆人民出版社，1995年，第92—102页。

② 王炳华：《新疆古尸》，新疆人民出版社，2002年，第77页。

③ 王炳华：《重新发现楼兰》，《文明》2006年第1期，第9页。

渠，引水灌溉，使用铁制农具等，都为区域农业的发展准备了条件。农作物种植有大麦、小麦、粟、黍、豆等。生产的粮食不仅可用作缴税，还可作为交换借贷之物。然而，随着过度开发和不合理利用自然资源，到了南北朝时期，该地的生态环境已明显恶化，沙漠出现了扩大化趋势，人口也随之不断减少。《北史》记载："且末西北有流沙数百里，夏日有热风，为行旅之患。风之所至，唯老驼预知之，即嗔而聚立，埋其口鼻于沙中。人每以为候，亦即将氈拥蔽鼻口。其风迅驶，斯须过尽，若不防者，必至危毙。"迨至唐初，尼雅以东皆是大流沙"沙则流漫，聚散随风，人行无迹，遂多迷路。四远茫茫，莫知所指，是以往来者聚遗骸以记之。乏水草，多热风。风起则人畜昏迷，因以成病"。鄯善故地已是"国久空旷，城皆荒芜"，"城郭岿然，人烟断绝"，一片荒凉景象！

此后，吐蕃和元朝政府都曾在此设立驿站，兼事屯垦，但屯垦范围已明显缩小，难再与汉晋时期之恢宏气势相提并论。

光绪年间，清政府又在此区域设置新平、婼羌两县，招徕百姓，兴修水利，从事垦殖，终于恢复了生机。虽然每县不过三四千人，但已种植小麦、青稞、稻、粟、油菜、苞谷、胡麻、棉花等农作物，栽培桃、杏、核桃、西瓜、南瓜、白菜、萝卜、芥菜等瓜果蔬菜。经过清后期一段时间的开发，该区农业生产又有了起色。

总体而言，塔里木盆地东南缘极其脆弱的生态环境决定了该区域难以实施大规模开发，居住人口也不宜过多。魏晋时期超越限度的开发所带来的环境恶化的后果，为当今的区域开发敲响了警钟。

塔里木盆地北缘、西缘和南缘地区。该区域的农业出现也颇早，这在察吾乎文化、香宝宝文化、轮台群巴克古墓地等遗址中均有所体现。和静县北的天山南麓一带与焉耆绿洲为中心的察吾乎文化，以和静西北察吾乎沟墓葬遗址命名，时段跨青铜时代至早期铁器时代，相当于中原地区的西周至两汉之交。该遗址中编号为3号的墓地其年代相当于西汉前后，共发掘墓葬448座，出土文物近4000件。大量陶器的出土，表明当地居民过着稳定的定居生活。特别是一些陶器中发现了谷物，彩陶纹饰中也有象征土地和耕作田地的纹饰，说明当时已有了原始农业。从木盘残留的食物分析来看，当时人们食用小麦、大麦、粟等，即是当时这里已有小麦、大麦和粟等农作物种植。[①]1976年、1977年新疆考古工作者在塔什库尔干县城北约4公里的香宝宝墓地进行了两次发掘，共发掘40座墓葬。出土文物有生活用的夹砂陶器，均手制，素面，器形有釜、罐、碗、钵、杯、纺轮等。[②]反映出该区域已出现了定居农业，虽然农业的比重还比较小，但已成为区域畜牧业的重要补充。上述两处史前遗址的考古发现反映了该区域史前农业已进入初步开发时期。位于轮台县境内的轮台群巴克古墓地遗址其年代相当于西周中期至春秋中期，发现有加工谷物的石磨盘和小麦穗及麦粒多颗，小麦遗存与今天的小麦相比，已没有不同；谷物加工后的谷糠也有遗存。同时还发现有牧羊人常带的小铁刀与羊脊椎骨放在一起等物质元素，说明当时轮台一带除经营农业外，畜牧业仍然占有一席之地。[③]

西汉前期，该区域主要是以从事农耕的绿洲经济为主，并辅以畜牧业。《汉书》记载的8个超万人的南疆诸城邦中，该区域就有6个，占总数的67%，农业之发达可见一斑。轮台东的捷枝、渠犁等地，“地广，饶水草，有溉田五千顷以上，处温和，田美”。农业较为进步，汉代在西域屯垦即始于此。此后，不论是轮台、姑墨屯田，还是渠犁、焉耆屯垦，均促进了该区域农业生产的发展。经西汉的开发，至东汉时期，莎车、疏勒一带已是田地肥美，粮食丰裕。如班超所称：“莎车、疏勒田地肥广，草牧饶衍，不比敦煌、鄯善间也，兵可不费中国而粮食自足。”[④]

魏晋南北朝时期该区域民众不仅使用了犁耕和刨地工具，还种植了粳稻等优良粮食品种。史书记载该区域的作物有稻、粟、菽、麦等，兼有桑麻。疏勒出产的粮食不仅可以自给，还每年向突厥输出，可见其农业生产还是比较发达的。

由于唐朝在此大规模屯垦，该区域的农业生产获得较好发展。唐朝在

---

① 新疆文物考古研究所：《新疆察吾乎大型氏族墓地发掘报告》，第414—415页。

② 新疆社会科学院考古研究所：《帕米尔高原古墓发掘报告》，《考古学报》1981年第2期，第199—212页。

③ 新疆社会科学院考古研究所，新疆巴音郭楞蒙古自治州文管所：《新疆轮台群巴克古墓葬第一次发掘简报》，《考古》1987年第11期，第987—996页。

④《后汉书》卷47《班梁列传》，第1576页。

安西都护府设立的掏拓所专管水渠修建和维护，对农业生产的发展起到了积极的推动作用。于阗种植的农作物品种已呈多样化，尤其是水稻的种植使该地食物更加丰富。龟兹“有城郭屋宇，耕田畜牧为业”，并“宜麻、麦、粳稻、蒲陶”。焉耆“逗渠溉田，土宜黍、蒲陶，有鱼盐利”。疏勒亦“稼穑殷盛，花果繁茂”。总之，此区域在唐朝前期经济发展良好。到唐中期后，吐蕃和回鹘分别占领了该区域，由于他们均是以游牧为生部族，故他们据有其地，对该区域农业发展多少会带来一些消极影响，这也是唐中期区域农业发展较之前期有所滞缓的原因。

回鹘政权的稳定和逐渐弃牧从耕，使得塔里木盆地北缘的绿洲农业经营未受太大冲击，并得以延续。同时，自吐蕃势力退出塔里木盆地东南地区后，于阗获得独立，促使其域内经济得以恢复和发展。随着东喀喇汗国、西辽、(东)察合台汗国以及契丹人和蒙古人先后统辖该区域，战争与政权更替在一定的时间内对区域农业发展产生了一定的影响，但由于取得区域控制权的不同统治者都能重视恢复域内经济，使得该区域的农业生产在艰难曲折的环境中得以维持和不断发展。此外，元朝在西域的屯垦虽然规模不大，范围有限，但仍在一定程度上有益于该区域的经济发展。

清初准噶尔蒙古南下，占领了南疆塔里木盆地。由于准噶尔统治者重牧轻农以及大、小和卓的叛乱，该区域农业生产受到一定影响。清朝统一南疆后，推行积极的屯垦戍边政策，扩大水利建设、鼓励农耕，为该区域农业生产的恢复发挥了积极作用。然而，之后发生的社会动荡和阿古柏入侵，使得南疆农业再一次遭受打击。随着左宗棠率领清军进行收复新疆的战争取得胜利，南疆失地又得以恢复。这时的清政府很重视新疆的经济建设，遂掀起了新一轮的开发高潮，使得南疆农业生产又赢得了一次较快发展的机会。

综上所述，南疆三个区域的农业生产在历史时期的发展是不均衡的。先秦时期三个区域均有农业的出现，但吐鲁番—哈密地区、塔里木盆地的楼兰地区、天山南麓地区和昆仑山北麓和阗地区的农业出现较早，规模也较其他地区更大些。汉晋时期中央政权在南疆屯垦地点的分布对上述三个区域的农业发展变化产生了重要影响。吐鲁番—哈密地区和塔里木盆地东南地区的农业生产获得较快发展。然而，由于盲目扩大规模的过度开发，在一定程度上导致了后者原本就极为脆弱的生态环境更加恶化，随后该区域农业生产便陷入缓慢发展甚至停滞，直到清末才有所恢复。吐鲁番—哈密地区由于汉族人口较多，加之距离内地较近，接受先进技术的机会较多，所以该区域农业发展一直较好。自汉晋，经麴氏高昌到隋唐时期，该区域一直为南疆农业发展的领头羊。唐中后期，回鹘进入该区域，亦受到农业文化的吸引，多能转牧为农，从事农业种植，该区域农业生产得以继续发展。元末明初，由于战乱，该区域农业生产遭受严重打击。随着战争的结束，社会逐渐安定，农业生产才得以恢复。经过有清一代的经营，该区域农业又焕发出勃勃生机，特别是坎儿井的开凿与推广，大大缓解了气候干旱少雨对农业的不利影响，为农业生产的进一步发展创造了条件。塔里木盆地西部和北部地区是南疆农业发展较好的地区，特别是魏晋南北朝时期水稻的推广种植，成为该区域农业生产进步的重要标志之一。由于该区域农业生产依赖昆仑山和天山融雪水灌溉，所以水利事业的兴废与否就成为该区域农业生产盛衰的重要指标。长期以来，该区域人民都非常重视水利事业，唐代安西都护府设立掏拓所以推动水利事业的发展，农业生产随之呈现勃勃生机。清朝在该区域广兴水利建设，扩大农垦和水利灌溉面积，农业生产获得快速发展。综合而言，南疆的农业生产以吐鲁番—哈密地区和塔里木盆地西部及北缘地区较为先进，发展也能持续。塔里木盆地东南部除了在魏晋时期发展较好之外，其他时期多不如前两者。

二、北疆地区

历史上，北疆长期是游牧民族聚居活动之地，区域内的农业经济水平相对落后。虽然北疆地区的原始农业产生的时间很早，但发展速度却很缓慢，发展历程也比较曲折。笔者认为历史上北疆农业的发展先后经历了史前的萌发、汉晋南北朝的初步发展、隋唐元明的曲折发展和清代的飞跃发展四个阶段。北疆地区的农业开发进程，同中原汉族人的影响有密切关系。由于种种政治和经济原因，中原地区汉族人不断向北疆地区迁移，随之带来先进的农业生产技术，直接推动北疆地区的农业开发。由于移民活动都是自东向西逐步展开的，因而历史上北疆地区农业的地理分布，一直呈不平衡状态，即东部地区的开发早于西部地区，形成历史上北疆农业分布的一个显著特点。

史前时期的北疆地区在很长时期内气候暖湿，雨量充沛。[①]肥沃的山前冲积平原前缘地带，水量丰富，环境优越，为远古的生产生活提供了良好的条件。古人在适应大自然的同时也在积极地改造大自然，逐渐开始了原始牧业和简单的农业种植活动，从而促进了原始农业的萌发。囿于文献记载的缺失，我们只能借助考古资料来认识其概貌。从诸多考古资料看，北疆地区古代原始农业经营不仅使用石制农业器具，种植麦、粟等农作物，还开始了粮食初步加工，磨成面粉，以更有利于消化吸收。[②]其中东部的巴里坤和西部的伊犁河谷地区表现尤为突出。距今2800年左右的巴里坤南湾地区不仅出土有石磨盘、石锄形器等农具和加工器具，还出土有小麦粒和面粉等农作物果实及其加工产物。[③]除此之外，该地区的石人子、奎苏、冉家渠等早期遗址也出土过炭化小麦粒和大型磨谷器等，这表明当地农业发展已达到相当程度。[④]与之遥遥相对的西部伊犁河谷也有历史久远的原始农业。考古发现，距今约3000年的伊犁尼勒克县穷科克墓葬中不仅随葬有大量羊骨，还有石磨棒和石盘磨等农产品加工器具以及大量精美的彩陶。[⑤]这些文物充分说明了当地确有定居生活和原始农业的存在。另外，学者张超全和李溯源在对墓中出土的人骨进行测定研究后发现，当地居民的饮食结构中以肉食类为主，植物类食物中以C3类植物为主，而C3类植物很有可能来源于小麦等植物；摄入较少的C4类植物则很可能来源于谷子、小米等植物。总之，考古发现表明，当地古代居民以游牧经济为主，但

① 王鹏辉：《史前时期新疆的环境与考古学研究》，《西域研究》2005年第1期。

② 阚耀平、阎顺：《吉木萨尔县小西沟遗址的初步调查》，《新疆文物》1992年第4期；于志勇、阎伦昌：《新疆阜康阜北农场基建队古遗址调查》，《新疆文物》1995年第1期。

③ 常喜恩：《巴里坤南湾墓地66号墓清理简报》，《新疆文物》1985年第1期。

④ 王炳华：《新疆农业考古概述》，《农业考古》1983年第1期；陈光祖：《新疆金属器时代》，张川译，《新疆文物》1995年第1期。

⑤ 刘学堂、关巴：《新疆伊犁河谷史前考古的重要收获》，《西域研究》2002年第4期。

同时也存在一定量的农业经济因素。①此外，伊犁新源县的黑山头遗址和铁木里克墓群也出土有石臼、石磨盘等石制农具。②综上所述，史前时期北疆的远古居民在进行畜牧业的同时也兼营原始粗放的农业。该时期农业经营虽较为原始，却是北疆农业之嚆矢，为后来该地区农业进一步发展奠定了初步基础。

汉晋南北朝时期是北疆众多民族汇聚交流的时期，这一时期北疆各民族交往频繁，精于农耕的汉族人进入北疆，不仅带来了先进的生产工具和生产技术，也为当地农业发展注入强劲动力，从而促进了北疆农业的初步发展。

为了有效管理西域，汉朝在西域实行大范围屯垦。其中，北疆屯垦地点主要是伊犁河谷。考古资料也表明伊犁地区在汉代确有农业经营。考古人员在昭苏县西汉时期的乌孙墓出土了一张铁犁铧，全重6斤2两，通长35厘米，壁厚1厘米。铧体中部隆起，尖部及边缘比较钝厚，后部为扁似梭形的銎，銎长15厘米，最宽8厘米，深14厘米，与西汉中晚期关中地区的铁铧形制相同。③这一考古发现从实物上证明了西汉时期伊犁河谷地区屯垦农业的发展。

需要指出的是，汉朝时北疆原始农业一直持续发展。当时的乌孙已有农耕定居趋势。④近年的考古收获在伊犁河上游的尼勒克县。哈密地区的巴里坤哈萨克自治县，均发现了与农业经营有关的生产工具和粮食存储、加工的器具。西北大学王建新教授认为巴里坤县东黑沟遗址可能与古代的月氏人和匈奴人有关。⑤据笔者实地考察，遗址北部不远处便是东天山北麓的冲积平原，河流经过，灌溉便利，土壤肥沃，至今仍为该区域主要粮

---

① 张超全、李溯源：《新疆尼勒克县穷科克一号墓地古代居民的食物结构分析》，《西域研究》2006年第4期。

② 陈戈：《关于新疆远古文化的几个问题》，《新疆文物》1985年第1期；殷晴：《丝绸之路与西域经济——十二世纪前新疆开发史稿》，第82页。

③ 王炳华：《丝绸之路考古研究》，第289—230页。

④ 余太山：《西域通史》，中州古籍出版社，2003年，第263页；王炳华：《丝绸之路考古研究》，第234—235页。

⑤ 王建新：《新疆巴里坤东黑沟（石人子沟）遗址考古工作的主要收获》，《西北大学学报》（哲学社会科学版）2008年第5期。

食产地。需要特别指出的是，该河下游就流经后来唐朝的伊吾屯垦地区——大河古城。总之，当时生活在蒲类海（今巴里坤湖）地区的居民已经有了一定规模的农业生产。

南北朝时期，柔然、高车、突厥等游牧部族相继占据北疆地区。限于史籍记载和考古资料的缺乏，我们无法得知农业发展具体状况，但就西汉时期当地居民已经具有农牧兼营的生产特点来看，我们大致可以蠡测其农业还是继续存在的，当然具体规模尚需要依赖考古新发现来进一步证明。

综上可见，汉晋南北朝时期北疆一带的农业主要分布在巴里坤盆地、乌鲁木齐附近和伊犁河谷地区。

隋唐元明时期的北疆政局几多动荡。在唐贞观至安史之乱之间，中央政府有效管理西域，北疆地区社会稳定，农业也获得加快发展。中央政府的屯垦政策也在促进北疆农业进步方面发挥了一定作用。总体来看，这一时期农业的发展是一波三折，形成了曲折发展的态势。

隋朝时期，北疆隶属突厥政权，突厥是典型的游牧部族，故此时的北疆地区，游牧经济占据绝对主导地位。唐太宗贞观年间（627—649年），唐中央政府恢复了在西域的管辖，并广开屯田，发展区域农业生产。此时的屯垦区也从南疆逐渐扩展到北疆，并形成了伊吾和北庭两个主要屯垦区。

伊吾屯垦位于伊州西北300里的甘露川，即今天巴里坤东大河古城地区。该城南面即是从天山流淌下来的河流，可能就是唐代的“甘露川”。据《西州都督府图经》（残卷）记载可知，伊吾屯垦始于唐景龙四年（710年），开元六年（718年）移至甘露川，当时有驻军3000人，屯地5000亩。伊吾军大河古城内出土“有一大型的石磨盘，还有众多的马鞍形、桥形磨制石器，大型陶质容器，说明这里曾是一个规模较大的囤粮基地”[①]。该古城内还曾发现过炭化的小麦粒。[②]

北庭是唐朝在北疆的军事和行政中心，为了维持众多驻军和行政人员的粮食供给，这里屯垦的规模更宏大。史载北庭有20屯，每屯垦殖5000

---

① 薛宗正：《北庭春秋——古代遗址与历史文化》，第275页。

② 赵予征：《丝绸之路屯垦研究》，第111页。

亩，整个垦区就有10万亩土地，与南疆安西大都护府所辖垦区同为唐朝在西域的最大屯垦区。北庭所管辖的大垦区还可分为瀚海军垦区、清海军垦区与轮台垦区。

瀚海军、清海军及轮台垦区已见前述，当时都曾发展成一定规模。如清海军垦区的面积已达万亩，轮台垦区随着规模的扩大，又增置静塞军等。

经有唐一代的经营，北疆地区的农业生产分布基本是沿着天山北麓一线，其中巴里坤湖东岸地区和吉木萨尔是重点地区，初步改变了以往北疆地区以伊犁河谷为主要农业区的状况。自唐中叶以降，北疆地区先后有回鹘、契丹和蒙古等游牧部族，畜牧业经济获得优先发展。但即便如此，在一些汉族人居住地区，农业生产仍然得以持续进行。

宋辽元时期，北疆地区的农业生产在唐代的基础上仍不断有所发展，农业重心也逐渐西移至伊犁河谷和天山北麓西段，从而回归到隋唐以前的农业分布格局。西辽时的北疆有为数不少的汉族人定居，他们继续维持着北疆地区的农业生产。耶律楚材在随军西征时，也记录了当时北疆地区的经济状况。如云阿里马城，“附郭皆林檎园圃”，并说阿里马是西人对林檎的叫法，即以林檎名城，翻译成现代汉语就是苹果城。阿里马古城在今天的霍城县西北，城以苹果命名，于此可知阿里马城地区盛产苹果，亦可窥当地果木园艺技术之一斑；又云此处“决渠灌田”，“播种五谷，一如中原”，反映了这里的农业生产技术较为进步且具相当规模。昌八剌城（也称昌八里，在今昌吉境内）的西瓜“其重及秤，甘瓜如枕许，其香味盖中国未有也。园蔬同中区”。轮台其地“水众能滋稼穑，下有泉源，可以灌溉田禾，每岁秋成”①。可见当地农业生产已于内地相差无几。此后，元朝刘郁在《西使记》中记载准噶尔盆地北部的孛罗城“所种皆麦谷”。阿力麻里城“市井皆流水交贯，有诸果，唯瓜、蒲萄、石榴最佳。回纥与汉民杂居，其俗渐染，颇似中国。又南有赤木儿城（今磨河古城），居民多并、汾人”②。发达的水利灌溉系统是伊犁河谷地农业发展的重要条件，而中原

① 李志常：《长春真人西游记》，第10页。

② 刘郁：《西使记》，第1页。

地区汉族人的移入，无疑给这里带来了先进的农业生产技术，进一步促进了当地农业的发展。

原北庭都护府所在，今吉木萨尔县治地，元代为别失八里城，曾在此几度屯垦，发展农业生产，终因反叛势力对别失八里的争夺，使屯垦农业归于中断。至于亦里黑地区的屯田，规模则比较小。

至元五年(1268年)，元军进驻阿力麻里城，按元代“内而各卫，外而行省，皆立屯田”的制度，应该在此建立屯田，以就近解决驻军的粮食供给问题。若如此，伊犁谷地则为元朝在西域最早的屯垦基地。[①]

在蒙古人统治下的北疆地区，其主要经济形式又恢复到游牧状态，《明史》卷332《西域传》记载别失八里地区是“其国无城郭宫室，随水草畜牧”。其农业发展进程又一次受挫。但这一时期北疆的农业生产在伊犁河谷和天山北麓的东、西两段仍持续进行着。陈诚于明永乐十二年(1414年)正月出使西域，五月十九日到达阿力麻里之地，二十一日继续前行约130里，为一“有人烟种田处”[②]，遂在此安营休息。

清代是新疆农业大发展时期。鉴于北疆战略地位的重要性，清朝尤为重视对北疆的经营，从而促进了该区域农业生产的快速发展。

在准噶尔汗国时期，北疆地区的农业生产主要集中在额尔齐斯河流域、伊犁河谷及乌鲁木齐一带。额尔齐斯河流域农业早在巴图尔珲台吉时期就已经有了初步发展。顺治十一年(1654年)出使清朝的巴伊科夫在前往京师途中，经过珲台吉的游牧地，记下了额尔齐斯河流域的和布克赛尔地修建的小城里住有种田的布哈拉人。[③]准噶尔汗国建立后，噶尔丹和噶尔丹策零也相继在额尔齐斯河流域屯垦。[④]在伊犁地区，据定边右副将军兆惠的奏表可知，该地有万人耕种的田亩。[⑤]乌鲁木齐周边也形成了一些小片的农业种植区，在这里从事农业生产的计有五百多户准噶尔人、三百

---

① 赵予征：《丝绸之路屯垦研究》，第144页。

② 陈诚：《西域行程记》，见杨建新主编《古西行记选注》，第269页。

③ 马大正：《马大正文集》，上海辞书出版社，2005年，第600—601页。

④ 魏源：《圣武记》卷3《雍正两征厄鲁特记》。

⑤《清高宗实录》卷520，乾隆二十一年九月己巳。

多户维吾尔人和三十多户汉人，乌鲁木齐东边的赛音塔喇也有种田人五六十家。①

虽然这一时期北疆地区仍有农业经营，但无论从事农业生产的人口还是农业生产的规模都不是很大，而且呈零星分布状态，尚未形成具有一定规模的农耕区。这种状况直到清军收复新疆后才有根本改变。

清朝统一新疆后，屯垦事业蓬勃发展，军屯、民屯、旗屯、回屯、犯屯和商屯等各种形式的屯垦遍布天山北麓。以屯垦为主体的农业区自东向西不断拓展，并日益密集，逐渐形成了巴里坤、木垒、奇台、吉木萨尔、阜康、昌吉、乌鲁木齐、呼图壁、玛纳斯、库尔喀喇乌苏、精河、伊犁、塔尔巴哈台等众多屯区的条状分布带。其中以伊犁九城为中心的伊犁河谷和以乌鲁木齐为中心的吉木萨尔—精河地区是北疆农业区的双核。伊犁为清前期新疆政治经济中心，该地不仅屯垦形式多样，而且农耕人口众多，农业成效也最为显著。乌鲁木齐则是清后期新疆的首府，亦是清代移民屯垦的重点区域之一，以其为中心的吉木萨尔—精河农业区，有军屯、民屯、犯屯等诸多类型。农业发展，城镇兴起，商业繁盛，正是“到处歌楼到处花，塞垣此地最繁华”②。

综上所述，清代北疆地区农业生产的进步远远超过以前各代，从农田水利事业看，清代的水利最发达；从农作物品种看，清代的农作物品种最多，高产优质的粮食品种也最多；从农田规模看，清代北疆的农业区东起巴里坤，西至伊犁，北至额尔齐斯河流域，南到天山北麓，星罗棋布，远远超过以前的任何时期。因此，清代作为新疆北疆农业开发史上的飞跃时期，为后来北疆农业区的形成奠定了重要基础。

长期以来，新疆地区的经济分布格局一直是“南农北牧”，似乎北疆毫无农业可言，其实不然，考古资料充分证明北疆的农业有着悠久的历史。然而，由于北疆在历史时期多受游牧部族统治，其农业发展充满曲折和艰辛，呈现延续性和波动性相结合的特征，表现为波浪式发展的态势，其发展

---

① 军机处录副奏折，乾隆四年八月一日陕西固原提督李绳武奏。转引自蔡家艺：《清代新疆社会经济史纲》，第60页。

② 吴蔼宸：《历代西域诗钞》，第103页。

的最大动力则是来自中原内地的移民和屯垦。中央王朝在新疆北疆地区的屯垦构成了该区域农业生产最重要的部分，屯垦经济发展时期即是北疆农业大发展时期。屯垦经济的成效主要表现在耕地的扩展，先进生产工具的引进，农业人口的增加，农耕技术的提高和粮食产量的增加。此外，屯垦经济对区域传统农业也产生了积极影响，当地各族民众在历史进程中也逐渐学会耕作，从而推动了当地农业生产力水平的逐步提高。在清代以前，北疆的农业较之南疆一直处于弱势，经有清一代各族人民的辛勤开发，北疆农业的规模超过历史上任何时期，农业的比重逐渐增加，渐居主导地位，形成北疆农牧兼营、以农为主的经济产业结构，并初步改变了长期以来新疆“南农北牧”的经济地理格局。

总之，新疆北部地区农业生产的不断进步与发展，不仅密切了南、北疆的经济联系，也进一步缩小了新疆与内地的经济差距，促进了新疆与内地一体化进程，为近现代新疆农业的全面发展奠定了坚实基础。

第二节　农作物的分布与演变

新疆的农作物种类较多，有麦（大麦、小麦等）、稻、粟、黍、高粱、豆等粮食作物，棉花、麻、油菜、芝麻、胡麻、西瓜、甜瓜、葡萄、苹果、梨、葱、葫芦等经济作物。上述众多的农作物品种在各个历史时期是有变化的，在地域分布上也有变迁。本节就上述农作物的地域分布和结构变化详细论述。

新疆很多地方水草丰茂，土壤肥沃，自古以来，新疆大地上就孕育了众多农作物品种。

东汉时期，巴里坤地区的民众已经学会农耕，主要种植麦类作物。迨至唐代，内地官兵驻守北疆，戍边屯垦，也种植麦类和豆类作物。五代时期，《五代史·四夷传》记载回鹘进据北疆，也种植有麦类和麻类作物，以及葱、韭、胡荽等蔬菜。清代，北疆地区“百谷园蔬之属，几于无物不有”[①]。据《钦定皇舆西域图志·土产》记载可知，准噶尔部的五谷之属有黍、高粱、糜、大麦、小麦、小豆、青稞，间有稻米，其中不甚黏者名图鲁尔噶。还有麻、瓜、菜、葱、韭、小蒜；果树有桃、李等。南疆自古以绿洲经济为主，农业经济较为发达，五谷园蔬种植较多，前文已述，此不再赘。清朝统一新疆后，曾对准噶尔汗国和南疆地区物产做过调查，其中南疆地区虽然土地肥瘠不一，但五谷种植大抵以稻米种植较少，其余如粟、黍、高粱、麦、青稞等则无所不有；蔬果则有豌豆、扁豆、小豆、绿豆、麻、瓜、西瓜、甜瓜、茄、葫芦、黄牙韭、秦椒、胡椒、姜、石榴、苹果、木瓜、梨、樱桃、杏、柿、核桃、李、葡萄、枣等。

一、粮食作物的结构和分布

（一）麦的种植与分布

麦是世界上最古老的栽培作物之一，有大麦与小麦之别。一般认为，我国中原地区的麦子种植历史较早，殷墟甲骨文中就有了“来”“牟”二字，“来”即是小麦的初字，“牟”则是大麦的初字。这是商代中原地区有大、小麦种植的文字证明。反映两周时期社会面貌的《诗经》在《周颂》篇中也有“贻我来牟”的诗句。然距今约1万年前小亚细亚及两河流域已经开始栽培小麦和大麦。此外，考古工作者在罗布泊地区孔雀河下游古墓沟遗址中发现了10—100粒小麦，距今约3800年。[②]在距今2800—3000年前的天山南麓和静县察吾乎地区也有大麦和小麦的种植。[③]距今约2500年前的吐鲁番洋海墓地出土了大麦和小麦的标本。[④]哈密市五堡距今约3200年的克孜尔确卡古墓出土了完整的大麦植株和穗子。[⑤]此外，在洛浦县山普拉

① 傅恒等著，钟兴麒等校注：《西域图志校注》卷43《土产》。

② 新疆文物考古研究所：《新疆文物考古新收获》（1979—1989），第92—102页；王炳华：《丝绸之路考古研究》，第183—201页。

③ 新疆文物考古研究所：《新疆察吾乎大型氏族墓地发掘报告》，第414—415页。

④ 蒋洪恩、李肖、李承森：《新疆吐鲁番洋海墓地出土的粮食作物及其古环境意义》，《古地理学报》2007年第10期。

⑤ 王炳华等：《新疆哈密五堡古墓出土大麦的研究》，《农业考古》1983年第6期。

墓地[①]、奎苏[②]、楼兰[③]、轮台县克子尔河畔的卓果特沁汉代遗址[④]、轮台县群巴克[⑤]、罗布泊小河墓地[⑥]等塔里木盆地周边多处均有小麦的发现。

《汉书》卷96《西域传》中曰："自且末以往皆种五谷。""五谷"的含义有三种说法，第一种认为五谷是指黍、稷、麦、豆、麻，例如《周礼·天官·疾病》郑玄注[⑦]、《大戴礼记·曾子天圆》卢辩注[⑧]、《汉书·食货志》颜师古注[⑨]等。第二种认为五谷是指黍、稷、麦、豆、稻，例如《孟子·滕文公上》赵岐注[⑩]、《淮南子·修务训》高诱注[⑪]等。第三种认为五谷是指稻、稷、麦、豆、麻，如《楚辞·大招》王逸注[⑫]。虽然三种说法大同而小异，但三者都包含了稷(粟)、麦、豆这三种作物。据此可知，塔里木盆地周边且末以西的绿洲城郭诸国中均种植有麦。考古发现在南疆和田汉晋时期的喀拉墩古城和圆沙古城均出土有麦。[⑬]民丰尼雅遗址[⑭]出土文书中大量记载了该地区的大麦、小麦的生产情况。在塔里木河下游的营盘古墓坑内填麦草、稷草，堆积土层厚50厘米。麦、稷为当地种植的主要农作物。在随葬的木杯、木碗等生活用具内壁还发现有变干的粥状物。[⑮]随葬品还有面饼，面饼当是麦的深加

---

① 新疆维吾尔自治区博物馆、新疆文物考古研究所：《中国新疆山普拉——古代于阗文明的揭示与研究》，新疆人民出版社，2001年，第32页。

② 吴震：《新疆东部的几处新石器时代遗址》，《考古》1964年第7期。

③ 侯灿：《楼兰遗址考察简报》，《历史地理》1981年创刊号。

④ 张玉忠：《新疆出土的农作物简介》，《农业考古》1983年第1期。

⑤ 中国社会科学院考古研究所新疆队、新疆巴音郭楞蒙古自治州文管所：《新疆轮台群巴克古墓葬第一次发掘简报》，《考古》1987年第11期。

⑥ 新疆文物考古研究所：《新疆罗布泊小河墓地2003年发掘简报》，《文物》2007年第10期。

⑦ 郑玄注："五谷，麻、黍、稷、麦、豆也。"

⑧ 卢辩注："五谷，黍、稷、麻、麦、菽也。"

⑨ 颜师古注："五种即五谷，谓黍、稷、麻、麦、豆也。"

⑩ 赵岐注："五谷谓稻、黍、稷、麦、菽也。"

⑪ 高诱注："菽、麦、黍、稷、稻也。"

⑫ 王逸注："五谷，稻、稷、麦、豆、麻也。"

⑬ 新疆文物考古研究所、法国科学研究中心中法克里雅河考古队：《新疆克里雅河流域考古调查概述》，《考古》1998年第12期。

⑭ 李遇春：《尼雅遗址与东汉合葬墓》，见新疆文物考古研究所《新疆民丰县尼雅遗址95MN1号墓地M8发掘简报》，《文物》2000年第1期。

⑮ 周金玲：《新疆尉犁县营盘古墓群考古论述》，《西域研究》1999年第3期。

工产物。随着区域农业的开发，麦的种植范围进一步扩大。东汉时伊吾地区也“地宜五谷、桑麻、蒲萄”了。

汉代以后，麦在南疆各地得到广泛种植。鄯善、尼雅、于阗、莎车、疏勒、龟兹、朱居国、朅盘陀国、焉耆、高昌、哈密等地均有麦的种植。特别是朅盘陀国“地宜小麦，资以为粮”①，到唐初时依然“菽麦丰多”②。朱驹波国，虽“五榖甚丰”，但“食则面麦”③，这说明该地区麦的种植所占比重较大。

迨至清代，麦已成为新疆粮食作物之大宗，“麦华于午得正阳之气，和甘养人”，深受各族民众喜爱。④从《新疆乡土志稿》和《新疆舆地风土考》的记载看，新疆各地普遍种植麦类作物，而种植小麦尤多，产量亦大。如轮台的小麦是“大宗出产”，皮山的小麦“为大宗”，沙雅的小麦也是该地区农作物的“大宗”。

小麦按照种植的时间可以分为冬麦（宿麦）和春麦两种，由于南疆气候温暖，冬季不太寒冷，所以麦子在冬、春两季均可种植，不过还是以冬麦为主。⑤南疆冬麦的种植历史可以上溯到唐朝初年，玄奘经过阿耆尼国（今焉耆）时就记载该地种有“宿麦”。⑥由于冬麦的生长期长，品质好，故而深受老百姓青睐。一般来说，冬麦种于深秋，在播种后要放水浇灌，谓之浇冬水，如此则来春土壤酥润，麦地墒情好，便于春长。⑦到了八月，小麦进入成熟期，也就是集中收割的时期。⑧除了冬麦以外，南疆的山地地区主要是种植春麦，而吐鲁番、哈密等地区则因冬季少有降雪，土壤缺墒，也多以春麦为主。殆自新疆设立行省以后，即使气温略微上升，降雨也有增多，⑨仍无改历久而成的耕作习惯，故直至今日，吐鲁番、哈密两地亦然多是播种

---

①《梁书》卷54《诸夷传》，第814页。
②《大唐西域记》卷12，见杨建新主编《古西行记选注》，第93页。
③ 宋云：《宋云行纪》，见杨建新主编《古西行记选注》，第48页。
④ 钟广生等：《新疆志稿》卷2。
⑤ 椿园：《西域闻见录》卷7《回疆风土记》。
⑥《大唐西域记》卷1，见杨建新主编《古西行记选注》，第67页。
⑦ 椿园：《西域闻见录》卷7《回疆风土记》。
⑧《清圣祖实录》卷298，康熙六十一年七月戊子。
⑨ 钟广生等：《新疆志稿》卷2。

春麦。

大麦也是清代新疆种植的重要麦类，大麦的生长期比小麦短，产量没有小麦高，但在新疆也多有种植。首先，尽管大麦的种植规模没有小麦大，种植范围也没有小麦广，但其种植面积也不会太小。因为大麦是喂养马、骡等牲畜的上好饲料，而新疆各地牲畜养殖量大，对大麦的需求也自然较多。其次，大麦是酿制烧酒的原料，也会产生一定量的需求。[①]从史料记载看，大麦主要在伊犁[②]、辟展、乌什[③]、焉耆、鄯善、皮山、拜城等地区种植。[④]此外，在喀什噶尔的英阿萨尔和塔什伯里克城也生产大麦。[⑤]

大麦是稃大麦和裸大麦的总称。稃大麦又称皮大麦，其特征是稃壳和籽粒粘连；裸大麦的稃壳和籽粒分离，称裸麦。青藏高原称青稞，长江流域称元麦，华北称米麦等。青稞或被称为黑麦，是由于颗粒皮色相对较黑的缘故。青稞虽属于大麦系统，然因长期与稃大麦并列称呼，在此也作为一单独品种论述。青稞以其耐寒、耐旱的特性，很早就被新疆南部地区老百姓认识而种植。哈密五堡墓地发现的青稞穗壳，是新疆所见的最早的实物。[⑥]在民丰县尼雅遗址中也曾发现了青稞的穗壳，[⑦]在轮台县卓果特沁汉代遗址[⑧]、吐鲁番洋海墓地[⑨]、若羌县米兰古堡遗址中也发现过青稞籽实。[⑩]此外，和田洛浦山普拉汉代遗址出土了大量青稞。[⑪]如第一章所论，青稞在魏晋南北朝、隋唐时期的高昌可能还被称为青麦。清代，青稞分布主要在巴里坤、宜禾县、木垒、迪化、玛纳斯、济木萨、库尔喀喇乌苏、晶河、

---

① 椿园：《西域闻见录》卷7《回疆风土记》和《回疆志》卷3《五谷》。

② 钟兴麒等校注：《西域图志校注》卷32《屯政一》、卷33《屯政二》。

③ 钟兴麒等校注：《西域图志校注》卷33《屯政二》。

④ 马大正等：《新疆乡土志稿》。

⑤ 椿园：《新疆舆图风土考》卷1《新疆纪略》。

⑥ 新疆文物考古研究所：《新疆哈密五堡墓地151、152号墓葬》，《新疆文物》1992年第3期。

⑦ 史树青：《新疆文物调查随笔》，《文物》1960年第6期。

⑧ 张玉忠：《新疆出土的农作物简介》，《农业考古》1983年第1期。

⑨ 蒋洪恩、李肖、李承森：《新疆吐鲁番洋海墓地出土的粮食作物及其古环境意义》，《古地理学报》2007年第10期。

⑩ 王炳华：《新疆农业考古概述》，《农业考古》1983年第1期。

⑪ 新疆维吾尔自治区博物馆、新疆文物考古研究所：《中国新疆山普拉——古代于阗文明的揭示与研究》，第32页。

塔尔巴哈台、伊犁、哈密的塔尔纳沁（今沁城）、辟展（今鄯善县）与哈喇和卓、哈喇沙尔（今焉耆）[①]、温宿府、婼羌县、和阗直隶州、蒲犁厅、柯坪县[②]、阿克苏、库尔勒[③]等地。此外，喀什噶尔的塔什伯里克城也种植青稞。[④]其中，巴里坤的青稞产量与小麦相比可占到六成，而小麦为四成。[⑤]据此可知，巴里坤的青稞种植是占绝对优势的。

除了上述主要品种外，或言吐鲁番的鲁陈城（柳中）和哈密等地种植穄麦，[⑥]然除此之外，似乎找不到还有何地种植穄麦的证据，故笔者认为穄麦当不是一个组合词，表示一种植物，而是应当分开来读，即读作穄和麦，穄同稷，所表示的当是吐鲁番鲁陈城和哈密种植有穄和麦两种农作物。

总体来说，历史时期新疆的麦类作物品种颇多，但就种植范围来看，以小麦为主，次为大麦、青稞等。

（二）黍的种植与分布

黍，俗称糜子，为禾本科一年生草本植物，是一种耐旱、生长期短、栽培历史悠久的农作物，为我国传统的"五谷"之一。新疆和硕县新塔拉石器时代文化遗址中，考古人员发现了大量炭化糜粒。[⑦]此外，在汉晋时期的楼兰古城[⑧]、民丰县尼雅遗址[⑨]、和田洛浦山普拉[⑩]、罗布泊小河墓地[⑪]、鄯善县三个桥村墓地[⑫]中都曾发现过黍类作物。在吐鲁番洋海墓地中发现的黍标

---

① 钟兴麒等校注：《西域图志校注》卷32《屯政一》、卷33《屯政二》。

② 马大正等：《新疆乡土志稿》。

③ 椿园：《西域闻见录》卷2。

④ 椿园：《新疆舆图风土考》卷1《新疆纪略》。

⑤ 马大正等：《新疆乡土志稿·镇西厅·物产》，第221页。

⑥ 陈诚著，周连宽校注：《西域番国志》，见杨建新主编《古西行记选注》，第292—294页。

⑦ 王炳华：《新疆农业考古概述》，《农业考古》1983年第1期；新疆文物考古研究所：《新疆民丰县尼雅遗址95MN1号墓地M8发掘简报》，《文物》2000年第1期。

⑧ 侯灿：《楼兰遗址考察简报》，《历史地理》1981年创刊号。

⑨ 王炳华：《新疆农业考古概述》，《农业考古》1983年第1期。

⑩ 新疆维吾尔自治区博物馆、新疆文物考古研究所：《中国新疆山普拉——古代于阗文明的揭示与研究》，第31页。

⑪ 新疆文物考古研究所：《新疆罗布泊小河墓地2003年发掘简报》，《文物》2007年第10期。

⑫ 新疆文物考古研究所、新疆大学历史系等：《新疆鄯善三个桥墓葬发掘简报》，《文物》2002年第6期。

本，是迄今为止新疆地区发现最早、保存完好的黍标本。[1]

历史时期，黍的种植范围逐渐扩大。唐初，焉耆、龟兹等地始种植黍。[2]随后，高昌地区也开始种植。

到了清代，黍分"黄、黑二种，茎高二尺余，穗亦小，粒皮光滑，回人不知煮饭做饼，食多连皮带面加曲酿酒，名之曰巴可逊"[3]。除了酿酒外，黍还被用于饲养牲畜。[4]故而黍的用处多，用量也大，因而在南疆的种植区域也较广。乾隆时期，哈密的塔尔纳沁和蔡巴什湖、乌什[5]、阿克苏[6]等地均种植黍。在乾嘉时期，黍是仅次于小麦、大麦的区域农作物。[7]然而到了清朝末年，黍在南疆的种植范围则大大缩小，出现了多地不见有黍的状况，[8]吐鲁番[9]、鄯善、哈密[10]和喀什噶尔[11]等地仍列为常产，尚有种植，其他如柯坪、焉耆、婼羌和沙雅一带虽有种植，但均为零星分布。[12]在北疆地区，迪化、奇台、呼图壁、昌吉、绥来和精河等地均有黍的种植。[13]

（三）粟的种植与分布

粟，又谓之谷，加工后曰小米，或曰黄米，是我国古代重要的农作物品种。由于粟以耐干旱和瘠薄著称，所以在我国北方的干旱、半干旱地区得到广泛种植。新疆南疆地区干旱少雨，所以粟在该区颇受重视。距今3000年左右的哈密五堡古墓地中出土了大量的小米饼，由于粉碎不好，饼中的

---

① 蒋洪恩、李肖、李承森：《新疆吐鲁番洋海墓地出土的粮食作物及其古环境意义》，《古地理学报》2007年第10期。

②《大唐西域记》卷1，见杨建新主编《古西行记选注》，第67页。

③《回疆志》卷3《五谷》。

④ 椿园：《西域闻见录》卷7《回疆风土记》。

⑤ 钟兴麒等校注：《西域图志校注》卷32《屯政一》、卷33《屯政二》。

⑥ 椿园：《新疆舆图风土考》卷1《新疆纪略》。

⑦《回疆通志》卷12《物产》。

⑧ 马大正等：《新疆乡土志稿》。

⑨《吐鲁番直隶厅乡土志·物产》。

⑩《哈密直隶厅乡土志·物产》。

⑪ [俄]A.H.库罗帕特金：《喀什噶尔》，中国社会科学院近代史研究所翻译室译，商务印书馆，1982年，第27页。

⑫《新疆图志》卷65《土壤》。

⑬ 马大正等：《新疆乡土志稿》。

卵圆形小米颗粒仍清晰可见。[①]此外，在今哈密市艾斯克霞尔墓地[②]、焉耆县萨尔墩旧城遗址[③]、和静县察吾乎遗址[④]、和田的喀拉墩古城和圆沙古城[⑤]、和田洛浦山普拉汉代遗址[⑥]、民丰县尼雅遗址[⑦]、楼兰[⑧]、若羌且尔乞都克古城遗址[⑨]中均发现粟类作物。

粟在古代就以谷或禾见称，是我国古代重要的粮食作物之一。在汉代的南疆地区，粟就获得广泛种植。到了魏晋南北朝隋唐时期，其种植范围得到进一步扩大。哈密、高昌、焉耆、龟兹、疏勒、莎车、于阗、鄯善等绿洲均有粟的种植。特别是楼兰地区，驻屯将士在此断河截水，大兴屯垦，“大田三年，积粟百万”[⑩]。其不免有夸大之嫌，但却说明了粟在当地农作物品种中的重要地位。

到了清代，粟依然是南疆地区的农作物之一，但已不作为居民的主要食粮。《回疆志》卷3《耕种》就记载有：“谷、豆不为常食。”乾隆时期，清军屯垦的迪化、玛纳斯、济木萨、库尔喀喇乌苏、精河、哈密蔡巴什湖、辟展、哈喇和卓、托克逊、哈喇沙尔等地还种植粟。[⑪]另外，在哈密、阿克苏、叶尔羌等地民间也有种植。[⑫]不过，清代南疆维吾尔族不喜食粟，加之其产量不高，粟的种植逐渐缩减，到了清末，南疆已很少种植粟了。[⑬]北疆种植粟的地方

---

① 王炳华：《新疆农业考古概述》，《农业考古》1983年地1期。

② 新疆文物考古研究所：《新疆哈密市艾斯克霞尔墓地的发掘》，《考古》2002年第6期。

③ 黄文弼：《1957—1958年新疆考古调查简记》，见黄烈编《黄文弼历史考古论集》，第8页。

④ 新疆文物考古研究所：《新疆察吾乎大型氏族墓地发掘报告》，第414—415页。

⑤ 新疆文物考古研究所、法国科学研究中心中法克里雅河考古队：《新疆克里雅河流域考古调查概述》，《考古》1998年第12期。

⑥ 新疆维吾尔自治区博物馆、新疆文物考古研究所：《中国新疆山普拉——古代于阗文明的揭示与研究》，第32页。

⑦ 新疆维吾尔自治区博物馆考古队：《新疆民丰大沙漠中的古代遗址》，《考古》1961年第3期。

⑧ 汪宁生：《汉晋西域与祖国文明》，《考古学报》1977年1月。

⑨ 黄文弼：《若羌考古调查》，见黄烈编《黄文弼历史考古论集》，第295—296页。

⑩ 郦道元著，陈桥驿注释：《水经注》卷2《河水》，浙江古籍出版社，2013年，第15页。

⑪ 钟兴麒等校注：《西域图志校注》卷32《屯政一》、卷33《屯政二》。

⑫ 椿园：《西域闻见录》卷2。

⑬ 马大正等：《新疆乡土志稿》。

也不多，从方志记载看，仅见昌吉、奇台二地。[①]

(四)高粱的种植与分布

高粱，又名蜀黍、秫秫、芦粟、茭子等，性喜温暖，抗旱、耐涝，能适应盐碱土，是我国西北、东北种植的重要粮食作物。高粱，一说是我国原产农作物品种之一；一说是在汉代引入我国，最早可能在川蜀一带种植。[②]目前，从考古资料看，高粱在新疆有悠久的栽培历史。黄文弼先生曾在焉耆县的汉代萨尔墩旧城遗址中发现一坑穴，“坑穴内均是粮食……可以很清楚地看到黄米、高粱等农作物”[③]。在唐代的焉耆唐王城中，考古也发现了一些高粱实物。[④]此外，在吐鲁番阿斯塔那唐代墓葬的随葬物品中也发现有用高粱做的饼。[⑤]总体来看，高粱的种植规模和分布均有限，主要集中在吐鲁番盆地和塔里木盆地的北缘绿洲地区。

迨至清代，高粱在南疆地区的种植主要是用来酿制烧酒。“高粱高四五尺，穗小于内地，吐穗即弯而下垂，粒色白，味涩而硬，不堪食，性亦无补，回人以之烧酒”[⑥]。高粱的种植范围也从塔里木盆地扩大到哈密地区，[⑦]不过哈密的种植规模较小，在各种农作物的区域种植量排名中排在末位。到了光绪以后，高粱的种植范围分布逐渐向吐鲁番、鄯善、哈密集中，在南疆的其他地区已很难见到高粱。这或许是由于高产作物玉米的引进和广泛种植从而取代高粱的原因。[⑧]不过，北疆广大地区仍种植高粱，从清末新疆地方志记载看，除孚远县、塔城二地外，其他各城均有高粱种植。

(五)豆的种植与分布

豆，古时称菽，是我国古代重要的原产农作物品种。南疆种植豆类的历史较为悠久。《齐民要术》卷2引《本草经》云：“张骞使外国，得胡豆。”说

---

①《新疆乡土志稿·昌吉县乡土志稿》和《新疆乡土志稿·奇台县乡土志》。

② 邹逸麟：《中国历史地理概论》，上海教育出版社，2007年，第264页。

③ 黄文弼：《1957—1958年新疆考古调查简记》，见黄烈编《黄文弼历史考古论集》，第8页。

④ 黄文弼：《新疆考古的发现》，《考古》1959年第2期。

⑤ 张玉忠：《新疆出土的古代农作物简介》，《农业考古》1983年第1期。

⑥《回疆志》卷3《五谷》。

⑦《哈密志》卷23《食货志·物产》。

⑧ 华立：《清代新疆农业开发史》，第243页。

明豆在西域种植较早，并由此传入中原。[1]汉时，楼兰一带也有小豆的种植。[2]考古工作者在吐鲁番地区的魏晋南北朝至唐代墓葬中先后发掘出了保存完好、仍有光泽的小黑豆。[3]同时，考古工作者还在该地发现有黄豆。[4]除了上述地区外，《北史》《新唐书》和《旧唐书》等史籍也记载哈密、焉耆、龟兹等地有豆的种植。此外，朅盘陀国也是"菽麦丰多"[5]。

清代，新疆的豆类品种增多，有大豆、黄豆、黑豆、绿豆、蚕豆（胡豆）、豌豆、扁豆、豇豆、刀豆等数种。大豆主要用来榨油和酿制酱。[6]豌豆的"苗、茎、花皆与内地同"，主要用来制造干粉和细粉。[7]乾隆年间，巴里坤、辟展、托克逊、乌什等地的军屯均种植豌豆。[8]据《哈密志》记载，哈密地区计有"黄豆、绿豆、豌豆、小豆、扁豆、蚕豆和黑豆"等七种豆类作物，豌豆也是其中之一。豌豆的特殊之处除可供百姓食用外，[9]又是骡马类牲畜的上佳饲料，因而各地多有种植。

光绪年间，豆类作物的地位有所下降，可能与其产量偏低有关系，故在区域农作物的种植量排位中比较靠后。可知种植豆类的区域分别是：吐鲁番、温宿府、蒲犁厅、拜城县等地种植豌豆，皮山县种植绿豆。[10]而北疆地区相对好于南疆，其豆类种植主要分布于迪化、奇台、昌吉、绥来、呼图壁、库尔喀喇乌苏、伊犁、绥定、精河等地。[11]其种植的豆类品种，主要是豌豆，其次是黄豆和扁豆。

---

① 殷晴先生赞同美国博物学家劳费尔的说法，认为张骞只是带回了苜蓿和葡萄。见殷晴《物种源流辨析——汉唐时期新疆园艺业的发展和相关问题》，《西域研究》2008年第1期。

② 胡平生：《楼兰出土文书释丛》，《文物》1991年第8期。

③ 张玉忠：《新疆出土的农作物简介》，《农业考古》1983年第1期。

④ 陈戈：《新疆考古述论》及《鄯善苏贝希墓群三号墓地》，《新疆文物》1994年第2期。

⑤《大唐西域记》卷12，见杨建新主编《古西行记选注》，第93页。

⑥ 钟广生等：《新疆志稿》卷2。

⑦《回疆志》卷3《五谷》。

⑧ 钟兴麒等校注：《西域图志校注》卷32《屯政一》、卷33《屯政二》。

⑨ 钟方：《哈密志》卷23《食货志·物产》。

⑩ 马大正等：《新疆乡土志稿》。

⑪ 马大正等：《新疆乡土志稿》。

（六）稻的种植与分布

水稻在新疆的种植历史也比较久远，有的学者认为可以上溯到汉代。[①]从史籍记载看，汉代时南疆地区尚无水稻种植的记载。不过中亚地区有水稻种植。到了魏晋南北朝时期，南疆一些地区开始出现了水稻栽培的记载。《魏书·西域传》云："焉耆国……气候寒，土田良沃，谷有稻、粟、菽、麦，""龟兹国……物产与焉耆略同，""疏勒国……土多稻、粟、麻、麦。"《隋书·西域传》记载："龟兹国，……土多稻、粟、菽。""疏勒国……土多稻、粟、麻。""于阗国……土多麻、麦、粟、稻、五果、多园林。"《新唐书·西域传上》中载："龟兹，一曰屈兹……土宜麻、麦、秔稻、蒲陶，出黄金。"《大唐西域记》卷1："屈支国……宜穈麦、有粳稻。出葡萄、石榴。多梨、李、桃、杏。"此外，于阗也有水稻种植，已在本文第一章有论述，此不赘述。至于鄯善、楼兰和高昌地区，出土文献也记载了上述三地食用稻米，但目前尚无确切证据表明三地种植水稻，姑且存疑。从文献记载来看，汉唐时期，西域栽培水稻的地域大致分布在今塔里木盆地的北缘、西缘和南缘（且末以西）诸多绿洲地区。从种植水稻的品种分析，主要是粳稻，这在唐初玄奘和后晋使者高居诲的相关记载中均有反映。粳稻较适于高纬度或低纬度的高海拔地区种植，谷粒不易脱落，较耐寒、耐弱光，非常适合南疆的水土、气候条件。粳稻米性黏，米粒短而圆，是品质优良的粮食作物。

到了清代，南疆"回地之稻皆水稻，米粒长白可餐。回人多不喜食，饭惟宴会待客始以药煮成黄色用之"[②]。这种吃法可能就是今新疆抓饭的由来。此外，萧雄记载了具体的做法"将羊肉细切，或加以鸡蛋与饭交炒，佐以油盐椒葱，盛于盘，以手搓食之"[③]。在此有一点值得注意，魏晋隋唐时期南疆种植的水稻多是粳稻，粳稻颗粒短而圆，而清代所种水稻的米粒却是颗粒长白，这当与清代引进水稻新品种有关。清代的新品种水稻主要种植于阿克苏，如《新疆志稿》所记"米产阿克苏者良。粒长色白，味甘而濡，精

① 卫斯：《我国汉唐时期西域水稻栽培疏议》，《农业考古》2005年第1期。

② 《回疆志》卷3《五谷》。

③ 萧雄：《西疆杂述诗·饮食》，陕西通史馆，1934年铅印本。

凿出东南秫米上"[1]。在17世纪前的南疆，水稻种植主要于各河流绿洲，在英吉沙尔、叶尔羌、沙雅尔、库尔勒、喀什噶尔的阿拉图什回城等地均种植有水稻。[2]乾隆二十六年(1761年)时，地方官员以阿克苏地当孔道，供给往来使者或内附蕃臣，需要稻米，便于叶尔羌运来水稻籽种试验播种，次年便获得丰收。乾隆三十二年(1767年)，清朝又将阿克苏的水稻良种于乌什试验种植，亦当年便有收获。但不久又因该地"地寒水冷，不宜稻谷"而放弃种植。[3]因此，阿克苏就成为南疆最重要的产稻区，至今亦然。

随着左宗棠收复新疆，大批擅于种植水稻的湘籍军士留守新疆，他们将先进的植稻技术传授于此，大大提高了新疆地区水稻的产量。史载"湘人善艺稻，深耕灌溉，亩收十钟"。[4]虽然产量有夸大之嫌，却也说明了湘籍军人为新疆水稻栽培技艺的提高所做出的重要贡献。晚清时期，北疆地区也开始种植水稻。迪化县三个泉种植水稻也是得益于入疆的湘籍军士。他们开挖水渠，引来乌鲁木齐河水，又辟地数千顷，生产的粮食可供给乌鲁木齐消耗量的一半。[5]此外，从乌鲁木齐以西至呼图壁、玛纳斯和绥来县，从库尔喀喇乌苏至伊犁，这些农垦区均有水稻种植。其中，昌吉县"常产粘米岁约市斗六百余石，糯米岁约市斗六七石"[6]。绥来县"境多系水田，每岁产米约出八九千石"[7]。库尔喀喇乌苏每年产大米约六七百石，精河地区主要种稻于博罗塔拉，每年也能生产大米约二三百石。[8]

(七)玉米的种植与分布

玉米，禾本科玉米属植物，原产于北美洲的墨西哥、秘鲁等地。因是外来之物，故初名番麦或西天麦。后因有进御之幸，又称御麦，久之，又以同音而异写为玉麦。民间种植既久，名称也随之增多，如又称作蜀黍、玉蜀

---

① 钟广生等：《新疆志稿》卷2。

② 椿园：《西域闻见录》卷2。

③ 钟兴麒等校注：《西域图志校注》卷33《屯政二》。

④ 钟广生等：《新疆志稿》卷2。

⑤ 钟广生等：《新疆志稿》卷28。

⑥ 马大正等：《新疆乡土志稿》，第120页。

⑦ 马大正等：《新疆乡土志稿》，第148页。

⑧ 马大正等：《新疆乡土志稿》，第148、314、434页。

黍、苞米、珍珠米、苞谷、棒子等。玉米最迟至明嘉靖年间已引种到我国西北地区。翻检明代西北地区有关史志资料，嘉靖二十一年（1542年）付梓刊印的《陕西通志》已记载关中地区有御麦种植；[①]嘉靖三十一年（1552年）刻印的《商略商南县集》，也在两县物产中列有御麦，且言此麦“色大而粒肥，可为饭，为饼，为蒸食，秋后嘉”[②]。一句“秋后嘉”反映了其与夏粮麦类的区别。记载最详细最清楚的是嘉靖三十九年（1560年）刊印的《平凉府志》，“番麦，一曰西天麦，苗叶如蜀秫而肥短，末有穗如稻而非实。实如塔，如桐子大，生节开花，垂红绒在塔末，长五六寸。三月种，八月收”[③]。将玉米的叶秆与穗实特征都比较形象而又准确地展示了出来，了无疑义。

关于玉米传入我国的路径，学术界长期存有争议。有人认为玉米很可能是从印度、缅甸传入云南，再从云南传播到黄河流域；也可能从中亚细亚循丝绸之路传入我国，越河西走廊过平凉而进入中原；第三路可能由中国商人或葡萄牙人经海路传入我国东南沿海地区。[④]据有关研究考证，新疆种植玉米的时间大约在乾隆中期，乾隆四十年（1775年）刊行的《伊江汇览》中记载有“玉秫”，当是玉米的又一个书写名称。[⑤]但一直到道光后期，新疆各地仍较少种植玉米，在南疆地区仅有库车和哈密[⑥]有小规模的种植。哈密地区的百姓“日用率以苞谷、豌豆、大麦、荞麦、小米、杂菜蔬为饔”。至光绪年间（1875—1908年），玉米在南疆逐渐得以推广。光绪二年（1876年），俄国军官库罗帕特金在南疆进行侦探活动，曾记载喀什噶尔一带的居民“主要种玉米”，喀喇沙尔的居民也种植“粟、玉米和小麦”[⑦]。据统计，光绪末年，南疆的26个府、州、县、厅中除吐鲁番、鄯善、柯坪、蒲犁、巴楚没有种

---

① 《陕西通志》卷35《民物三·物产》。

② 《商略商南县集》卷1《地理·物产》。

③ 《平凉府志》卷11《华亭县·物产》。

④ 王思明：《美洲原产作物的引种栽培及其对中国农业生产结构的影响》，《中国农史》2004年第2期。

⑤ 齐清顺：《玉米在新疆的种植和推广》，《新疆社会科学》1988年第1期。

⑥ 钟方：《哈密志》卷17《舆地志·风俗》。

⑦ ［俄］A.H.库罗帕特金著，中国社会科学院近代史研究所翻译室译：《喀什噶尔》，第41、299页。

植玉米外，其余21府、州、县、厅均有玉米种植。也就是说，南疆有八成以上的府、州、县、厅都有玉米种植。[①]尤其是疏勒府每年产小麦13万石—14万石，苞谷11余万石，稻谷2万石—3万石，玉米在当地三大粮食产量中占据第二位。[②]轮台的小麦和苞谷在“民间种植极繁，均为大宗出产”，其中小麦每年产1万余石，苞谷为12000余石。[③]伽师县每年产小麦11万石—12万石，苞谷有8万余石。[④]沙雅县以“小麦、苞谷为大宗”。[⑤]其他各地种植玉米的规模也不小，大致均是仅次于小麦种植的第二大粮食作物。玉米不仅被用来满足当地人民的粮食需求，还被用来饲养牲畜。如皮山县“缠民牲畜多以苞谷为养”[⑥]。一些地方的苞谷和小麦不仅可以满足当地人民的需要，还外销他地，如莎车的小麦和苞谷“均运往喀什销行”[⑦]。玉米除了满足人们日常生活消费外，还是储粮备荒的重要物资。比如和阗直隶州，自光绪十三年（1887年）起，“众户民捐集苞谷，建立社仓，每年借出五成，照章取息一斗，计捐八千四百六十石，除历年照例开支经营社仓各项费用外，截至光绪三十四年，其实存一万九千五百九十二石有零”[⑧]。皮山县的积谷仓也存有“苞谷共300余石”[⑨]。洛浦县的“义仓存苞谷1200石，光绪二十九年又设义仓存3000石，现共存有苞谷10000石”[⑩]。

清代后期，南疆种植玉米已很普遍，这主要得益于玉米的高产。众所周知，小麦、水稻均属高产作物，然玉米的产量与小麦、水稻相比还要高出很多。依据光绪末年在新疆活动的俄国人鲍戈亚夫连斯基记载，喀什噶尔的玉米收获量是种籽的30—40倍。而小麦、大麦、水稻分别依次为9—15

---

① 华立：《清代新疆农业开发史》，第241页。
② 《疏勒府乡土志·物产》。
③ 顾桂芬：《轮台县乡土志·物产》。
④ 《伽师县乡土志·物产》。
⑤ 《沙雅县乡土志·物产》。
⑥ 《皮山县乡土志·物产》。
⑦ 《莎车府乡土志·物产》。
⑧ 谢雅兴：《和阗直隶州乡土志·人事类》。
⑨ 《皮山县乡土志》。
⑩ 《洛浦县乡土志》。

倍、12—16倍、8—18倍。[1]在相同面积的田地中，种植玉米比其他粮食作物产出更多，自然就成为南疆人民广泛种植的农作物了。此外，也与玉米本身的特性有关。玉米属于耐旱作物，生长期对水的要求比小麦、大麦都要低一些。南疆在初春和深秋常出现缺水干旱的现象，遂给小麦生长带来较大影响，而玉米受到的影响则相对较小。北疆地区玉米种植尚未普及，主要种于库尔喀喇乌苏、伊犁两地。

上文分别论述了新疆七大主要粮食作物的种植与区域分布情况。总体来看，新疆在远古时期就有二麦（含青稞）、黍、粟、高粱和豆的种植。《汉书》记载的“西域诸国大率土著，有城郭田畜，……自且末以往皆种五谷，土地草木，畜产作兵，略与汉同”，当是实际。在清代以前，以上五种农作物是南疆的主要粮食作物，其中前三种的种植较为广泛，高粱和豆的种植则范围较小。从史籍记载看，魏晋南北朝时期南疆始见水稻种植，主要集中在焉耆、龟兹、疏勒、于阗等地，品种尚为优良之粳稻。至五代，于阗等地仍有粳稻种植。至清代中期，新疆粮食作物的结构发生了较大变化，主要表现为高产粮食作物玉米的引入和推广。再延及清代末年，小麦和玉米、水稻的种植范围进一步扩大，尤其是小麦，几乎遍布新疆的各个地方。由于高产作物——小麦、玉米和水稻的种植日趋扩大，南疆地区较为古老的粮食作物——黍、青稞、粟和高粱的种植则逐渐缩小。总体而言，清代中后期是新疆粮食作物的结构和分布发生大变革的时期，这一变化也深深影响到今天新疆粮食作物的分布格局。

二、经济作物的生产与分布

经济作物又称技术作物、工业原料作物，指具有某种特定经济用途的农作物。南疆的经济作物按其用途大致可以分为三类：一是纤维作物，主要有棉花、麻、蚕桑等；二是油料作物，主要有胡麻、油菜、芝麻等；三是饲料

---

① 〔俄〕尼·维·鲍戈亚夫连斯基：《长城外的中国西部地区》，新疆大学外语系俄语教研室译，商务印书馆，1980年，第138页。

作物，主要是苜蓿等。

（一）纤维作物

1.棉花的种植与分布。从塔里木盆地考古调查、发掘资料来看，早在东汉时期西域已经有了棉织物的出现。出土地点主要有：民丰尼雅①、洛浦县山普拉②、罗布泊楼兰古城③、尉犁县营盘古墓群④等，丰富的考古资料肯定了新疆地区最迟在东汉末，即公元2世纪至3世纪初已经使用棉织品。特别是营盘墓葬中出土了棉籽，作为实物力证，明确反映了新疆是我国最早种植棉花的地区之一。

魏晋南北朝时期，高昌地区就有棉花种植，《梁书》卷54《诸夷传》记载，高昌地区“多草木，草实如茧，茧中丝如细纑，名为白叠子，国人多取织以为布。布甚软白，交市用焉”。上文提及营盘古墓曾出土了棉籽，反映了汉代南疆地区已经种植有棉花。不过，南疆种植棉花在文献记载中仅见于高昌地区。从《梁书》记载来看，高昌即今吐鲁番地区种植的棉花当属草棉，且种植规模还比较大，纺织加工水平也比较高，不仅供给自己衣被的需要，还有剩余进行市场交换，从而发挥商贸流通作用。

在唐代，高昌、于阗和疏勒均盛产棉布。《旧唐书·西戎传》记载，高昌“有草名白叠，国人采其花，织以为布”⑤。《新唐书·西域传》亦云高昌“有草名白叠，撷花可织为布”⑥。唐贞观年间（627—649年），高僧玄奘从印度回国途经于阗时，看到当地人服饰“少服毛褐毡裘，多衣絁䌷白氎”⑦。《新唐

① 新疆维吾尔自治区博物馆：《新疆民丰县北大沙漠中古遗址墓葬区东汉合葬墓清理简报》，《文物》1960年第6期；新疆文物考古研究所：《新疆民丰尼雅遗址95MN1号墓地M8发掘简报》，《文物》2000年第1期。

② 新疆维吾尔自治区博物馆、新疆文物考古研究所：《中国新疆山普拉——古代于阗文明的揭示与研究》，第40页。

③ 新疆文物考古研究所：《罗布淖尔地区东汉墓发掘及初步研究》，《新疆社会科学》1983年第1期；新疆文物考古研究所楼兰考古队：《楼兰古城址调查与试掘简报》，《楼兰城郊区古墓群发掘简报》，《文物》1988年第7期。

④ 周金玲：《新疆尉犁县营盘古墓群考古论述》，《西域研究》1999年第3期。

⑤《旧唐书》卷198《西戎传》，第5294页。

⑥《新唐书》卷221上《西域传》，第6220页。

⑦《大唐西域记》卷12，见杨建新主编《古西行记选注》，第97页。

书·南蛮传下》云："古贝，草也。缉其花为布，粗曰贝，精曰氎。"[①]《旧唐书·南蛮传》亦云："有古贝草，缉其花以作布，粗者名古贝，细者名白氎。"[②]絁紬即丝绸，也如贝氎，粗曰絁，精曰紬。故白氎即白棉布，是说当时的于阗人多穿着丝绸或白棉布衣服。同时也说明于阗植桑和种棉。到了唐开元年间(713—741年)，高僧慧超经过疏勒时，见该地"土人著叠布衣也"[③]。这里的人们普遍穿棉布衣服，说明棉布在当地属易得之物，不仅多而且价格低，遂得以推广。同时也进一步说明这种叠布应是当地出产，而叠布的原料棉花也应是当地种植。因为若从外地输入，则必然是当地的一种稀缺物，物以稀为贵，高昂的价格无疑是难以普及的。

五代宋元时期，棉花的种植范围进一步扩大，巴楚县托库孜萨来古城就出土了蚕茧、丝、棉籽、大麦、黑豆等农作物和瓜果核等。[④]和阗的植棉业一直延续发展，后晋时，高居诲出使于阗，见这里的居民"其衣，布帛"[⑤]。作为南疆植棉业重地的吐鲁番地区依然保持着植棉的优良传统。回鹘文书中就明确记载当地有"棉田"[⑥]。五代、宋、金时期的高昌居民为了种植棉花还曾租赁别人的葡萄园。一件发现于吐鲁番的回鹘文书记载："鸡年二月初十，我巴依·铁木耳需要耕种棉花的土地，我把帖米奇的位于甫对面的葡萄园以十听棉花为租金，租了下来。这十听棉花在秋初季节，我将彻底付清。"[⑦]棉花是纺织原料，一般来说，在自给自足的社会发展阶段，纺织也会由产棉地区的人们来完成，甚至还会出现专业的纺织部门，如官府设置的纺织作坊，以及富豪人家的私人作坊。在回鹘文书中就记载了一个织布女奴与一个铁匠结婚的事情。官府生产的盖有特定印章的棉布或被称为官

---

① 《新唐书》卷221下《南蛮传下·婆利国》，第6299页。

② 《旧唐书》卷197《南蛮传·婆利国》，第5271页。

③ 慧超：《往五天竺国传》，见杨建新主编《古西行记选注》，第116页。

④ 《建国以来新疆考古主要收获》，见新疆社会科学院考古研究所编《新疆考古三十年》，第21页。

⑤ 马端临：《文献通考》卷337《四裔考十四》，中华书局，2011年；欧阳修：《新五代史》卷74《四夷附录第三》，中华书局，1974年，第918页。

⑥ 李经纬：《吐鲁番回鹘文社会经济文书研究》，第225页。

⑦ 袁丁：《回鹘文社会经济文书选注六》，《喀什师范学院学报(哲学社会科学版)》1992年第1期。

布，而官布似乎还发挥着某种特殊作用。如文书中记载了依纳尔·巴尔斯向雅千克尔借一百官布，需要还一百五十官布的事情。[①]事实上，高昌地区的棉布确实在当时还充当着商品交换的媒介作用，回鹘文书所记载的奴隶买卖、货物买卖、土地买卖都可以用棉布支付。如文书记曰："该女奴的售价，一百（个？）棉布，我卡里木杜在缔结文契之日已全部数清收到了。"[②]又记曰："我尹奇·喀亚（和）吐木奇二人，因需要通用的棉布，故从米四儿处拿了五个棉布，而把我们与……苏利亚共有的七斗土地合理合法地卖了。该土地售价的五个棉布，我米四儿已全部数清付给了；我们尹奇·喀亚（和）吐木奇（也）全部数清收取了。该地的四至是：东边以吐拉·不花的土地为界，南边也恰以吐拉·不花的土地为界；西边以玛希·喀亚的土地为界。对此四界（之内）的土地，到千年万日为止，归米四儿所有。"[③]又记曰："我雅尔甫·雅阿和艾得古两人因需要通用的官布，把我们位于河上游的七石种粮食的（？）地合理合法地卖给了库达特迷失，其售价之官布，我们是这样商定的：我们以当今在高昌（？）西部流通的、两侧（及）后面、中间盖有印章的三千二百五十个官布成交了。"[④]如上述文书内容所示，购买女奴的价格是用棉布支付的，购买土地的价格也是用棉布支付的，均反映了在市场交换中棉布作为等价物即货币的作用，也反映了此期区域棉花种植的重要性。

元代，可失哈尔（今喀什）、和阗（今和田）等地的植棉业仍持续不衰。马可·波罗出使中国，记载途经此地的见闻，可失哈尔"出产棉花甚饶"，和阗"百物丰饶，产棉甚富"[⑤]。于此可窥当时可失哈尔与和阗两地植棉业之一斑。

清代，棉花在南疆大部分地区得以广泛种植，依据《新疆乡土志稿》及

---

① 李经纬：《回鹘文借贷文书选注》，《西北民族研究》1991年第2期。

② 袁丁：《回鹘文社会经济文书选注六》，《喀什师范学院学报（哲学社会科学版）》1992年第1期。

③ 李经纬：《吐鲁番回鹘文社会经济文书研究》第12条《尹奇喀亚等二人卖田契》，第55—57页。

④ 袁丁：《回鹘文社会经济文书选注（一）续补》，《喀什师范学院学报（哲学社会科学版）》1990年第2期。

⑤ 沙海昂注：《马可波罗行纪》，冯承钧译，河北人民出版社，1999年，第156、163页。

《新疆图志》卷28《实业》的记载可知，南疆种植棉花的地区主要有吐鲁番、哈密、焉耆、疏勒、莎车、鄯善、库尔勒、库车、轮台、沙雅、温宿、柯坪、乌什、巴楚州、伽师、英吉沙尔、皮山、和阗、洛浦、婼羌等地，唯拜城和蒲犁不见记载，值得一提的是皮山，棉花是“逐户皆种”①。

清代南疆的棉花种植取得了较快较大的发展。从棉花产量上看，各地生产棉花的数量均比较大，但也呈现地区分布不均的特点，例如鄯善的棉花“岁产五十万斤”②，是当地“常年大宗”③。焉耆的库尔勒村年产3万斤。④疏勒年产棉30万斤，⑤轮台县年产棉2万余斤，⑥和阗年产棉13万斤，⑦伽师年产棉30万斤—40万斤，⑧巴楚州年产棉5万斤。⑨虽然塔里木盆地周边绿洲各处产棉较多，但“皆不及吐鲁番，大约莎车十之一，温宿疏勒得二十之一，和阗得三十之一”。吐鲁番的棉花不仅产量高而且质量也好。据文献记载：“吐鲁番岁产棉三百万斤，柔濡洁白异常种。”⑩其中原因，除了吐鲁番特殊自然条件外，还与当地的优良品种和来自内地的高超的植棉技艺有关。吐鲁番地区的棉花有两种，一种是当地的老品种，与布哈尔种同类；还有一种是美利坚种，此种比“旧种尤良”⑪，值得注意就是这后一种即美利坚棉种，属于比旧种更优良的新品种，遗憾的是文献记载并没有说明是何时引入吐鲁番的，以及如何引入的。吐鲁番是南疆历史悠久的产棉区，这里在清代晚期已聚集了一大批从内地来的善植棉者，所谓“客民之艺棉者咸聚焉”。特别是湖北人特擅长经营棉花产业。“鄂人工植棉，所树之棉较土人繁茂，尤擅长轧花。”以至于省城“弹棉为业者，大半皆鄂籍”。

---

①《皮山县乡土志·物产》。
② 钟广生等：《新疆志稿》卷2。
③《鄯善县乡土志·物产》。
④ 钟广生等：《新疆志稿》卷2。
⑤《疏勒府乡土志·物产》。
⑥ 顾桂芬：《轮台县乡土志·物产》。
⑦ 谢雅兴：《和阗直隶州乡土志·物产》。
⑧《伽师县乡土志·物产》。
⑨《巴楚州乡土志·物产》。
⑩ 钟广生等：《新疆志稿》卷2。
⑪ 钟广生等：《新疆志稿》卷2。

除了吐鲁番地区所产的棉花质量好外，新平县和轮台县所产的棉花质量也值得称道。新平县“所产额虽少，其棉瓣小绒长，良于他产”①；轮台县的棉花“质性温和，色泽光洁，甚为佳美，可称特产”②。

2.麻的种植与分布。麻为一年生草本植物，雌雄异株，原产于亚洲中部，现遍及全球，有栽培麻，也有野生麻。麻的用途很多，既可为衣被原料，又可制绳索与盛物袋等，是人类最早培育的植物之一，故其种植也多。麻的茎秆外皮可制成纤维，麻籽可榨油食用。新疆地区出土的麻纺织品资料比较多。1987年，新疆文物考古研究所在和静县察吾乎沟四号墓地125号墓葬中发现了麻织物，属于青铜器时代的遗物遗存。③在孔雀河古墓地出土的草编植物中，经鉴定，使用了麻纤维。同时，也使用着罗布麻（亦称野麻）的茎、秆编织日用器物。④吐鲁番洋海墓地也有麻的出土。⑤此外，1991年，新疆文物考古研究所在尼雅遗址考察时曾采集到麻绳两段。⑥东汉时期伊吾地区“宜五谷、桑麻、蒲陶”⑦，说明当时南疆多数地区种植麻，在北疆局部地区也出现了种植麻。

魏晋南北朝时期，南疆地区依然种植麻。《魏书》卷102《西域传》明确地记载疏勒国“土多稻、粟、麻、麦”。“于阗国，土宜五谷并桑麻”。《北史》卷97《西域传》记载高昌“赋税则计田输银钱，无者输麻布”，以麻布充赋税，可知高昌地区麻种植较多。麻虽是纤维作物，但其雌株的籽实还可食用。唐武德四年（高昌重光二年）（621年）的《高昌传供酒食帐》中明确提到了“麻子饭五斗”⑧。

隋唐时期，南疆地区也多种植麻。《新唐书》卷237《西域传》记载龟兹

---

① 钟广生等：《新疆志稿》卷2。

② 顾桂芬：《轮台县乡土志·物产》。

③ 新疆文物考古研究所：《和静县察吾乎沟四号墓地1987年发掘简报》，《新疆文物》1988年第4期。

④ 王炳华：《新疆农业考古概述》，《农业考古》1983年第1期。

⑤ 蒋洪恩、李肖、李承森：《新疆吐鲁番洋海墓地出土的粮食作物及其古环境意义》，《古地理学报》2007年第10期。

⑥ 新疆文物考古研究所：《1991年尼雅遗址发掘简报》，《新疆文物》1996年第1期。

⑦《后汉书》卷88《西域传》，第2914页。

⑧ 唐长孺：《吐鲁番出土文书》第三册，第146页。

"土宜麻、麦、粳稻、蒲陶"。玄奘记述的跋禄迦国(汉时的姑墨)"细毡细褐,邻国所重"。佉沙国(今疏勒)"出细毡褐,工织细毡氍毹"。瞿萨旦那国(于阗)"少服毛褐毡裘,多衣絁紬白氎"。褐,在古代主要是指麻布衣服。上述诸地区老百姓衣褐,即麻仍然是老百姓衣被的主要原料之一。要满足上述用途,就需要种植一定规模的麻与之相适应。直到明代,于阗地区仍然是"桑麻黍禾,宛然中土"①。

经明至清,由于棉花种植的不断扩大,南疆种植麻的范围逐渐趋于缩小,唯见英吉沙尔、叶尔羌和叶城诸绿洲种植。②相比而言,叶尔羌的麻种植较多,每年仍要向政府缴纳麻绳1297根。③随着麻的某些用途被棉花所取代,麻已渐次退出纺织原料行列,主要被用来"为绳为索"④。麻用纺织功能的丧失,自然影响到麻的种植规模和范围。到清末时,南疆种植麻的地区仅见于鄯善、莎车和英吉沙尔等少数几个地区,⑤种植规模也大大缩小,或只有零星种植。

3.桑的种植与分布。南疆种植桑树的历史可以上溯到汉代。尼雅遗址中就有大批枯死的桑树。桑果又名桑葚,是南疆人民喜食之物。桑树的叶子用来养蚕,为南疆养蚕缫丝业的兴起奠定了良好的基础。关于于阗的养蚕缫丝业记载,见于《大唐西域记》中。不过也有学者研究考证认为,尼雅和楼兰在汉晋时期就出现了植桑育蚕。⑥吐鲁番出土文书也证实,在西凉时期高昌地区就已经有了蚕桑业。《西凉建初十四年(408年)严福愿赁蚕桑券》记载:"建初十四年二月二十八日严福愿从阚签处赁叁簿蚕桑,贾(价)交与毯。"⑦从材料记载我们知道,养蚕一般是把新鲜的桑叶放在簿中饲养蚕的。严福愿从阚签处租赁叁簿蚕桑说明了严福愿家养殖的蚕较多,

---

①《明史》卷332《西域传四》,第8614页。

②[俄]尼·维·鲍戈亚夫连斯基:《长城外的中国西部地区》,新疆大学外语系俄语教研室译,第138页。

③ 椿园:《西域闻见录》卷2。

④《鄯善县乡土志·物产》。

⑤ 马大正等:《新疆乡土志稿》。

⑥ 殷晴:《丝绸之路与西域经济——十二世纪前新疆开发史稿》,第168页。

⑦ 唐长孺:《吐鲁番出土文书》第一册,第17页。

其所采的桑叶不够多，只好向阚签处租赁叁簿蚕桑以弥补自家桑叶之不足。另有一文书则记载了高昌有蚕种之实。《魏书》卷102《西域传》记载南疆的焉耆国“养蚕不以为丝，唯充绵纩”。疏勒国，“锦、绵，每岁常供送于突厥”。此外，《周书》卷50《异域传》和《北史》卷97《西域传》均记载高昌“宜蚕”。从记载可知，在魏晋南北朝时期的楼兰、尼雅、高昌、焉耆、疏勒、于阗均有蚕桑养殖。不过，当时的养蚕缫丝技术不高，主要还是“锦经锦纬”，而不是“丝经丝纬”，前者是采用纬线显花而不是中原的经线显花技术。①唐初于阗的蚕桑也较为发达，玄奘记载该地“工纺绩絁紬”，絁是蚕丝纺织成品中质量稍差的粗绸，而紬则是质量较高的丝织品。于阗人擅于缫丝和织造绸缎，均说明该地蚕桑业较为发达。直到明代，于阗的蚕桑业依然兴盛不衰，桑麻黍禾等作物种植，已与中原地区无多大差别。②此外，唐代高昌地区的蚕桑业依然存在，吐鲁番阿斯塔那唐代墓葬曾出土蚕茧的实物。③总体来看，清代以前，南疆的蚕桑业以和阗为盛。

有清一代，南疆的蚕桑业取得较大发展。光绪初年，左宗棠开始积极在南疆推广植桑养蚕。他精选员吏，在疏勒等地设立蚕桑局，招聘吴越织工40余人，教授百姓浴种、饲养、分簿、入簇、煮茧、缫丝、轧花、染采诸艺，并对当地落后的养蚕器具进行了改进和完善。鉴于南疆旧桑树品种较差，叶大而瘦，不宜饲蚕，左宗棠又特地从东南转运优良桑苗数十万株分发于当地百姓栽植，且“勤导以压条、接本、壅肥、采叶之法”④。这次大规模推广蚕桑，可能由于求成心切，行事仓促和缺乏周密安排，也招致了一些批评。如“疏勒土性泄卤，蚕不能菀而枯。和阗蚕丝脆涩，理之多绪，结抽之碍，手制成纨缯，黯淡无色泽”⑤。然而，这一举措仍在很大程度上促进了民众植桑养蚕的积极性，“自是以后，蚕事渐兴，缠民习其业者日众。而英俄商人颇有运我茧丝出口者，则成效稍稍著矣”⑥。

---

① 殷晴：《丝绸之路与西域经济——十二世纪前新疆开发史稿》，第171页。

② 《明史》卷332《西域传四》载于阗境内“桑麻黍禾，宛然中土”。

③ 张玉忠：《新疆出土的古代农作物简介》附表，《农业考古》1983年第1期。

④ 钟广生等：《新疆志稿》卷2。

⑤ 钟广生等：《新疆志稿》卷2。

⑥ 钟广生等：《新疆志稿》卷2。

光绪三十三年(1907年),南疆蚕桑业又迎来一次机遇。是年,新疆布政使王树枏考察南疆时,谋划重振蚕桑。他派遣成员赵华(浙江绍兴人)前往南疆八城实地考察,鼓励民众植桑养蚕。赵华首先利用“墟集期会之日,陈列蚕具纵民观,为之讲解方法,论说利弊,举器物以知物,即物以明理,口述而指划,民倾听感动翕然”。赵华随之又深入实际,“度涉原尘,验其土宜”。通过考察,他认为,虽然南疆地高风劲,多沙卤,然“细察其叶,滋液醇厚,非不可培护者”。于是他亲自教民桑植之法,“插秧、试种并接构、修剪、捕虫、培叶,一如江浙成法”。之后,赵华又访求当年从江浙招募来流落未归的技术工匠,让他们向当地百姓传授先进技术,同时还求购当年蚕桑局置办的器具,按照成式自行制作,拿到民间试用,又精选优良蚕种,改进饲养方法,终于培育出了优良的蚕茧。其“濡白厚密胜常产”,缫出的丝也“柔韧光洁,售值倍称”①。

为了更好地促进南疆蚕桑业的发展,赵华还提出宝贵的“八事”,即设局、度地、考工、栽桑、择种、制器、选丝和程功。特别是在度地方面,他认为南疆的东四城不如西四城,而西四城中又以莎车为最佳,这就确定了南疆蚕桑业的区位发展规划。

经过清政府的多方劝导扶持,南疆的蚕桑业获得快速发展。据有关调查统计,和阗境内植桑近200万株,岁销售英、俄两国茧27万斤,约值银7万余两,丝8万斤,约值银12250两。所织造的名产夏夷绸,每年生产3万余匹,主要供本地缠民消费。莎车岁产茧丝3万斤。叶城岁产茧10万余斤,丝13700余斤。皮山的蚕桑业发展尤为迅速,光绪三十二年(1906年)岁产茧额不足7万斤,其明年增至3倍,又明年复增至5倍以上!蚕桑业成为塔里木盆地南缘绿洲的重要经济产业。史载和阗、洛浦、于阗及莎车、皮山共有织户1200余家,其中皮山的木吉村、桑株村和桂雅泊尔村更是“比户业蚕,桑荫遍尘”②!

蚕桑业较高的利润使得塔里木盆地其他绿洲的民众也纷纷“栽秧购

① 钟广生等:《新疆志稿》卷2。

② 钟广生等:《新疆志稿》卷2。

种，互相传习”。“盖利之所在，如水之趋壑，不待等劝督课而民争趋之”。如温宿植桑19000株，但产额不多。库车产茧50斤，沙雅产粗丝，轮台虽产茧但产额也不多。只有焉耆的库尔勒村载桑近万株，岁产茧约四五百斤。种桑养蚕之利，首先在南疆进一步扩大了影响，即很快传入吐鲁番、哈密和鄯善等地。据记载，此期吐鲁番植桑约4000株，哈密植桑约300株，鄯善虽未记桑株之数，却说有新出茧约60斤。在各地蚕桑业发展的有力推动下，南疆茧丝从旧额30余万斤上升到70余万斤。[①]南疆蚕桑业发展的积极效应，也影响到北疆地区，于是一些绿洲农区也积极引进蚕桑，但可能有土宜与否的关系，其结果并不理想，大都产额甚小，难以与南疆塔里木盆地诸绿洲相提并论。

（三）油料作物的种植与分布

南疆的油料作物主要是油菜、胡麻和芝麻等，其中以胡麻种植最广。

1.胡麻的种植与分布。胡麻即油用亚麻，是新疆传统的油料作物，今天仍是新疆栽培的油料作物。在汉代及以前考古发现的遗址中主要有天山阿拉沟古墓地发现的胡麻籽，籽粒卵圆形而稍扁，暗褐色，表面光泽。[②]考古学家黄文弼先生在沙雅县通古斯巴什旧城附近的城址中也发现过胡麻饼。[③]此外，在汉唐时期的焉耆唐王城和吐鲁番的唐墓中均出土过胡麻的实物。[④]吐鲁番出土文书中也多处记载有胡麻。[⑤]

清代新疆依然保持着大面积种植胡麻的传统，以其籽实榨油，是人民最喜食的胡麻油。[⑥]清代前期，新疆地区就普遍种植胡麻。其中有一种胡麻的籽实为“红色，较芝麻其粒微大”，胡麻油不仅可以食用，还可以用来点灯。[⑦]为解决食用油问题，经陕甘总督杨应琚奏请，屯田清军开始种植胡麻

---

① 钟广生等：《新疆志稿》卷2。

② 王炳华：《新疆农业考古概述》，《农业考古》1983年第1期。

③ 黄文弼：《库车考古调查简记》，见黄烈编《黄文弼历史考古论集》，第247页。

④ 张玉忠：《新疆出土的古代农作物简介》，《农业考古》1983年第1期。

⑤ 唐长孺：《吐鲁番出土文书》第三册，第227、286、289页。

⑥ 钟广生等：《新疆志稿》卷2。

⑦《回疆志》卷3《五谷》。

和菜籽。[1]乾隆二十五年(1760年)清军在哈密的塔尔纳沁屯垦区就种植"小麦、胡麻、菜籽、糜、青稞"[2]。胡麻位于种植物种的第二位,以见其种植之多。到了清代末期,新疆种植胡麻的地区主要有温宿、疏勒、莎车、婼羌、轮台、和阗、皮山、洛浦、伽师、英吉沙尔、乌什[3]、哈密[4]、辟展[5]、昌吉、绥来、呼图壁和巴里坤等地[6],其中以疏勒、轮台、皮山和伽师种植较多。疏勒每年产胡麻约400—500石。胡麻为轮台民间常产,每年出产胡麻油5000余斤。伽师每年产胡麻200—300石。皮山的当地百姓尤喜种植胡麻。[7]

2.芝麻的种植与分布。芝麻属芝麻科一年生草本植物,是我国重要的油料作物之一,可以榨油也可作酱。一些学者往往把芝麻和胡麻混为一谈,认为胡麻即为芝麻。对此,杨希义教授经过考证后认为,胡麻和芝麻是两种不同的油料作物。芝麻为中原地区原生植物,而胡麻则是从西域传入的物种。芝麻与胡麻的重要区别在于:芝麻茎秆为方形,叶为卵状长条形,或对生,或互生,或轮生,蒴果生于叶节间,或为四棱、六棱与八棱形,棱形角壳内多籽粒整齐排列,籽实小而扁,略呈椭圆形;而胡麻茎秆为圆形,叶互生且为椭圆形,茎叶之色红赤,花果均位于枝条的顶端,果壳内为单籽粒,籽实为壁虱形,略近于椭圆体,且比芝麻的籽实要大得多。故两种植物有着明显的区别。由于文献中芝麻与胡麻没有统一说法,本文即以上述不同区别之。

芝麻则是我国原产作物。[8]20世纪50年代末期,考古工作者曾在浙江吴兴县钱山漾地区的良渚文化遗址中发现了大量的植物种子,其中就有芝

---

① 《陕甘总督杨应琚乾隆二十五年十二月十三日奏》,见中国科学院地理科学与资源研究所,中国第一历史档案馆编《清代奏折汇编——农业·环境》,第199—200页。

② 钟兴麒等校注:《西域图志校注》卷32《屯政一》,第450页。

③ 马大正等:《新疆乡土志稿》。

④ 钟方:《哈密志》卷23《食货志·物产》。

⑤ 椿园:《西域闻见录》卷2。

⑥ 马大正等:《新疆乡土志稿》,第89、148、163、221页。

⑦ 马大正等:《新疆乡土志稿》,第662页。

⑧ 杨希义:《胡麻考》,《中国农史》1995年第1期。

麻。经过科学鉴定，这些“芝麻，实物内部空，仅剩种皮，呈淡黄褐色”[①]。芝麻又称脂麻、巨胜等，南梁人陶弘景在考查胡麻和芝麻二种作物的名实时曾明确指出：“茎方者为巨胜，茎圆者为胡麻。”[②]考古工作者在吐鲁番唐代墓葬中发现了芝麻的实物，[③]说明南疆种植芝麻的历史至少可以上溯到唐代。

高昌回鹘时期，吐鲁番地区也有芝麻的种植记载。回鹘经济文书中记载有《喀乌西杜芝麻契》《楚利借芝麻契》《索玛什·依力芝麻契》和《苏利亚西里芝麻契》等。[④]这些芝麻契中借芝麻的时间多为二月、四月和六月的上旬，其中楚利和索玛什·依力借芝麻的时间非常相近，为猴年的四月初五和初七，这与北魏贾思勰在《齐民要术》卷2《种胡麻》第十三中对胡麻（即芝麻）生产技术的记载相符合，“胡麻，宜白地种，二三月为上时，四月上旬为中时，五月上旬为下时。月半前种者，实多而成。月半后，少子而多秕也”。芝麻在春夏两季的上旬种植与今天芝麻的种植习惯相一致。

清代，南疆人民对芝麻的生长形态与用途有着清楚地认识。芝麻“茎方花淡，红色结角，长七八分，有四积六积者，实有红白二色，取油用”[⑤]。但是由于芝麻“非沙土地不出”[⑥]，对土地要求的条件过高，[⑦]南疆人民“不多种”，如皮山“所出不多”，其分布也较零散。从清末新疆方志记载看，芝麻主要分布在阿克苏[⑧]、温宿、鄯善、皮山、拜城、哈密、绥来等地。[⑨]

3.油菜的种植与分布。油菜是草本十字花科作物，是我国主要的油料作物和蜜源作物之一，其籽粒是制浸油脂原料主要品种之一。我国是油菜起源地之一，考古工作者在西安半坡新石器时代遗址发掘中，于出土的陶

① 浙江省文物管理委员会：《吴兴钱山漾遗址第一、二次发掘报告》及《附录》，《考古学报》1960年第2期。

② 《本草纲目》卷22《谷部·胡麻》。

③ 张玉忠：《新疆出土的古代农作物简介》附表，《农业考古》1983年第1期。

④ 李经纬：《吐鲁番回鹘文社会经济文书研究》，第154—162页。

⑤ 《回疆志》卷3《五谷》。

⑥ 《绥来县乡土志·物产》。

⑦ 椿园：《回疆风土记》卷7《土宜篇》。

⑧ 椿园：《新疆舆图风土考》卷1《新疆纪略》。

⑨ 马大正等：《新疆乡土志稿》；钟方：《哈密志》卷23《食货志·物产》。

罐中发现了已经炭化的菜籽粒。古代种植油菜，最初是作为蔬菜食用的，称为芸苔菜。服虔在《通俗文》中记述："芸苔谓之胡菜。传说塞外有云台戎，始种此菜，故名。"《齐民要术》中也有关于油菜的记述："种芥子及蜀芥、芸苔取子者，皆二三月好雨泽时种，旱者畦种水浇，五月熟而收子。"劳动人民在长期种植和食用过程中发现油菜籽粒中含有较多的油分，逐渐将油菜转为蔬、油兼用，以至以榨油为主。苏颂的《图经本草》才正式称它为油菜，并列入油料作物，说它"出油胜诸子，油入蔬清香，造烛甚明，点灯光亮，涂发黑润，饼饲猪亦肥。上田壅苗堪茂，秦人名菜麻，言子可出油如脂麻也"①。

油菜在南疆的种植始见于清乾隆二十四年(1759年)，《西域图志》卷32《屯政一》记载清军在哈密的塔尔纳沁屯垦区种植的农作物就有"菜子"，而且还位于该地种植农作物排名的第三位，说明油菜在当地的农作物中属于重要物产。到清代末期，油菜在新疆的种植主要集中在新平、轮台、拜城、沙雅、皮山、昌吉、巴里坤等地。②各地种植也有差别，例如沙雅县出产的油菜仅"供本地之用，并无贩运出境者"③。而轮台地区种植的油菜则较多，县志记载该地的"菜子为本地民间常产"，每年出产的菜籽油竟超过胡麻油，高达6000余斤！④

南疆的油料作物除了上述的三种外，还有大豆。《新疆志稿》卷2记载："大豆，关外榨油造酱之用。"俄国人尼·维·鲍戈亚夫连斯基说南疆"油坊到处都有，……油坊不大，工人不多，生产豆油和胡麻油"⑤。由于方志多是把豆类一起记载，我们无法确定大豆的具体种植范围。

(三)饲料作物的种植与分布

新疆种植的饲料作物主要是苜蓿。苜蓿是重要的豆科饲料作物，它因适应性强，几乎成为豆科牧草的主要代表，有"牧草之王"的美誉。苜蓿起

---

① 佟屏亚：《油菜史话》，《农业考古》2004年第1期。

② 马大正等：《新疆乡土志稿》；《新疆图志》卷65《土壤》。

③ 《沙雅县乡土志·物产》。

④ 顾桂芬：《轮台县乡土志·物产》。

⑤ [俄]尼·维·鲍戈亚夫连斯基：《长城外的中国西部地区》，新疆大学外语系俄语教研室译，第157页。

源于安纳托利亚(小亚细亚)、外高加索、伊朗和土库曼高地。伊朗在有历史记载之前就已种植苜蓿,一般认为苜蓿的中心起源地是伊朗。[①]又认为我国引进苜蓿是在西汉武帝时期,张骞从大宛带回来的。[②]南疆地区与大宛有道路相通,交往便捷,极有可能在汉代时南疆已经种植苜蓿。从塔里木盆地南缘出土的佉卢文文书记载看,东汉至魏晋时期的南疆已有苜蓿的种植。佉卢文文书中记载了鄯善王向其民众征收紫苜蓿和三叶苜蓿的情况。272号简牍敕谕中称:"饲料柴(紫)苜蓿亦在城内征收。"[③]一份鄯善王的敕谕中也提到,要求精绝向王的使臣提供三叶苜蓿和紫苜蓿。[④]此外,高昌也种植苜蓿。吐鲁番出土文书《北凉高昌郡内学司成白请差刈苜蓿牒》记载"内学司成令狐嗣白:辞如右,称名堕学军部,当刈苜蓿"[⑤]。

清代,牧民对苜蓿有更多的了解,认为苜蓿"饲马则肥,牛误食则病"[⑥]。由于苜蓿主要用于饲养马匹,所以苜蓿在南疆的种植"面积相当有限"[⑦],分布的地区也较少,主要集中在哈密[⑧]、库车和温宿等地。[⑨]

三、瓜果蔬菜类作物的种植与分布

南疆地区光热资源极为丰沛,光照强,降水少,云量小,所以光照充足,昼夜温差大。充足的阳光利于瓜果叶子生成有机质,是瓜果中可溶性固体物(包括糖分)的主要原料;丰富的热量则是保证瓜果生长发育必需的环境条件;昼夜温差大可使得白天高温时光合作用制造的大量有机物质和糖

---

① 周敏:《中国苜蓿栽培史初探》,《草原与草坪》2004年第1期。

② 殷晴:《物种源流辨析——汉唐时期新疆园艺业的发展及有关问题》,《西域研究》2008年第1期。

③ 林梅村:《沙海古卷》,第82页。

④ 林梅村:《沙海古卷》,第71页。

⑤ 柳洪亮:《新出吐鲁番文书及其研究》,第13页。

⑥ 钟广生等:《新疆志稿》卷2《畜牧》。

⑦ [俄]尼·维·鲍戈亚夫连斯基:《长城外的中国西部地区》,新疆大学外语系俄语教研室译,第138页。

⑧ 钟方:《哈密志》卷23《食货志·物产》。

⑨ 马大正等:《新疆乡土志稿》。

分，在夜间因呼吸作用的消耗减到最少。此外，气候条件也影响瓜果产量。吐鲁番葡萄产量主要决定于结果枝条数占总枝条数的比例，而这个比例主要决定于10℃以上的累计温度。积温（累计温度）小于3000℃时结果枝比例一般不到10%，积温每增加100℃，结果枝比例就增大1%—2%。新疆以吐鲁番盆地积温最多，结果枝比例高达35%—40%。总之，南疆特殊的自然条件为瓜果的繁盛提供了良好的生长条件。

（一）瓜类

志书记载“回人最喜种，瓜熟时，老少男女恣意饱啖，以抵饭食，故回地广种，多收如积粟储粮”①。新疆的瓜主要有西瓜和甜瓜两种。

西瓜，属一年生蔓生草本植物。考古学家现已在埃及古墓中发现有西瓜籽和叶片；在南非卡拉哈里半沙漠地区，迄今为止，仍有野生西瓜种植；而且根据西瓜耐旱的特点，南非小气候环境和风土条件也非常适合西瓜的生长。因此，学界认为西瓜起源于非洲。西瓜的传播途径，首先从埃及传到小亚细亚地区，一支沿地中海北岸传到欧洲腹地，19世纪中叶移植到美国，又进入北美和南美。另一支则经波斯向东传入印度，向北经阿富汗，越帕米尔高原，沿丝绸之路传入西域，引种到中原。

西瓜传入中原的时间目前尚不能确定，不过考古资料表明，唐初西瓜已经开始在关中盆地种植了。1991年8月，在西安东郊田家湾出土了一枚唐代三彩西瓜，其制作年代当在公元7世纪末到8世纪初。②三彩西瓜形态色泽逼真，系西瓜无疑。这就为西瓜通过丝绸之路在唐代已进入关中地区提供了有力证据。在唐代文献中未明确见到“西瓜”二字，但在新旧唐书《杜如晦传》中各有一段文字似乎说的就是西瓜。如《旧唐书》卷66《杜如晦传》云：如晦病逝，唐太宗哭之甚恸，废朝三日。有一天因“食瓜而美，怆然悼之，遂辍食之半，遣使奠于灵座。”《新唐书》卷96《杜如晦传》也有类似的记载云，晦薨之日“帝哭为恸”，“它日，食瓜美，辍其半奠焉”。一般认为唐太宗吃的就是西瓜。如是，则西瓜在唐初就已经在关中地区有种植了，引

① 《回疆志》卷3《五谷》。

② 王昱东、周劲思：《从三彩西瓜的发现谈中国古代西瓜种植》，《农业考古》1993年第3期。

进的时代就更早了。连登岗、刘瑞明等认为在东汉时中原地区已经种植西瓜了，连登岗认为东汉刘桢之《瓜赋》所描写之瓜就是西瓜，如云："厨人进瓜……蓝皮蜜理，素肌丹瓤……析以金刀，四割三离，承之以雕盘，幂之以纤絺，甘逾蜜房，冷亚冰圭。"蓝皮实即青皮，蜜理指纵向条纹，丹瓤即红瓤，用刀切开，置于盘等。可以清楚地看出，这里描述的就是西瓜形状与吃瓜的操作过程。如东汉刘桢《瓜赋》所咏之瓜确属西瓜而无误，则中原地区种植西瓜的历史就要追溯到东汉以前了。当然，学术界也有认为西瓜种子当是张骞出使西域时带回来的，并在中原地区试种成功，只是在五代以前西瓜被称为寒瓜，五代、宋辽时期始改称西瓜。如《新五代史》卷73《四夷附录第二》所引五代后晋胡峤《陷虏记》云："自上京东去四十里，至真珠寨，始食菜。明日，东行，地势渐高，西望平地松林郁然数十里。遂入平川，多草木，始食西瓜，云契丹破回纥得此种，以牛粪覆棚而种，大如中国冬瓜而味甘。"这就是大家最多引用且是明确出现"西瓜"二字的最早文献记载，但不能就因此认为西瓜产生于此时。因为在早期它还没有定名为西瓜，或称寒瓜，或只简称瓜罢了。再是西瓜从西域传入中原，新疆比内地更具有传入的有利条件。因此，新疆地区的西瓜种植当不会晚于中原地区，只可能会更早一些。

由于西瓜水分多，不易保存，目前在考古资料中，尚未见到西瓜实物。清代前期，南疆依然种植西瓜，当地人称西瓜为"塔尔布斯"，大者重四五十斤。[①]当地的西瓜"苗茎花实与内地同，而味不及内地远甚。又有一种子小者，味亦淡"。[②]乾隆年间(1736—1796年)，南疆种植的西瓜主要集中在吐鲁番地区。[③]此后，西瓜种植逐渐推广到南疆大部。到了光绪年间(1875—1908年)，种植西瓜的地区主要有哈密、吐鲁番、温宿府和温宿县、焉耆、和阗、皮山、巴楚、洛浦、库车、沙雅、柯坪等地。[④]到宣统年间(1909—1912年)，西瓜种植进一步扩大，据《新疆图志》卷65《土壤》的记载统计可知，南

① 《西域图志》卷43《土产·回部》。

② 《回疆志》卷3《五谷》。

③ 椿园：《西域闻见录》卷2。

④ 马大正等：《新疆乡土志稿》；钟方：《哈密志》卷23《食货志·物产》。

疆的哈密、吐鲁番、鄯善、巴楚、焉耆、轮台、沙雅、温宿、柯坪、拜城、乌什、疏勒、疏附、伽师、英吉沙尔、叶城、皮山、和阗、于阗、洛浦等地均出产西瓜。在各地出产的西瓜中,以吐鲁番和哈密所产最好,北疆种植西瓜的地区主要有阜康、昌吉、绥来、呼图壁、库尔喀喇乌苏及精河等地。

甜瓜,是葫芦科甜瓜属中幼果无刺栽培种,一年生蔓性草本植物。元代王祯在《农书》中赞誉甜瓜“其肉与瓤,甘胜糖蜜”。据《本草纲目》记载:“甜瓜之味甜于诸瓜,故独得甘甜之称。”根据甜瓜近缘野生种和近缘栽培种的分布,农业科技人员一般认为非洲的几内亚是甜瓜的初级起源中心,经古埃及传入中东、中亚(包括我国新疆地区)和印度,并在中亚演化为厚皮甜瓜。传入印度的甜瓜进一步分化出薄皮甜瓜,再传入中原地区。我国华北地区是薄皮甜瓜的次级起源中心。也有人认为甜瓜属多起源中心,西亚(伊朗、外高加索地区、小亚细亚及阿拉伯、土库曼地区)是厚皮甜瓜的初级起源中心,中亚(阿富汗、塔吉克斯坦、乌兹别克斯坦及我国新疆地区)是厚皮甜瓜的次级起源中心。我国中原地区是薄皮甜瓜初级和次级起源中心。厚皮甜瓜主要包括网纹甜瓜、冬甜瓜、硬皮甜瓜。薄皮甜瓜又称普通甜瓜、东方甜瓜、中国甜瓜、香瓜。在新疆吐鲁番阿斯塔那古墓群中发掘了一座晋墓(262—420年),出土了半个干缩的甜瓜,其种子与现在的栽培种相同。①这说明南疆栽培甜瓜的历史非常悠久。此后,考古人员又在唐代吐鲁番古墓中发现有甜瓜的种子,但数量不多。②南疆的甜瓜在清代以前主要集中在吐鲁番地区。明初,陈诚出使西域时记载鲁陈城(柳中)“广植葡萄、桃、杏、花红、胡桃、小枣、甜瓜、葫芦之属”③。

降至清代,南疆人民依然种植“小而脆”的甜瓜,他们称之为“塔特里克喀衮”④。在劳动人民长期培育下,甜瓜的品种也逐渐多样化。史载“一种皮色青白而或有花斑或有积瓣者,六七月间熟,瓤色或红或白,硬而无味,去瓤食之,极甜脆,但不耐久易于腐烂,盖内地香瓜之类也。一种色黄而形

① 张纯德:《甜瓜》,《中国蔬菜》2008年第7期。

② 王炳华:《新疆农业考古概述》,《农业考古》1983年第1期。

③ 陈诚著,周连宽校注:《西域番国志》,见杨建新主编《古西行记选注》,第294页。

④《西域图志》卷43《土产·回部》。

小而圆，或有瓣有项而子小者，瓤色红黄，软而多水，亦是甚甜，早熟更不耐久，盖内地甜瓜之类也。一种形稍长而皮厚，青黄花斑者，瓤亦红黄，但味淡少水，可收至春间，亦可切条晒干，盖倭瓜之属也。又有回回帽、回回眼等，诸各色味俱香甜。另一种形长而皮粗味涩者，只堪煮食。诸瓜蔓、叶、花、茎悉如内地，其子如葫芦子，土名曰郭浑。"①在南疆所产甜瓜中，哈密所产的甜瓜种类较多，色味也俱佳。史载该地所产的甜瓜有十数种，其中"绿皮绿瓤而清脆如梨、甘芳似醴者最上；圆扁如阿浑帽形，白瓤者次之；绿者为上，皮淡白多绿斑点、瓤红黄色者为下"②。哈密甜瓜以"味甘如饴"而"常年配充贡物"。哈密四堡、五堡所产"瓜味更佳，旁处瓜干无肉，此处肉厚编成大饼，可以货售他境"③，成为哈密地区著名的"贡瓜地"。

康熙年间，南疆的甜瓜主要产自哈密地区。"自康熙年间哈密投诚，此瓜始入中国，谓之哈密瓜。彼时皆视为珍品，价颇贵，及平定回疆以来，哈密迤西，处处皆有"④。自光绪年间始，南疆大部种植甜瓜，如哈密、吐鲁番、巴楚、温宿府和温宿县、柯坪、库车、皮山、沙雅等府、州、厅、县。⑤其中皮山地区人民特别喜欢种植甜瓜，产量也很大，甚至"可以代食"⑥。迨至清末宣统年间，甜瓜的种植范围进一步扩大。除了上述地区外，轮台、婼羌、乌什、疏勒、疏附、伽师、莎车、叶城、于阗、洛浦、英吉沙尔也视之为常产了。⑦北疆种植甜瓜的地区主要有阜康、昌吉、绥来、呼图壁、库尔喀喇乌苏及精河等地。

(二)果类

新疆地区栽植果树的历史也比较久远，汉代，南疆的且末就"有蒲陶诸果"⑧。一般来说，南疆历史时期的果类主要有葡萄、梨、石榴、杏、苹果、桃

---

①《回疆志》卷3《五谷》。

② 椿园：《新疆舆图风土考》卷4《物产》。

③《哈密直隶厅乡土志·物产》。

④《回疆志》卷3《五谷》。

⑤ 马大正等：《新疆乡土志稿》。

⑥《皮山县乡土志·物产》。

⑦《新疆图志》卷65《土壤》。

⑧《汉书》卷96上《西域传》。

子、核桃、酸梅、李子、沙枣、榅桲、木瓜等。

葡萄原产于东地中海沿岸，后逐步传到中亚、东亚地区。远在五六千年前，埃及、叙利亚、伊拉克诸地已有人工栽培。[①]1992年新疆考古工作者在鄯善县的苏贝希墓地（公元前5世纪至前3世纪）曾发现葡萄籽种130余粒。[②]2003年考古人员又在吐鲁番市鄯善县洋海墓葬中发现汉代以前的葡萄藤标本，扁圆状，褐色，长115厘米，扁宽2.3厘米，属于圆果紫葡萄植株，这是至今发现最早的葡萄藤标本。[③]鄯善葡萄藤标本的发现说明，最迟在战国时期吐鲁番地区已有葡萄的种植。葡萄传入西域后，由于塔里木盆地周边的气象条件与中、西亚相似，加之绿洲内水土条件优越，因此得以推广。此外，尼雅遗址中也有诸多葡萄园遗迹。[④]洛浦县山普拉[⑤]、尉犁县营盘墓地[⑥]、罗布泊小河墓地[⑦]等先后出土过葡萄实物或附有葡萄图案的饰物。到了东汉时期，葡萄进一步向东扩展到伊吾（今哈密）地区。《后汉书·西域传》载："伊吾之地宜五谷、桑、麻、蒲陶。"可见在公元前1世纪左右，葡萄在塔里木盆地南、北缘和南疆东部一带已得到广泛栽培。

出土于新疆鄯善、和田、尼雅、库车等地的大量佉卢文文书记录了这一时期塔里木盆地南缘地区的葡萄种植及发展状况。据T.贝罗撰，王广智译《新疆出土佉卢文残卷译文集》和林梅村的《沙海古卷》中419号文书记载有"此一有关向菩地及菩达取（购买）之葡萄园一所之文件，由……及僧伽色利妥为保存"；655号文书载："尚有葡萄园一所。园内种有葡萄之apacira（该词未译出）"；586号文书载："彼愿将内有15sujada（未译出，以文意作量

---

① 杨承时：《中国葡萄栽培的起始及演化》，《中外葡萄及葡萄酒》2003年第4期。

② 新疆文物考古研究所等：《鄯善县墓群三号墓地》，《新疆文物》1994年第2期。

③ 新疆文物考古研究所、吐鲁番地区文物局：《吐鲁番考古新收获——鄯善县洋海墓地发掘简报》，《吐鲁番学研究》2004年第1期。

④ 斯坦因：《斯坦因西域考古记》，向达译，上海书店，1987年复印本，第75页；中日共同尼雅遗迹学术考察队：《中日共同尼雅遗迹学术调查报告书》第二卷，中村印刷株式会社，1999年，第28页。

⑤ 新疆维吾尔自治区博物馆、新疆文物考古研究所：《中国新疆山普拉——古代于阗文明的揭示与研究》，第172页。

⑥ 新疆文物考古研究所：《新疆尉犁县营盘墓地1999年发掘简报》，《考古》2002年第6期。

⑦ 新疆文物考古研究所：《新疆罗布泊小河墓地2003年发掘简报》，《文物》2007年第10期。

词用)之葡萄园一所以及地上之树卖给司书罗没索蹉。给马一匹,双方同意并作了决定。从今以后,司书罗没索蹉对该葡萄园有权支架、拆架、剪葡萄、饮(酒)、交换、出卖……”随着葡萄栽培的兴盛,且末、精绝一带葡萄酿酒业也随之发展并达到一定规模。据329号文书载:“现在且末酿酒业盛行,当此谕令到达汝处时,务必即将五橐驼(所能驮载)之酒交左尔格耶,日夜兼程送来,……此酒务必于4月5日运至且末。”587号文书载:“作为该地价之酒6希及谷物10希,皆已当诸证人面付清。”169号文书中在一张酒账单中,写明了拖欠酒账的有太侯、税吏、百户等不同身份的30余人。567号文书载:“……仓库内有酒和皇家专用之酒,这些酒应有苏耆耶和波耆沙赔偿,并征收以前欠下的酒债,至于新欠酒债和苏耆耶无关,应由其他税监征收。”据此可知,当时南疆地区葡萄栽培与葡萄酒生产,已是社会经济中的收益支付、抵贷、流通交易、税收等重要物资,其生产规模和发展水平都达到了一定高度。

《晋书》卷122《吕光载记》载,吕光“又进攻龟兹城(今库车)……光入城……胡人奢侈,厚于养生,家有蒲桃酒,或至千斛,经十年不败,士卒沦没酒藏者相继矣”。《魏书》《周书》和《北史》诸书均记载焉耆“俗尚蒲桃酒”。考古发掘也证明该区葡萄酒业兴盛。新疆博物馆考古队在1958年发掘龟兹古城的喀拉墩遗址时(汉魏时期),出土33个陶缸,排列整齐,似为酒窖。①这证明公元2—3世纪,塔里木盆地北缘,葡萄栽培已具有一定规模,从而促进了当地酿酒业的发展。

4世纪前后,塔里木盆地东南缘环境明显恶化,且末、精绝一带干旱缺水,种植业凋敝,园林果木干枯,甚至古城废弃被沙漠掩埋。唐贞观年间,粟特人首领康艳典在沙卤之中的鄯善故址,聚众建城,种植葡萄成功,名谓葡萄城。终因环境恶劣,难以持久,复又消失在荒漠之中。②伴随着该地区葡萄种植的衰落,天山南麓的吐鲁番盆地迅速崛起。葡萄作为支柱产业,也是千百年来该区域最著名的特产。《梁书》和《北史》均记载高昌“多蒲桃

---

① 新疆社会科学院考古研究所:《新疆考古三十年》,第55—58页。

② 殷晴:《物种源流辨析——汉唐时期新疆园艺业的发展及有关问题》,《西域研究》2008年第1期。

酒”。吐鲁番出土文书《功曹条任行水官文书》中则记载了当地人民饮水灌溉葡萄的情况,“今引水溉两部葡萄”[①]。魏晋以后,吐鲁番的葡萄种植业获得很大发展。一是培育出优良品种,如洿林葡萄,该品种“皮薄味美”[②]。深受中原人士喜爱。洿林即今葡萄沟。[③]可见葡萄沟所产优质葡萄历史悠久。二是种植广泛,高昌的田地、横截、交河、安乐、洿林、始昌、高宁等县均种植葡萄。[④]卢向前先生推算整个吐鲁番地区有葡萄田3063亩,即30余顷,约占高昌垦田面积的3%—4%之间。[⑤]三是对葡萄进行了深加工。葡萄含水量大,在炎热高温的环境中容易败坏,不易储藏,如果对之深加工则可以久存。目前可知,深加工主要是制成葡萄干和葡萄酒。[⑥]

唐代以后,在塔里木盆地各个绿洲带的葡萄种植都已普遍。《大唐西域记》中记述在阿耆尼国、屈支、乌铩、怯沙、斫句迦、瞿萨旦那诸地,包括葡萄在内的果木园林很多。与此同时,唐时的吐鲁番葡萄种植很兴盛,栽种技术也逐渐精细化,不仅需要抽枝、覆盖、踏浆、收拾残枝等,还要进行栽桩搭架、运浆等辅助工序。[⑦]

囿于资料匮乏,我们不能完全了解五代宋元明时期的南疆葡萄种植业,但依据有限的资料,我们可知吐鲁番地区的葡萄种植还是延续未断的。回鹘文出土文书中记载了大量关于该区域葡萄种植的情况。[⑧]元代时,吐鲁番生产的葡萄酒还是上贡的御酒。元顺帝至正七年(1347年)十月,“西番盗起,凡二百余所,陷哈喇火州,劫供御蒲萄酒,杀使臣”[⑨]。明朝初年,陈

---

① 转引自宋晓梅:《吐鲁番出土文书所见高昌郡时期的农业活动》,《敦煌学辑刊》1997年第2期。

②《太平广记》卷81《梁四公记》,中华书局,1961年,第519页。

③ 王素:《高昌史稿(交通编)》,第77页。

④ 唐长孺:《吐鲁番出土文书》第五册,第2页。

⑤ 卢向前:《麴氏高昌和唐代西州的葡萄、葡萄酒和葡萄税》,《中国经济史研究》2002年第4期。

⑥《太平广记》卷81《梁四公记》,第519页。

⑦ 唐长孺:《吐鲁番出土文书》第七册,第448页,《武周圣历元年(698年)前官史玄政牒为四角官萄已役未役人夫及车牛事》。

⑧ 李经纬:《吐鲁番回鹘文社会经济文书研究》,第74、76、78、83、115、225页。

⑨《元史》卷41《顺宗纪四》,第879页。

诚出使西域，见到吐鲁番依然是“多葡萄”。鲁陈城（柳中）也是“广植葡萄”[①]。特别是当地生产的锁子葡萄以“甘甜而无核”闻名遐迩。

降至清代，南疆地区种植葡萄的品种已比较多。“葡萄长者名萨伊必，圆者名裕租木，别有绿色者味倍甘，无核，截条栽地而生。布哈尔部种，名奇石蜜食”[②]。奇石蜜食是绿葡萄之意，这可能就是明代的锁子葡萄。除了上述品种外，还有“紫、白、青、黑数种，形有圆、长、大、小，味有酸甜不同。一种色绿而无核，实如黄豆者，味极甘美。一种色紫而小如胡椒者，即玛瑙葡萄也。一种色黑而形长寸许者，一种色白而大者，皆七八月热晒干可致远，回人多以酿酒”[③]。除了吐鲁番广植葡萄外，南疆的其他许多地区也种植葡萄，乾隆年间有库尔勒、阿克苏、拜城、喀什噶尔等地。[④]到光绪年间又有鄯善、轮台、和阗、皮山、温宿、沙雅[⑤]、哈密[⑥]等州县。其中鄯善县的葡萄为当地“常年大宗特产，葡萄或间制成酒或造为醋”[⑦]。葡萄制成酒确有听闻，造成醋尚属首次。皮山的葡萄有“紫白、长圆二种”[⑧]。到宣统年间时，葡萄又进一步扩展到乌什、疏勒、疏附、伽师、莎车、叶城、于阗、洛浦、巴楚等地。[⑨]北疆地区的葡萄种植也有所扩大，昌吉、绥来、库尔喀喇乌苏、伊犁及精河等州县（厅）辖地均有种植。[⑩]

梨，在我国也有悠久的栽培历史，一般认为是起源于我国的物种。新疆至迟在魏晋南北朝时期已广泛栽培。成书于公元5世纪的《西京杂记》称：“有瀚海梨，出瀚海地，耐寒不枯。”殷晴先生认为此系塔里木盆地所产

① 陈诚著，周连宽校注：《西域番国志》，见杨建新主编《古西行记选注》，第292页。
②《西域图志》卷43《土产·回部》。
③《回疆志》卷3《五谷·瓜果》。
④ 椿园：《新疆舆图风土考》卷1《新疆纪略》。
⑤ 马大正等：《新疆乡土志稿》。
⑥ 钟方：《哈密志》卷23《食货志·物产》。
⑦《鄯善县乡土志·物产》。
⑧《皮山县乡土志·物产》。
⑨《新疆图志》卷65、66《土壤》。
⑩ 马大正等：《新疆乡土志稿》。

的梨。[1]吐鲁番阿斯塔那魏晋至唐代的古墓群中曾见梨为随葬品，其中10号墓中发现梨干49枚。[2]此外，梨树当时常见于葡萄园中。出土于阿斯塔那153号墓的《高昌曹张二人夏果园券》即记葡萄园中兼种梨枣，产梨多而以斛计。[3]

唐代，南疆其他地区也普遍栽植梨树，《大唐西域记》中记载了诸多地区产梨，如阿耆尼国“泉流交带，引水为田。土宜穈、黍、宿麦、香枣、蒲萄、梨、柰诸果”。屈支国“宜穈麦，有粳稻，出蒲萄、石榴，多梨、柰、桃、杏”。斫句迦“临带两河，颇以耕植，蒲萄、梨、柰，其果实繁”[4]。

至清代，梨“亦回疆之佳果也。一种大者，皮苍老形似木瓜，味酸涩多渣；一种圆而大者，皮厚肉薄，虽不甚酸，亦无味；惟一种实差小而尖长者，皮薄肉厚，味极甜而多水。虽各处皆有，然阿克苏之克尔品地方岁产者为最。留至春间食之，诚不逊奉天之香水”[5]。阿克苏的梨还是当地的贡品，每年要向清廷上贡200颗。[6]除了阿克苏梨外，沙雅尔所产的梨也较有名，史载其地所产“瓜果皆佳，而梨尤精绝”[7]。

光绪年间，南疆产梨的地区主要有温宿、焉耆、皮山的桑株、库车、沙雅、吐鲁番[8]、哈密[9]等地。宣统年间，梨的种植区又扩展至鄯善、疏勒、伽师、和阗、洛浦、英吉沙尔和巴楚等地，[10]北疆地区主要有绥来、库尔喀喇乌苏、伊犁、宁远等地。

石榴，古称若榴，张衡著《南都赋》称“楟枣若榴”，注引《广雅》曰：“石

---

① 殷晴：《物种源流辨析——汉唐时期新疆园艺业的发展及有关问题》，《西域研究》2008年第1期。

② 新疆文物考古研究所：《吐鲁番阿斯塔那第十次发掘简报》附表，《新疆文物》2000年第3—4期合刊。

③ 唐长孺：《吐鲁番出土文书》第二册，第337页。

④《大唐西域记》卷1、卷12，见杨建新主编《古西行记选注》，第67、97页。

⑤《回疆志》卷3《五谷·瓜果》。

⑥《西域图志》卷34《贡赋》。

⑦ 椿园：《新疆舆图风土考》卷1《新疆纪略》。

⑧ 马大正等：《新疆乡土志稿》。

⑨ 钟方：《哈密志》卷23《食货志·物产》。

⑩《新疆图志》卷65、65《土壤》。

榴，若榴也。”据公元3世纪西晋张华的《博物志》载：“汉张骞出使西域，得涂林安石榴种以归。”因此，石榴亦称安石榴，原为波斯及其邻近地区所产，大概是在汉晋时期通过西域传入中原的，故汉时西域应该已有石榴。在尉犁县营盘两汉时期墓地M15出土的人兽树纹织物上就有15棵果实累累的石榴树。①石榴在且末地区的广泛种植，使它成为人们喜欢食用的水果，如果没有石榴，只好向别人借，佉卢文617号文书就记载了石榴借贷情况。②

正面

是时寿友家所欠石榴皆已登记。跋特罗欠石榴二瓦查厘。

背面

（栏一）

1.法勇欠石榴一瓦查厘

2.布特胜伽欠石榴一瓦查厘

（栏二）

1.阿尔甘伽欠石榴第三年一瓦查厘

2.都陀衍那、寿友欠石榴第三年一瓦查厘

（栏三）

1.都陀衍那、寿友欠石榴第三年一瓦查厘

2.沙卡欠石榴一瓦查厘

唐时，屈支国“出蒲萄、石榴”③。于阗一带也应生产石榴。《唐〔开元九年?(721年?)〕于阗某寺支出簿》中记载的果类有葡萄、果子、枣、榅桲、石榴、杏、梅等水果。④

清代，南疆人称石榴为“阿纳尔”。从史料记载看，当地人对石榴的栽培技术已经相当熟悉。“树不甚大，枝柯附于干，叶生。种之极易，折其枝盘

---

① 新疆文物考古研究所：《新疆尉犁县营盘墓地15号墓发掘简报》，《文物》1999年第1期。

② 林梅村：《沙海古卷》，第242—243页。

③《大唐西域记》卷1，见杨建新主编《古西行记选注》，第67页。

④ 殷晴：《唐代于阗的社会经济研究》，《新疆社会科学》1989年第6期。

土中即活。五月开花,红花。实有甜酸二种,与内地无异,惟冬月压卧枝叶。若冬不埋,次年即不结实。”[①]皮山的石榴号称“新疆省之最”[②],此外,喀什噶尔、温宿、叶尔羌、库车、阿克苏、于阗、吐鲁番、哈密等地也生产石榴。[③]总体来说,石榴主要分布在南疆的喀什三角洲地区,其中叶尔羌的石榴以其果实硕大,浆果粒大透亮,汁多味甜,品质极佳而成为该地区的贡品。至今,叶城仍是新疆最重要的石榴产地。

杏,是中原地区种植较早的果物之一,随着中原与西域的人流迁徙,杏也随之传入西域。考古证明,汉代时期的尼雅遗址就有杏的种植。[④]和田山普拉遗址中也出土了杏核31颗。[⑤]北魏时,宋云记载于阗国未信奉佛教时,一位高僧来到该国传授佛法就住在“城南杏树下”。[⑥]由此可知,于阗也是种植杏树的。

属于唐代的吐鲁番古墓中也曾出土杏干,若羌瓦石峡古城也出土过杏核若干。[⑦]此外,《大唐西域记》还记载了屈支国“多梨、柰、桃、杏”[⑧]。于阗地区种植杏树的习惯也一直延续。出土文书《唐〔开元九年?(721?)〕于阗某寺支出簿》就记载该寺购买的干果包括了杏仁、梅子、核桃等。[⑨]

清代,南疆人民称杏为“额噜克”,并说诸多果物中“惟杏熟较早,食之沙而甜,性不甚热。回人饱食以当饭,或以米熟之,杏煮于面内当醋,亦晒干。杏仁有苦、甜二种,回人将甜杏仁包于苦杏内食之”。[⑩]由于杏成熟较早,可以缓解饥饿,还可以制成醋,所以当地人非常喜欢种植。光绪年间,

---

①《回疆志》卷3《五谷·瓜果》。

②《皮山县乡土志·物产》。

③ 椿园:《新疆舆图风土考》卷1《新疆纪略》;椿园:《西域闻见录》卷2;马大正等:《新疆乡土志稿》;钟方:《哈密志》卷23《食货志·物产》。

④ 王炳华:《新疆农业考古概述》,《农业考古》1983年第1期。

⑤ 新疆维吾尔自治区博物馆、新疆文物考古研究所:《中国新疆山普拉——古代于阗文明的揭示与研究》,第32页。

⑥ 宋云:《宋云行纪》,见杨建新主编《古西行记选注》,第47页。

⑦ 张玉忠:《新疆出土的古代农作物简介》,《农业考古》1983年第1期。

⑧《大唐西域记》卷1,见杨建新主编《古西行记选注》,第67页。

⑨ 陈国灿:《斯坦因所获吐鲁番文书研究》,第489—499、523页。

⑩《回疆志》卷3《五谷·瓜果》。

杏的主要产地集中在温宿、阿克苏、吐鲁番、婼羌、洛浦、轮台、和阗、皮山、伽师、巴楚、拜城、库车、沙雅、柯坪、哈密等地。①其中拜城的杏"小而味酸"②,轮台县的杏"为本地常产"③,特别是伽师地区生产杏,每年产杏仁竟高达一万余斤!④北疆仅有伊犁、绥定二地产杏。

南疆除了来自内地的杏外,还有来自伊朗地区的巴旦杏,这在唐代吐鲁番地区墓葬中已见出土。⑤殷晴先生认为唐代安西土贡的扁桃仁即为巴旦杏。⑥

桃,也是中国内地种植较早的果物之一。和田洛浦县汉晋时期山普拉遗址发现有沙枣、桃核、核桃及杏等果类。⑦楼兰、尼雅遗址也有桃、杏出土。⑧此外,尉犁县营盘墓地出土了桃核。⑨桃、杏是内地种植的品种,在南疆的出土发现反映了中原与西域的经济交流。《大唐西域记》还记载了屈支国"多梨、柰、桃、杏"⑩。可知此区也有桃子的种植。明代,陈诚记载吐鲁番城和鲁陈城也盛产桃子。⑪降至清代,南疆人民称桃子为"沙布托里"。南疆的桃子主要是红桃,史载"回疆有红桃,六七月间结实,大如巨杏,色赤无尖,光润无毛,宛如朱李,食之甘美,多津液"⑫。桃子的产地主要分布在阿克苏、温宿、轮台、和阗、皮山、洛浦、巴楚、库车、哈密、阜康、昌吉、呼图

① 椿园:《新疆舆图风土考》卷1《新疆纪略》;椿园:《西域闻见录》卷2;马大正等:《新疆乡土志稿》;钟方:《哈密志》卷23《食货志·物产》。

②《拜城县乡土志·物产》。

③ 顾桂芬:《轮台县乡土志·物产》。

④《伽师县乡土志·物产》。

⑤ 王炳华:《新疆农业考古概述》,《农业考古》1983年第1期。

⑥ 殷晴:《物种源流辨析——汉唐时期新疆园艺业的发展及有关问题》,《西域研究》2008年第1期。

⑦ 新疆维吾尔自治区博物馆、新疆文物考古研究所:《中国新疆山普拉——古代于阗文明的揭示与研究》,第31页。

⑧ 张玉忠:《新疆出土的农作物简介》,《农业考古》1983年第1期。

⑨ 新疆文物考古研究所:《新疆尉犁县营盘墓地1999年发掘简报》,《考古》2002年第6期。

⑩《大唐西域记》卷1,见杨建新主编《古西行记选注》,第67页。

⑪ 陈诚著,周连宽校注:《西域番国志》,见杨建新主编《古西行记选注》,第292、294页。

⑫《回疆志》卷3《五谷·瓜果》。

壁、伊犁等地。[①]

核桃，古代称之为胡桃。据说是张骞从西域带到中原地区的。西晋张华《博物志》曰："张骞使西域还，乃得胡桃种。"不过现在也有学者认为胡桃的故乡是云南大理漾濞地区之一。目前，对这一问题尚未明确，不过在南疆考古中确有汉代的核桃出土。尉犁县营盘墓地的33号墓就发现羊头、羊肋骨、羊腿骨、木盘子等物品，其中木盘上放着核桃等果类。[②]在塔里木盆地东缘的楼兰古城遗址中，考古人员也发现了核桃的遗存。考古学家侯灿先生就在楼兰遗址的A区发现羊、牛、马的骨头，石磨盘4件，石杵4件，木臼1件，还有麦秸秆、麦粒、糜子、核桃和动物骨、角等。[③]和田洛浦汉晋山普拉遗址发现有核桃等果类。[④]众多核桃考古实物的发现，说明了最迟在汉代，南疆塔里木盆地南北绿洲已经有很多核桃树。

核桃在吐鲁番唐代古墓中也出土较多，但果核较小。除吐鲁番外，巴楚脱库孜萨来古城遗址亦见核桃遗存。[⑤]此外，唐代后期的吐蕃城堡遗址中也出土了核桃壳。[⑥]明代吐鲁番地区的柳中也盛产核桃。[⑦]

降至清代，南疆回人称核桃为"杨阿克"。种植地区主要是吐鲁番、婼羌、皮山、洛浦、温宿、库车、沙雅、哈密等地。[⑧]

苹果，古代称柰或林檎。西域出产苹果始见于唐初。《大唐西域记》记载阿耆尼国有"香枣、蒲萄、梨、柰诸果"。屈支国也是"多梨、柰、桃、杏"。斫句迦国"蒲萄、梨、柰，其果实繁"[⑨]。

---

① 椿园：《新疆舆图风土考》卷1《新疆纪略》；马大正等：《新疆乡土志稿》；钟方：《哈密志》卷23《食货志·物产》。

② 新疆文物考古研究所：《新疆尉犁县营盘墓地1999年发掘简报》，《考古》2002年第6期。

③ 侯灿：《楼兰古城址调查与试掘简报》，《文物》1988年第7期。

④ 新疆维吾尔自治区博物馆、新疆文物考古研究所：《中国新疆山普拉——古代于阗文明的揭示与研究》，2001年，第31页。

⑤ 张玉忠：《新疆出土的农作物简介》，《农业考古》1983年第1期。

⑥ 穆舜英等：《建国以来新疆考古主要收获》，新疆社会科学院考古研究所编《新疆考古三十年》，第17页。

⑦ 陈诚著，周连宽校注：《西域番国志》，见杨建新主编《古西行记选注》，第294页。

⑧ 马大正等：《新疆乡土志稿》；钟方：《哈密志》卷23《食货志·物产》。

⑨ 《大唐西域记》卷1、卷12，见杨建新主编《古西行记选注》，第67、97页。

清代,回人称苹果为“阿勒玛”。史载,是时苹果有“大、小、青、红数种,有大者如汤碗者,皮薄而肉沙,列室中香气清馥。另一种如受寒冰坏者,味尤甘,至冬更脆美”[①]。苹果常产的地区主要在喀什噶尔、阿克苏、温宿、哈密、和阗、沙雅、昌吉、库尔喀喇乌苏、伊犁、绥定、宁远等地。[②]

枣,南疆产枣的历史也较早。于阗山普拉遗址就出土枣核66颗。[③]由此可见,最迟到汉代,南疆已经栽培枣树了。吐鲁番出土文书关于北凉时期的史料中,就记载高昌县都乡孝敬里有“枣七亩”。在田地县和洿林地区也有枣树的种植。[④]1967年吐鲁番阿斯塔那377号墓葬出土的《高昌乙酉、丙戌岁某寺条例月用斛斗帐历》,其中明确记载该寺食用枣14斛,而且该寺菜园内外的枣树每年产枣约15斛。[⑤]洿林地区所产枣品种优良,还作为酒席上的果品出现,可见该地不仅盛产优质葡萄,还盛产美味的大枣。[⑥]

唐代,吐鲁番地区栽植枣树已很广泛,在这一时期很多的墓葬中都把枣作为陪葬品之一。[⑦]位于塔里木盆地南缘的于阗种植枣树也比较多。《唐〔开元九年?(721年?)〕于阗某寺支出簿》中记载的果类,就有葡萄、果子、枣、榅桲、石榴、杏、梅等。[⑧]此外,焉耆也生产香枣。[⑨]明代,陈诚出使西域,记载吐鲁番城和鲁陈城均出产大枣。[⑩]

及至清代,枣依然是南疆重要的果种。这时期的枣分成酸枣和沙枣。酸枣“结实大如樱桃,肉沙而皮厚,仁大,食之酸甜”。沙枣则“皮薄肉沙,黄

---

① 《回疆志》卷3《五谷·瓜果》。

② 椿园:《新疆舆图风土考》卷1《新疆纪略》;马大正等:《新疆乡土志稿》。

③ 新疆维吾尔自治区博物馆、新疆文物考古研究所:《中国新疆山普拉——古代于阗文明的揭示与研究》,第35页。

④ 王素:《高昌史稿(交通编)》,第99页。

⑤ 吴震:《吐鲁番出土高昌某寺月用斛斗帐历浅说》,《文物》1989年第11期。

⑥ 唐长孺:《吐鲁番出土文书》第三册,第146页。

⑦ 张玉忠:《新疆出土的农作物简介》,《农业考古》1983年第1期。

⑧ 陈国灿:《斯坦因所获吐鲁番文书研究》,第489—499、523页。

⑨ 《大唐西域记》卷1,见杨建新主编《古西行记选注》,第67页。

⑩ 陈诚著,周连宽校注:《西域番国志》,见杨建新主编《古西行记选注》,第292、294页。

红色,径寸许,回人以此作酒,为阿拉克”[①]。或是由于沙枣多被用来酿酒的缘故,文献记载也多是沙枣,所以对有清一代沙枣的分布情况还是比较明确的,即主要分布在温宿、巴楚、库车、沙雅、柯坪、哈密、绥来等地。[②]

梅,在南疆的种植可以追溯到汉代,尼雅遗址发现的果园中就有梅。考古人员在阿斯塔那唐代古墓发掘中,在多座墓葬的陪葬品中发现了已经干枯成黑褐色的梅(李)。[③]此外,若羌瓦什峡古城遗址也发现有酸梅的实物。[④]塔里木盆地南缘的于阗产梅,这在《唐〔开元九年?(721年?)〕于阗某寺支出簿》中有反映。[⑤]清代,南疆的酸梅“结实如梅子,鲜青干黑,多水,味极酸”。[⑥]酸梅主要见于轮台、沙雅、和阗和巴楚等地。[⑦]

李,在南疆的栽培历史不详。从有关记载看,明初陈诚出使西域,记录吐鲁番盆地有李。[⑧]至清代,李子主要集中在和阗、皮山、叶城、疏勒、温宿、哈密、吐鲁番、鄯善、绥定等地。[⑨]

榅桲,别称木梨,蔷薇科,榅桲属,喜光,适应性强,耐寒。对土壤要求不高,一般排水良好之地均可栽培。原产中亚细亚、伊朗、高加索、土耳其等地,是一个古老的树种。果实呈梨形,黄色,有香味。现在南、北疆各地均有栽培,以阿克苏、喀什、和田、克孜勒苏、库尔勒等地分布较多,其中喀什、疏勒、疏附、阿克苏、莎车等县比较集中。在莎车、阿克苏还有中小型的榅桲园。其余地方多见于与其他果木混合栽植的果园中,或为零星分布。唐时,在于阗地区就出产榅桲。[⑩]至清代,榅桲主要以和阗、叶尔羌、库车等地出产为多。[⑪]

---

① 《回疆志》卷3《五谷·瓜果》。

② 马大正等:《新疆乡土志稿》;钟方:《哈密志》卷23《食货志·物产》。

③ 鲁礼鹏:《阿斯塔那古墓群发掘墓葬登记表》,《新疆文物》2000年第3、4期合刊。

④ 张玉忠:《新疆出土的农作物简介》,《农业考古》1983年第1期。

⑤ 陈国灿:《斯坦因所获吐鲁番文书研究》,第489—499、523页。

⑥ 《回疆志》卷3《五谷·瓜果》。

⑦ 《新疆图志》卷65、66《土壤》。

⑧ 陈诚著,周连宽校注:《西域番国志》,见杨建新主编《古西行记选注》,第294页。

⑨ 《新疆图志》卷65、66《土壤》;《绥定县乡土志·物产》。

⑩ 陈国灿:《斯坦因所获吐鲁番文书研究》,第489—499、523页。

⑪ 马大正等:《新疆乡土志稿》;椿园:《新疆舆图风土考》卷1《新疆纪略》。

木瓜，蔷薇科，木瓜属。果实为条状椭圆体形，长10—15厘米，深黄色，具光泽，果肉木质，味微酸涩，有芳香。木瓜在南疆的种植始见于清代。《回疆志》卷3《五谷·瓜果》描述木瓜是“结实香而味酸”。木瓜的主要产地为喀什噶尔、叶尔羌、皮山、绥定等。①其中喀什噶尔、叶尔羌出产的木瓜还作为特产每年要进献清廷。皮山人民喜欢种植和食用木瓜，常常把它加入饭中食用。

此外，还有樱桃，被称为“哲讷斯台”②。不过从史料记载看，其种植范围很小，主要在哈密③、于阗④、绥定⑤三地。

（三）蔬菜类

蔬菜主要是指可以做成菜品，或作为辅助主食的食材，是人们日常生活不可或缺的重要食物之一。

由于自然条件和传统游牧生活的影响，西域居民多食果品而少食菜蔬。汉晋以来，由于迁居南疆地区的汉族人不断增多，食菜蔬的习惯也随之带入。南疆地区何时开始种植蔬菜，困于汉代资料匮乏，我们无法了解当时的情况。但由于是生活需要，蔬菜栽培也逐渐时兴。魏晋时期在楼兰屯田，就有“加饶种菜，豫作冬储”⑥。这说明魏晋南北朝时期南疆已经有蔬菜种植。此外，《梁书》卷54《诸夷传》记载，于阗国“其地多水潦沙石，气温，宜稻、麦、蒲桃。……果蓏菜蔬与中国等”。虽然文中提到“果蓏菜蔬”的蔬菜品种我们无法明白具体，但可以确定当时已有蔬菜种植。

唐代吐鲁番地区的蔬菜栽培已初具规模。菜园面积从一段四十步到一段一亩八十九步不等。⑦另外，还有一件《唐田亩簿》中记载：“常田菜三

---

①《皮山县乡土志·物产》；《绥定县乡土志·物产》；椿园：《新疆舆图风土考》卷1；《新疆纪略》；《西域图志》卷34《贡赋》。

②《西域图志》卷43《土产·回部》。

③《回疆志》卷3《五谷·瓜果》；钟方：《哈密志》卷23《食货志·物产》。

④《新疆图志》卷65、66《土壤》。

⑤ 马大正等：《新疆乡土志稿》，第363页。

⑥ 林梅村：《楼兰尼雅出土文书》，第71页。

⑦《唐开元廿九年（741年）西州高昌县给田簿》，见池田温《中国古代籍帐研究·录文》，第418页；《武周载初元年（689年）西州高昌县宁和才等户手实》，见唐长孺《吐鲁番出土文书》第7册，第426页。

顷七十(七)……”[①]菜园规模之大令人惊叹！常田是当地的肥田，用如此多的肥田当作菜园可能不合实际，估计是该地区的菜园面积总和。值得一提的是，在出土文书《唐侯菜园子等户佃田簿》中还出现了“户主侯菜园子年五十”的记载。[②]文中虽没有具体说明“户主侯菜园子”的身份、地位以及其土地上所种之物，但我们认为其中应不乏各种蔬菜，而且侯菜园子也非真名，而是其绰号，因长期从事蔬菜种植或相关经营而被他人作为其名的代称。这说明当时西州地区已经出现了专门种植蔬菜的农户，蔬菜种植有了职业化倾向。就蔬菜种类而言，文书中明确反映的有葱、蒜、韭、芥、蔓菁、荠菜、萝卜、兰香、荏[③]、胡瓜(黄瓜)[④]等，但从其他资料来看，还有葫芦[⑤]等多种蔬菜。众多蔬菜品种的出现，极大地丰富了当地老百姓的生活。

唐代后期，塔里木盆地南缘地区也有蔬菜种植。从出土吐蕃简牍来看，当地不仅种植蔬菜，而且有专门种植蔬菜的菜园子。如28号简牍记载：“专种蔬菜的零星地……突。”[⑥]255号简牍记载：“在小罗布有八畦菜园子。”[⑦]蔬菜有青菜、葫芦等。[⑧]当时的人还学会了腌菜技术，使一些蔬菜品

① 唐长孺：《吐鲁番出土文书》第四册，第242页。

② 唐长孺：《吐鲁番出土文书》第四册，第239页。

③《唐天宝二年(743年)交河郡市估案》，见池田温编《中国古代籍帐研究·录文》，第453页；《高昌重光四年(623年)孟阿养夏菜园券》，见唐长孺主编《吐鲁番出土文书》第十册，第296页；《唐邵相欢等杂器物帐》，见唐长孺主编《吐鲁番出土文书》第六册，第55页；《唐残文书》，见唐长孺主编《吐鲁番出土文书》第八册，第401页；新疆文物考古研究所等：《吐鲁番考古新收获——鄯善县洋海墓地发掘简报》，《吐鲁番学研究》2004年第1期。

④《高昌重光三年(622年)条列虎牙范某等传供食帐一》，见唐长孺主编《吐鲁番出土文书》第3册，第167页。

⑤ 王炳华：《新疆农业考古概述》，《农业考古》1983年第1期；柳洪亮：《1986年新疆吐鲁番阿斯塔那古墓群发掘报告》，《考古》1992年第2期；吐鲁番地区文物局：《新疆吐鲁番地区木纳尔墓地的发掘》，《考古》2006年第12期。

⑥ 王尧、陈践：《吐蕃简牍综录》，第32页。

⑦ 王尧、陈践：《吐蕃简牍综录》，第66页。

⑧ 王尧、陈践：《吐蕃简牍综录》，第73页；穆舜英等：《建国以来新疆考古主要收获》，见新疆社会科学院考古研究所编《新疆考古三十年》，第17页；新疆维吾尔自治区博物馆：《若羌米兰古城新发现的文物》，《文物》1960年第8、9合期；陈戈：《新疆米兰古灌溉渠道与相关的一些问题》，《考古与文物》1984年第6期。

种得以长时间保存。430号简牍就记载有“青菜、腌菜”①。

清代，新疆各地蔬菜的品种也逐渐丰富。从《哈密志》记载中可知，有王瓜、冬瓜、丝瓜、倭瓜、金瓜、苦瓜、芹菜、白菜、菠菜、莴苣、苋菜、葱、蒜、辣椒、韭、茄子、洋芋、豇豆、胡萝卜、水萝卜、西葫芦、胡荽（香菜）、山药等。此外还有南瓜、苦杞菜、番瓜、薤、皮牙斯（洋葱）等。特别是皮牙斯有“红皮、白皮二种，回人最嗜之”②。洋芋，即土豆，原产于美洲，明清时期传入我国。目前，学术界在土豆传入中国的时间和路径上还有不同说法。时间上，一说是康熙三十九年（1700年）之前，一说是康熙二十年（1681年）。③至于传入的路径，一说从南亚一带传入两广，再进入贵州、云南，循此路向东发展，再至闽浙地区，后传入北方。一说从欧洲经陆路传入山陕一带，再逐渐分布各地。④《哈密志》为道光年间（1821—1850年）哈密办事大臣钟方编修。该书中记载哈密的蔬菜有洋芋，这说明最迟在道光时期，洋芋已经传入哈密地区了。

由于历史时期南疆蔬菜品种较多，囿于资料所限，不能一一辨明其分布。因此，这里仅就葱、蔓菁和葫芦略做分析。

葱，属百合科，多年生草本植物。其种类很多，《齐民要术》称葱有胡葱、木葱、山葱、紫葱等。帕米尔高原、昆仑山一带，汉称葱岭，有学者认为即与产葱有关。⑤

唐开元年间（713—741年），高僧慧超从天竺求法经西域归来，见到疏勒“有寺有僧，行小乘法，吃肉及韭葱”。龟兹“足寺足僧，行小乘法，吃肉及葱韭等也”⑥。慧超的记录说明当时疏勒和龟兹两地都栽种葱。五代时期，高昌依然栽种葱韭。⑦金时，高昌有葱。⑧至清代，葱更是南疆各地普遍栽

---

① 王尧、陈践：《吐蕃简牍综录》，第73页。

②《回疆志》卷3《五谷·瓜果》。

③ 邹逸麟：《中国历史地理概论》，第267页。

④ 唐启宇：《中国农作物栽培史稿》，农业出版社，1986年，第277—278页。

⑤ 殷晴：《物种源流辨析——汉唐时期新疆园艺业的发展及有关问题》，《西域研究》2008年第1期。

⑥ 慧超：《往五天竺国传》，见杨建新主编《古西行记选注》，第116页。

⑦《新五代史》卷74《四夷附录第三》。

⑧《北使录》，见杨建新主编《古西行记选注》，第233页。

种的蔬菜。

蔓菁,亦称芜菁,原产我国及欧洲北部。汉晋时西域已有种植,尼雅遗址出土了不少干蔓菁。唐代西州把蔓菁作为过冬菜存储,其籽种市场有售。清时,新疆的蔓菁有青、红、白三种,种植也较普遍。

葫芦,原产印度,后引入我国,嫩果可作蔬菜,老果可作盛器。葫芦在南疆栽培的历史可上溯到汉代。于阗洛浦山普拉汉代遗址中就出土了3个用葫芦做的盛器。①虽然我们不能确定当时人们是否食用葫芦,但可确知当地种植葫芦。吐鲁番地区的魏晋隋唐墓葬中出土了大量葫芦及葫芦制品。②此外,塔里木盆地南缘米兰吐蕃城堡遗址中也发现了葫芦籽。③明代陈诚记录吐鲁番的鲁陈城也有"胡桃、小枣、甜瓜、葫芦之属"。清时,南疆各地普遍种植葫芦,特别是皮山人民尤喜种植,因为皮山人既喜食葫芦,又善用老葫芦制作器皿,如可汲水的葫芦瓢等。④

上面分别对历史时期南疆地区主要经济作物的地理分布作了初步论述。通过观察与分析,我们大致获得了这样一些认识,即在历史时期,伴随着南疆人口的增多和中原地区汉族人的不断移入,高产粮食作物的种植逐渐取代低产作物,中原地区的蔬菜也被引入南疆,并得以推广。无论是粮食作物还是经济作物,在清代都获得了长足发展,特别是高产的水稻、小麦和玉米被广泛种植。在历史发展过程中,也逐渐形成了一些富有地域特色的作物分布,如哈密的甜瓜,吐鲁番的葡萄和棉花,塔里木盆地西南缘绿洲地区的梨、石榴以及和田的桑蚕业等。这些都为当今新疆南部地区粮食与经济作物的分布与发展奠定了重要基础。

---

① 新疆维吾尔自治区博物馆、新疆文物考古研究所:《中国新疆山普拉——古代于阗文明的揭示与研究》,第29页。

② 张玉忠:《新疆出土的农作物简介》附表,《农业考古》1983年第1期。

③ 穆舜英等:《建国以来新疆考古主要收获》,见新疆社会科学院考古研究所编《新疆考古三十年》,第17页;新疆维吾尔自治区博物馆:《若羌米兰古城新发现的文物》,《文物》1960年第8、9合期。

④《皮山县乡土志·物产》。

第三节　畜牧业品种的分布与演变

新疆的自然环境有利于畜牧业的发展，故而其域内的畜牧业具有悠久的历史。同时，在长期的畜牧业养殖与发展过程中逐渐形成以马、牛、羊为主，辅以骆驼、驴、骡等的畜产结构，也孕育了众多的畜牧品种。先看北疆地区。汉代的北疆活跃着乌孙、匈奴等诸多游牧部族，马、牛、羊是其主要家畜。《汉书·西域传》记载乌孙国，多马，富人有多至四五千匹，乌孙养马之盛由此可见一斑。《后汉书·西域传》载天山东麓的蒲类地区，多马、牛、羊、骆驼，而且出好马，其养马业出现了繁盛景象。迨至隋唐，突厥游牧西域，其畜牧业闻名当时。回鹘西迁进入天山北麓后，所牧养的主要还是马、牛、羊、驼等畜产。北宋初年，宋朝使者王延德到高昌，见其地多马，“王及王后、太子各养马，放牧平川中，弥亘百余里，以毛色分别为群，莫知其数”[①]。元明时期，西域仍属蒙古人统治。蒙古人是典型的游牧民族，因军事需要而从事屯垦外，还极大地推动了区域畜牧业的发展。明代，各地方政权在与明朝中央政府交往的过程中，皆是以牲畜作为进献的主要贡品。这些都可以间接地说明此时期新疆地区的畜牧业是比较发达的。明清之际，准噶尔部一度强大起来，并建立了准噶尔汗国，其仍然以游牧为主。据《钦定皇舆西域图志·土产》记载可知，准噶尔部牧养的牲畜有马、牛、羊、骡、驴、骆驼等，且羊又分羚羊、盘羊、山羊各种，其中“盘羊之形甚肥硕，山羊之皮甚坚韧，可为弓把”[②]。清朝统一新疆，稳定的社会秩序为新疆农牧业生产的发展提供了有利条件。

由于自然条件的差异，畜产品种也随之呈现出地域分布特点。下面就畜产品种略做分析。

---

① 王延德：《西州使程记》，见杨建新主编《古西行记选注》，第159—161页。

②《钦定皇舆西域图志》卷43《土产》。

一、马、牛、羊的空间分布

1. 马的地域分布

马在古代畜牧业中的地位很高，被称为“六畜”之首，[①]这是由马的重要用途决定的。诸如马是游牧民族的生活资料来源之一，皮可制衣，肉可食，还可为牧民提供饮用马奶；马是重要的交通工具，既可拉车，又可供人骑乘，也是传统社会时期骑兵组成的重要条件。故马在历史时期是中原民族与缘边游牧民族进行贸易交换的最重要物品，如茶马贸易、绢马贸易等。基于此，历史时期各民族对养马的重视程度不言而喻。

新疆自古为善养马之地区。在新疆史前考古中，考古人员发现了大量马的遗骨。从天山南麓的轮台、察吾乎遗址到昆仑山深处克里雅河上游的流水墓地，从位于托克逊县西南的天山阿拉沟墓地到喀什地区塔什库尔干的下坂地墓地，均有马的遗骨出土。众多马遗骨的发现，说明马在远古居民生活中的重要地位。

两汉时期，逐渐形成以农为主的绿洲城郭诸国和以游牧为主的山区行国两种社会经济形态。但无论属于哪种社会经济形态，西域民众都很重视并善于养马。例如位于吐鲁番地区的车师前国，属于经营农业的绿洲城郭，考古工作者在吐鲁番交河故城沟北1号墓地发掘过程中，发现很多汉代墓葬都有殉马坑，已发掘出50匹殉葬马遗骨，而发现的牛羊数量则相对较少。[②]说明汉代这里养马是比较多的。

在长期的畜牧业生产实践中，南疆地区逐渐培育出了一些堪为区域特产的良马，无疑反映了区域养马技术的提高。吐鲁番地区在两汉时期为车师前国所在，如上文所述，该地养马较多。到魏晋南北朝时期，该地又实行富有地方特色的“按资配生马”制度，又大大促进了养马业的发展，也培育出了优良马种。《梁书》卷54《诸夷传》就记载高昌“出良马”。隋唐时期，虽

① 《三字经》：“马牛羊，鸡犬豕。此六畜，人所饲。”

② 羊毅勇：《吐鲁番交河故城沟北1号台地墓葬发掘简报》，《文物》1999年第6期。

然该区域以农业为主，但其养马业仍然不敢小觑。《隋书》卷83《西域传》记载，高昌“国中羊马牧于隐僻之处，以避外寇，非贵人不知其所”。至贞观十四年（640年），唐朝大将侯君集率军灭高昌，就获马4300余匹。[①]当时该国人口是37700人，平均每九个人就拥有一匹马。这一比例在以农为主的地区无疑是很高的。高昌回鹘时期，吐鲁番区域养马业发展势头良好。及至北宋，王延德出使高昌，看到当地及山北北庭地区牧马成群，布满川原，得知当地养马业很繁盛。明代，吐鲁番依然保持着养马优势，并多次向明朝中央政府进贡名马。[②]

龟兹也生产良马。前秦时，吕光攻下龟兹后凯旋，其战利品就有龟兹骏马万余匹。[③]唐代，该地依然出产名马。史载龟兹“有良马、封牛”[④]。唐贞观四年（630年），龟兹曾遣使献马。高宗上元年间，龟兹王素稽献银颇罗、名马。[⑤]五代宋金时期，养马业依旧不衰。

塔里木盆地南缘的于阗也出产良马。《魏书》卷102《西域传》就记载于阗“有好马”。北周武帝建德三年（574年），于阗王遣使向北周贡献名马。林梅村经过一番考证，认为于阗有一种浑身花斑的马。在唐代被称为“五花马”，是于阗向中原王朝进献的优良品种。[⑥]北宋时，于阗也多次朝贡名马，其中进献的多匹神骏还成为当时画家笔下的题材。

迨至清代，焉耆成为南疆著名的良马产地，当与擅于畜牧业的土尔扈特部移居巴音布鲁克草原有关。时人钟广生曾对新疆马匹有一番评价，认为伊犁马最佳，依次为喀喇沙尔马、巴里坤马，而喀喇沙尔马最善骑乘，以之蕃息咸。

总体而言，新疆适合养马的地方多是靠近山区的绿洲，这些地方既有山区盆地草原的滋养，也有农业嘉禾饲料的补充。还有重要的一点是，养马业繁盛多和区域游牧部族长期精心选种培育有关。虽然一些史料记载

① 《旧唐书》卷198《西戎传》，第5295页。
② 《明史》卷329《西域传一》，第8529页。
③ 《晋书》卷122《吕光载记》，第3056页。
④ 《旧唐书》卷198《西戎传》，第5303页。
⑤ 《新唐书》卷221上《西域传上》，第6232页。
⑥ 林梅村：《于阗花马考——兼论北宋与于阗之间的绢马贸易》，《西域研究》2008年第2期。

中对龟兹辈出良马的原因赋予神话成分，背后的事实则与当地人民擅长良种培育有关。此外，北疆的巴里坤、阜康、奇台、昌吉、迪化、绥来、呼图壁、库尔喀喇乌苏、绥定、宁远、塔城、精河等地亦均重视养马。特别是塔城地区，生活于此的额鲁特、察哈尔、旧土尔扈特蒙古各部，以及哈萨克四部，均以畜牧业为生，养殖的马、牛、羊、驼等畜不断孳生蕃息，遂使草原处处毡帐，马牛羊弥山遍野，养马业之兴盛于此可见一斑。

2.牛的地域分布

牛为游牧民族主要的肉食之源，又是农业耕作的重要畜力资源，所谓牛耕是也。养牛业在新疆地区分布很广泛，无论天山南北，都是养牛的地方。这不仅反映在考古资料中，也反映于史籍文献中。而在新疆的养牛业中需要提及两种牛，一是犎牛，一是牦牛。

《魏书》《周书》《北史》和《旧唐书》均记载龟兹出犎牛。犎牛始见于《汉书·西域传》，该书卷96《西域传·罽宾国》载："罽宾国出封牛。"颜师古注："封牛，项上隆起者也。"《后汉书》卷6《顺帝纪》载："疏勒国献师子、封牛。"李贤注："封牛，其领上肉隆起若封然，因以名之，即今之峰牛。"《尔雅·释畜》中有"犦牛"，晋人郭璞注："即犎牛也。领上肉犦胅起高二尺许，状如橐驼，肉鞍一边。健行者日三百余里。"因此，犎牛就是一种颈上有肉隆起的牛，也写成"峰牛"或"封牛"。现阶段我国还有这种牛，名作高峰(封)牛。浙江省的温岭县，广东省雷州半岛最南端的徐闻县，海南省的琼山区、澄迈县和海口市等，即在这些沿海的低缓丘陵地带还生息着高峰牛。这种牛的主要特征为肩峰高耸，前躯发达，肌肉结实，骨骼粗壮。温岭高峰牛的肩峰可分为两个类型：一是高峰型，形状像鸡冠，当地人称之为"鸡冠峰"，峰高而窄，一般峰高12—18厘米；二是肥峰型，形状像畚斗，当地人称之为"畚斗峰"，峰较低，高10—14厘米。

学者刘文锁认为，封牛应是骆驼，①看法似误。我们已知，在汉代的文献中已多有骆驼的记载，也对骆驼有明确认识。李广利征大宛时，汉朝就调动大批骆驼运输军用物资。既然称为牛，肯定不是骆驼，难道汉

① 刘文锁：《沙海古卷释稿》，中华书局，2007年，第116页。

代人还不能区分骆驼和牛吗？因此，笔者认为封牛就是牛的一种，因其肩脊高而称犎（封）牛或峰牛，而不应是骆驼。其实考古出土的实物最能说明问题，在吐鲁番阿斯塔那唐代墓葬中就出土了一头随葬的陶塑高封牛，与骆驼差异很大，考古工作者也命名为牛。该陶塑现存新疆考古所，如图8。

图8　唐耕牛泥塑

（吐鲁番阿斯塔那墓出土，7—9世纪彩绘泥塑牛俑）

如上所述，新疆的犎牛在龟兹、疏勒、吐鲁番及伊犁地区均有分布。

牦牛，被称为高原之舟，主要产自青藏高原、昆仑山等高海拔地区。清代新疆的牦牛主要产自位于帕米尔高原的蒲犁地区。史载牦牛“陟山径稳平健步，胜骡马”[①]，所以“行山路险峻处，可以牦牛度之，万无一失。其肉可食，缠民有专以商贩为业者”[②]。蒲犁厅每年卖牦牛约1000至1200头，主要销往喀什、英吉沙尔以及俄国的阿克塔什等地。[③]

3.羊的地域分布

羊是小型牲畜，易于饲养，是游牧民族和农耕民族都喜欢牧养或饲养的牲畜。因此在新疆，羊是当地畜牧业中最主要的牧养或饲养品种，也是牧养或饲养数量最大的品种。从远古至清，羊都是新疆各族人民最重要的畜产。羊也和牛一样，分布极其广泛，遍及全疆。在新疆各族人民长期精心培育下，羊的种类也不断增多，至清代，已计有大尾羊、羔皮羊、黄羊、山羊、寒羊、绵羊等品种。大尾羊主要分布在龟兹、哈密、吐鲁番、皮山等地。大尾羊首先出现在北宋时期的龟兹和哈密。唐大中祥符三年（850年）龟兹王遣使李延福、副使安福、监使翟进来进香药、花蕊布、名马、独峰驼、大尾

① 钟广生等:《新疆志稿》卷2《畜牧》。
②《皮山县乡土志·物产》。
③《蒲犁厅县乡土志·商务》。

羊等贡物。①宋太平兴国六年(981年)至雍熙二年(985年)间,北宋使臣王延德出使西域,经过伊州,其地"有羊,尾大而不能走,尾重者三斤,小者一斤,肉如熊白而甚美"②。至清季,阜康地区的羊分为绵羊和鞠羊,而绵羊又分两种,一曰哈萨克羊,一曰尖尾羊,非惟以尾判,肉亦有膻、不膻之分。③塔城地区的牧群"以羊为最多,富者千万成群,贫者亦数百余头不等"④。

羔皮羊主要分布在塔里木盆地北缘绿洲地区,主要集中在库车和沙雅两地。仅光绪三十二年(1906年),库车产出的羔羊皮就有5400件,羔羊皮甬315件。⑤黄羊主要分布在轮台⑥和哈密的东山地区⑦;山羊则主要分布在昆仑山北麓及伊犁河谷;绵羊主要集中在鄯善、皮山和宁远地区;⑧寒羊则产自皮山的"南山"中,"其皮可造珍珠毛皮筒",但所出无多。⑨

二、骆驼、驴、骡的空间分布

新疆的畜类除了马、牛、羊外,还有骆驼、驴、骡等。

1.骆驼的地域分布

骆驼主要分布在南疆塔里木盆地周边地区。《汉书·西域传》记载鄯善"多橐驼"。塔里木盆地南缘的尼雅遗址和克里雅河下游的喀拉墩古城与圆沙古城均发现有大量骆驼遗骨。⑩此外,南疆东北部的吐鲁番也饲养骆驼,在交河故城沟北1号台地墓地发掘的汉代早期墓葬中,就发现了用以

① 《宋史》卷490《外国传》,中华书局,1977年,第14116页。

② 陈诚:《西州使程记》,见杨建新主编《古西行记选注》,第159页。

③ 《阜康县乡土志·物产》。

④ 《塔城直隶厅乡土志·物产》。

⑤ 《库车州乡土志·物产》。

⑥ 顾桂芬:《轮台县乡土志·物产》。

⑦ 《哈密直隶厅乡土志·物产》。

⑧ 《鄯善县乡土志·物产》《皮山县乡土志·物产》《宁远县乡土志·物产》。

⑨ 《皮山县乡土志·物产》。

⑩ 新疆维吾尔自治区博物馆考古队:《新疆民丰大沙漠中的古代遗址》,《考古》1961年第3期;新疆文物考古研究所、法国科学研究中心315所中法克里雅河考古队:《新疆克里雅河流域考古调查概述》,《考古》1998年第12期。

殉葬的骆驼3峰。[①]

到了魏晋南北朝时期，新疆饲养骆驼主要集中在鄯善、于阗、焉耆、龟兹和吐鲁番等地区。佉卢文文书中大量记载了鄯善王国骆驼养殖的情况。同时文书中还多次提到于阗驼，说明于阗也有骆驼饲养业。至于焉耆和龟兹两地，史书中则有明确记载。前秦大将吕光从龟兹班师时，竟以2万余头驼来运送从焉耆得到的各种财物，龟兹养驼之盛由此可见一斑。

唐代，于阗的养驼业也很兴盛。贞观二十一年（647年），阿史那社尔伐龟兹，于阗王伏阇信曾“使其子以驼万三百匹馈军”[②]。一次馈送唐军的骆驼竟达万余头，足见于阗当时养驼业之盛，骆驼数量之多。唐代，鄯善地区的生态环境已经严重恶化，骆驼便成为当地人喜欢饲养的畜类。因为骆驼具有耐饥渴、力量大的优点，因此成为当地的主要运输畜力。出土的321号吐蕃简牍就记载了吐蕃调用婼羌辖境全部骆驼运送粮食。[③]同时，骆驼也常被军事机关征用，259号简牍记载“从婼羌派出骆驼与其余（牲畜配伍）一起赶往大行军衙”[④]。从上述两件简牍来看，婼羌地区饲养的骆驼也比较多。

至五代、宋、金时期，吐鲁番、龟兹和于阗等地多产独峰驼，这也是西域地方政权向中央王朝进献的主要贡品之一。值得一提的是，在吐鲁番地区还利用独峰驼从事耕作。

清代，骆驼主要分布在阿克苏、焉耆、吐鲁番、和田、皮山、洛浦、蒲犁、柯坪、乌什、迪化、奇台、巴里坤、伊犁、塔城等地。[⑤]

2. 驴的地域分布

驴的体质健壮、结实，可用于耕作和骑乘，同时驴还具有性情温驯、耐粗放、不易生病、吃苦耐劳、听从役使等优点，自然成为新疆各族人民所喜爱的家畜。汉代，鄯善地区“民随畜牧逐水草，有驴马”。乌秅国也是“出小

① 羊毅勇：《吐鲁番交河故城沟北1号台地墓葬发掘简报》，《文物》1999年第6期。
②《旧唐书》卷198《西戎传》，第5305页。
③ 王尧、陈践：《吐蕃简牍综录》，第63页。
④ 王尧、陈践：《吐蕃简牍综录》，第59页。
⑤ 马大正等：《新疆乡土志稿》；椿园：《新疆舆图风土考》卷1《新疆纪略》。

步马，有驴无牛”[①]。此外，考古人员在克里雅河流域下游汉晋喀拉墩古城和圆沙古城附近发现大量动物骨骼，经过统计和鉴定，主要是牛、羊、马、骆驼、驴等家畜的骨骸，其中牛、羊、骆驼的数量较多，其次是马、驴、狗、猪等。[②]一般来说，新疆各地的畜牧种类中均有驴。

魏晋南北朝时期，高昌地区饲养驴。从出土文书可知，高昌地区养驴的数量还不在少数。如隋开皇八年（高昌麴乾固延昌二十七年）（587年）五月，在兵部的奏章中就两次提到“驴十三头”[③]。塔里木盆地南缘的且末国“多牛羊骡驴”[④]。侯灿先生经过对楼兰出土文书的考释，认为楼兰地区的牲畜中也有驴。[⑤]

经过两汉魏晋南北朝长时段的养育过程，驴的养殖也逐渐呈现出地域性，即主要分布在吐鲁番盆地和塔里木盆地南缘地区。唐代，上述两地区饲养驴的数量都比较多，这一现象反映在吐鲁番文书和吐蕃简牍中，详见第三章的论述。车尔臣地区出土的大量元代文书中记载了该区域驴的使用情况，说明在元代若羌、且末一带仍然是南疆养驴较多的地区。

降至清代，驴在人们的日常生活中更显重要，回人“坐人运货，耕田推磨，以及柴水之需，皆赖之”[⑥]。清代，驴的饲养地区已经超出了以前的范围，扩展至哈密、吐鲁番、焉耆、疏附、婼羌、轮台、和阗、皮山、叶城、蒲犁、温宿、拜城、库车、沙雅、阜康等地。[⑦]其中除沙雅所产较少外，其余各地均属常产，尤其以皮山“产驴较多”[⑧]。

3.骡

骡也是新疆地区养殖的重要家畜之一。魏晋南北朝时期，于阗就“有

---

①《汉书》卷96上《西域传》，第3876、3882页。

② 新疆文物考古研究所、法国科学研究中心315所中法克里雅河考古队：《新疆克里雅河流域考古调查概述》，《考古》1998年第12期。

③《新文书》，第52页。转引自王素：《高昌史稿（交通篇）》，第106页。

④《梁书》卷54《诸夷传》，第814页。

⑤ 侯灿：《楼兰新发现木简纸文书考释》，《文物》1988年第7期。

⑥ 萧雄：《西疆杂述诗》卷3《牧养》。

⑦ 湖北图书馆：《新疆乡土志稿：二十九种》，1995年湖北图书馆油印本；钟方：《哈密志》卷23《食货志·物产》。

⑧《皮山县乡土志·物产》。

好马、驼、骡”。①且末也是“多牛羊骡驴”②。佉卢文文书中也记载该区域产骡，其中13号和15号文书即王的敕谕中提到黎贝耶“之牧场内有骡马牲畜，竟然有人于此地狩猎，杀伤骡马”，要求当地州长索阇伽对此事严加处理，“依法作出判决，禁止人们再去狩猎”③。此外39号文书记载了一匹三岁之牝骡被用来支付养女的抚养费。④清代，新疆养殖骡的规模较小，分布也相当有限，主要在喀什三角洲地区。此外，哈密、阜康、伊犁也有一些。⑤

以上对新疆畜牧业的主要种类与地域分布作了概略论述。新疆畜类以马、牛、羊最多，分布也最广；骆驼次之；驴、骡又次之。

① 《魏书》卷102《西域传》，第2262页。

② 《梁书》卷54《诸夷传》，第814页；杜佑：《通典》卷191《边防七》，第1029页。

③ 林梅村：《沙海古卷》，第39—40页。

④ 林梅村：《沙海古卷》，第52页。

⑤ 钟方：《哈密志》卷23《食货志·物产》；《阜康县乡土志·物产》；《伊犁府乡土志·物产》。

第八章　自然灾害对农牧业的影响

古代农牧业对自然条件的依赖程度非常高，干热风、大雪、寒流、干旱、水灾、地震都会对农牧业产生严重的影响。新疆地处亚欧大陆腹地，气候干旱少雨，但在特殊条件下也会发生洪水。由于地处内陆深处，为典型大陆性气候，故又多雪灾和寒流。新疆各地气候差异大，其自然灾害的类型也较多。总体而言，历史时期新疆发生的自然灾害主要是干热风、大雪、干旱、水灾和地震，以上种种自然灾害均对农牧业经营产生不利影响。下面试详论之。

第一节　自然灾害对农业的影响

一、干旱

新疆气候干旱，尤其是南疆，年降雨不足100毫米，故农业种植主要依赖高山冰雪融水之灌溉。如果干旱超过常年的程度，则更是雪上加霜，一旦河流水量大幅减少，就会严重影响到农业灌溉。

《新疆灾荒史》通过整理历史时期发生在新疆地区的自然灾害，总结影响农业生产的旱灾主要有：东汉建武二十七年（51年），新疆旱蝗，人畜多有病死；东汉建初元年（76年），罗布泊大旱，粮食昂贵。元至元二十五年

(1288年),哈密干旱,农田无法下种,百姓饥饿。清同治六年(1867年),新疆荒旱不雨,播种面积不及1/5。同治十三年(1874年),塔城、奇台、济木萨天旱,收成歉薄。光绪二年(1876年),吐鲁番、托克逊、焉耆、喀什等地干旱加蝗灾,收成锐减。光绪三年(1877年),新疆大旱。光绪十一年(1885年),奇台旱,5.1万亩农田颗粒无收。同年,绥来、阜康、呼图壁、昌吉、迪化旱,3.8万亩农田受灾。宣统二年(1910年),承化、绥来等地旱,额粮豁免。[①]但查阅资料,清代新疆发生旱灾影响农业生产的年份和地区还有:嘉庆十八年(1813年)喀什噶尔遭遇旱灾;嘉庆二十一年(1816年)镇西府宜禾县遇旱成灾;道光二十三年(1843年)、咸丰二年(1852年),伊犁皆旱;咸丰五年(1855年)、光绪二十六年(1900年),镇西、奇台咸被旱灾;这些都影响到农业收成,或被蠲缓租赋,或获救济口粮或籽种[②]。

徐伯夫研究清代新疆的自然灾害,就旱灾的发生情况仍有若干补充。计有:乾隆十二年(1747年),哈密地区因干旱少雨而致歉收;道光十四年(1834年),巴里坤东牧场,孳生马,因"入夏以来,天气亢旱",造成一年内马"倒毙一千四百七十余匹";咸丰九年(1859年),伊犁新沟、白杨沟、南渠一带遭旱灾。

塔里木盆地和田以东是南疆降雨量最少的地区,这里农业灌溉基本依赖克里雅河、尼雅河、车尔臣河和塔里木河的水源。玄奘曾记录了一则关于于阗"白马大鼓"的传说。说是于阗城东百余里有条大河,河水用以溉田,国人利之。忽然断流,国人疑之,王祭河龙于祠。忽见一女从水波中出来,言河水绝流是因其丈夫死亡,无人执行龙王的命令,以故造成河水断流。只要国王给她另择一朝臣为婿,即可望恢复水流。王允其请,女遂其愿,河水果然复流如故。[③]虽是神话传说,却反映了于阗人众赖以生存的大河可能曾经发生过断流这一信息。再联系南疆的气候特征,这里的河流缺

---

① 刘星:《新疆灾荒史》,新疆人民出版社,1999年,第11页。

②《清仁宗实录》卷267,嘉庆十八年三月丁亥;《清仁宗实录》卷324,嘉庆二十一年十一月丙辰;《清宣宗实录》卷400,道光二十三年十二月丁未。需要说明的是:新疆建省以前,镇西府尚属甘肃省管辖,光绪十年(1884)新疆建省,镇西改属新疆。

③《大唐西域记》卷12,见杨建新主编《古西行记选注》,第102页。

乏雨水补给，如果由于气候原因导致高山融雪量减少，河水流量不足就有可能导致下游发生断流。

在干旱季节，各绿洲水资源都极为短缺。在鄯善王的敕谕中就提到："……耕地无水……现将水引入汝州，不可能……"[①]故南疆各绿洲的农作物种植，全赖水利灌溉。如果没有足够的灌溉用水，庄稼很难顺利生长。这在佉卢文文书中也有反映。如72号佉卢文文书[②]记载小麦已灌溉两三次，登记如下：

（栏三）

1.迦……利……灌溉……次　2.伏……灌溉两次
3.第二遍楚伽灌溉小麦两次　4.督军阿般那灌溉小麦两次
5.苏伐尔支伽灌溉小麦两次　6.……尉施卢罗灌溉小麦三次（栏四）
1.布鲁陀耶灌溉两次　2.曼查耶灌溉小麦两次
3.贵人施者耶灌溉三次　4.帕卢格耶灌溉小麦两次
5.督军苏者陀灌溉三次　6.布鲁耶灌溉小麦两次
7.埃卡罗侯苏者陀灌溉两次

上文可见，该地区的小麦灌溉一般是两三次，甚至四次。同一文书中又记载："波格那灌溉小麦四次。"

在坎儿井发明之前，吐鲁番盆地和哈密盆地颇受干旱的困扰。有关史籍载：吐鲁番干旱，异常缺水，歪思汗便亲自率领奴隶们灌溉土地。通过挖掘深井，从井中汲水灌田。哈密盆地也是类似情况。"哈密水源来自天山，初夏冻解，雪水始见。气候轻寒，兵民每每苦于水之艰难，乡俗故有烹羊设祭，乞灵于山川之神者"[③]。因此，南疆"冬令衍阳积雪不厚，来年岁干旱，亦

① 林梅村：《沙海古卷》，第104页。
② 林梅村：《沙海古卷》，第160页。
③《哈密直隶厅乡土志·水》。

未尝不祈雨”。①

二、干热风

干热风亦称“干旱风”，习称“火南风”或“火风”。一般出现在温暖季节，若在小麦灌浆期起热风，则小麦受其害而秕粒。位于亚欧大陆中心的塔里木盆地，气候极端干旱，强烈冷锋越过天山、帕米尔高原后产生的“焚风”，往往引起本地区大范围的干热风发生。南疆的塔里木盆地南缘地区和吐鲁番盆地是干热风的常发区，对该区域农业生产具有极大的破坏性。干热风对葡萄、棉花产生的破坏很大。吐鲁番出土文书《翟强辞为共治葡萄园事一》记载：“今年风虫，葡萄三分枯花。”②此外，《太平广记》卷81《梁四公记》记载高昌向梁朝贡献干葡萄、刺蜜、冻酒等物品时，梁四公指出高昌所贡葡萄和冻酒非产自同一地域。高昌使者只好如实禀告：“其年风灾，葡萄刺蜜不熟，故驳杂。”由此可知，干热风对葡萄影响甚大。鉴于干热风的巨大危害，吐鲁番的居民在每年三月十一日都要杀牲以祭祀风神，用这一无奈之举祈愿热风不发生。③

干热风对棉花生产也影响颇大。吐鲁番地区是产棉重地，“然恒苦热风。(棉)初吐花时，一遇热风则絮散如蓬飘。农人常不俟花坼，尽割之，晾于平屋顶，烈日暴干。其苞始绽，以故绒短而少韧，力不中纺织，仅可制粗棉布。……热风为经岁，乃大歉”④。

此外，塔里木盆地南缘地区夏秋季节多大风，风力狂劲，挟沙带土，号称“黑风”。一旦黑风刮起，就会对和田一带的农业生产带来严重危害，甚至造成该地所养之蚕大范围死亡。如记载云：“南疆地高风劲，夏令多黑风，蚕遭之多毙。”⑤

---

① 钟广生等：《新疆志稿》卷2《物产》。

② 唐长孺：《吐鲁番出土文书》第一册，第103页。

③ 唐长孺：《吐鲁番出土文书》第二册，第39页。

④ 钟广生等：《新疆志稿》卷2《物产》。

⑤ 钟广生等：《新疆志稿》卷2《物产》。

吐鲁番地区是我国著名的风区，一到刮风季节，风沙弥漫，狂风携带着砂石，席卷而过，农作物都难以幸免遭受破坏性打击。另外，风灾还可造成火车停运，人员伤亡。对此，历史文献也有记载："辟展东之三间房、十三间房、布干台皆大风之处。凡风起皆自西北来，先有声如地震，瞬息风至。屋顶多被掀去。卵大石子飞舞满空，千斤之重载车辆一经吹倒则所载之物，皆零星吹散，车亦飞去。独行人畜有吹去数十百里之外，皆无踪影者。其怪风之所簸扬，皆散漫成堆突兀……每晨起，视南北两山，如青雾弥漫，两山不见，是日必有大风，必不可行。"①

三、水灾

新疆虽属农业干旱区，但是在高温的夏季也会突降暴雨。由于夏季是高山融水高峰期，所以南疆在夏季也会发生洪水，造成河流暴涨，冲破河堤，冲毁农庄田舍，其破坏性也不可小觑。有记载说："秋霪时至，百川灌河，挟以烈风，则恒至壅沙决渠拔木偃禾之患。且地多斥卤，久雨则蒸淫生碱，气占苗根荄立腐，故农人不望雨而庆雪。"②海都郭勒（今开都河）"河面冬春广不过一里，夏秋涨发，辄至三四里。奔腾澎湃，中流更汛急，河底淤沙聚散，深浅靡常"③，遂造成地势低的喀喇沙尔水漫弥望，河流沿岸村庄农田被淹。库车附近的木扎提河也常在春末夏初暴发洪水。出土于都勒都尔·阿护尔遗址的《唐掏拓所文书》，为我们提供了安西都护府下属的掏拓所组织人员在桃花水季节抢修水渠堤堰的重要信息。④该文书记载："1.掏拓所（缺）。2.大母渠堰（缺）。3.右件堰十二日毕。□为诸屯须掏未已，遂……4.请取十五日下水。昨夜桃花水泛涨。5.高三尺，牢得春堰，推破南边马头一丈已

① 椿园：《新疆舆图风土考》卷4《杂录》。

② 钟广生等：《新疆志稿》卷2《物产》。

③《西域图志》卷27《水》。

④ 小田义久：《大谷文书集成》（叁），图版20，第225页。有关本件文书的出土情况，小田义久在《谈龙谷大学图书馆所藏大谷文书》一文有过简介，参见《大谷文书集成》（壹），第5页，汉译文见北京大学中国中古史中心编《敦煌吐鲁番文献研究论集》第5辑，北京大学出版社，1990年，第635页；刘国安、陈国灿：《唐代安西都护府对龟兹的治理》，《历史研究》2006年第1期。

(缺)。6.下。恐更暴涨，推破北边马头及春堰，伏……7.□□□□检河槽及堰功积，便下水。十四日□……"。楼兰出土的汉文简牍中，其中有"水大波深必泛"一语，表明楼兰曾经发生过洪水，而且楼兰的洪水可能还比较频繁。[①]北宋太祖开宝二年(969年)，哈密降大雨，"雨及五寸，即庐舍多坏"[②]。在夏季，南疆河流一旦发生洪水往往会造成严重灾害，所以各地特别重视在汛期的渠道维护。不过还会有一些河流因为洪水过大而冲溃堤坝，造成灾难。清代，叶尔羌河就曾冲破河堤，造成爱吉特虎台至察巴台数百里间"田庐漂没，驿程梗阻，城堡坍塌"。喀什噶尔的乌兰乌苏河龙口桥尚有20余里被冲决，造成"近河各台一望弥漫，悉为巨津"[③]。光绪二十一年(1895年)七月十日，疏勒大雨，山洪暴发，大部分村庄被淹，桥梁被毁。[④]

新疆地区往往会在夏初雪融之时造成洪水。乾隆五十三年(1788年)二月二十八日，乌鲁木齐都统尚安奏称："迪化旧城西南门外，陡因雪水融化，冲塌民房五百余间。"[⑤]不仅如此，长期大雨也会造成山洪暴发。乾隆五十五年(1790年)八月，乌鲁木齐都统尚安上奏："迪化于本年七月初六日辰时落雨起，直至初七日子时方止，夜间山水陡发，迪化旧城西门外一带民房多被冲倒，旧城内被水冲倒兵房四十四间，兵丁自盖房三十七间，城外被水冲塌浸倒商户民房一千四百五十八间，淹毙男女大小共六十八口。"[⑥]此次洪水造成了巨大的财产损失。

王守春先生还通过对塔里木盆地自然环境与历史遗迹的实际考察，在一些古遗址中观察到了洪水痕迹。而且认为许多古代遗址的废弃，可能都与洪水有关。如和田市附近约特干遗址和阿克斯比尔遗址。约特干遗址位于和田绿洲内部，是一座佛寺遗址，遗址中暴露出许多泥塑小人像，杂乱

---

① 王守春：《新疆的雪灾与洪水灾害：历史与未来》，见殷晴、田卫疆主编《历史时期新疆的自然灾害与环境演变研究》，新疆人民出版社，2011年。

② 陈诚：《西州使程记》，见杨建新主编《古西行记选注》，第159页。

③《左文襄公奏稿》卷2，第53页。转引自华立《清代新疆农业开发史》，第221页。

④ 刘星：《新疆灾荒史》，第35页。

⑤《清高宗实录》卷1301，乾隆五十三年三月己丑。

⑥《乌鲁木齐都统尚安奏为乌鲁木齐地方被水循例抚恤事》，乾隆五十五年八月十四日，档案号：026-0416。

地湮没在冲积层中。其上有厚达3米多沉积地层,沉积层的下部夹杂有河卵石。这种沉积层很可能是由洪水沉积而成,而佛寺被毁,也可能与一次突发的洪水有关。阿克斯比尔遗址位于和田绿洲东北部边缘的沙漠中。遗址只剩下一堵墙,位于面积不大的土台之上,土台相对高度在2米左右。遗址周围是遍地散布着河卵石和沙子的荒滩地。这些卵石都较小,一般都在3厘米之下。这些卵石和沙子,显然应该是洪水冲来的。因为该遗址初建时,周围不可能是遍布河卵石的不毛之地,而是一处适宜耕作和居住的地方,后因遭受洪水改变了环境。

在大尼雅遗址的N1遗址的一个天然断面上,王守春先生也观察到洪水沉积层。其沉积层大致呈水平状,其顶面在N1遗址地面之下约半米深处,厚120厘米以上。沉积层内再没有分层,当系一次洪水沉积而成。洪水沉积层上约半米厚的沙层,应是洪水之后的漫长时期,由流水或由风力沉积而成。

轮台县东南的草湖乡有多个古遗址。王守春先生1981年曾到此考察,对这里的自然环境有了初步认识。他看到遗址的周围多是盐碱地和草滩地,认为这是在经常受洪水泛滥的影响和地下水较高的环境条件下所形成的景观。他进而查阅了黄文弼先生当年对这些古遗址的考古调查和描述,得知黄文弼先生在描述中也提出这些遗址的废弃很可能与洪水有关的认识:“梯木沁古城遗址位于轮台县东南30余里,为一圆形,周337米,城高丈余,低亦数尺,土坯所砌。城中已为碱地,地面上部2米深为浮沙土,中含黑灰土一线,铜片瓦砾均在此层中。再往下1.3米,完全为黑泥沙土。”“柯尤克沁古城城墙已颓,仅余墙基,略作方形,周932米……城中浮沙淖泥深尺许,而呈白沫,时陷马足”。文中提到的浮沙和淖泥,均应是洪水泛滥淤积而成的。

王守春先生还专门提到新疆近二十几年来发生的洪水灾害,如1996年夏季发生的洪水灾害,波及天山南北的巴音郭楞蒙古自治州、吐鲁番、哈密、塔城、石河子、昌吉、乌鲁木齐等7个地(州、市)的近30个县(市),其中6个县城城区进水,23.4万户106.2万人受灾。2010年春季在北疆塔城地区和伊犁地区发生的雪融性洪水,夏季又在南疆塔里木盆地西部地区的和田、阿克苏、喀什、库车等地发生的暴雨洪水，都给所在地区造成了严重灾害。①

四、雪灾

雪灾主要发生在天山以北地区，这一区域处大气环流的西风带，气候主要受西风气流和北冰洋气流的影响，冬季多雪。但历史上天山以北地区由于为各游牧部族频繁活动区域，故留下的文献记载就比较少。有迹可循的是：汉宣帝本始二年（前72年），匈奴壶衍鞮单于将万骑击乌孙，掳掠了一批老弱人口将要踏入归程时，"会天大雨雪，一日深丈余，人民畜产冻死，还者不能十一"②，可见其损失惨重。当时乌孙居于伊犁河流域，天降大雪于匈奴进入返程之时，故此次降雪当发生在伊犁地区或准噶尔盆地一带。雪深丈余，当是对积雪厚度的一种夸大之辞，但毕竟也是一次珍贵的雪灾记录。汉元帝初元五年（前44年），已西徙到西北地区的匈奴郅支单于，因杀了汉使而得罪于汉，又惧呼韩邪势强，遂率众再次向康居一带西迁。中途遇天气骤寒，人多冻死。及至康居，仅存3000余人。③研究者认为，此次冻死的人当是郅支单于所属部众的绝大部分，至少会超过所余部众3000人之数。虽然记载为大寒，而未记载雪灾，但其温度突降幅度过大，亦往往是伴随大雪而产生的降温结果。④

唐代见于记载的雪灾有多次，高宗永徽二年（651年），阿史那贺鲁叛，寇庭州（今吉木萨尔古城）。贺鲁为突厥室点密可汗五世孙，由于受乙毗射匮可汗的压迫，于贞观年间率众归唐，在唐累官至左骁卫将军、瑶池都督，其部属被安置在庭州莫贺城一带。不久，贺鲁又起二心，不仅暗中培育自己的势力，而且还想谋取西州与庭州之地。唐廷以梁建方为左武卫大将

---

① 王守春：《新疆的雪灾与洪水灾害：历史与未来》，见殷晴、田卫疆主编《历史时期新疆的自然灾害与环境演变研究》，第7页。

② 《汉书》卷94上《匈奴传上》，第3787页。

③ 《汉书》卷94下《匈奴传下》，第3802页。

④ 王守春：《新疆的雪灾与洪水灾害：历史与未来》，见殷晴、田卫疆主编《历史时期新疆的自然灾害与环境演变研究》，第7、8页。

军，进击贺鲁部，值大雪，或建议梁建方借贺鲁部麻痹之际发起攻击，谓之曰："贺鲁保一城，方寒积雪，谓唐兵必不来，宜乘此一举歼灭之。"①唐军出击，贺鲁不支，败逃500里。是唐军利用大雪天气击败了贺鲁部。显庆二年（657年），又以苏定方为伊犁道行军大总管，讨伐贺鲁。唐军至伊犁河，贺鲁轻唐军兵少，两面而围之，定方亲率劲骑严阵以待，贺鲁战不能胜，又被唐军乘乱击之，遂溃败而奔北，唐军乘胜追击，"会大雪，军中请须霁"②，即军中有人建议等待天气放晴之后再采取军事行动，苏定方则认为贺鲁部正以为大雪会阻止唐军前进，才停止了溃逃而暂时原地休息，我借此正可打他个出其不意，并能速胜。果如定方所言，唐军出击取得了胜利，并俘获无算。是唐军又一次利用大雪天气击败了贺鲁部。龙朔二年（662年）三月，以郑仁泰、薛仁贵为铁勒道行军正副总管，讨伐铁勒。唐军大败铁勒部于天山，杀降数十万。继而追击余众，"遇大雪，兵士粮尽，冻饿死者十八九"③。而这次天降大雪也使唐军蒙受重大损失。

明代，有发生于万历三十一年（1603年）的叶尔羌地区的雪灾，因寒冷竟有多人冻死。

清代，有多次雪灾见诸记载。康熙五十五年（1716年），巴里坤下大雪，积雪深厚，驻军之马因无处放牧，"以致倒毙一万四千余匹"。雍正十年（1732年），清军进军木垒时，因冰雪盖地，驼马无食，倒毙甚多。雍正十三年（1735年），巴里坤驻军倒毙损失马骡过多，是其兵丁因雪大不耐寒冷劳苦而致。乾隆三十年（1765年），伊犁地区雪大，"人畜俱遭灾疫"。乾隆三十二年（1767年），喀什噶尔"自第七台至第十台，并腰站，所养牲只，俱被雪伤"。乾隆三十三年（1768年），锡伯营官兵称缺马176匹，其原因是"牲畜倒毙于大雪"。乾隆三十八年（1773年），哈密地区冬天大雪40余日，造成严重雪灾。乾隆三十九年（1774年）五月间，哈密地区"天降大雪，惟山北尤甚，冻弊人民并牛羊颇多"。乾隆五十年（1785年），哈密地区天寒异常，以

① 《新唐书》卷215《突厥传》，6061页。

② 《新唐书》卷215《突厥传》，6062页。

③ 《唐会要》卷61《御史台》

至“冻死牲畜甚多”①。乾隆五十七年（1792年），伊犁地区“回民地亩田禾，被雪压伤”。

嘉庆十五年（1810年），塔尔巴哈台地方因降大雪，使官羊孳生多有伤损。嘉庆二十五年（1820年），清军官兵从乌什调往喀什噶尔，“因山内草枯雪大，往返途次倒毙马四十一匹”。道光八年（1828年）二月，哈米德松树塘地区大雪下了四昼夜，深者丈余，巴里坤马厂的马匹也被压死较多。②道光十七年（1837年），伊犁地区察哈尔蒙古部落游牧的“库库托默、雅玛图、鄂托克、赛哩、库苏木什等处”，官私牲畜“因冬雪过大，马匹牲畜，不能饱食”。次年，在“青黄不接之际，复因猝遇大雪，以致所牧官私牲畜，共倒毙二万有余”。咸丰三年（1853年），伊犁地区的额鲁特部牧放的牲畜“被雪伤损”。光绪元年（1875年），塔尔巴哈台的“固尔班郭勒台陷雪，冻毙驼只”③。

清代以前，由于记载缺失，所知新疆发生的雪灾不多。而清代的记载就丰富了很多。嘉庆年间贬谪伊犁的洪亮吉和道光年间谪戍伊犁的林则徐，都在前往伊犁的途中记有日记，洪亮吉是从嘉庆四年（1799年）的农历十二月进入新疆，至来年二月初十到伊犁，沿途都是白雪茫茫，有些地方积雪很厚，作者以盈丈或数尺记之。林则徐于道光二十二年（1842年）农历九月到新疆的沙泉，十月十七日到头墩河，这一段路都是迎着纷纷大雪前行的。以此可见新疆的冬季还是下雪比较多的，雪过大，积雪过厚，以及大雪过后的冷冻，都是发生雪灾的条件，毋庸置疑。

五、地震

地震是危害性极大的自然灾害，或认为地震灾害位列各大自然灾害之首。新疆也是地震多发区。史载“地多震动，一年或四五次”。④根据刘星、

① 钟方：《哈密志》卷2《天文志·灾祥》。

② 刘星：《新疆灾荒史》，第16页。

③ 清代有关雪灾记载，除有专门注释之外，其余内容均参考和转引自徐伯夫《清代新疆的自然灾害》一文。

④《回疆志》卷1《地理》。

高国英等人的研究,新疆是一个多地震的地区,并且在新疆域内还分布着多条地震带,成为地震灾害的主要发生地。其中在南疆发生的高强度地震有:光绪十五年(1889年)八月,塔什库尔干县发生6级地震,房屋皆破坏。1893年12月17日,库车县西南发生6级地震,共倒塌民房556间,死亡9人,平地开裂、下陷,农牧业损失惨重。同月25日,阿克苏也发生同级地震,持续3天,屋宇城垣大半震坏,伤毙人畜不计其数。1896年7月5日,塔什库尔干县发生7级地震,城垣、房舍、粮仓多坍塌,平地裂缝。1897年3月4日,该地又发生6级地震,倒塌房屋42间,压毁蒙古包20架,压死8人,压伤3人,压死牦牛、耕牛共155头,马25匹,羊699只。沙石掩埋土地160段。1896年11月1日,阿图什地区发生6级地震,城乡各村庄倒塌房屋73间,压死7人,伤5人。附近的布鲁特山区倒塌房屋182间,压死骆驼、牛、马16头(匹)、羊35只。次年6月21日,该地又发生6级地震,造成巨大损失,压死47人,压死牛、驴15头,小羊118只。1902年8月22日,在阿图什附近发生了8.5级大地震,震中烈度达到10度,是新疆历史记载中震级最大的一次地震。极震区包括阿湖、阿图什、孙他克、提间库勒等地,面积约5400平方公里。极震区灾情十分严重,房屋倒塌近万间,几乎是区域房屋的全部,山体崩塌、平地裂缝,目睹此状,让人瞠目结舌。地震造成近千人死亡,受伤者不计其数,牲畜损失超过600多头(只)。[①]给区域人民的社会生活造成极大困难,农牧业生产受到严重影响。1906年12月23日,又在玛纳斯发生了7.7级地震,震中烈度为10度。震区内山体崩裂,石块散落,地表裂缝,湖盆变异。据不完全统计,震区内倒塌房屋2000余间,死亡285人,受伤1100余人,牲畜也多有死伤。这次地震造成的损失也是巨大的。

由于历史时期有关地震的记载多付阙如,我们试回顾一下近现代以来新疆发生的地震,也可供借鉴参考。在北疆,1931年8月11日,富蕴县发生8级大地震,震中烈度为11度。地震形成了沿可可托海一二台断裂的长达176公里的断裂带。在断裂带经过的地方,有些毡房竟整座跌落于断裂缝之中。地震造成数百人死亡,财产损失难以计数。2003年9月27日,在阿

① 刘星:《新疆灾荒史》,第112—114页。

勒泰市与俄罗斯、蒙古国接壤处的我国境内一侧，发生了7.9级地震，震中烈度为11度，受损严重的布尔津县，有2460余户房屋被毁，直接经济损失7600多万元。同年12月1日，昭苏县发生6级地震，造成10人死亡，21人重伤，直接经济损失1.8亿元。2007年7月20日，特克斯县发生5.9级地震，所幸无人员伤亡，经济损失高达1.1亿元。

在南疆，1924年7月2日和7月12日，在民丰县境内发生两次7级地震，震中烈度均为10度。震区山石崩塌，山体滑坡，地裂缝随处可见，河道多处堵塞，有130余人在地震中丧生。1949年2月24日，轮台县发生7.7级地震，震区烈度为9度。据不完全统计，此次地震倒塌房屋3930余间，死亡12人。1985年8月23日，乌恰县发生7.1级地震，震中烈度为9度。这次地震造成乌恰县城被毁，3.5万多间房屋倒塌，死亡67人，重伤200余人，牲畜死亡2000多头（只），经济损失超过亿元。1996—1998年，在阿图什—巴楚—伽师一线连续发生6级地震11次，共造成45人死亡，经济损失达15.3亿元。2003年巴楚—伽师发生6.8级地震，震中烈度达9度，受灾人口达51万之多，死亡268人，受伤4853人。其中，重伤2058人，19899户民房倒塌，22101户民房受到不同程度的损毁，牲畜死亡70958头（只），灾区供电、通讯、桥梁、公路、水利等设施也遭到严重破坏，直接经济损失13.71亿元。2008年3月21日，于田县发生7.4级强震，由于震中在海拔5000米以上的山区，属人烟稀少地区，仍有6万人口受灾，直接经济损失1.9亿元。同年10月，乌恰边境地区发生6.9级地震，虽未造成人员伤亡，但经济损失仍有6728.4万元。①

根据对新疆地质构造的研究，在新疆域内分布着5条地震带，即阿尔泰地震带、北天山地震带、南天山地震带、帕米尔—西昆仑地震带、阿尔金地震带。在1900—2010年的110年间，共有5个地震活跃期，4个相对平静期。地震活跃期超过了60年，而地震相对平静期有40余年，明显地震活跃期的时间还更长一些。在这110年中，新疆域内就发生了27次强震，可见

---

① 高国英：《新疆的地震灾害》，见殷晴、田卫疆主编《历史时期新疆的自然灾害与环境演变研究》，第145—148页。

新疆地震发生的频次还是比较高的。[①]从此可以看出,历史时期的地震几乎都处于缺载状态,这无疑对于认识历史时期新疆发生的地震灾害是一大遗憾。正是基于此,在这里才把近现代以来新疆发生的地震列了出来,以之与历史时期形成对照,并以之反映历史时期新疆的地震灾害并不少见,尤其是强震的灾害后果也是相当严重,对区域农牧业生产产生较大的消极影响是不言而喻的。

此外,秋季的霜冻也会对当地农牧业带来危害。乾隆五十二年(1787年)十二月,奇台、宜禾地区突降霜冻,致使当地受灾严重。[②]

总之,新疆的春冬干旱、夏秋洪水以及干热风、霜冻、雪灾等自然灾害,都会对农业生产造成不利影响。

第二节　自然灾害对畜牧业的影响

相对于农业生产而言,畜牧业生产更依赖于气候的好坏,即更是靠天吃饭的一种产业。故风调雨顺的年份,畜牧业的生产发展就会好一些,反之,则会受到很大影响。对畜牧业生产构成较大负面影响的自然灾害主要有:天气过度干旱且持续时间长而形成的旱灾;寒潮来袭而形成的雪灾;以及害虫泛滥而形成的虫灾等。

天气过度干旱会导致草原地表严重失水,土壤干燥,牧草得不到正常的水分滋养而生长不蓄。干旱若发生于春季,则影响牧草的返青、发芽与幼苗的生成;若发生于夏季,则影响牧草的生长与水草质量;若发生于冬季,裸露的牧草会因干冷寒冻而枯萎,草根也因得不到积雪的保护和雪水的涵养而影响来年的发育。更重要的是,冬季干旱,草场没有积雪或积雪少,会导致牲畜饮水不足,甚至无饮水。总之,牧草滋生不蓄,不但会影响草原的承载力,更严重的是牧草稀疏往往又会导致虫灾,成为双重影响畜

① 高国英:《新疆的地震灾害》,见殷晴、田卫疆主编《历史时期新疆的自然灾害与环境演变研究》,第152—156页。

②《清高宗实录》卷1294,乾隆五十二年乙亥。

牧业发展的消极因素。

干旱是历史时期经常发生的自然灾害，而新疆本属干旱少雨区，从理论上讲，发生旱灾的概率还会更多一些，而实际发生的旱灾也不会少。由于缺乏相关的文字记载，复原区域灾害发生就成为巨大困难。故我们只能从文献中偶然提到的事件窥知一二，以期取得窥一斑而知全豹的效果。如《后汉书·南匈奴传》记载光武帝建武二十二年（46年），“匈奴中连年旱蝗，赤地数千里，草木尽枯，人畜饥疫，死耗太半”①。虽然当时南匈奴只有部分领地及于北疆地区，而干旱发生的区域也不明具体，既不能说就发生在新疆地区，但匈奴也是以草原游牧为生的民族，故其境内所发生的旱灾，亦可资说明新疆相同环境下的畜牧业问题。还有这样一条线索，似可供参考。在武则天垂拱二年（686年），北边的突厥同罗、仆固部叛乱，唐军出师征讨，著名诗人陈子昂随唐军出征，唐军沿居延海路北出击破叛军。事后随军侍御史乔知之委托陈子昂写了一篇《为乔补缺论突厥表》，以其在讨伐叛军过程中和驻守同城期间对历经区域的实际考察，进言朝廷，“臣比在同城，接巨延海，西逼近河南口，其碛北突厥来入者，莫不一一臣所委察。比者归化，首尾相仍，携幼扶老，已过数万，然而疮痍羸惫，皆无人色，饥饿道死，颇亦相继。先九姓中遭大旱，经今三年矣，野皆赤地，少有生草，以此羊马牛死耗十之八九。今所来者，皆是稍能胜致。始得度碛，碛路既长又无好水草，羊马因此重以死尽，莫不掘野鼠，食草根，自相残命，以给糇食”②。这里提到当时碛北一带因遭干旱，人畜乏食，惨遭饿毙的情况，很清楚地反映了干旱对草原以及对牧畜的严重影响。唐代居延海地区，即今内蒙古额济纳旗辖境，西与今新疆为邻，再向北的同罗、仆固诸部族，其活动范围已延及今新疆地区。故用此情况来比照说明干旱对新疆牧区的影响无疑也是可行的。

寒潮引起的暴风雪也是畜牧业的主要灾害之一。主要是降雪量太大，地表落雪覆盖雪太厚，积雪需要融化的时间太长，就会使草场上的畜群无

① 《后汉书》卷89《南匈奴列传》，第2942页。

② 董诰等编：《全唐文》卷209《为乔补缺论突厥表》，中华书局，1983年，第2168页。

草可吃，以至冻馁而亡。俄国人尼·维·鲍戈亚夫连斯基就曾提到这个问题，他说："对牧民来说，最主要的灾害叫朱特，所谓朱特就是冬季降雪后又继而下雨，随后就开始冰冻，于是土地上就结成一层或厚或薄的冰壳，绵羊以及一般幼畜不能用蹄子刨开这层冰壳，吃不到下面的干草，便成群地饿死。"[①]这对畜牧业带来的损失是显而易见的。那么，雪灾对新疆的畜牧业产生了什么影响呢？最早见于记载的雪灾发生在西汉宣帝本始二年（前72年）。当时，汉与乌孙联合共击匈奴，与匈奴发生了多次战争，既有五路出兵，北击匈奴，又有校尉常惠与乌孙的西域联军，从西面出击匈奴。各路人马均有不同的斩获，尤以常惠与乌孙的西域联军斩获最多。此战使匈奴损失惨重，俘获单于父以下3.9万余人，虏马、牛、羊、驼等畜70余万头。此事让匈奴非常怨恨乌孙。其年冬天，匈奴单于自将万余骑攻入乌孙境，大肆掳掠人口以归。结果在返回时，遭遇突降大雪，一天之内就积雪丈余，天气也骤然寒冷无比，人畜冻死了一大半。所谓"还者不能十一"[②]。可见这场大雪给匈奴造成的损失是非常巨大的。

唐永徽二年（651年）发生在庭州贺鲁城一带的大雪，显庆二年（657年）发生在伊犁河流域的大雪，龙朔二年（662年）发生在天山一带的大雪，虽然都记载的是影响军事行动的大雪，不及畜牧业，但仔细思考一下，足以影响军事行动的大雪，绝不会对畜牧业网开一面，也就是说，畜牧业受影响是必然的。

明万历三十一年（1603年）正月八日，叶尔羌附近降大雪，有不少人被冻死。传统农牧业时代，人是物质生产最主要的因素，雪灾导致人口减少，就影响到劳动力减少，当然也会影响农牧业生产。

清代由于文献记载较多，反映的雪灾记录也比较多，而每次雪灾，都会有人口和牛、羊等牲畜或冻死，或饿毙。按照前述雪灾的统计，有清一代，见于记载的雪灾至少有近20次，道及灾害损失多以驼、马、牛、羊或牲畜倒毙甚多或颇多述之。也有例外，如康熙五十五年（1716年）的巴里坤大雪，

① [俄]尼·维·鲍戈亚夫连斯基：《长城外的中国西部地区》，新疆大学外语系俄语教研室译，第142页。

② 《汉书》卷94上《匈奴传》，3787页。

则明确记载因无食而倒毙的驻军牧马就有1.4万余匹；[①]道光十八年（1838年），伊犁地区的察哈尔蒙古部落因大雪，竟致官私牧放牲畜共倒毙2万有余。[②]上述二者的雪灾损失无疑十分严重。特别是后者，对当时察哈尔部落的牧业生产是一次巨大打击。

天山南麓的大小尤勒都斯是新疆最好的牧场之一，时人徐松曾说这里也是“惟季春尤雪，飞雯无时，遇风即结成糁”[③]。雪雨一旦冻结成冰，就封住了草层，在解冻之前，畜群是吃不上草的，牲畜因此饿毙，死亡越多，灾难越大。

虫灾主要指蝗虫灾害与鼠灾。其实，蝗灾与鼠灾都与旱灾有着某种联系。蝗灾一般发生在大旱之后，所谓“旱极而蝗”[④]，这一点古人早已认识。蝗虫是一种喜欢温暖干燥环境的昆虫，干旱的环境对其繁殖与生长发育很有利。在干旱年份，不仅土壤含水量低，而且地面植被稀疏，这些都是蝗虫生存和繁殖的良好条件，加之蝗虫的繁殖能力极强，故往往会在短时间内形成飞蝗满天的可怕景象，即蝗灾。

草原牧草如果长得稀疏低矮，往往最易发生鼠灾。而这种情况也往往与旱灾有关，即在干旱的气候条件下，土壤水分严重不足，牧草生长受到影响，遂出现的一种草原发育不良之状况。由于害鼠的繁殖力极强，一旦其生存条件与外界环境相适应，其种群数量则急剧增长，从而形成鼠害。

此外，还有大风、洪水、冰雹、地震等灾害对畜牧业的影响。如吐鲁番西北风区，在春夏之际，往往会狂风大作，吹沙走石，破坏力极大，所谓“土尔番（吐鲁番）之北一里，许多怪风，往往驴羊吹去无踪”。[⑤]

除了上述自然灾害外，还有疫疾的侵袭。疫疾一旦袭来，就会造成牲

---

① 徐伯夫：《清代新疆的自然灾害》，见殷晴、田卫疆主编《历史时期新疆的自然灾害与环境演变研究》，第45、46页。

② 徐伯夫：《清代新疆的自然灾害》，见殷晴、田卫疆主编《历史时期新疆的自然灾害与环境演变研究》，第47页。

③ 徐松：《西域水道记》，中华书局，2007年，第106页。

④ 徐光启、石声汉：《农政全书校注》卷44《荒政·备荒考中》，上海古籍出版社，1979年，第1299页。

⑤ 椿园：《新疆舆图风土考》卷1《新疆纪略》。

畜大范围死亡,后果极为严重,所以牧民在总结畜牧经验时特别提出"必慎疾病。谨刍秣去其害,勿使滋累,斯为善牧一。或不慎疠气传染,旦夕之间,能空其群。俾无遗育,马牛依然"。[①]

总之,新疆的干旱、暴雪、大风、洪水、干热风、地震等自然灾害都会对农牧业产生极为不利的影响。

第三节　农牧业生产与生态环境变迁

新疆是典型的干旱半干旱区,同时又是重要的农牧经济区。当今世界旱地农业面临的四大生态环境问题,主要就是干旱缺水、水土流失、风蚀沙化和土壤盐碱化。就新疆地区而言,土壤沙漠化与盐碱化是该区域农牧业最主要的威胁。这两大威胁的成因固然有该区域自然条件的影响因素,同时也与历史时期不合理的开发方式密切相关。所以分析历史时期人类的活动对该区域土壤盐碱化和沙漠化的影响,以及后者对前者的反作用是当前研究的重要课题。农业和畜牧业生产方式均会对生态环境产生影响,农业垦殖以及耕作、灌溉方式等,对生态环境的影响无疑会更大些。畜牧业生产中,若畜群数量超过牧场的承载量,谓之过度放牧,也会引起草原的退化,从而产生草原荒漠化,甚至沙化。鉴于史料缺乏,目前我们还不能具体说明历史时期新疆畜牧业发展过程中是否出现过超载问题,是否对生态环境产生过影响以及影响的程度,只能有待今后的研究。下面仅从盐碱化和沙漠化两个方面论述历史农业发展过程对生态环境的影响。

一、农业与盐碱化

土壤盐碱化是一大世界性的问题,它遍及世界各大洲80多个国家。根据联合国教科文组织和粮农组织统计,全世界土壤盐碱化面积达10亿

① 钟广生等:《新疆志稿》卷2《畜牧》。

公顷。我国盐碱化土壤分布很广，从东海之滨到南北边陲，从黄河流域到松辽平原，分布着不同类型的盐碱土，面积2000多万公顷。新疆地处亚欧大陆腹地，降水稀少，蒸发强烈，是我国最干旱的地区，也是土壤盐碱化面积最大、分布最广、类型最多、积盐最重的地区。新疆现有的耕地中，盐碱化面积占1/3，土壤盐碱化是造成新疆农业低产和歉收的重要原因之一。现有耕地和新垦土地，因土壤次生盐碱化而弃耕的情况非常多，面积也很大，严重制约着新疆农业生产的发展。南疆为新疆传统农业耕作区，其盐碱化的土地主要分布在天山南、北麓山前冲积平原，阿克苏河、渭干河及孔雀河三角洲地区；塔里木盆地西缘冲积平原的喀什三角洲、叶尔羌河三角洲等；昆仑山北麓的山前冲积平原以及吐鲁番—哈密盆地。尤以喀什河流域、焉耆盆地等区域的盐碱危害最为严重。

（一）南疆盐碱的自然与人为因素

1. 自然因素。一定的气候、地形、水文地质等自然条件，是盐碱土形成的根本条件。新疆四周为高山所环绕，是一个远离海洋的封闭内陆盆地，特别是南疆地区，湿润的海洋气流难以及此，成为我国最为干旱的地区。因降水稀少，土壤中盐分受降雨淋洗的影响很小；干旱又导致强烈蒸发，在土壤毛细管的作用下，土壤和地下水中的盐分就会不断向地表聚集。同时，在塔里木盆地广泛分布着含盐和石膏的古近纪、新近纪地层，增加了土壤中盐分的来源。如塔里木盆地在中生代和古近纪、新近纪时期形成的莎车和库车两个坳形区域，当时遭受海水多次入侵，沉积了深厚的含盐层，并大部分露出地表。在库尔勒以西，从策大雅乡起的前山地带，含盐层断续出现，绵延千余公里。当降雨或地表水溶解这些含盐层的盐类后，大量盐分随地表水向平原地区运移。南疆的河流均为内流河，各河流在出山口后依次形成洪积—冲积扇、潜水溢出带和冲积平原。每条内流河在汇集流经区的地面径流的同时，也将土壤和岩石风化物中的可溶盐类大量带入盆地内，并在洪积扇扇缘、大河三角洲以及洪积—冲积平原的中下部聚集。尤其在地形平坦、土质颗粒细、地下径流不畅的地方，渗透系数小，潜水主要是垂直运移，潜水通过地面大量蒸发，促使土壤积盐，形成盐碱土的大片分布区。

2. 人为因素。南疆广大绿洲地区的大范围盐碱化，是自然和人为双重因素综合作用的结果。灌溉排水和水利修建的措施不当，大量地下水位抬高，大量底土和地下水中的盐分随潜水蒸发积聚到土壤上层和地表，从而造成土壤次生盐碱化，这是南疆地区的显著特征。

首先是田间灌溉过量与排水不足。在农业生产活动中，由于采取的水利、农业措施不当，特别是用高矿化水灌溉时，常因灌溉用水过量，只灌不排，在排水不畅的条件下，地下水补给量大于排泄量，地下水位大幅度上升，这是土壤次生盐碱化产生的重要原因之一。对南疆农业灌溉方式进行历史考察，我们不难发现，历史时期该地区的农业灌溉方式基本是大水漫灌。所谓大水漫灌，就是粗放式灌溉，即直接把河水引入农田，以大块的土地面积为单位，使灌溉用水在较大范围的地表上漫流，借重力作用浸润土壤。具体来说，就是在一大块农田的地边上筑堤挡水，让漫流之水大致浸满所要浇灌的农田。如果田间土地不平整，高高低低，要使地块都漫上水，就需要先把低处填平，才能把水壅到高处。这种方式无疑造成了极大的水资源浪费。还有一点是只知灌不知排，田间多无排水设施，加之南疆的农田多位于河流两岸的地势低平处与河流尾间三角洲，地下水位本来就高，而运用农田漫灌法又会进一步抬高地下水位。在南疆高温高蒸发的环境下，水分蒸腾而去，留下的矿物质则逐渐积淀下来，积盐加剧，这样农田逐渐就成为盐碱地。随着土地盐碱化的加深，不仅农业种植难以持续，甚至草木不生，最后只能弃耕抛荒。在清代，人们对此已有认识，所谓“地多斥卤，久雨则蒸霔，生碱气，沾苗根萎立腐”[①]。

其次是渠道渗漏现象严重，造成渠道沿线的农田次生盐碱尤为严重。有关研究表明，一般渠系有效利用系数为0.3左右。当前新疆各地渠道均已不同程度地进行了防渗，渠系有效利用系数已提高到0.4—0.5，仍约有一半以上的水量随渠道输水时渗入地下，其中一部分再随蒸发将盐碱带到地面。从渠道两旁可以明显看出返盐现象，严重影响农作物生长。一般渠道渗漏对两侧的影响范围大致为：总干渠为500—1500米，干渠为100—200

① 钟广生等：《新疆志稿》卷2《物产》。

米，支渠为50—150米，斗渠约为50—100米。[1]困于资料缺乏，我们无法对历史时期南疆水渠灌溉渗漏系数进行确切测定，但新疆历史上水利灌溉技术比之今日的节水灌溉技术要落后很多。由此可以推测，历史上南疆农业灌溉渠道沿线一带，其次生盐碱化现象应是比较严重的。

（二）改良盐碱的建议

土壤盐碱化与次生盐碱化是长期困扰新疆灌溉农业发展与生态环境保护的关键问题之一。如何改良盐碱土壤和减缓次生盐碱的产生是当前南疆农牧业发展的重要课题。

第一，在思想上要高度重视盐碱化和次生盐碱化的危害认识。盐碱化和次生盐碱化是制约南疆农牧业进一步发展的一大瓶颈。没有适宜的土壤进行农耕和种植牧草，势必会严重阻碍农牧业的发展。所以首先在思想上要对盐碱化和次生盐碱化给予足够重视。

第二，改进灌溉技术，注重排水设施建设。盐碱的产生是盐碱的积累大于消耗的结果，如果采取盐碱排放措施，使其消耗速度大于积累速度，则盐碱地就会变为适宜农耕的良田。因此，一定要改变过去大水漫灌的做法，尽量创造条件采用和推广滴水灌溉技术，以防止地下水位上涨和减少盐碱生成的条件，最大限度地降低地表盐碱积累的速度。同时，还必须有排碱措施，即在兴修灌溉渠道的同时还要辅以配套的排碱去路，及时将高出水位的积水排出，如此才能有效地防止农田盐碱化的产生。

第三，完善灌溉水渠防渗技术，提高灌溉有效系数。目前新疆各地都在推广渠道防渗处理技术，通过渠道防渗处理既可以提高农田灌溉效率，又能降低渠道地带的盐碱化发生。

第四，运用生物手段加大对盐碱地的改良力度。一是种稻洗盐。在盐渍化土地上，如果有足够的水源灌溉，又有良好的排水条件，种植水稻是脱盐改土的有效措施。如果还没有较为完好的排水设施，勿盲目扩大水稻种植，以免产生新的盐碱化土地。二是种植耐盐植物。在盐渍化土壤上种植耐盐植物，如向日葵、甜菜、籽粒苋、棉花等，可在盐渍化土壤治理中发挥重

① 陈小兵等：《大农业条件下新疆土壤盐碱化及其调控对策》，《土壤》2007年第3期。

要作用。在灌排渠系两侧和末端地区种植芦苇和红麻，以充分利用渠道两侧的湿地或盐渍化土地。如此，既可利用植物吸收土壤中的盐分，又可减少蒸发，抑制土壤返盐。三是实行草田轮作、套种。在地下水位较高的旱田区，极易发生土壤盐渍化。实行草田轮作、套种，不仅能增加土壤有机质和速效养分，而且还可以改善土壤物理性状，增加土壤的孔隙度，提高土壤的持水量和透水性，抑制返盐。实行粮草套种，粮食和牧草非但不会减产，甚至还会增产。①

第五，还要强调的是改进耕作方式，如平整土地，可防止因农田表面坎坷不平而造成积水积盐。增加有机肥的使用量，如羊粪就有压碱作用。②在盐渍化土地上增施有机肥，不但能改善土壤耕层结构及物理性状不良的特点，而且还能有效地控制土壤毛管水的迅速蒸发，具有明显的减轻地表积盐的效果。

二、农业与沙漠化

土地沙漠化一直以来就是全球生态危机之一，关于沙漠化的研究从来就没有停止过。新疆是我国沙漠土地面积最大、分布最广、危害最严重的省区，也是世界上沙漠化最严重的地区之一。塔克拉玛干沙漠位于塔里木盆地中央，是中国最大的沙漠。其边缘为连接山地的砾石戈壁，边缘与沙漠间为冲积扇和冲积平原，源于昆仑山与天山的河流均属内陆河，都最终消失于沙漠腹地。历史时期，塔里木盆地塔克拉玛干沙漠逐渐扩大，已成为危害该地区人民生产、生活的首要灾难。故研究塔克拉玛干沙漠的形成与发展的动力因素，就成为学术界责无旁贷的任务。

所谓沙漠化，一般认为，就是在干旱、半干旱及部分半湿润地区，由于人类经济活动与自然资源环境不相协调所产生的土地生产力下降、土地资

---

① 买买提·阿扎提等：《土壤盐渍化及其治理措施研究综述》，《环境科学与管理》2008年第5期。

② 在新疆考察，一位在阿克苏种田的河南商丘农民对我们说，施用羊粪可以有效压碱，阿克苏当地人自古以来一直使用该方法治理盐碱地。

源丧失，地表呈现类似沙质荒漠景观，以风沙活动为主要标志的土地退化过程。

根据科研工作者的长期观测和研究结果，我们将沙漠化成因归为两类，即自然成因和人文成因。持自然成因的观点[①]认为，导致沙漠化的根本原因是自然因素，即脆弱的生态系统、干旱多风的气候条件，人类活动处于从属地位。其主要观点是：沙漠演化是对区域性特别是全球性气候变化的响应，干旱、气候变化、水资源的严重匮乏是造成沙漠化的主导因素。如周霞研究塔里木盆地沙漠化的原因，认为其主导因素是青藏高原对水汽的屏障作用及其造成的下沉气流。[②]钟巍等学者认为气候环境的自然演化是影响人地关系类型与内容的重要因素，从而导致沙漠化的扩大。[③]

持人文成因的观点则认为人类活动才是沙漠化产生的主要原因，对沙漠化起主导作用，自然因素对沙漠化只起到诱导和促使作用。[④]关于沙漠化的人为因素，目前比较统一的认识是：在不利环境背景条件下，由于人口压力持续增长和普遍采用滥垦、滥伐、滥牧、过度开采地下水等粗放式经营，从而造成地表覆盖破坏，最终导致了沙漠化的发展。根据研究，由于人为破坏地表覆盖，将导致水分难以涵养，不利于地表气流的抬升、辅合；同时地表反射率也会急剧增加，下沉气流盛行，最终导致气候更加干旱。因此，人为原因所形成的沙漠化，经过生物—地球物理反馈机制的影响，其发展要比自然原因所形成的沙漠化更直接、更迅速，也更为严重。

笔者认可人为因素为主导因素的说法。我国的沙漠地区，其普遍特点是气候干旱，降水稀少且变率高，地表植被稀疏，土质疏松，又多大风天气，其生态环境都比较脆弱。如果人类对当地生态环境的影响程度还不足以破坏大自然的自我修复能力时，大自然具有自我修复的功能。比如科尔沁

---

① 刘毅华、董玉祥：《西藏“一江两河”中部流域地区土地沙漠化变化的驱动因素分析》，《中国沙漠》2003年第4期。

② 周霞：《塔里木盆地的沙漠化成因及防止沙漠化的对策》，《新疆师范大学学报》1995年第1期。

③ 钟巍、谢宏彬、熊黑钢等：《历史时期（着重近4kaB.P.以来）南疆地区气候环境与人地关系演化的初步研究》，《干旱区资源与环境》1999年第4期。

④ 王涛、朱震达：《中国北方沙漠化的若干问题》，《第四纪研究》2001年第1期。

沙地在经过近几年持续退耕还草的治理措施后，草原生态已经在向好的方面转化，并有一定程度的恢复。毛乌素沙漠在20世纪80年代以前，一直处于不断扩大之中，然自20世纪90年代加大生态恢复的治理力度以后，经过几十年的不懈努力，沙地陆续变绿，毛乌素沙漠已处于几近消失的状态。这一现象就很有说服力地反映出人为因素在生态脆弱地区对土地沙化所起的作用。当然，其中也有自然因素的作用，如降雨量较多，也促进了生态环境的自我恢复。不过，西北地区是降雨量更少，气候更干燥，又多大风的地区，当人类不合理的经济活动严重破坏了自然界的自我修复能力，如过分开垦土地后的撂荒与抛荒，使得土壤表层裸露，到了干旱多风季节，就会扬沙起尘，成为沙尘天气。由于区域人口增加，需要开垦更多的土地，往往是随着河流上游垦殖与用水的增多，导致河流下游地区水量不足，甚至断水，进而造成下游土地荒废。长此以往，就形成了下游绿洲的不断萎缩，原来的耕地被抛弃，就又给沙蚀提供了机会，成为沙漠化扩大的又一条件。总之，不合理的人类活动施加在脆弱的生态环境之上，无疑会导致沙漠化的发生。因此，脆弱的生态环境是发生沙漠化的物质基础，不合理的人类活动是加剧这一过程的主导因素。

据研究，塔克拉玛干沙漠所在的塔里木盆地，是在中更新世至全新世时期逐渐形成的闭塞的内陆盆地，由于区域极端干旱和多风的气候，在风力作用下，丰富的冲积、湖积等沙质沉积物逐渐形成了这一广袤的沙漠。① 考古人员从小河墓地出土的随葬物品中，发现了大量随葬用的红柳枝和用沙漠植物芨芨草编织的草篓。②说明早在公元前1650—前1450年罗布泊小河地区已经有沙漠的存在了。《汉书》中记载鄯善地区的地貌时就用了“地沙卤”，其地植被多是“柽柳、胡桐、白草”等沙漠植物。③从罗布泊南岸往西的一路也是“乏水草”，生态环境恶劣，汉朝使者经过此段路程也多是“常乏食，死者过半”④。

① 邹逸麟：《中国历史地理概论》，第88页。

② 新疆文物考古研究所：《新疆罗布泊小河墓地2003年发掘报告》，《文物》2007年第10期。

③《汉书》卷96上《西域传上》，第3876页。

④《史记》卷123《大宛列传》，第3174页。

塔里木盆地周边绿洲的第一次大规模开发始于西汉武帝时，一批来自中原的将士与随军家属进入该区域，屯垦戍边，为区域农业开发增添了动力。当时的农业垦殖点主要集中在盆地北缘的轮台、乌垒、渠犁地区。到了东汉时，南缘的楼兰、伊循、精绝等地又成为开发重点。魏晋时期，楼兰、伊循附近地区依然保持着强度开发的趋势。从西汉至两晋，西域屯垦规模逐渐扩大，不仅增加了农耕面积，促进了农业发展，也为维护西域政局稳定和保障丝绸之路的畅通起到了积极作用。同时，我们也应该看到大规模高强度的农业开发，在一定程度上增加了绿洲的生态压力。比如西汉时，伊循屯垦最初只有司马所率的41个人，后又升级到都尉管理。都尉官阶高于司马，但低于校尉，所以其领兵人数肯定高于40人。魏晋时期，曹魏将经楼兰道进入西域的路线称为“西域中道”，较前朝更为重视，并在楼兰城设置西域长史，屯田驻守，统管西域事务。继曹魏之后，晋和前凉也在楼兰城设置西域长史机构，派驻军队，进行规模屯田，以确保楼兰道畅通。[①]史载敦煌索劢“将酒泉、敦煌兵千人至楼兰屯田”[②]。众多将士进入该区域屯垦，再加上当地民众，使生产生活于此地区的人数有了较大增长，众多的人口，逐渐增加的农垦规模已使得原有的生态发生了改变。虽然农业开发规模不断扩大，但有时仍无法满足当地的粮食需求，出土文书中反映，曹魏时期楼兰曾多次出现粮食生产不足，以致出现吏士口粮今年不能周接明年的严重短缺情况。[③]由此可见，汉晋时期，楼兰绿洲上的人地矛盾已经凸显，随之出现了超出其环境承载力的农业开发，最终导致自然生态急剧恶化。

再看尼雅地区。学术界基本认同尼雅为精绝故址。据史籍记载，西汉时精绝有480户，3360人，[④]平均每户7人。东汉以后，人口增加，“住户近千家”。[⑤]如仍按照西汉的人口户率计算，东汉后期，该地人口约7000人，这是西汉时的2.1倍。此外，东汉政府还在此地设置“司禾府”管理屯垦。

---

① 侯灿：《高昌楼兰研究论集》，新疆人民出版社，1990年，第219—253页。

② 陈桥驿注释：《水经注》卷2《河水》，第15页。

③ 见楼兰出土文书抄本826(L.A.川.1.26)“(上残)今权复减省督将吏兵所食条所减”；又见抄本830(L.A.川.1.12)“宜渐节省使相周接(下残)”。王国维：《流沙坠简·杂事类》，简版90、91。

④《汉书》卷96上《西域传》，第3880页。

⑤ 李遇春：《尼雅遗址的重要发现》，《新疆社会科学》1988年第4期。

如此，人口有了较多的增长，必然需要扩大土地种植面积，以养活新增人口。于是出现了用水日渐短缺，灌溉水源不足等问题，得不到灌溉的土地只好撂荒或抛荒。抛荒的土地缺少植被覆盖，裸露在烈日之下，就成为风蚀的对象。大风将土壤中更细微的颗粒扬起随风飘移，较粗的沙粒便沉淀了下来，最终形成沙地。沙地一旦形成，区域的生态平衡就被打破，沙地进一步发展就是沙漠化，或叫沙漠扩大化。唐初，玄奘途经尼壤城，目睹该城以东地区遍是黄沙，“沙则流漫，聚散随风，人行无迹，遂多迷路。四远茫茫，莫知所指，是以往来者聚遗骸以记之。乏水草，多热风。风起则人畜昏迷，因以成病”。睹货逻故国则是“国久空旷，城皆荒芜”。折摩驮那故国，即沮末地，亦是人去城空，“城郭岿然，人烟断绝”，一片荒凉凄惨景象。此外，塔里木南缘克里雅河流域的喀拉墩古城的情况也大致与此相似。

总之，塔里木盆地东部与南缘古代绿洲的荒废，均发生在汉晋至南北朝前期。而此时期正是中央政府在该区域从事屯垦的高潮时期。区域内古绿洲的萎缩与众多古城的废弃，虽有战争等因素，然更重要的当是生态环境不断恶化的结果。究其原因，亦当与这一时期的过度垦殖有关。

再看塔里木盆地北缘的焉耆、库车地区。这是汉唐屯垦的重要地区。如第二章所述，汉唐在此区域重点驻军，戍守兼屯垦，争取粮食自给以缓解远途运输的巨大压力。这是屯垦的积极方面。另一方面，屯垦也在一定程度上产生了消极作用，即开垦后又抛荒而产生的土地沙化。事实上，塔里木盆地绿洲土地都是沙性严重的沙质土，肥力低，垦种几年后肥力减退就会出现撂荒，再去开垦新地的现象。这些撂荒地，在干旱的气候和风力的作用下，就为土地沙化准备了条件。再加上邻近沙源的侵入等因素叠加影响，最终导致绿洲的荒废。考古学家黄文弼在焉耆南部考察汉唐古城时，古城所在已“遍地沙丘”。[①]库车地区的铁吉克唐代遗址已处在沙窝之中，大望库木旧城城墙是“隐没于浮沙之中”，通古斯巴什旧城内的房屋的“墙内堆满沙子”，羊达克沁大城中已“沙阜累累”。此外，他在沙乌勒克以北的

① 黄烈：《黄文弼历史考古论集》，第228页。

一座汉代古城试掘时,“掘深至1米许,均为浮沙”①。昔日屯垦重地,人烟繁盛,良田薮薮,而今已是满目黄沙了。

综上所述,人口的压力、屯田所带来的先进生产技术以及轮耕轮休的“搁荒制度”,虽然对塔里木盆地周边绿洲的农业生产起到了一定的促进作用,但也产生了一定的消极影响。

总而言之,历史时期塔里木盆地农业经营中的一些不合理、不科学的耕作和灌溉方式,在短时间内有促进农业生产的作用,但从长尺度的时间范围去观察,又在一定程度上对区域生态环境产生了诸多不良影响,导致土壤的盐碱化和沙漠扩大化,最终危害到区域人民的生产生活,这是历史的警示。

① 黄烈:《黄文弼历史考古论集》,第228—251页。

结　论

本书主要从农牧业发展的自然条件、历史时期的农业生产、历史时期的畜牧业生产、农作物的种植和空间分布、畜牧业的地域分布与特点、自然灾害与农牧业、农牧业生产与环境变迁等七个方面，对历史时期新疆农牧业发展及生产布局的变化进行了研究，并有以下几点认识：

一、新疆是我国历史上重要的经济区，其经济结构的特点是农牧兼营。著名史学家司马迁最早对我国进行了经济区的划分。在《货殖列传》中，他把全国经济区划分为四大经济区，即山西、山东、江南和龙门碣石以北。其中龙门碣石以北是以畜牧业生产为主导地位的区域。根据这一经济特点，我国古代的西北与西南两大地域也属于以畜牧业为主的区域。故我国在秦汉时期所形成的农牧分界线，自龙门碣石一线再向西至陇山，然后南折，经过陇南、川西高原，以至横断山脉，其以西地区皆属以畜牧业为主的经济区。本书研究的新疆地区即处于这条农牧分界线以西，无疑归属以畜牧业为主的地区。但新疆也有其明显的区域特点，即南农北牧一直贯穿于新疆历史时期。长期以来，学术界认为龙门碣石以北、陇山以西的广大地区在汉代以前是畜牧业占主导地位的区域，即使在西汉武帝大力开拓疆域，辖河西走廊和西域地区后，农耕文化也只是扩展到河西走廊和河套地区。很显然，这样的看法是对西域农业的发展状况认识不足的结果，进而忽略了农业在新疆南疆经济结构中的重要地位。通过本书研究，笔者认为新疆南疆地区在历史时期属于我国畜牧经济区中的农牧经济兼营区，农业在当地经济中一直占有很重要的地位，是绿洲城郭赖以自立的经济基础。

考古工作者在距今约3800年的罗布泊地区孔雀河下游古墓沟遗址中发现了小麦。[①]在距今2800—3000年前的天山南麓和静县察吾乎地区也有大麦和小麦的种植。[②]距今约2500年的吐鲁番洋海墓地出土了大麦和小麦的标本。[③]哈密市五堡距今约3200年的克孜尔确卡古墓出土了完整的大麦植株和穗子。考古发现表明新疆南疆地区是我国古代重要的农业经营地区。自先秦到清末，虽然南疆政治风云变幻，战争时起，民族迁移不定，但区域的农业发展进程一直没有中断，并随着时代的脚步，在曲折复杂而多变的环境中得以不断前行，有所拓展。吐鲁番和哈密地区就是在持续的农业开发中逐渐由游牧区演变成以农为主兼营畜牧之地的。所以，对于南疆农业的发展，我们应该给予充分重视。

由于自然地理条件所赐，南疆的农牧业生产一直并行发展，所以在区域经济结构上呈现出农牧兼营的特色。诚如上文所述，在各个历史时期，南疆一直是农牧业并举兼营，没有偏废一方而独自发展。故而在河流绿洲地区基本上是以农为主，兼及畜牧，互为补充。在山区和山间盆地一带，则多以畜牧为主，甚至纯粹是游牧经济，有农业也极其有限，甚至是寄田农业，即耕种于距离较远绿洲农业区。

二、新疆农牧业发展进程一直持续未断，并呈现出延续性和波动性相结合的特点。自史前新疆居民经营农牧业以来，新疆的农牧业发展进程并未因战争、灾害、民族变迁等种种因素而发生中断，而是一直保持着延续发展的势头。以吐鲁番地区为例。西汉时期，活动在这一带的车师前国和车师都尉国不过有700户，6383口，胜兵1865人。[④]东汉时车师前王仅领1500余户，4000余口，胜兵2000人。[⑤]至唐贞观十四年（640年），侯君集灭

---

① 新疆文物考古研究所：《新疆文物考古新收获》（1979—1989），第92—102页；王炳华：《丝绸之路考古研究》，第183—201页。

② 新疆文物考古研究所：《新疆察吾乎大型氏族墓地发掘报告》，第414—415页。

③ 蒋洪恩、李肖、李承森：《新疆吐鲁番洋海墓地出土的粮食作物及其古环境意义》，《古地理学报》2007年第10期。

④《汉书》卷96下《西域传》，第3921页。

⑤《后汉书》卷88《西域传》，第2929页。

高昌，收其人众，计8000户，37700人，[1]天宝年间增加至9016户，49476人。[2]之后，人口进一步增长，达11193户，50314人。[3]人口的不断增长，反映了地区农牧业生产的进步，即生产所获能为更多的人提供生活资料。再看历史时期南疆的人口变化。西汉时期南疆的绿洲人口为252710人。到了清乾隆二十六年（1761年），南疆地区有民205250口。[4]从西汉到清代，南疆地区的人口不但没有增长，反而还减少了近5万人，这一现象似乎深刻地反映出了南疆历史发展的复杂性和曲折性，但也不能排除清初在收复新疆的战争中所造成的区域人口损失。之后，伴随着清代对新疆南北疆的开发，南疆人口增长很快，至乾隆四十一年（1776年），人口增至61.4万人，再到嘉庆二十五年（1820年），进而增至70余万。[5]迄清末宣统元年（1909年），南疆人口达到1838806人。[6]较嘉庆间70余万之数，人口又增长了2.6倍。在传统社会阶段，区域人口的多少是与其经济发展成正比的，也就是说，清代南疆经济的发展是历史时期最醒目最突出的。当然，历史时期南疆的农业发展与否绝不仅仅体现在人口的增减变化上，还体现在耕作技术的进步和农具改进。如上文所述，在西汉屯垦南疆之前，当地农业生产还较多地使用着原始器具，如耒耜、骨铲等。但到了魏晋南北朝时期，南疆已较多地使用质地坚硬的铁质农具，如镰刀、犁铧等。当地耕作技术的进步，尤其是铁犁铧的使用极大地提高了生产力水平，也提高了当地群众改造自然、发展区域农业生产的能力。

事实说明，南疆农业的发展过程并非一帆风顺，其中有曲折有波动。在绿洲诸城邦互相争雄和民族变迁时期，战争频发，均对农牧业生产带来了诸多不利影响，农牧业发展进程放慢甚至衰退。在和平统一时期，特别是在中央政权统一西域时，如汉、唐、元、清诸王朝，通过各族人民辛苦经营，南疆农牧业生产均呈现出发展繁荣的景象，形成了历史阶段的几个发

---

① 《旧唐书》卷198《西戎传》，第5295页。

② 《旧唐书》卷44《地理志三》，第1645页。

③ 杜佑：《通典》卷174《州郡四》，第923页。

④ 《大清会典·徕远清吏司》。转引自蔡家艺：《清代新疆社会经济史纲》，第163页。

⑤ 曹树基：《中国人口史·第五卷·清时期》，复旦大学出版社，2001年，第445—446页。

⑥ 蔡家艺：《清代新疆社会经济史纲》附表《1909年各厅府州县人口一览表》。

展小高峰。即使在同一朝代的不同时期,农牧业生产的发展也呈现波动性。西汉统一西域,西域农业生产获得了较快发展。至王莽执政时,农牧业生产出现倒退。东汉时期,因其对西域控制力的强弱变化,新疆农牧业生产也随之一波三折。唐重新统一西域,并在西域驻军兼事屯垦,新疆农牧业生产又进入了快速发展的轨道,史载“轮台、伊吾屯田,禾菽弥望”。然至安史之乱后,唐在西域的驻军内调,边防力量削弱,吐蕃和回鹘乘机相继进入西域。经过一番较量和争夺之后,回鹘控制了吐鲁番、哈密和塔里木盆地北缘一线,包括焉耆和龟兹地区。吐蕃则控制了塔里木盆西缘和南缘的广大地区。虽然回鹘后来逐渐学会农业经营,吐蕃也保留了南缘和西缘农业经营,但是经过长期的战乱,社会纷纷扰扰,南疆农牧业生产还是受到严重影响。及至清代,新疆农牧业生产的发展也非一帆风顺。准噶尔势力强大时,曾控制了新疆很大一部分地区,对南疆农业发展产生了比较大的消极作用。浩罕阿古柏势力的入侵和南疆农民暴动,均使南疆农牧业生产大受影响,导致新疆农牧业发展出现低谷。清军平定大、小和卓叛乱与新疆建省,迎来了新疆农牧业发展的最好时期,也是新疆农牧业发展成就最大的时期。总体来看,新疆农牧业的历史发展,虽有起伏和曲折,但其发展的延续性始终没有中断,呈现出波浪式的发展特点。

三、新疆农业生产的地域布局,在历史时期也有盈缩变化,农业生产的重点区域常有变化。农业开发是人民经济活动和改造自然的结果。随着人类生产能力的改变,人口分布的疏密不同和不同时期农业政策的差异,农业生产布局在地域上也会发生盈缩变动,重点发展区域也会发生变化。两汉时期,中原戍边士卒在南疆的屯垦活动,主要分布在天山南麓的水草肥美之地和南疆东部的楼兰与吐鲁番—哈密盆地。然在不同阶段,其屯垦重心也发生过变化,西汉武帝时期主要在轮台地区,其后逐渐向吐哈盆地转移。戍边将士的辛勤垦殖扩大了南疆的农耕面积,同时从中原地区带来的先进农具和耕作技术也促进了当地的农业开发。魏晋时期,南疆地区的屯垦又偏重于南疆东部的吐哈盆地和楼兰地区。此期对楼兰地区的开发,对当地生态环境产生了一定的消极影响。到隋唐时期,这里已是人烟稀少,农业处于严重衰退状态。唐代,戍军在西域的屯田区主要是:安西20

屯,疏勒7屯,焉耆7屯,伊吾1屯,天山1屯。安西的屯垦面积最大,而且该地还设有专门负责管理渠堰的机构——掏拓所,隶属四镇支度营田使。这些都说明唐朝前期农业的开发重心分别在安西、疏勒和焉耆,与汉晋已有较大不同。清代在新疆屯垦的重心又回到天山南麓和吐哈盆地一带。

从整个历史时期看新疆农牧业的发展过程,其农业生产不仅在地域上存在盈缩变动,而且农业发展的重点区域也多有变迁。不同时期的农业生产重点区域也与中央政府在新疆统治力量强弱密切相关。如果中原王朝强盛,在西域的控制力也强大,从事农业开发的规模也大。此时,从事农业开发的屯垦活动就会沿着天山南麓西进,达到阿克苏地区。反之,中原王朝衰弱,对西域的控制力亦弱,从事农业经营的规模也会随之缩小。此一时期,其农业屯垦往往会内缩至南疆东部的吐哈盆地和楼兰地区。需要说明的是:新疆历史时期的农业生产一直存在当地传统农业与军屯两种形式,原始农业具有发展的延续性,而屯垦农业则受政治军事的影响很大,往往随着中原王朝在新疆控制力的强弱而盈缩或兴废。

四、新疆独特的地理区位使其农业生产呈现出明显的地域特色。新疆地处亚洲中部,远离海洋,气候干热少雨,日照时间长,光热丰足,所以区域农业种植多是旱地作物。但由于新疆各绿洲皆为灌溉农业区,常年有高山冰雪融水的滋润,故在天山南麓的焉耆、龟兹、疏勒和昆仑山北麓的和田等地也有水稻种植。吐鲁番地区由于特殊的地理环境,光热条件很优越,从而很早就出现了“谷麦一岁再熟”的复种制度。由于该区域日照时间长,昼夜温差大,所产瓜果含糖量高、品质佳,使其成为当地著名特产,并享有“瓜果之乡”的盛誉。以南疆地理亚区而论,吐鲁番盆地典型的气候与地形特点,又使该区域的水利灌溉方式呈现出有别于其他地区的特点,即应用了坎儿井水利灌溉模式。此外,新疆又位于亚洲中部,西连中亚平原,东部通过河西走廊与内地相接,在地理上,正当东西交通之孔道。故新疆又是中西经济文化交流的重要纽带,许多重要的农作物如苜蓿、葡萄、棉花、胡麻等通过新疆传到内地,内地的桑、桃、杏等则通过新疆而西传。如此一来,新疆便成为东西农作物品种交流汇聚之所,许多农作物在此生长繁育,既丰富了人民的食物种类,也促进了该地农业的繁荣。

五、新疆的畜牧业生产方式有游牧、放牧和家庭圈养等。新疆山地与草原并存，沙漠和绿洲共在，多样的地貌使域内的畜牧业生产方式也呈现出多样化。在山间盆地中，草地连绵，适合于游牧方式。游牧是随水草而居，具有很强的流动性。畜群随处吃草，吃完此处，就别移他处，如此反复，轮番替代。与此同时，在夏秋时节往往还需要转场，即牧场有夏牧场与冬牧场之分，牧民谓夏牧场为“夏窝”，冬牧场为“冬窝”。“冬窝”多是选择在“凹曲背阴而面阳”躲避风雪的山坳之地；而“夏窝”则是“平原高阜，蠓蠓不生之地”，以减少夏天蚊虫对牲畜的侵害。[①]以巴音布鲁克草原为例，它是我国第二大草原，位于天山山脉中部的山间盆地中，四周为雪山环抱。这里地势平坦，水草丰茂，是典型的禾草草甸草原，也是天山南麓最肥美的夏牧场。每当盛夏来临，巴音布鲁克草原层峦叠翠，绿野无限，湖沼广布，牛羊遍野，一片兴旺景象。清乾隆三十六年（1771年），土尔扈特、和硕特等蒙古部落，在渥巴锡的率领下，从俄国伏尔加河流域举义东归，清政府特赐水草肥美之地给他们，巴音布鲁克草原即是具体安置他们的地方。在众多的沙漠绿洲中，村舍周边短距离的放牧和家庭圈养则是主要饲养方式。绿洲边缘的草地可提供就近放牧的场地，苜蓿和庄稼秸秆可供圈养舍饲。出土文献中有关征收庄稼株苗和苜蓿的记载就说明这一饲养方式的存在。在一些沿河或滨湖处也有水草丰美之地，成为周边民众理想的放牧场所，也是绿洲畜牧业存在发展的条件。总之，游牧与定居地周边就近放牧以及圈养舍饲是不同的，也是新疆畜牧业在经营方式上的最大不同。

六、历史时期新疆畜牧业生产存在官营和民间两种形式，其中官营包括了中原王朝和区域性地方政权所经营的畜牧业。在长期历史发展过程中，新疆除了在中原中央政府统辖外，有时又为地方政权所割据，但这两种情况都有官营畜牧业的存在。如古鄯善国的王室畜牧和清代的官营牧厂，均在新疆的畜牧业发展史上占有一席之地。民间畜牧业则属于常态产业，此不赘述。

七、农业的不合理开发和经营在一定程度上导致了新疆生态环境的恶

① 钟广生等：《新疆志稿》卷2。

化。首先,虽然新疆有些河流水量充沛,流经区域地势平坦,有良好的农业发展条件。但从总体上评价,该地区农业生产条件不是很好,生态环境很脆弱。比如位于塔里木盆地中央的塔克拉玛干沙漠范围庞大,适于人类生存的地方仅是沿河流的绿洲地带。而其绿洲植被很稀疏,生长环境很脆弱,加之降雨稀少且季节分布不均,区域又盛行大风,在不合理的经济开发条件下,固有的地表植被遭受破坏,人工植被又不能持续的情况下,极易发生土壤沙化。其次,在河流下游地区,地势低下,排水不畅,很容易产生地表积水,形成土地盐渍化。历史时期,一些不合理的开发和经营在一定程度上也导致了南疆地区生态的恶化。如农田灌溉,往往使用大水漫灌,而不注重排水,从而造成土壤盐碱化。在另一些地区,由于过度开发,农田缺少灌溉,形成干燥土壤,在大风吹蚀下,也会造成土壤荒漠化或沙化。故一些绿洲或绿洲区段的消亡,究其原因,虽有河水变化的因素,但也不能忽视人为因素所产生的重要影响。

八、新疆农牧业生产的历史发展与繁荣,是新疆各族人民共同创造历史的结果。在长期的历史发展过程中,各族人民在这块古老的土地上辛勤劳动,种植和培育农作物,牧养和培育畜群,开发出了大片的沃土良田,延续和发展了区域农牧业文明,留下了许多宝贵的生产经验与技术,也为今天及未来新疆农牧业的持续发展奠定了坚实而有利的基础。

参考文献

1.学术著作

[1](西汉)司马迁.史记[M].北京:中华书局,1959年标点本.
[2](东汉)班固.汉书[M].北京:中华书局,1962年标点本.
[3](南朝)范晔.后汉书[M].北京:中华书局,1965年标点本.
[4](三国)陈寿.三国志[M].北京:中华书局.1969年标点本.
[5](唐)房玄龄等.晋书[M].北京:中华书局,1974年标点本.
[6](北朝)魏收.魏书[M].北京:中华书局,1974年标点本.
[7](唐)李延寿.北史[M].北京:中华书局,1974年标点本.
[8](唐)姚思廉.梁书[M].北京:中华书局,1973年标点本.
[9](唐)魏征,令狐德棻等.隋书[M].北京:中华书局,1973年标点本.
[10](五代)刘昫.旧唐书[M].北京:中华书局,1975年标点本.
[11](宋)欧阳修,宋祁.新唐书[M].北京:中华书局,1975年标点本.
[12](宋)薛居正等.旧五代史[M].北京:中华书局,1976年标点本.
[13](宋)欧阳修.新五代史[M].北京:中华书局,1974年标点本.
[14](元)脱脱.辽史[M].北京:中华书局,1974年标点本.
[15](明)宋濂.元史[M].北京:中华书局,1976年标点本.
[16](清)张廷玉.明史[M].北京:中华书局,1974年标点本.
[17](清)赵尔巽,柯劭忞.清史稿[M].北京:中华书局,1977年标

点本.

[18](清)徐松.西域水道记[M].北京:中华书局,2007年版.

[19](唐)杜佑.通典[M].杭州:浙江古籍出版社,2000年版.

[20](宋)王钦若.册府元龟[M].北京:中华书局,1960年影印本.

[21](唐)李隆基撰,李林甫注.大唐六典[M].西安:三秦出版社,1991年版.

[22](五代)王溥.唐会要[M].北京:中华书局,1955年版.

[23](唐)玄奘、辩机著,季羡林等校注.大唐西域记[M].北京:中华书局,2000年版.

[24](唐)慧立.大慈恩寺三藏法师传[M].北京:中华书局,2000年版.

[25](唐)道宣.释迦方志[M].北京:中华书局,2000年版.

[26](明)陈诚著,周连宽校注.西域番国志[M].北京:中华书局,2000年版.

[27](唐)段成式.酉阳杂俎[M].北京:学苑出版社,2001年版.

[28](清)椿园.西域闻见录[M].嘉庆十九年刻本,台北:成文出版社,1968年版.

[29](清)椿园.新疆舆图风土考[M].乾隆四十二年刻本,台北:成文出版社,1968年版.

[30](清)严可均.全上古三代秦汉三国六朝文[M].北京:中华书局,1958年影印版.

[31](唐)长孙无忌,刘俊文点校.唐律疏议[M].北京:中华书局,1983年版.

[32](清)徐松.宋会要辑稿[M].北京:中华书局,1997年版.

[33](清)王国维.观堂集林[M].北京:中华书局,1984年版.

[34](清)屠寄.蒙兀儿史记[M].上海:商务出版社,1960年版.

[35](明)许进.平番始末[M].上海:上海古籍出版社,1996年版.

[36](清)傅恒等著,钟兴麒等校注.西域图志校注[M].乌鲁木齐:新疆人民出版社,2002年版.

[37](清)袁大化,王树枏.新疆图志[M].宣统三年活字本.

[38](清)清实录[M].北京:中华书局,1986年版.

[39](清)和宁.回疆通志[M].台北:成文出版社,1966年版.

[40](清)萧雄.西疆杂述诗[M].西安:陕西通史馆,1934年铅印本.

[41](清)永贵,苏尔德.新疆回部志[M].北京:北京出版社,1998年影印本.

[42](清)罗振玉,王国维.流沙坠简[M].北京:中华书局,1993年版.

[43](明)罗日耿.咸宾录[M].北京:中华书局,1983年版.

[44](明)陈子龙.明皇经世文编[M].北京:中华书局,1962年版.

[45](明)严从简,余思黎点校.殊域周咨录[M].北京:中华书局,1993年版.

[46](明)李时珍.本草纲目[M].北京:人民卫生出版社,1977年版.

[47](清)曹振镛,赵盛奎.平定回疆剿擒逆裔方略[M].道光十年刻本.

[48](清)钟方.哈密志[M].台北:成文出版社,1968年版.

[49](清)钟广生.新疆志稿[M].台北:成文出版社,1930年铅印本.

[50](清)穆彰阿.嘉庆重修大清一统志[M].台北:商务印书馆,1983年影印本.

[51]林梅村.楼兰尼雅出土文书[M].北京:文物出版社,1985年版.

[52]林梅村.沙海古卷[M].北京:文物出版社,1988年版.

[53]刘文锁.沙海古卷释稿[M].北京:中华书局,2007年版.

[54]马大正.新疆乡土志稿[M].北京:全国图书馆文献微缩复制中心,1990年版.

[55]佚名.回疆志[M].台北:成文出版社,1967年版.

[56](清)左宗棠.左文襄公全集[M].光绪十六年刊本.

[57](清)刘锦棠.刘襄勤公奏稿[M].中国文献珍本丛书,北京:全国图书馆微缩复制中心,1986年版.

[58]陈国灿.吐鲁番出土唐代文献编年[M].新文丰出版公司出版,2002年版.

[59]吴蔼宸.历代西域诗钞[M].乌鲁木齐:新疆人民出版社,1982年版.

[60]柳洪亮.新出吐鲁番文书及其研究[M].乌鲁木齐:新疆人民出版社,1997年版.

[61]马克思著,郭大力,王亚南译.资本论[M].北京:人民出版社,1964年版.

[62]苗普生、田卫疆.新疆史纲[M].乌鲁木齐:新疆人民出版社,2004年版.

[63]陈文华.农业考古[M].北京:文物出版社,2002年版.

[64]李炳东、俞德华.中国少数民族科学技术史丛书·农业卷[M].南宁:广西科学技术出版社,1996年版.

[65]黄烈.黄文弼历史考古论集[M].北京:文物出版社,1989年版.

[66]黄文弼.塔里木盆地考古记[M].北京:科学出版社,1958年版.

[67]新疆文物考古研究所.新疆察吾乎大型氏族墓地发掘报告[M].北京:东方出版社,1999年版.

[68]文物编辑委员会.文物考古十年(1979—1989年)[M].北京:文物出版社,1991年版.

[69]谷苞.西北通史(1—3卷)[M].兰州:兰州大学出版社,2005年版.

[70]殷晴.新疆经济开发史研究:上册[M].乌鲁木齐:新疆人民出版社,1992年版.

[71]殷晴.丝绸之路与西域经济——十二世纪前新疆开发史稿[M].北京:中华书局,2007年版.

[72]王作之.新疆古代畜牧业经济史略[M].乌鲁木齐:新疆人民出版社,1999年版.

[73]曾问吾.中国经营西域史[M].上海:商务印书馆,1936年版.

[74]余太山.西域通史[M].郑州:中州古籍出版社,2003年版.

[75]余太山.新疆各族历史文化词典[M].北京:中华书局,1996年版.

[76]黄文弼.吐鲁番考古记[M].北京:中国科学院出版社,1954年4月版.

[77]谭其骧.中国历史地图集[M].北京:中国地图出版社,1982年—1988年版.

[78]张泽咸,郦家驹,陈高华等.中国屯垦史[M].北京:农业出版社,1990年7月版.

[79]赵予征.丝绸之路屯垦研究[M].乌鲁木齐:新疆人民出版社,1996年版.

[80]徐德源.新疆农业气候资源及区划[M].北京:气象出版社,1989年版.

[81]杨建新.古西行记选注[M].银川:宁夏人民出版社,1987年版.

[82]国家文物局古文献研究室.吐鲁番出土文书(1—10册)[M].北京:文物出版社,1981—1990年版.

[83]陈国灿.斯坦因所获吐鲁番文书研究[M].武汉:武汉大学出版社,1994年版.

[84]陈国灿,刘勇增.日本宁乐美术馆藏吐鲁番文书[M].北京:文物出版社,1997年版.

[85]张泽咸.汉晋唐时期的农业:下册[M].北京:中国社会科学出版社,2003年版.

[86]乜小红.唐五代畜牧经济研究[M].北京:中华书局,2006年版.

[87]李经纬.吐鲁番回鹘文社会经济文书研究[M].乌鲁木齐:新疆人民出版社,1996年版.

[88]王素.高昌史稿·统治篇[M].北京:文物出版社,1998年版.

[89]王素.高昌史稿·交通篇[M].北京:文物出版社,2000年版.

[90]胡平生,张德芳.敦煌悬泉汉简释粹[M].上海古籍出版社,2001年版.

[91]新疆社会科学院考古研究所.新疆考古三十年[M].乌鲁木齐:新疆人民出版社,1983年版.

[92]华立.清代新疆农业开发史[M].哈尔滨:黑龙江教育出版社,1995年版.

[93]新疆综合考察队地貌组.新疆地貌[M].北京:科学出版社,1978年版.

[94]蔡家艺.清代新疆社会经济史纲[M].北京:人民出版社,2006

年版.

[95]冯家昇、程溯洛、穆广文.维吾尔族史料简编[M].北京:民族出版社,1958年版.

[96]斯坦因著,向达译.西域考古记[M].北京:中华书局,1987年版.

[97]新疆维吾尔自治区文物局、新疆维吾尔自治区考古研究所、新疆维吾尔自治区博物馆.新疆文物古迹大观[M].乌鲁木齐:新疆美术摄影出版社,1999年版.

[98]穆舜英.中国新疆古代艺术[M].乌鲁木齐:新疆美术摄影出版社,1994年版.

[99]新疆文物考古研究所.新疆文物考古新收获(1990—1996)[M],乌鲁木齐:新疆人民出版社,1997年版.

[100]王炳华.新疆古尸[M].乌鲁木齐:新疆人民出版社,2002年版.

[101]王炳华.丝绸之路考古研究[M].乌鲁木齐:新疆人民出版社,1993年版.

[102]王炳华.吐鲁番的古代文明[M].乌鲁木齐:新疆人民出版社,1989年版.

[103]薛宗正.安西与北庭——唐代西陲边政研究[M].哈尔滨:黑龙江教育出版社,1995年版.

[104]田卫疆.丝绸之路与东察合台汗国史研究[M].乌鲁木齐:新疆人民出版社,1997年版.

[105]唐长孺.敦煌吐鲁番文书初探[M].武汉:武汉大学出版社,1983年版.

[106]唐长孺.敦煌吐鲁番文书初探二编[M].武汉:武汉大学出版社,1990年版.

[107]池田温著,龚泽铣译.中国古代籍帐研究[M].北京:中华书局,2007年版.

[108]程喜霖.汉唐烽堠制度研究[M].西安:三秦出版社,1990年版.

[109]王尧,陈践.吐蕃简牍综录[M].北京:文物出版社,1986年版.

[110]李春华.新疆风物志[M].乌鲁木齐:新疆人民出版社,1985

年版.

[111]玉素甫·哈斯·哈吉甫著,耿世民等译.福乐智慧[M].乌鲁木齐:新疆人民出版社,1979年版.

[112]李经纬.吐鲁番回鹘文社会经济文书研究[M].乌鲁木齐:新疆人民出版社,1996年版.

[113]沙海昂注,冯承钧译.马可波罗行纪[M].石家庄:河北人民出版社,1999年版.

[114]米尔咱·马黑麻·海答尔著,新疆社会科学院民族研究所译.拉失德史[M].乌鲁木齐:新疆人民出版社,1983年版.

[115]中山大学历史系.林则徐日记[M].北京:中华书局,1985年版.

[116]曹树基.中国人口史:第五卷[M].上海:复旦大学出版社,2001年版.

[117](日)松田寿男著,陈俊谋译.古代天山历史地理学研究[M].北京:中央民族出版社,1987年版.

[118]周菁葆.丝绸之路岩画艺术[M].乌鲁木齐:新疆人民出版社,1997年版.

[119]T·贝罗著.王广智译.新疆出土佉卢文残卷译文集[M].韩翔等主编,《尼雅考古资料》[C].乌鲁木齐:新疆维吾尔自治区文化厅编印,1988年版.

[120]潘运告.宣和画谱[M].长沙:湖南美术出版社,1999年版.

[121]黄宾虹,邓实.美术丛书[M].南京:江苏古籍出版社,1997年版.

[122]志费尼.世界征服者史[M].何高济译,翁独健校订,呼和浩特:内蒙古人民出版社,1980年版.

[123]新疆维吾尔自治区博物馆,新疆文物考古研究所.中国新疆山普拉——古代于阗文明的揭示与研究[M].乌鲁木齐:新疆人民出版社,2001年版.

[124](俄)A.H.库罗帕特金著,中国社会科学院近代史研究所翻译室译.喀什噶尔[M].北京:商务印书馆,1982年版.

[125](俄)尼·维·鲍戈亚夫连斯基著,新疆大学外语系俄语教研室译.

长城外的中国西部地区[M].北京:商务印书馆,1980年版.

[126]邹逸麟.中国历史地理概论[M].上海:上海教育出版社,2007年版.

[127]刘星.新疆灾荒史[M].乌鲁木齐:新疆人民出版社,1999年版.

[128]中国社会科学院中国边疆史地研究中心.新疆乡土志稿[M].北京:全国图书馆文献缩微复制中心,1990年版.

[129]石声汉.氾胜之书今释[M].北京:科学出版社,1956年版.

[130]贾思勰.齐民要术[M].上海:中华书局,1934年版.

[131]新疆综合考察队地貌组.新疆农业[M].北京:科学出版社,1964年版.

[132]赵珍.清代西北生态变迁研究[M].北京:人民出版社,2005年版.

[133]新疆人民出版社.新疆历史论文集[C].乌鲁木齐:新疆人民出版社,1977年版.

[134]钱大昕.十驾斋养新录[M].上海:上海书店,1983年版.

[135]李炳东,俞德华主编.中国少数民族科学技术史丛书·农业卷[M],南宁:广西科学技术出版社,1996年版.

[136]唐启宇.中国农作物栽培史稿[M],北京:农业出版社,1986年版.

[137]张波.西北农牧史[M],西安:陕西科学技术出版社,1989年版.

[138]新疆文物考古研究所.新疆文物考古新收获(1979—1989)[M],乌鲁木齐:新疆人民出版社,1995年版.

[139]余太山.两汉魏晋南北朝正史西域传研究[M],北京:中华书局,2003年版.

[140]赵俪生.古代西北屯田开发史[M],兰州:甘肃文化出版社,1997年版.

[141]周伟洲.西北少数民族地区经济开发史[M],北京:中国社会科学出版社,2008年版.

[142]西北大学考古系,西北大学文化遗产与考古学研究中心.西部考

古:第一辑[C],西安:三秦出版社,2006年版.

[143]新疆民族研究所.清实录新疆资料辑录[M],乌鲁木齐:新疆民族研究所,1979年版.

[144]张纯一校注.晏子春秋校注[M],长沙:岳麓书社,1996年版.

[145]田澍.西北开发史研究[M],北京:中国社会科学出版社,2007年版.

[146]王炳华、刘文锁.新疆历史文物[M],乌鲁木齐:新疆美术摄影出版社,1999年版.

[147]《哈密文物志》编撰组.哈密文物志[M],乌鲁木齐:新疆人民出版社,1993年版.

2.学术期刊

[1]新疆文物考古研究所、吐鲁番地区文物局.吐鲁番考古新收获:鄯善县洋海墓地发掘简报[J].吐鲁番学研究,2004,(1).

[2]吴震.新疆东部的几处新石器时代遗址[J].考古,1964(7).

[3]中国社会科学院考古研究所,新疆巴音郭楞蒙古自治州文管所.轮台县群巴克墓葬第二、三次发掘简报[J].考古,1991,(8).

[4]新疆考古研究所.新疆和硕新塔拉遗址发掘简报[J].考古,1988,(5).

[5]张平,王博.和硕县新塔拉和曲惠遗址调查[J].考古与文物,1989,(2).

[6]新疆社会科学院考古研究所.孔雀河古墓沟发掘及其初步研究[J].新疆社会科学,1983,(1).

[7]新疆社会科学院考古研究所.帕米尔高原古墓发掘报告[J].考古学报,1981,(2).

[8]周伟洲.新疆的史前考古与最早的经济开发[J].西域研究,2003,(4).

[9]刘国防.西汉比胥鞬屯田与戊己校尉的设置[J].西域研究,

2006,(4).

[10]李炳泉.西汉戊已校尉建制考[J].史学月刊,2002,(6).

[11]张德芳.从悬泉汉简看西域屯田及其意义[J].敦煌研究,2001,(3).

[12]侯灿.论楼兰的发展及其衰废[J].中国社会科学,1984,(2).

[13]周金玲.新疆尉犁县营盘古墓群考古论述[J].西域研究,1999,(3).

[14]新疆维吾尔自治区博物馆考古队.新疆民丰大沙漠中的古代遗址[J].考古,1961,(3).

[15]周伟洲.两汉时期新疆的经济开发[J].中国边疆史地研究,2005,(1).

[16]孟池.从新疆历史文物看汉代在西域的政治措施和经济建设[J].文物,1975,(7).

[17]马国荣.两汉时期的新疆农业[J].新疆文物,1992,(1).

[18]伊弟利斯·阿不都热苏勒,张玉忠.1993年以来新疆克里雅河流域考古述略[J].西域研究,1997,(3).

[19]钮仲勋.两汉时期新疆的水利开发[J].西域研究,1998,(2).

[20]王博.扎滚鲁克文化初探[J].吐鲁番学研究,2002,(1).

[21]胡平生.楼兰出土文书释丛[J].文物,1991,(8).

[22]王炳华.新疆农业考古概述[J].农业考古,1983,(1).

[23]蒋洪恩,李肖,李承森.新疆吐鲁番洋海墓地出土的粮食作物及其古环境意义[J].古地理学报,2007,(5).

[24]侯灿.楼兰遗址考察简报[J].历史地理,1981,(1).

[25]张玉忠.新疆出土的农作物简介[J].农业考古,1983,(1).

[26]新疆维吾尔自治区博物馆.洛浦县山普拉古墓地发掘报告[J].新疆文物,1989,(2).

[27]新疆文物考古研究所.新疆罗布泊小河墓地2003年发掘简报[J].文物,2007,(10).

[28]新疆文物考古研究所,新疆大学历史系等.新疆鄯善三个桥墓葬

发掘简报[J].文物,2002,(6).

[29]新疆文物考古研究所.新疆尉犁县营盘墓地15号墓发掘简报[J].文物,1999,(1).

[30]卫斯.从佉卢文简牍看精绝国的葡萄种植业[J].新疆大学学报(哲学社会科学版),2006,(6).

[31]殷晴.唐代于阗的社会经济研究[J].新疆社会科学,1989,(6).

[32]殷晴.3—8世纪新疆寺院经济的兴衰[J].西域研究,1997,(2).

[33]张平.新疆坎土曼农具的产生及其发展[J].新疆文物,1989,(1).

[34]谢重光.麴氏高昌寺院经济试探[J].中国经济史研究,1987,(1).

[35]朱雷.吐鲁番出土北凉赀簿考释[J].武汉大学学报(哲学社会科学版),1980,(4).

[36]柳洪亮.吐鲁番出土文书中所见十六国时期高昌郡时期的水利灌溉[J].中国农史,1985,(4).

[37]宋晓梅.吐鲁番出土文书所见高昌郡时期的农业活动[J].敦煌学辑刊,1997,(2).

[38]马雍.麴斌造寺碑所反映的高昌土地问题[J].文物,1976,(12).

[39]黄盛璋.新疆坎儿井的来源及其发展[J].中国社会科学,1981,(5).

[40]黄盛璋.新疆水利技术的传播和发展(续)[J].农业考古,1984,(2).

[41]吐鲁番地区文物局.新疆吐鲁番地区阿斯塔那古墓群西区408、409号墓[J].考古,2006,(12).

[42]新疆维吾尔自治区博物馆.吐鲁番阿斯塔那—哈喇和卓古墓群发掘简报[J].文物,1973,(10).

[43]新疆吐鲁番地区文管所.吐鲁番出土十六国时期的文书[J].文物,1983,(1).

[44]卢向前.麴氏高昌和唐代西州的葡萄、葡萄酒和葡萄税[J].中国经济史研究,2002,(4).

[45]吴震.吐鲁番出土高昌某寺月用斛斗帐历浅说[J].文物,

1989,(11).

[46]新疆文物考古研究所.吐鲁番阿斯塔那第十次发掘简报[J].新疆文物,2000,(3、4).

[47]鲁礼鹏.阿斯塔那古墓群发掘墓葬登记表[J].新疆文物,2000,(3、4).

[48]杨际平.试考唐代吐鲁番地区“部田”的历史渊源[J].中国社会经济史研究,1982,(1).

[49]杜正乾.吐鲁番文书中“部田”考释[J].中国农史,2006,(6).

[50]张平.龟兹考古中所见唐代重要驻屯史迹[J].新疆文物,2006,(3、4).

[51]张平.新和通古孜巴什古城遗址的调查与研究[J].吐鲁番学研究,2003,(2).

[52]刘国安,陈国灿.唐代安西都护府对龟兹的治理[J].历史研究,2006,(1).

[53]程喜霖.从吐鲁番文书中所见的唐代烽堠制度研究之三:唐代的烽铺(剶)田[J].武汉大学学报(人文科学版),1985,(6).

[54]陈戈.新疆米兰古灌溉渠道与相关的一些问题[J].考古与文物,1984,(6).

[55]邓浩.《突厥语词典》与回鹘的农业经济[J].敦煌研究,1995,(4).

[56](苏)Л·吉洪诺夫著,姬增录翻译.十至十四世纪回鹘王国的农业[J].西北历史资料,1984,(2).

[57]李经纬.莎车出土回鹘文土地买卖文书释译[J].西域研究,1998,(3).

[58]李经纬.九件回鹘文社会经济文书译释[J].喀什师院学报(哲学社会科学版),1995,(1).

[59]袁丁.回鹘文社会经济文书选注一[J].喀什师院学报(哲学社会科学版),1987,(1).

[60]袁丁.回鹘文社会经济文书选注(一)续补[J].喀什师院学报(哲学社会科学版),1990,(2).

[61]杨富学.回鹘文文献与高昌回鹘经济史的构建[J].史学史研究,2007,(4).

[62]袁丁.回鹘文社会经济文书选注六[J].喀什师院学报(哲学社会科学版),1992,(1).

[63]李经纬.回鹘文借贷文书选注[J].西北民族研究,1991,(2).

[64]新疆文物考古研究所.2006年丹丹乌里克遗址发掘简报[J].新疆文物,2008,(1).

[65]耿世民.回鹘文摩尼教寺院文书考释[J].考古学报,1978,(4).

[66]张平.新疆若羌出土两件元代文书[J].文物,1987,(5).

[67]何德修.新疆且末县出土元代文书初探[J].文物,1994,(10).

[68]堀直.吐鲁番坎儿井的起源:论其扩展的理由[J].新疆大学学报,1993,(4).

[69]堀直.回疆玉米考[J].西域研究,1994,(4).

[70]齐清顺.玉米在新疆的种植与推广[J].新疆社会科学,1988,(1).

[71]张成安.浅析青铜时期哈密地区的农业生产状况[J].农业考古,1997,(3).

[72]张成安.青铜时期哈密地区的畜牧经济[J].农业考古,2000,(3).

[73]王炳华.重新发现楼兰[J].文明,2006,(1).

[74]韩茂莉.论中国北方畜牧业产生与环境的互动关系[J].地理研究,2003,(1).

[75]新疆文物考古研究所.新疆哈密市艾斯克霞尔墓地的发掘[J].考古,2002,(6).

[76]何德修.新疆库尔勒市上户乡古墓葬[J].文物,1999,(2).

[77]新疆文物考古研究所.新疆拜城县克孜尔吐尔墓地第一次发掘[J].考古,2002,(6).

[78]新疆社会科学院考古研究所.新疆阿拉沟竖穴木椁葬发掘简报[J].文物,1981,(1).

[79]张玉忠.新疆狩猎、畜牧业考古概述[J].农业考古,1989,(1).

[80]米夏艾勒·舒勒茨,巫新华等.新疆于田县流水墓地26号墓出土

人骨的古病理学和人类学初步研究[J].考古,2008,(3).

[81]吴勇.新疆喀什下坂地墓地考古发掘新收获[J].西域研究,2005,(1).

[82]侯灿,楼兰古城址调查与试掘简报[J].文物,1988,(7).

[83]新疆文物考古研究所.新疆尉犁县营盘墓地1999年发掘简报[J].考古,2002,(6).

[84]羊毅勇.吐鲁番交河故城沟北1号台地墓葬发掘简报[J].文物,1999,(6).

[85]新疆维吾尔自治区博物馆考古队.新疆民丰大沙漠中的古代遗址[J].考古,1961,(3).

[86]阿合买提·热西提.洛浦县山普拉古墓地[J].新疆文物,1985,(1).

[87]新疆文物考古研究所,法国科学研究中心315所中法克里雅河考古队.新疆克里雅河流域考古调查概述[J].考古,1998,(12).

[88]朱雷.吐鲁番出土文书中所见北凉“按资配生马”制度[J].文物,1983,(1).

[89]新疆吐鲁番地区文管所.吐鲁番出土十六国时期的文书[J].文物,1983,(1).

[90]林梅村.于阗花马考——兼论北宋与于阗之间的绢马贸易[J].西域研究,2008,(2).

[91]王欣,常婧.鄯善王国的畜牧业[J].中国历史地理论丛,2007,(2).

[92]吐鲁番地区文物局.新疆吐鲁番地区巴达木墓地发掘简报[J].考古,2006,(12).

[93]吴焯.克孜尔石窟刻划图画的内容、作者和时代[J].文物,1986,(10).

[94]中国社会科学院考古研究所,新疆巴音郭楞蒙古自治州文管所.新疆轮台群巴克古墓葬第一次发掘简报[J].考古,1987,(11).

[95]楚生.谈宋元奉八年的于阗贡马[J].新疆社会科学,1984,(1).

[96]邓浩.从《突厥语大辞典》看回鹘的畜牧文化[J].敦煌研究,1995,(1).

[97]新疆文物考古研究所.新疆哈密五堡墓地151、152号墓葬[J].新疆文物,1992,(3).

[98]史树青.新疆文物调查随笔[J].文物,1960,(6).

[99]新疆文物考古研究所.新疆民丰县尼雅遗址95MN1号墓地M8发掘简报[J].文物,2000,(1).

[100]殷晴.物种源流辨析:汉唐时期新疆园艺业的发展及有关问题[J].西域研究,2008,(1).

[101]胡平生.楼兰出土文书释丛[J].文物,1991,(8).

[102]汪宁生.汉晋西域与祖国文明[J].考古学报,1977,(1).

[103]卫斯.我国汉唐时期西域水稻栽培疏议[J].农业考古,2005,(1).

[104]王思明.美洲原产作物的引种栽培及其对中国农业生产结构的影响[J].中国农史,2004,(2).

[105]齐清顺.玉米在新疆的种植和推广[J].新疆社会科学,1988,(1).

[106]齐清顺.玉米在新疆种植时间的新发现[J].西域研究,1994,(4).

[107]新疆维吾尔自治区博物馆.新疆民丰县北大沙漠中古遗址墓葬区东汉合葬墓清理简报[J].文物,1960,(6).

[108]新疆文物考古研究所.罗布淖尔地区东汉墓发掘及初步研究[J].新疆社会科学,1983,(1).

[109]李遇春.尼雅遗址的重要发现[J].新疆社会科学,1988,(4).

[110]王涛,朱震达.中国北方沙漠化的若干问题[J].第四纪研究,2001,(1).

[111]新疆文物考古研究所.1991年尼雅遗址发掘简报[J].新疆文物,1996,(1).

[112]新疆文物考古研究所.和静县察吾乎沟四号墓地1987年度发掘简报[J].新疆文物,1988,(4).

[113]杨希义.胡麻考[J].中国农史,1995,(1).

[114]浙江省文物管理委员会.吴兴钱山漾遗址第一、二次发掘报告[J].考古学报,1960,(2).

[115]佟屏亚.油菜史话[J].农业考古,2004,(1).

[116]王昱东,周劲思.从三彩西瓜的发现谈中国古代西瓜种植[J].农业考古,1993,(3).

[117]舒迎澜.黄瓜和西瓜引种栽培史[J].古今农业,1997,(2).

[118]连登岗.我国西瓜种植史探源[J].文史杂志,2000,(4).

[119]张纯德.甜瓜[J].中国蔬菜,2008,(7).

[120]杨承时.中国葡萄栽培的起始及演化[J].中外葡萄及葡萄酒,2003,(4).

[121]卢向前.麴氏高昌和唐代西州的葡萄、葡萄酒和葡萄税[J].中国经济史研究,2002,(4).

[122]吴震.吐鲁番出土高昌某寺月用斛斗帐历浅说[J].文物,1989,(11).

[123]新疆维吾尔自治区博物馆.若羌米兰古城新发现的文物[J].文物,1960,(8、9).

[124]陈戈.新疆米兰古灌溉渠道与相关的一些问题[J].考古与文物,1984,(6).

[125]陈小兵等.大农业条件下新疆土壤盐碱化极其调控对策[J].土壤,2007,(3).

[126]买买提·阿扎提等.土壤盐渍化及其治理措施研究综述[J].环境科学与管理,2008,(5).

[127]刘毅华,董玉祥.西藏“一江两河”中部流域地区土地沙漠化变化的驱动因素分析[J].中国沙漠,2003,(4).

[128]钟巍,谢宏彬,熊黑钢等.历史时期(着重近4kaB.P.以来)南疆地区气候环境与人地关系演化的初步研究[J].干旱区资源与环境,1999,(4).

[129]宋晓梅.历史时期罗布泊地区环境演变过程[J].干旱区地理,2009,(1).

[130]李水城,莫多闻.东灰山遗址炭化小麦年代考[J].考古与文物,2004,(6).

3.报纸文章

[1]孙瑞灼.草原万人生态移民警示[N],农民日报,2008-10-15(7).

4.电子文献

[1]中国社会科学院考古研究所新疆队.搜狐文化.http://cul.sohu.com/20061114/n246376084.shtml.2006-11-14.

[2]百度百科.http://baike.baidu.com/view/354361.htm.